한국법경제학회 법경제학연구총서 Ⅲ

Law and Economics

법경제학

이론과 응용 [Ⅱ]

Theory and Application

김일중 · 김두얼 편

해남

본서에 수록된 글들 가운데 일부는 LEC에서 발표된 이후 학술지에 게재되었는데, 그 출처는 아래와 같다.

제6장은 임영식, 「소송에서 계량경제학 기법의 활용」, 『법경제학연구』, 제9권 제2호, 2012, pp. 275-300을 수정 · 보완해서 수록한 것이다.

제8장은 윤진수, 「혼인과 이혼의 법경제학」, 『법경제학연구』, 제9권 제1호, 2012, pp. 35-69를 수정 · 보완해서 수록한 것이다.

제10장은 이상규, 「정보통신 · 미디어 서비스 변화에 따른 전기통신법 상 서비스 및 이용자 개념의 재정립」, 『정보통신정책연구』, 제20권, 2013을 수정 · 보완해서 수록한 것이다.

제11장은 김민수, 「민법상 불법행위의 금지를 명하는 가처분에 대한 고찰–대법원 2010.8.25.자 2008마 1541 결정에 대한 평석」, 『법경제학연구』, 제8권 제2호, 2011, pp. 221-262를 수정 · 보완해서 수록한 것이다.

머리말

한국법경제학회와 사법연수원은 2010년에 이어 2011년에도 '법원과의 법경제학연구회'(Law and Economics with Courts: LEC)를 성공적으로 운영하였다. 학계와 실무 영역에서 법경제학을 연구하고 활용하는 전문가들과 법원의 판사들이 매달 한 차례씩 모여 법경제학의 주요 주제를 심도 있게 논의하는 이 모임은 우리나라에 법경제학의 뿌리를 더욱 깊게 내리고 우리나라 사법 발전에 기여해 왔다고 자부한다. 2011년에는 제1기에서 발표되고 토론된 내용들을 모아 '법경제학 총서' 제2권인 『법경제학: 이론과 응용』을 발간하였는데, 올해에는 2011년의 성과를 정리하는 『법경제학: 이론과 응용 (II)』를 '법경제학 총서' 제3권으로 묶어 내게 되었다.

본서의 내용은 두 가지 측면에서 2011년에 발간된 『법경제학: 이론과 응용』의 후속편으로서의 의미를 갖는다. 첫째로, 이 책의 제1부인 '법조인을 위한 경제학'은 법조인들이 법경제학을 습득하고 실무에 활용하는 데 가장 기초가 될 만한 경제학의 내용을 압축적으로 소개함으로써, 법경제학의 확산을 위한 기초를 마련하고자 하였다. 미시경제학과 계량경제학 분야에서 두각을 나타내고 있는 집필자들이 각 분야의 핵심 내용을 간략하면서도 평이하게 서술하였기 때문에 향후 법경제학이 보다 빠른 속도로 확산되는 데 기초가 될 수 있을 것으로 기대한다. 두 번째로, 이 책의 제2부인 '법경제학의 주요 주제'에서는 물권법, 가족법, 회사법, 정보통신법, 가처분제도 등 제1권에서 미처 충분히 다루지 못한 법경제학의 주요 주제들을 심층적으로 다룸으로써 외연적으로나 내용적으로 전편을 보다 발전시켰다.

많은 분들의 성원이 없었다면 이 책은 발간될 수 없었을 것이다. LEC 편집위원회의 송웅순 변호사님(당시 한국법경제학회 회장), 윤진수 교수님, 신도철 교수님, 고학수 교수님, 홍동표 박사님께서는 LEC의 창립 이후 늘 세미나에 빠짐없이 참석해 주시고 운영에 있어 많은 조언과 격려를 해주셨다. 장상균 판사님(현 법무법인 태평

양 변호사), 김환수 판사님, 이용구 판사님, 조병구 판사님, 진현민 판사님께서는 바쁜 법원 업무에도 불구하고 LEC가 성공적으로 이루어질 수 있도록 기여해 주셨다. 매번 세미나와 관련된 궂은 일들을 모두 담당해 준 KDI 임효정 연구원의 노력 덕분에 세미나는 훨씬 더 편안한 분위기에서 생산적으로 이루어질 수 있었다. 한국개발연구원의 현오석 원장님과 경제정보센터의 고일동 소장님께서는 LEC 활동이 원활하게 이루어질 수 있도록 물심양면으로 지원해 주셨다. 이 모든 분들께 깊은 감사를 드린다.

마지막으로 2011년 한 해 동안 LEC 세미나를 함께 해준 법원과 학회의 회원 여러분 모두가 이 책의 저자임을 말씀드리고 싶다. 앞으로도 이러한 공동의 협조적인 노력을 통해 지속적으로 연구성과를 산출함으로써 한국의 학계와 실무에 법경제학이 제대로 자리잡고 우리나라의 사법발전과 경제성장에 기여할 수 있기를 기대한다.

2013년 5월

LEC 편집위원회 위원장
성균관대학교 경제학과 교수
김일중

LEC 편집위원회 간사
명지대학교 경제학과 교수
김두얼

차례

제1부 법조인을 위한 경제학

제1장 수요와 공급

제2장 시장구조

제3장 게임 이론

제2부 법경제학의 주요 문제

제7장 물권법의 법경제학

제8장 가족법의 법경제학

제9장 회사법의 법경제학

제10장 정보통신 및 미디어 서비스 시장 법제에 관한 법경제학

제11장 가처분제도의 법경제학

제1부 법조인을 위한 경제학

제1장 수요와 공급

제2장 시장구조

제3장 게임 이론

제4장 불확실성과 정보의 경제학

제5장 실증경제학의 방법론과 적용

제6장 소송에서 계량경제학 기법의 활용

제1부 법조인을 위한 경제학

Chapter 1 수요와 공급

김두얼

Chapter 1

수요와 공급

애덤 스미스(Adam Smith)는 『국부론』에서 핀 공장의 예화를 통해 분업이 생산성을 높이는 중요한 원천임을 주장하였다. 그가 관측한 바에 따르면 숙달된 장인이 하루 종일 작업을 해도 핀 10개를 만들기 어려운 반면, 동일한 작업을 10명의 장인이 공정별로 분담해서 수행할 경우, 하루에 1인당 5,000개 가까이 만들 수 있다는 것이었다.[1] 분업에 대한 애덤 스미스의 예화는 교환 또는 시장이 생산성의 향상, 나아가 경제성장의 기초임을 보인 사례로 널리 언급된다.

교환은 기본적으로 어떤 물건을 파는 사람과 사는 사람이 서로가 보유하고 있는 것을 자발적으로 주고받는 행위이다. 왜 경제 주체들 간에 교환이 자발적으로 일어나는지, 교환은 당사자들에게 어떤 이득을 가져다 주는지, 나아가 교환이 정말로 애덤 스미스가 주장한 바와 같이 생산성 증대에 기여하는지를 답하는 것은 경제학의 출발점이자 궁극적인 목표라고까지도 할 수 있다.

경제학에서는 수요와 공급이라는 개념에 근거해서 교환 현상을 분석한다. 이와 같은 수요-공급 틀은 경제 현상을 분석하는 기초로써도 유용할 뿐 아니라, 사회 현상 일반을 이해함에 있어서도 많은 시사점을 제공한다. 본장에서는 수요-공급 틀을 소개하고, 이 틀이 사회 현상을 이해하는 데 어떻게 사용될 수 있는지 몇 가지 사례를 제시하기로 한다. 나아가 시장경제의 원활한 작동이 애덤 스미스가 주장하는 바처럼 효율성을 증대시키는지에 대한 경제학 이론을 간략히 소개한다.

1) 애덤 스미스(1992), 제1편 제1장.

1. 수요

경제 주체가 어떤 상품을 구매하고자 할 때는 무수히 많은 요인들이 의사결정에 영향을 미친다. 경제학에서는 경제 주체가 어떤 제품을 구매하여 소비하고자 하는 욕구를 수요(demand)라고 지칭한다. 그리고 수요량과 이것의 결정에 영향을 미치는 요인들 간의 관계를 수요함수라는 수학적 방식으로 다음과 같이 정식화한다.

$$q_d = q_d(P;\, z). \qquad (1)$$

식 (1)에서는 수요에 영향을 미치는 무수히 많은 결정 요인을 크게 가격(P)과 그 이외 요인(z)으로 나누어 표시하였다. 이것은 기본적으로는 구매자가 지불하는 비용이 수요를 실질적으로 결정하는 가장 중요한 변수라고 보고, 여기에 초점을 맞추어 논의를 진행하고자 하기 때문이다.[2] 아울러 수요와 공급 모두에 영향을 미치며 두 요소 간에 발생할 수 있는 불일치를 조정(coordinate)하는 변수가 가격이므로 이 요소를 통해 시장이 어떻게 작동하는지를 이해하고자 하기 때문이다.

가격과 수요량 간에는 음의 상관관계가 존재한다. 즉, 가격이 상승할 때 수요는 감소하며, 이러한 관계는 흔히 [그림 1-1]에서와 같은 우하향하는 곡선으로 그려진다. 이러한 관계가 나타나는 것은 다른 모든 조건이 동일할 경우(ceteris paribus), 즉 다른 제품들의 가격이 모두 그대로이고 소비자의 소득이나 다른 여건들이 모두 변함이 없다면, 가격이 상승한 해당 제품의 소비는 감소할 수밖에 없기 때문이다.[3]

그림을 해석하는 데 있어 한 가지 주목할 것은 그림에서 축을 배치한 방식이다. 수학의 관례에 따르면 독립변수는 X축, 종속변수는 Y축에 표시한다. 하지만 [그림 1-1]은 이러한 관례와는 상반되게 독립변수에 해당하는 가격은 Y축, 종속변

2) 물론 실제 경제분석에 있어서는 다양한 변수들을 명시적으로 고려한다. 어떤 변수를 얼마만큼 고려할지는 분석의 대상과 내용에 의해 달라질 뿐이다.
3) 〈부록〉에서는 소비자의 최적화 행동으로부터 어떻게 수요함수가 도출되는지를 수학을 이용해서 제시하였다.

그림 1-1 소비자의 수요곡선

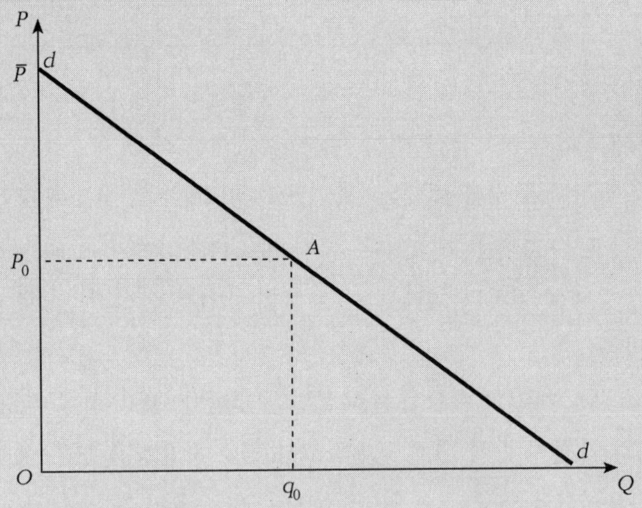

수에 해당하는 수요량은 X축에 표시하고 있다. 이것은 근대경제학의 시조라고 불리는 알프레드 마셜(Alfred Marshall)로부터 내려오는 전통을 반영한 것으로 알려져 있다. 마셜과 같이 가격이 아닌 수량을 독립변수로 두고 수요함수를 해석하는 것은 가격을 독립변수로 두는 접근만큼이나 일반적으로 사용되기 때문에 이를 이해하는 것은 매우 중요하다.

어떤 개인이 물을 마신다고 하자. 첫 번째 한 모금이 주는 만족과 두 번째 한 모금에 따른 추가적 만족을 비교해 본다면, 전자가 후자보다 클 것이다. 이러한 만족도를 경제학에서는 '효용'(utility)이라고 개념화하며, 두 모금 모두로부터 얻는 전체 효용을 총효용(total utility), 그리고 한 모금 더 마실 때 추가적으로 얻는 효용을 한계효용(marginal utility)이라고 부른다. 각 모금마다 얻게 되는 효용, 즉 한계효용을 화폐액으로 표시해서 그림으로 그린다면, [그림 1-1]과 동일한 우하향하는 곡선이 도출될 것이다. 이는 물을 마시면 마실수록 추가적인 단위로부터 얻는 한계효용은 감소할 것이기 때문이다. 결국 생산량을 독립변수로 놓고 볼 때 수요곡선은 한계효용곡선이며, 수요곡선이 우하향하는 이유는 소비가 늘수록 한계효용이 체감하기

때문이다.[4)]

이러한 해석에 따르면, 소비자가 q_0만큼 제품을 소비할 때 얻게 되는 총효용은 $\bar{P}Oq_0A$이다. 한 가지 주의할 것은 소비자가 q_0만큼을 소비할 때 $\bar{P}Oq_0A$ 모두를 효용으로 누리는 것은 아니라는 사실이다. 제품을 구매하려면 비용을 지불해야 하며, 이것은 효용에서 빼야 하기 때문이다. 제품 한 단위를 살 때 지불해야 할 가격이 p_0라고 하면, q_0만큼을 소비할 때에는 P_0Oq_0A를 총비용으로 지불해야 한다. 따라서 소비자가 누리는 순효용은 $\bar{P}P_0A$이다. 이것을 소비자잉여(consumer surplus)라고 하는데, 교환을 통해 소비자가 얻게 되는 효용의 증가분을 금전적으로 표시한 양이라고 할 수 있다.

이상은 소비자 개인의 수요함수를 설명한 것이다. 한 사회에 존재하는 N명의 소비자들이 각 가격 수준에 대해 구매하고자 하는 수요량을 모두 합하게 되면 시장 전체의 수요곡선을 도출할 수 있다. 소비자 i의 수요함수를 $q_d^i = q_d^i(P;\, z)$라고 한다면, 사회 전체의 수요함수는 $Q_D = Q_D(P,\, Z) = \sum_{i=1}^{N} q_d^i(P;\, z)$가 된다.

2. 공급

공급에 대한 논의는 사실상 수요에 대한 위의 논의와 대칭적이기 때문에 간략히 전개하기로 한다. 어떤 생산자가 얼마만큼 제품을 생산할지 여부는 공급함수라는 수학적 형태로 아래와 같이 표시될 수 있다.

$$q_S = q_S(P;\, v).$$

가격이 상승하면 공급하고자 하는 양이 증가하며, 이 관계는 [그림 1-2]와 같다.

4) 보다 엄밀히 이야기한다면, 한계효용 체감을 가정하기 때문에 한계효용곡선 또는 수요곡선은 우하향한다.

그림 1-2 생산자의 공급곡선

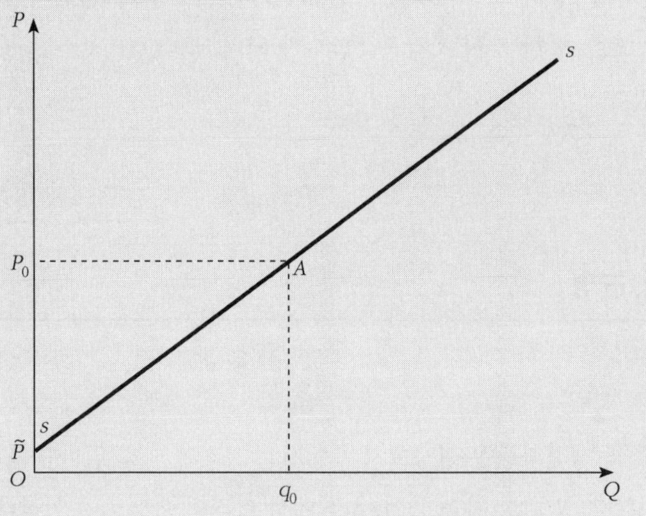

생산자들이 이렇게 행동하는 이유는 가격이 상승하면 생산에 따른 보상이 증가하기 때문이다.

공급곡선도 생산량을 독립변수로 두고 해석할 수 있다. 예를 들어, 농민이 농사를 짓는다고 하자. 그는 사용 가능한 땅 중 가장 비옥한 땅에 먼저 씨를 뿌릴 것이고, 만일 보다 많은 생산을 하고자 한다면 두 번째로 비옥한 땅을 이용할 것이다. 땅의 비옥도가 낮아질수록 동일한 수준의 성과를 얻으려면 더 많은 노력이 투여되어야 하기 때문에 비용은 점점 상승한다. 공급곡선의 기울기는 각 수량을 생산할 때 추가적으로 소요되는 비용, 즉 한계비용(marginal cost)을 나타내며, 한계비용이 체증하기 때문에 공급곡선은 우상향하는 형태를 가지게 된다.[5)]

생산자가 q_0만큼 생산할 때 들여야 하는 총비용(total cost)은 $\tilde{P}Oq_0A$이다. 이만큼의 비용을 들여 q_0만큼을 생산할 경우, 시장에서는 P_0에 제품을 판매하게 되며, P_0Oq_0A만큼의 총수입(total revenue)을 얻게 된다. 생산자는 이 총수입에서 총비용을

5) 엄밀하게는 한계비용 체증을 전제하기 때문에 공급곡선은 우상향한다.

뺀 $P_0\tilde{P}A$만큼 이득을 얻게 되는데, 이것을 생산자잉여(producer surplus)라고 한다.[6]

사회 전체에 J명의 생산자가 있다면, 이들이 주어진 가격에 대해 공급하고자 하는 수량을 모두 합한 것이 시장공급함수가 되며, $Q_S=Q_S(P, V)=\sum_{j=1}^{J} q_s^j(P; v)$와 같이 도출할 수 있다.

3. 균형

소비자들과 생산자들은 시장에서 주어지는 가격에 따라 얼마만큼 상품을 구매할지 결정한다([그림 1-3]). 예를 들어, 시장에서 가격이 P_1으로 주어졌다고 하자. 이 가격에서 시장 전체의 수요량은 시장 생산량보다 적기 때문에 실제 생산이 이루어지더라도 모든 제품이 소비되지 않을 것이다. 따라서 가격이 보다 낮아져야만 수요자는 보다 수요를 늘리고 생산자는 공급을 줄여 불일치, 즉 초과공급(excess supply)을 해소할 수 있다. 반대로 가격이 P_2로 주어질 경우에는 수요량이 생산량보다 훨씬 많기 때문에 많은 소비자들이 제품을 원하는 만큼 소비하지 못하게 된다. 이 경우에는 가격이 상승해야 초과수요(excess demand)를 줄이게 된다.

결국 수요량과 공급량을 일치시키는 가격인 P^*가 주어질 때 시장에서는 초과수요나 초과공급이 발생하지 않게 된다. 이처럼 시장에서 생산과 소비를 일치하게 하는 가격을 균형가격, 균형가격에서 거래되는 생산량 및 소비량을 균형수량이라 하며, 균형가격과 균형수량을 묶어 균형(equilibrium)이라 부른다. 이들은 수학적으로는

$$Q_D(P^*)=Q_S(P^*)$$

6) 기본적으로 생산자잉여는 이윤과는 다르다. 생산자잉여는 다른 생산자들보다 상대적으로 우수한 생산투입요소를 가지고 있기 때문에 얻게 되는 수입이라는 점에서 경제학적으로는 지대(地代, rent)에 해당한다.

그림 1-3 균형가격 및 수량

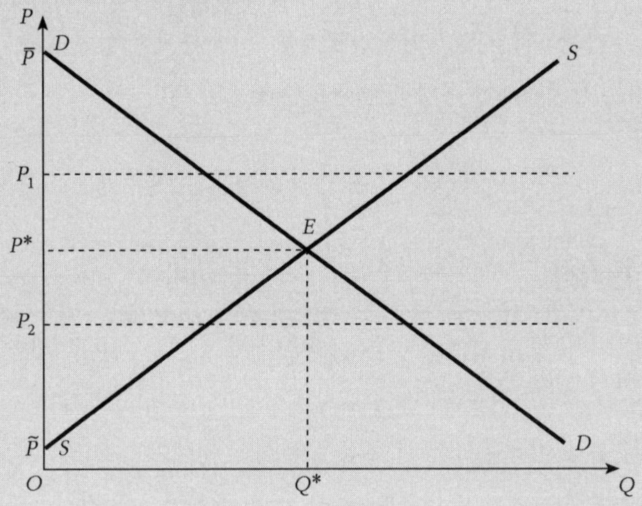

와 같은 관계를 갖는다. 그리고 균형에서 초과수요나 초과공급이 없는 상황을 "시장이 청산되었다"(market clears)고 한다.

그다지 과도하지 않은 몇 가지 조건이 충족될 때, 이 같은 균형은 자기복구 능력을 가지고 있다. 즉, 가격이 균형가격보다 높아 초과공급이 발생하면, 앞서 이야기한 생산자와 소비자의 조정으로 인해 가격이 하락하게 되며, 반대의 경우도 마찬가지이다. 이처럼 균형이 자기복구적인 능력을 지닐 때 안정적(stable)이라고 부른다. 균형의 안정성은 시장경제가 원활하게 작동하는 이유를 설명해 주며, 균형을 중심으로 경제 현상을 설명하는 접근의 타당성을 보장해 준다고 할 수 있다.[7)]

균형가격에서 거래가 이루어지면 소비자들은 $\bar{P}P^*E$ 만큼의 소비자잉여를 얻게 된다. 생산자들은 $P^*\tilde{P}E$ 만큼의 생산자잉여를 취득하게 된다. 두 잉여를 합한 $\bar{P}\tilde{P}E$

7) 균형의 안정성은 수량을 통해서도 설명이 가능하다. 만일 공급자가 Q^*보다 적은 수량을 생산한다고 하자. 이때 해당 수량에 대해 소비자들이 지불하고자 하는 가격은 제품 생산에 드는 비용보다 높다. 따라서 생산자들은 더 많은 제품을 생산함으로써 이익을 증진시키고자 할 것이다. 반대로 Q^*보다 많은 양이 생산될 경우에는 해당 수량에 대해 소비자가 지불하고자 하는 가격이 생산비용보다 낮다. 이로 인해 구매되지 않는 제품이 많을 것이고, 생산자들은 생산을 줄이고자 할 것이다. Q^*에서 최종소비의 한계효용과 최종소비의 한계비용이 일치하기 때문에 이것이 균형수량이 되고, 한계효용 및 한계비용 값에 해당되는 P^*가 시장가격이 된다.

를 사회적 잉여(social surplus)라고 하는데, 이것이 교환을 통해 창출되는 후생(welfare)의 총량이라고 할 수 있다. 이러한 후생이 얼마나 되는지, 누가 얼마만큼 사회적 잉여를 누리게 되는지, 그리고 경제정책 등이 사회적 잉여의 크기를 어떻게 변화시키는지는 경제정책을 평가하는 중요한 척도가 된다.

4. 탄력성

수요-공급 틀을 이용해서 경제 현상을 분석할 때에는 수요곡선과 공급곡선의 특성을 이해하는 것이 매우 중요하다. 예를 들어, 정부가 국민건강 증진을 위해 판매세를 부과하여 담배 가격을 인상하려 한다고 하자. 담배가 단순히 기호품이라면 가격 상승에 수요가 민감하게 반응할 가능성이 높고 이 정책은 담배 소비 감축에 큰 효과를 낼 것이다. 하지만 담배의 중독성 때문에 담배 수요가 가격에 크게 반응하지 않을 경우에는 세금 부과가 소비 감소에 별다른 효과를 거두지 못할 것이다. 이처럼 어떤 제품의 수요가 가격 변화에 얼마나 민감하게 반응하는지 파악하는 것은 정책 효과를 예측하는 데 큰 의미가 있기 때문에, 이것을 체계적으로 이해하는 것은 경제학에서 매우 중요하다.

경제학에서는 수요량이나 공급량이 가격에 반응하는 정도를 탄력성(elasticity)으로 측정한다. 탄력성의 가장 일반적인 정의는 다음과 같다.

$$\varepsilon = \frac{\text{독립변수의 변화율(\%)}}{\text{종속변수의 변화율(\%)}} = \frac{\frac{\Delta Y}{Y}}{\frac{\Delta X}{X}} = \frac{\Delta Y}{\Delta X}\frac{X}{Y}.$$

위 정의에 나타나 있듯이, 탄력성은 독립변수가 1% 변할 때 종속변수가 몇 % 변하는지를 보여 준다. 단순히 수요곡선이나 공급곡선의 기울기($\frac{\Delta Y}{\Delta X}$) 대신 탄력성

을 측정하는 이유는 여러 상품의 반응도를 비교하고 평가할 수 있기 때문이다.[8)]

앞서 언급한 예로 돌아가 보면, 이론적으로는 담배가 기호품적 성격이 강할 수도, 중독성이 강할 수도 있다. 따라서 정책의 효과를 예측하려면 담배가 어느 쪽에 가까운지를 파악하는 것이 필요하다. 이것은 결국 담배 가격 변화에 따라 수요가 얼마나 반응할지를 측정하는 작업이 되며, 이것은 기본적으로 탄력성 측정을 통해 가능하다. 만일 탄력성이 크게 나타난다면, 담배의 기호품적 성격이 강하다는 것을 의미하며, 반대로 작다면 중독성 제품의 성격이 강하다는 것을 의미한다.[9)] 담배에 대한 소비세 인상의 사례뿐 아니라 정부 정책의 수립과 집행 전반에 있어서 탄력성 측정이 매우 중요하기 때문에, 경제 현상에 대한 계량적 분석은 이론적 추론과 함께 경제학 연구의 양축을 이룬다.

5. 수요-공급 틀의 응용

다소 과장해서 표현한다면, 경제학적 사고를 잘 한다는 것은 수요-공급 틀을 잘 이해하고 사용한다는 것과 동일하다. 수요-공급 틀을 잘 사용한다는 것은 어떤 현상을 이 틀로 빨리 전환해서 생각할 수 있음을 의미한다. 즉, 어떤 경제정책의 효과를 고려할 때, 대상이 되는 시장이 무엇이고 수요 · 공급 곡선은 어떤 상황에 있는지, 그리고 정책은 수요 · 공급 곡선 또는 가격에 어떤 영향을 미치는지 파악하는 능력에 달려 있다. 이러한 파악이 이루어지면, 수요-공급 틀은 균형이 어떻게

8) 담배 한 갑이 2,000원이라면, 가격이 1,000원 오르는 것은 가격을 50%나 높이는 큰 변화이다. 이에 비해 20,000원 하는 책의 가격을 1,000원 올리는 것은 가격을 5% 올리는 것에 불과하다. 중요한 것은 가격 상승분(ΔP) 자체, 즉 1,000원이라는 액수가 아니라 가격 인상 정도($\Delta P/P$), 즉 5% 혹은 50%이며, 이에 대응해서 수요량이 몇 % 변화하였는지 여부이다.

9) 가격과 수요는 음의 관계를 가지고 있으므로, 통상 수요의 가격탄력성은 절대값으로 측정한다. 즉,

$$\varepsilon_P = \left| \left(\frac{\Delta Q_D}{Q_D}\right) \Big/ \left(\frac{\Delta P}{P}\right) \right|$$

이다. 수요의 가격탄력성이 1보다 크면 가격탄력적(elastic)이라고 하고, 1보다 작으면 비탄력적(inelastic)이라고 한다.

변화하는지에 대한 답을 매우 손쉽게 제공한다. 물론 복잡한 경제 현상을 인지하였을 때 이상과 같은 작업을 자유자재로 수행하게 된다는 것은 쉬운 작업은 아니다. 본절에서는 몇 가지 사례를 통해 경제 현상 분석에 수요-공급 틀이 어떻게 이용될 수 있는지를 보임으로써 수요-공급 틀을 익히는 데 도움을 제공하고자 한다.

1) 담배세 부과의 효과

앞서 살펴본 담배세의 예를 분석해 보기로 한다. 정부가 담배 한 갑당 h원의 세금을 부과한다고 생각해 보자. 이것은 단위당 한계비용을 h원만큼 상승시키는 효과를 낳기 때문에, [그림 1-4] (A)에서처럼 공급곡선을 SS에서 $S'S'$으로 h원만큼 수평 이동시킨다. 그 결과 균형은 E에서 E_1으로 이동한다.

세금이 가져온 1차적인 효과는 정부의 의도대로 Q^*로부터 Q_1으로 소비가 줄어든 것이다. 하지만 이때 수요곡선이 어떤가에 따라 소비 감소 효과는 확연히 달라진다. E에서 교차하는 수요곡선 $D'D'$을 상정해서 DD와 비교해 보면, $D'D'$하에서

그림 1-4 담배소비세 부과의 효과

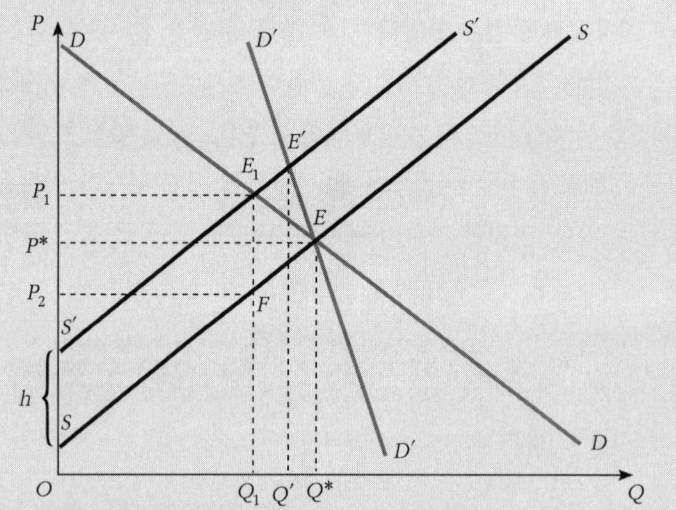

는 가격 상승에 따른 수요 감소폭이 Q'으로 Q_1보다 훨씬 작다. 즉, 수요의 가격탄력성이 작을수록 수요가 가격 변화에 반응하는 정도가 작다.

둘째, 가격이 P_1으로 상승한다. 하지만 주목할 것은 담배 가격이 세금액 h만큼 오르지는 않는다는 점이다. 이것은 가격이 상승함에 따라 수요가 감소하기 때문이다. 즉, 수요가 변하지 않는다면 가격이 세금액만큼 오를 것이지만, 수요가 감소하기 때문에 가격은 감소하게 된다. 그 결과 세금 부과에 따른 부담은 소비자가 모조리 부담하는 것이 아니라 소비자가 P_1P^*만큼, 생산자가 P^*P_2만큼 분담을 하게 된다. 현실에서 세금을 정부에 납부하는 주체는 담배 생산자이겠지만 그 돈을 실제 부담하는 사람은 이처럼 다를 수 있다는 것이 세금의 경제적 효과에 대한 분석에서 매우 중요한 주제이며, 흔히 경제학에서는 조세귀착(tax incidence)의 문제라고 부른다.

그림에서 수요곡선의 비교가 시사하는 바와 같이 탄력성이 낮아질수록 세금 부과액이 가격에 반영되는 폭은 증가하며, 소비자가 부담하는 비율도 늘어난다. 양자의 부담 몫 역시 수요곡선의 가격탄력성에 영향을 받는다. 가격탄력성이 낮을수록, 가격 상승에도 불구하고 소비가 줄지 않기 때문에 세금 부과분 중 보다 많은 부분이 가격 상승으로 나타날 것이며, 가격은 더 많이 상승하게 된다. 결국 담배의 중독성이 높으면 높을수록, 담배세 부과는 가격 상승만을 초래할 뿐 의도한 효과는 거두지 못하게 된다. 만일 중독성이 매우 높다는 것이 확인된다면, 가격 인상보다는 중독성을 줄이는 다른 정책을 모색하는 것이 보다 바람직할 것이다.

셋째, 세금 부과는 사회적 손실을 초래한다. 세금 부과 전과 비교해 볼 때 사회적 잉여 가운데 E_1FE만큼이 감소한다. 이러한 감소분을 자중손실(deadweight loss)이라고 한다. 정부의 시장 개입은 대부분 이와 같은 사회적 잉여의 손실을 초래한다. 따라서 이러한 손실을 만회할 만한 비경제적 근거가 충분하지 않을 경우, 정부 개입은 삼가하는 것이 바람직하다.

2) 농산물 가격 지지 정책

정부는 시장가격이 지나치게 높거나 낮다고 판단할 경우, 이것을 조정하기 위

그림 1-5 최저가격 또는 가격 지지 정책

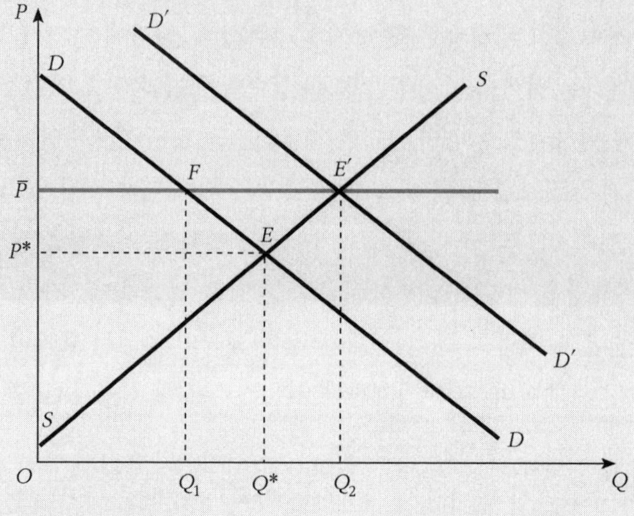

한 정책적 개입을 하는 경우가 있다. 전 세계적으로 농산품에 대해서는 이러한 정책이 광범위하게 사용되고 있는데, 우리나라 쌀 가격 지지 정책을 분석해 봄으로써 가격을 조정하려는 정부 정책의 효과와 영향에 대해 알아보기로 한다.

정부 개입이 없을 경우 쌀 가격은 시장에서 P^*로 정해진다고 하자([그림 1-5]). 정부는 이 가격이 지나치게 낮다고 판단하고 가격을 $\bar{P}$로 올리기로 하였다. 정부는 가격을 법으로 정하고 이 가격에서만 쌀을 거래하도록 한 뒤 이를 지키지 않아 적발되는 경우에는 처벌하는 방식으로 정책을 수행한다고 상정해 보자.

정부 정책의 결과 일차적으로 나타나는 것은 Q_2Q_1만큼의 초과공급이다. E와 비교해 볼 때 가격 상승은 Q_2Q^*만큼 생산을 증가시키며, 동시에 수요를 Q^*Q_1만큼 감축시키기 때문이다. 법으로 $\bar{P}$ 이하의 가격에 거래하는 것을 금지하고 있기 때문에 결국 농민들은 생산한 쌀을 그냥 썩혀서 손실을 보거나 아니면 암시장(black market)에서 보다 낮은 가격으로 몰래 팔아야 한다. 어느 경우이건 쌀 가격을 높여 농민들의 소득을 높인다는 정부 의도와는 일치하지 않는 결과라고 할 수 있다.

현실에서는 이러한 문제 때문에 법으로 가격을 고정하기보다는 정부가 일정

분량을 수매함으로써 인위적으로 가격을 높이는 정책을 실시한다. 즉, 정부가 Q_2Q_1만큼 쌀을 수매하면, 수요곡선이 $D'D'$으로 이동하여 원하는 가격에 도달할 수 있다. 그리고 실제 수요에 기반한 가격이기 때문에 앞서 법으로 가격을 통제하는 경우와는 달리 농민이 손실을 보는 일은 발생하지 않는다.

하지만 이 경우는 Q_2Q_1만큼의 쌀을 정부가 수매한 뒤 창고에 보관을 해야 하기 때문에 정부가 손실을 감내해야 한다. 만일 이 쌀을 어떤 방식으로든 시장에 내놓는 순간 이것은 정부 수요량을 줄이는 것과 동일한 효과를 유발하기 때문이다.[10) 정부는 Q_2Q_1의 구매를 위해 FQ_1Q_2E' 만큼 비용을 들이게 되는데, 이것은 결국 세금으로 충당할 수밖에 없다. 나아가 이 쌀들을 보관하기 위한 창고비용도 추가로 지출해야 한다.

이상의 분석은 정부의 쌀값 지지 정책이 본질적으로는 납세자로부터 농민으로 소득을 이전하는 정책임을 보여 준다. 이러한 소득이전(income transfer) 정책이 불가피한 이유가 있다면, 정부는 비용을 감수하고서라도 정책을 수행할 수 있다. 하지만 정부는 쌀값을 높이는 정책 대신 보다 효과적인 소득이전 정책을 고려해 볼 수도 있다. 예를 들어, 쌀 가격에 대해 개입은 하지 않으면서, 현금 지급을 통해 소득을 보전하는 것이 한 가지 예이다.

이 경우에는 $Q_1FE'Q_2$만큼의 금액을 농민들에게 지급하더라도 보관비용은 치를 필요가 없기 때문에 납세자의 부담은 훨씬 경감시킬 수 있다. 현실에서는 여러 가지 이유로 인해 이러한 대안들이 적절하게 고려되지 못하고 있다. 정책의 진정한 목표가 쌀 수매가 아니라 농민들의 소득보전이라고 한다면, 무엇이 보다 효과적인 소득보전책인지를 고려하는 접근이 바람직할 것이다.

10) 예를 들어, 정부가 수매한 쌀을 공무원들에게 임금 대신 지급한다고 하자. 그러면 공무원들은 시장에서 쌀을 구입하지 않을 것이기 때문에 그만큼 민간 부문 소비가 감소하게 되며, 그 결과 가격이 하락하게 된다.

6. 일반 균형

이상에서는 특정 시장에서 어떻게 균형가격과 수량이 결정되는지, 그리고 이것이 생산자와 소비자 후생에 어떤 영향을 미치는지에 대해 논의하였다. 그런데 현실에서는 수많은 재화들이 거래되고 있으며, 이들 시장은 서로 관련을 맺고 있는 경우가 많다. 이처럼 복잡한 상호작용이 일어나는 상황하에서 모든 시장들이 위에서 살펴본 것과 같은 균형을 성취할 수 있을 것인가?

케네스 애로(Kenneth Arrow)와 제라르 드브류(Gérard Debreu)는 몇 가지 가정들이 충족될 경우, 세상에 존재하는 모든 시장들에서 균형이 이루어질 수 있도록 하는 가격의 조합이 존재함을 보였다. 그리고 이 가격에 의해 생산되는 재화는 주어진 자원과 기술하에서 도달할 수 있는 최고 수준임을 입증하였다. 애로와 드브류가 정초한 이 이론을 일반균형이론(general equilibrium theory)이라 부르는데, 이는 애덤 스미스가 국부론에서 '보이지 않는 손'(invisible hand)이라 언급하였던 시장의 작용을 이론적으로 입증한 것이라고 할 수 있다.[11)]

물론 현실에서는 그들이 전제하였던 가정들이 충족되지 않기 때문에 시장이 효율적인 생산을 달성하지 못하는 시장실패(market failure)가 발생한다. 시장실패가 발생하는 대표적인 경우로는 생산자 또는 소비자가 가격을 좌지우지하는 경우, 정보의 문제로 인해 시장이 형성되지 않는 경우, 시장을 통하지 않고 다른 경제 주체들에 대해 영향을 미치는 경우(외부성) 등이 발생할 경우들이다.

시장실패는 정부가 시장에 개입해야 하는 근거로 흔히 거론된다. 하지만 정부개입이 오히려 비효율과 부작용을 초래하기도 한다. 앞서 다룬 두 사례는 정부실패(government failure)가 얼마나 많은 사회적 비용을 초래할 수 있는지 보여 주고 있다. 따라서 정부의 시장 개입은 매우 신중하게 이루어져야 하며, 시장의 역할을 대체하기보다는 시장의 원활한 작용을 촉진하는 방향으로 접근하는 것이 바람직하다.

11) 이에 반해서 한 시장에서의 균형을 분석하는 접근을 부분균형(partial equilibrium)이론이라고 부른다.

참고문헌

애덤 스미스 저, 김수행 역, 『국부론』, 동아출판사, 1992.

이준구, 『미시경제학』, 법문사, 2008.

Chapter 2 시장구조

김두얼

1. 시장구조의 유형
2. 완전경쟁
3. 독점
4. 모형의 응용

부록: 최적화

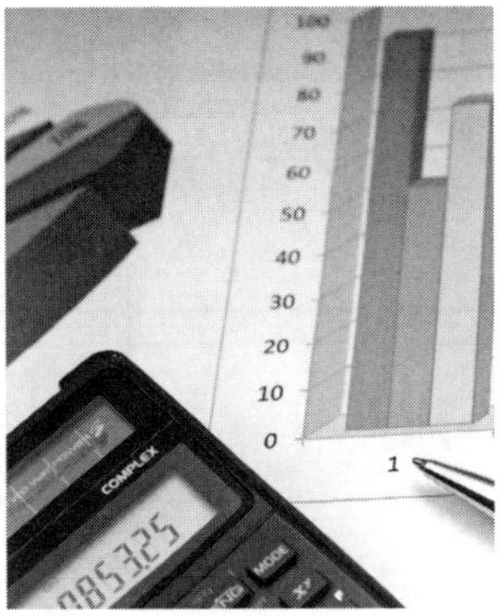

Chapter 2

시장구조

1. 시장구조의 유형

경제 주체 간의 거래는 매우 다양한 양상을 띤다. 생산자가 일방적으로 가격을 매기는 경우가 있을 수 있으며, 반대로 소비자가 모든 것을 결정하는 경우도 있다. 생산자들이 서로 다른 경쟁자들의 반응을 고려하는 경우가 있는 반면, 이러한 고려 자체가 불가능할 수도 있다.

경제 주체들이 교환에서 취하는 행동 방식은 기본적으로는 경쟁대상자들과 거래상대자들의 숫자에 크게 영향을 받는다. 아주 단순화해서 본다면, 생산자가 하나인 경우, 두셋 정도로 소수인 경우, 그리고 다수인 경우로 나누어 볼 수 있고, 소비자의 경우도 마찬가지로 상정한다면 [표 2-1]과 같은 조합을 생각해 볼 수 있다. 이 가운데 경제학자들이 많은 관심을 갖는 경우는 소비자는 다수이지만 생산자가 단독인 경우(독점), 소수인 경우(과점), 다수인 경우(완전경쟁)이다.[1)]

본장에서는 이 가운데 완전경쟁과 독점을 다루기로 한다. 과점의 경우는 경쟁해야 할 상대가 누구인지 명확하고 그 수도 제한되어 있기 때문에 기업들이 전략

1) 수요독점은 사실상 독점과 대칭되기 때문에 개론 수준에서는 별도의 논의가 필요하다고 보기는 어렵다. 쌍방독점 하에서는 양자의 교섭력(bargaining power)이 상황을 결정하게 되는데, 양자의 상황에 따라 매우 다른 결과가 나올 수 있기 때문에 일반화된 이론을 도출하기는 쉽지 않다.

표 2-1 시장구조의 유형

		소비자		
		단독	소수	다수
생산자	단독	쌍방독점	–	독점(monopoly)
	소수	–	–	과점(oligopoly)
	다수	수요독점(monopsony)	–	완전경쟁(perfect competition)

적 행동(strategic behavior)을 하게 되는데, 전략이 매우 다양할 수 있기 때문에 일반화된 모형을 도출하기가 쉽지 않다. 이에 비해 경쟁 상대가 너무 많아 전략적 행동이 불가능한 완전경쟁의 상황이나 경쟁 상대가 없는 독점의 상황은 훨씬 손쉽게 기업의 행동을 일반화해서 설명할 수가 있다. 본장에서는 두 시장구조에 대한 논의를 제시한 뒤, 이 이론들이 실제 경제 현상을 이해하는 데 어떻게 적용될 수 있는지 몇 가지 사례를 제시하기로 한다.

2. 완전경쟁

1) 가격수용자

완전경쟁(perfect competition)이란 어떤 재화시장에서 생산자들이 가격수용자(price-taker)로 행동하는 상황을 지칭한다. 가격수용자란 시장에서 결정된 가격을 주어진 조건으로 놓고 이윤을 극대화하도록 생산량을 결정하는 생산자이다. 다시 말해, 생산자는 가격을 자기 마음대로 정할 수 없고, 단지 주어진 가격에 따라 생산량 조절을 통해 이윤을 극대화하고자 행동한다는 것을 의미한다.

기업이 가격수용자로 행동하게 되는 가장 일반적인 이유는 동일한 상품을 생산하는 경쟁자들이 많다는 것이다. 이런 상황에서는 다른 기업보다 가격을 조금이라도 높이게 되면 모든 구매자를 잃게 되기 때문에 가격을 상방으로 조정하는 것이 불가능하다. 결국 생산자는 가격을 낮추는 자유밖에 없게 되는데, 이 역시 마음대로 하는 것은 사실상 가능하지 않다. 어떤 생산자가 시장가격보다 조금이라도 가격을 낮추면 모든 소비자들이 이 기업의 제품을 구매할 것이다. 하지만 다른 모든 기업들은 구매자를 모두 잃게 되기 때문에 적어도 이 기업이 낮춘 만큼 다른 기업들도 가격을 내릴 것이다. 이러한 경쟁은 더 이상 가격이 낮아질 수 없는 수준, 즉 이윤을 0으로 만드는 수준에 다다를 때까지 계속될 것이다. 결국 완전경쟁시장의 균형에서 주어지는 가격인 P^*는 기업이 도달할 수 있는 최저 수준의 가격이 된다. 이보다 가격을 높이면 구매자를 모두 잃기 때문에, 또 이보다 가격을 낮추면 손실을 보기 때문에, 기업은 P^*를 받아들일 수밖에 없다.

한 가지 유념할 것은 기업을 가격수용자로 행동하게 하는 데 있어 많은 경쟁자의 현존이 요구되는 것은 아니라는 점이다. 경쟁자의 존재는 잠재적인 것으로도 충분하다. 극단적으로 시장에 상품을 생산하는 기업이 하나만 존재한다고 하자. 이 경우에도 얼마든지 다른 기업들이 손쉽게 생산을 개시할 수 있는 상황이라면, 이 기업은 마음대로 가격을 결정할 수 없다. 이 기업이 이윤을 얻는다는 사실이 알려지는 순간 새로운 기업들이 진입하게 되고, 그 결과 공급이 증가하여 가격이 떨어질 수밖에 없기 때문이다. 결국 완전경쟁시장의 기업들로부터 도출되는 여러 가지 특성들은 무수히 많은 경쟁자가 현존하는 상황에서만이 아니라 잠재적인 경쟁자들이 존재하는 상황에서도 발생한다.

잠재적인 경쟁자가 이러한 역할을 할 수 있는 것은 진입장벽(entry barrier)이 없을 때이다. 아무리 잠재적 경쟁자가 많더라도, 이들이 재빨리 시장에 진입할 수 없다면 현실적 경쟁자로 전환되지 못하는 셈이며, 결국에는 기존 생산자들의 행동에 영향을 미치지 못하게 된다. 과연 어떤 요소들이 진입장벽으로 작용하는지는 독점을 다루면서 자세히 다루기로 한다.

2) 공급곡선

기업이 가격수용자라는 것은 [그림 2-1]에서처럼 수평한 수요곡선에 직면해 있

그림 2-1 완전경쟁시장에서 기업이 직면하는 수요곡선과 공급곡선

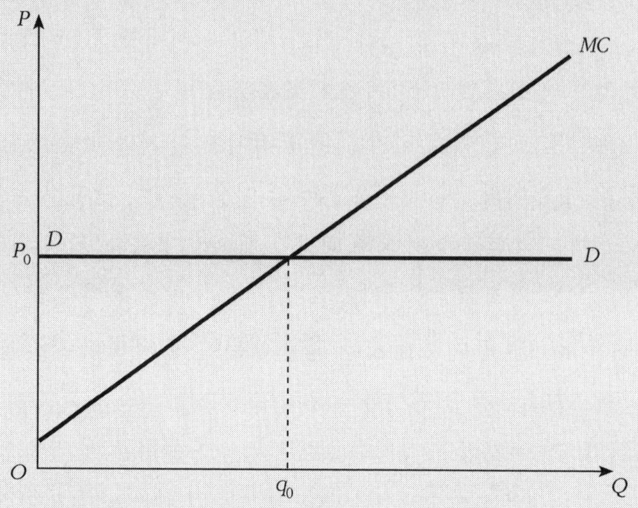

는 상태로 나타낼 수 있다. 수요곡선이 수평할 경우에는 이 이외의 가격을 고려하는 것이 불가능하다.2)

기업의 한계비용곡선이 그림의 *MC*처럼 주어져 있다면, 가격이 P_0일 때 이 기업은 생산량을 q_0로 결정한다. q_0보다 낮은 생산량에서는 단위당 P_0만큼의 수입을 얻는 반면 한계비용은 이보다 낮기 때문에 생산량을 늘릴수록 이윤을 증가시킬 수 있기 때문이다. 반대로 q_0보다 높은 생산량에서는 단위당 생산비용이 한계수입 P_0보다 높기 때문에 생산을 줄일 것이다. 따라서 가격과 비용조건이 주어졌을 때 완전경쟁기업의 균형생산량은

$$P=MC(q)$$

로 결정된다.3)

2) 한 가지 주의할 것은 수평한 수요곡선은 개별 기업이 인식하는 수요곡선이라는 점이다. 시장수요곡선은 이에 앞서 살펴본 것처럼 우하향하는 형태이지만, 개별 기업이 인식하는 것은 시장에서 결정된 특정 가격이기 때문에, 이것을 표현한 것이 바로 수평한 수요곡선이다.

만일 한계비용곡선이 그림에서와 같이 단조 증가하는 형태를 가진다면, 가격과 수량 간에는 1 대 1 대응관계가 발생한다. 즉, 가격에 대해 일의적으로 이윤을 극대화하는 수량이 존재한다. 이 관계를 함수로 나타낸다면 그것이 공급함수가 된다. 한계비용함수의 역함수가 곧 공급함수인 셈이다.

$$q = MC^{-1}(P) \equiv s(P).$$

이미 제1장에서 기업의 공급곡선이 한계비용함수로 해석될 수 있음을 설명하였는데, 본절에서의 설명은 같은 내용을 다른 방식으로 도출한 것이라고 할 수 있다.

3) 완전경쟁시장의 균형

이상과 같은 기업공급함수들을 모두 합하면 시장공급함수가 된다. [그림 2-2]에 제시된 바와 같이 시장의 수요곡선과 공급곡선이 각각 *DD*와 *SS*로 주어져 있을 경우 완전경쟁시장의 가격은 P_0로 결정될 것이다. 이렇게 결정된 가격을 개별 생산자들은 수평의 수요함수로 생각하고 생산량을 결정하게 된다.

단, P_0는 균형가격이긴 하지만 만일 기업들이 0 이상의 이윤을 누리고 있다면 장기균형이라고 할 수는 없다. 가격이 0 이상의 이윤을 허용하는 수준에 있다면 신규 진입자들의 참여로 인해 공급곡선이 *SS*에서 $S'S'$으로 우측 이동하게 될 것이기 때문이다. 결국 개별 기업들의 이윤이 모두 0이 되는 수준인 P^*까지 가격이 하락하도록 공급곡선이 이동을 하고서야 신규 기업의 진입이 멈출 것이고, 이 가격이 장기균형, 즉 진정한 의미에서 완전경쟁시장의 균형가격이 된다. 이 가격이 [그림 2-1]처럼 수평으로 주어질 때, 개별 기업은 가격을 높이거나 낮추는 것이 불가능한 상황에 놓인다고 할 수 있다.

이처럼 장기균형에서 도달할 수 있는 최저 수준까지 가격이 낮아졌다면, 주어

3) $p = MC$라는 것은 완전경쟁기업의 이윤극대화 조건이다. 이때 완전경쟁기업이 직면하는 수요곡선은 수평선이기 때문에 제품 한 단위를 더 팔 때 벌어들이는 수입, 즉 한계수입(marginal revenue: *MR*)은 곧 가격과 동일하다 ($p = MR$). 따라서 완전경쟁기업의 이윤극대화 조건은 $MR = MC$로도 쓸 수 있는데, 이것은 뒤에 보여 주는 독점기업의 이윤극대화 조건과 동일하다. 즉, $MR = MC$는 기업의 보편적인 이윤극대화 조건이며, $p = MC$는 이 가운데 특수한 경우라고 할 수 있다.

그림 2-2 완전경쟁시장의 균형

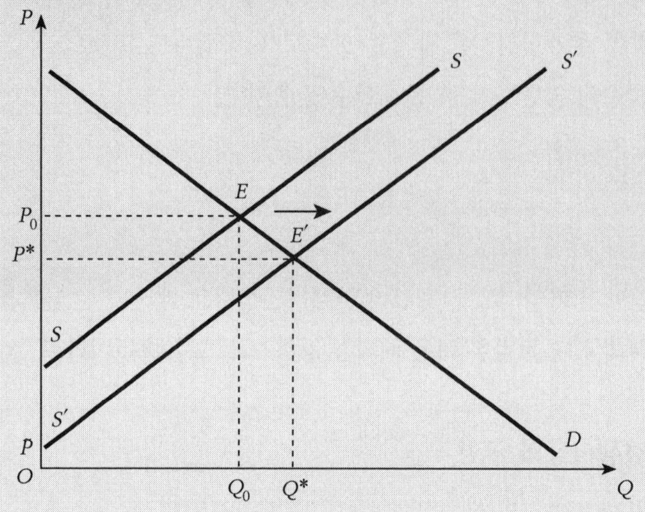

진 수요곡선하에서 소비자잉여가 최대가 되어 있음을 의미한다. 따라서 완전경쟁시장은 소비자들의 후생을 극대화해 준다고 할 수 있다.

아울러 완전경쟁시장에서 생산자들은 가장 효율적인 생산기술을 채택할 수밖에 없다. 선택 가능한 여러 가지 생산설비나 기술 중 다른 기업들보다 효율성이 떨어지는 방식을 채택하게 되면 다른 기업들보다 생산에 보다 많은 비용을 들여야 한다. 이런 상황에서 보다 효율성 높은 설비를 갖춘 기업이 시장에 진입하게 되면 이 기업은 퇴출될 수밖에 없다. 이처럼 잠재적 생산자들 가운데 보다 효율적인 생산기술을 이용하는 경쟁자들이 계속 진입하는 상황에서는 가장 효율적인 기술을 가진 생산자들만이 생산을 하게 될 것이기 때문에, 생산의 효율성이 극대화된다고 할 수 있다.

이처럼 완전경쟁시장의 균형에서 소비자의 후생이 극대화되고 생산의 효율성이 극대화된다는 것은 완전경쟁시장이 사회가 도달할 수 있는 최선의 효율성을 달성하고 있음을 의미한다. 모든 시장이 완전경쟁적 상황이라면 사회 전체의 후생수준이 도달 가능한 상태 가운데 가장 높은 수준에 도달할 수 있을 것이다. 이런 이유 때문에 제1장에서 다룬 일반균형이론에서는 완전경쟁시장이 최고의 효율성을 담보함을 제시한다.

3. 독점

1) 독점의 원천

독점(monopoly)이란 말 그대로 어떤 제품을 단일 기업이 혼자 생산하는 상황을 지칭한다. 독점이 발생하는 이유는 여러 가지가 있을 수 있지만, 크게는 두 가지로 나누어 볼 수 있다.

첫째는 생산에 있어 규모의 경제(economies of scale)가 존재하기 때문이다. 규모의 경제는 생산을 수행하는 데 있어 생산량과 비례하지 않는 투입이 전제되는 상황에서 발생한다. 예를 들어, 정유공장을 보면 휘발유의 생산과 석유 투입 간에는 일정한 비례관계가 존재하겠지만, 생산 자체를 수행하려면 우선 대규모 정유설비를 건설해야 한다. 이 설비가 생산비에 미치는 영향을 생각해 본다면, 생산이 늘어날수록 비용이 생산량에 널리 분산되기 때문에 제품 한 단위당 평균비용은 오히려 감소하게 된다.[4] 이것은 생산이 증가할수록 단위당 비용이 감소함을 의미하는데, 이럴 경우에는 여러 개의 기업이 존재할 때보다 기업이 하나만 있는 것이 오히려 비용을 줄일 수 있다.[5] 경제적 효율 추구의 결과로 독점적 시장구조가 등장하게 되는 경우를 자연독점(natural monopoly)이라고 한다.

둘째는 진입장벽(entry barrier)이 형성되기 때문이다.[6] 진입장벽은 여러 가지 원

4) 생산비용은 크게 가변비용(variable cost: VC)과 고정비용(fixed cost: FC)으로 구분한다. 가변비용은 석유처럼 생산량과 비례해서 증가하는 투입 때문에 발생하는 비용이다. 석유 가격을 w, 석유 투입량을 Q라고 한다면 가변비용은 $VC=wQ$가 된다. 고정비용은 생산량과 관계없이 사용되는 비용으로, 이 값을 F라 한다면 $FC=F$가 된다. 총비용은 이 둘의 합, 즉 $TC=VC+FC$가 될텐데, 제품 한 단위당 투입되는 평균비용은 $AC=w+F/Q$가 된다. 생산량이 늘더라도 제품 단위당 평균가변비용은 w로 변하지 않지만 평균고정비용은 계속 감속하고, 이것이 총가변비용을 낮추는 힘으로 작용한다.

5) 즉, 평균비용곡선이 우상향하는 것이 아니라 우하향하게 된다.

인에서 발생할 수 있지만 크게 보면 기업의 전략적 행위와 정부의 규제가 가장 큰 원천들인데, 이 중 전자에 대해서는 다음 절에서 살펴보기로 한다. 정부가 법적으로 독점권을 부여하는 경우는 전매제도나 특허(patent) 등이 있다.

이하에서는 자연독점이 아닌 경우, 즉 평균비용이 우상향하는 독점기업이 어떻게 행동하는지, 그리고 이에 따른 사회적 손익이 어떻게 되는지를 살펴보기로 한다. 이것은 완전경쟁시장과 비교해 볼 때 후자가 사회적 후생을 낮추는 역할을 수행할 수 있기 때문이며, 이것을 방지하는 정부 정책이 중요한 의미를 지니기 때문이다.

2) 독점기업의 가격 결정

독점기업은 경쟁자들이 없기 때문에 가격을 주어진 것으로 받아들일 이유가 없다. 시장수요곡선을 두고 이윤이 극대화되는 생산량과 가격의 조합을 찾아 선택하면 된다. 따라서 완전경쟁시장에서의 생산자들과는 달리 독점기업에게는 생산함수가 존재하지 않는다.

이윤을 극대화하는 생산량 및 가격은 한계비용과 한계수입을 고려해서 찾아낼 수 있다. 한계비용에 대해서는 이미 논의를 하였으므로 한계수입에 대해 설명을 하도록 하자. 어떤 기업이 Q만큼의 제품을 p에 판매할 경우, 얻게 되는 총수입(total revenue)은

$$TR(Q)=pQ=p(Q)Q$$

이다. 이때 $p(Q)$는 수요함수의 역함수를 나타낸다. 이 기업이 제품 단위당 얻게 되는 평균수입(average revenue)은

6) 경우에 따라서는 대규모 설비투자 자체도 진입장벽이라 지칭하기도 한다. 이때 진입장벽은 사실은 대규모 투자액이 아니라 투자액을 조달할 수 있는 금융시장의 존재 여부 또는 금융시장에서 돈을 빌릴 수 있는 능력이 진입장벽으로 작동하는 것이라고 할 수 있다.

$$AR=\frac{TR}{Q}=p(Q)$$

인데, 이것은 수요곡선이 곧 평균수입곡선임을, 즉 독점기업이 Q를 생산할 때 단위당 얼마만큼 평균수입을 얻게 되는지 보여 준다는 것을 의미한다. 한계수입(marginal revenue)은 한 단위를 추가로 생산할 때 얻게 되는 추가적 수입으로,

$$MR=\frac{\Delta TR}{\Delta Q}$$

로 정의된다. 기업의 한계비용곡선이 [그림 2-3]에서와 같이 주어질 때 기업은

$$MR(Q_m)=MC(Q_m)$$

를 만족하는 Q_m에서 생산함으로써 이윤을 극대화할 수 있다.[7] 만일 어떤 생산량에서 $MR>MC$라면 해당 단위 제품을 생산할 때 얻게 되는 추가적 수입이 추가적 비용보다 높기 때문에 그 단위를 생산하는 것이 이윤을 늘리는 길이다. 하지만 $MR<MC$라면, 해당 단위 생산을 위한 추가적 비용이 추가적 수입보다 높기 때문에 생산을 안하는 것이 이롭다. 따라서 기업은 이윤을 늘리는 최대한, 즉 한계비용과 한계수입이 일치하는 수준에서 생산량을 정하게 될 것이다. 그림에 주어진 수요곡선에 따르면 이윤극대화 조건을 만족시키는 Q_m에 대응하는 가격 수준은 P_m이다. 따라서 독점기업은 가격을 P_m으로 책정함으로써 시장에서 Q_m만큼을 팔고, 극대화된 독점이윤을 취득하게 된다.[8]

---

7) 한계수입곡선이 그림에서처럼 수요곡선 또는 평균수입곡선 아래에 위치하는 이유는 다음과 같다. $TR=p(Q)Q=AR(Q)Q$를 미분하게 되면 $MR=AR+\frac{dAR}{dQ}$가 된다. 평균수입곡선인 수요곡선은 음의 기울기를 가지고 있다($\frac{dAR}{dQ}<0$). 따라서 $MR<AR$이 되고, MR곡선이 AR곡선 아래 놓이게 된다.
이상의 수학적 관계는 직관적으로는 다음과 같이 설명해 볼 수 있다. 생산량이 100이고 100번째 단위로부터의 수입이 1,000이라고 하자. 이보다 한 단위를 더 늘리려 한다고 하자. 이 경우 101번째 단위의 판매로부터 얻을 수 있는 한계수입을 800이라 하면, 한계수입은 200이 감소하는 것이다. 하지만 평균수입의 감소에 있어서는 이 200이 이미 생산되고 있는 100에 분산되어 반영되기 때문에 평균수입 감소는 훨씬 작게 나타난다. 따라서 매 생산량에 대해 한계수입은 평균수입보다 작게 된다.

8) 독점이윤의 규모를 보이기 위해서는 평균비용함수를 그림에 표시해야 하는데, 이것은 미시경제학 교과서를 참조할 것.

그림 2-3 독점기업의 가격 및 생산량 결정

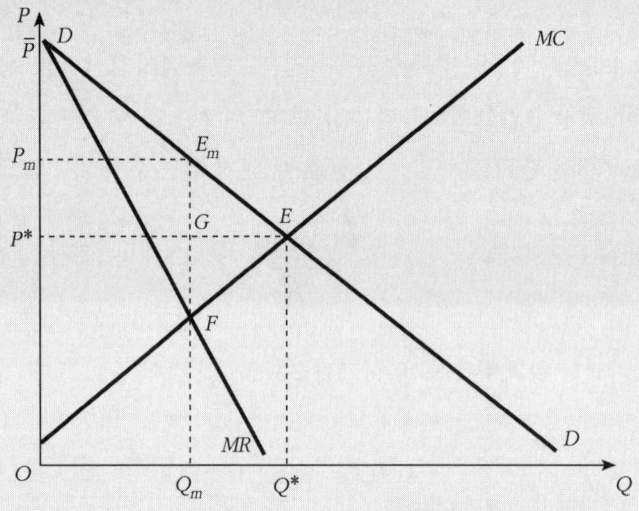

3) 독점의 사회적 비용

완전경쟁시장의 공급함수가 독점기업의 한계비용인 *MC*와 같다고 한다면 완전경쟁시장의 균형은 P^*와 Q^*일텐데, 독점시장에서의 가격 P_m은 P^*보다 높고, 생산량 Q_m은 Q^*보다 적다. 이러한 차이는 두 가지 점에서 독점시장이 야기하는 문제점으로 지적된다.

첫째는 소비자 후생이 감소된다. 독점하에서는 Q_m만큼을 P_m에 판매하기 때문에 소비자는 $\bar{P}P_mE_m$만큼 소비자잉여를 얻게 된다. 완전경쟁시장에서의 소비자잉여인 $\bar{P}P^*E$와 비교해 보면, 독점은 소비자잉여를 줄임으로써 소비자의 후생을 감소시킨다.[9]

둘째, 독점은 사회적 후생의 총량을 감소시킨다. 경쟁시장과 비교해 보면 E_mFE만큼 사회적 잉여가 증발한다. 이것은 독점기업이 생산을 줄였기 때문에 야기되는

9) 줄어든 소비자 후생 $P_mP^*EE_m$ 가운데 $P_mP^*GE_m$은 독점기업이 이윤으로 수취한 부분이다. 나머지 삼각형 부분은 이하에서 설명하는 바와 같이 생산 감소로 인해 아예 사라져 버리는 부분이다.

자중손실(deadweight loss)이다.

이러한 두 가지 요소가 독점에 대한 정부 규제의 근거가 된다. 즉, 독점은 소비자에게 마땅히 돌아가야 할 후생을 부당하게 독점기업이 빼앗아 가는 것이기 때문에 정부는 이것을 막는 것이 필요하다. 둘째, 독점은 사회적 잉여의 총량을 감소시키기 때문에 정부가 이것을 해소하기 위해 기업활동에 개입하는 것은 정당화될 수 있다.

반면, 정부가 전매상품 지정이나 특허제도처럼 규제를 통해 독점을 창출한다면, 이것은 이러한 비용을 상쇄하고도 남는 정당성이 존재해야 한다. 예를 들어, 특허제도는 정부가 발명가에게 독점이윤을 보장함으로써 기술 발전이 촉진되고, 이것이 사회적으로 이득을 준다는 정당성이 인정되기 때문에 많은 나라에서 채택되고 있다. 하지만 이러한 정당성이 충분히 인정되지 않는 경우에도 정부가 규제를 통해 독점을 창출하거나 방조하는 경우들이 많이 있다. 이러한 문제를 해결하는 것은 소비자 후생 증진을 위해서나 사회 전체의 효율성 증진을 위해서 매우 중요하다.

4. 모형의 응용

1) 제품차별화

완전경쟁하에서 기업들은 0의 이윤에 만족해야 한다. 만일 기업들이 보다 높은 이윤을 누리기 위해서는 완전경쟁 상황을 탈피해야 한다. 한 가지 방법은 자신의 제품을 차별화(differentiation)하는 것이다.[10] 제품이 다른 제품들과 구분이 되고 이것을 생산할 수 있는 기술을 해당 기업만 가지고 있다면, 그 기업은 새로운 시장에서 독점적 지위를 갖는 것과 동일하다. 예를 들어, 스타벅스사는 스타벅스 커피가

10) 이것은 진입장벽을 창출하는 행위로 묘사되기도 한다.

담고 있는 매우 독특한 특성의 커피시장에서 독점적 지위에 있다고 할 수 있다. 이른바 명품들도 명품 자체가 갖는 특성들의 조합으로 이루어진 어떤 상품시장에서 독점적 지위를 갖는 생산자라고 할 수 있다.

제품차별화가 이루어지면 기업이 직면하게 되는 수요곡선은 수평이 아닌 우하향하는 형태가 되며, 기업은 위에서 논의한 독점기업과 동일한 방식으로 행동하게 된다. 즉, 완전경쟁시장에서보다 높은 가격을 매기고, 보다 적은 양을 생산하며, 독점이윤을 얻게 된다.

제품차별화가 얼마나 성공하였는지 여부는 수요곡선의 탄력성을 얼마나 낮추었는가로 개념화해 볼 수 있다. 대체재가 극단적으로 많은 경우는 동일한 제품들이 무수히 많다는 뜻이며, 이 경우 가격탄력성은 무한대 값을 갖는다. 그리고 이 경우는 제품차별화가 전혀 이루어지지 않은 상황이라고 할 수 있다. 이에 비해 대체재가 적어질수록 또는 상품 간 대체관계가 불완전해질수록 수요의 가격탄력성은 작아지며, 제품차별화는 성공한 것이라고 할 수 있다. 극단적으로 전혀 대체재가 존재하지 않으면 수요곡선은 수직의 형태를 갖게 되며 탄력성은 0이 된다. 이럴 경우는 생산자가 어떤 가격을 매기더라도 수요자가 제품을 구매할 의사를 갖는 상황이라고 할 수 있다.

제품차별화는 소비자잉여를 감소시키며, 자중손실도 유발한다. 동일한 제품만이 존재하는 완전경쟁시장과 비교해 볼 때보다 가격도 높고 판매량도 적어지기 때문이다. 하지만 이것은 대체재들이 존재하는 상황에서 소비자들이 자발적으로 선택을 하는 것이기 때문에 소비자들의 후생을 감소시키는 행위라고 보기는 어렵다. 이런 이유 때문에 정부는 대개 제품차별화에 대해서는 규제를 가하지 않는다.

2) 가격차별

차별화된 제품을 판매하는 생산자가 분할된 두 시장 A와 B에서 제품을 판매한다고 하자. 과연 두 시장에 대해 동일한 가격을 매기는 것과 서로 다른 가격을 매기는 것 중 어느 것이 이 기업에게 보다 많은 이윤을 가져다 줄까?

K라는 자동차회사가 A, B 두 나라에 자동차를 판매하는 상황을 두고 이 문제를

그림 2-4 가격차별정책

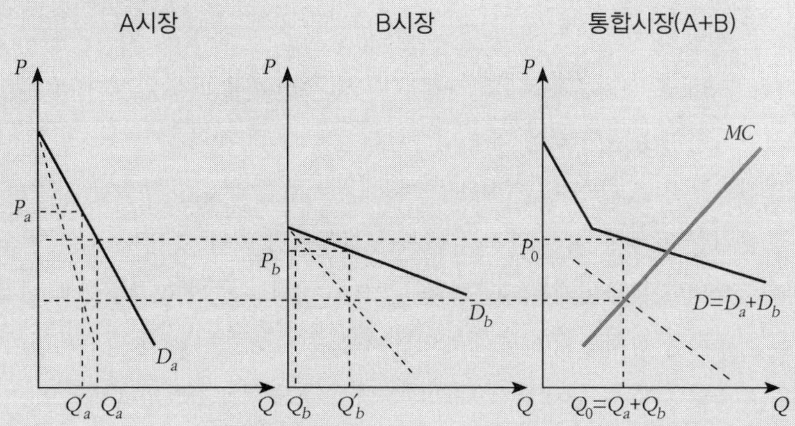

생각해 보자. 두 나라는 관세 등으로 인해 시장이 완전히 분할이 되어 있으며, 각 시장의 수요곡선은 [그림 2-4]처럼 D_a, D_b로 주어져 있다. 만일 K사가 두 시장의 수요곡선을 통합한 것을 수요곡선으로 두고 하나의 가격을 결정한다면, 이것은 P_0가 될 것이다. K사는 각 시장에 P_0를 적용하여 A시장에서는 Q_a, B시장에서는 Q_b를 판매할 것이다. 두 수량을 합한 값은 Q_0와 일치한다.

하지만 두 시장에서 가격을 따로 따로 매긴다면, A시장에서는 P_0보다 높은 P_a, B시장에서는 P_0보다 낮은 P_b로 결정할 것이다. 판매량도 A시장에서는 Q_a보다 적은 Q'_a, B시장에서는 Q_b보다 많은 Q'_b을 판매하게 될 것이다. 총생산량은 Q_0로 동일하지만 이렇게 생산량을 재배치하면 K사는 보다 높은 이윤을 얻을 수 있다. 즉, A시장을 놓고 볼 때, P_a로 가격을 설정하는 것이 A시장에서 이윤을 극대화하는 것이고, 마찬가지로 B시장에서는 P_b로 가격을 결정하는 것이 이 시장에서의 이윤을 극대화하기 때문에, 두 시장 모두에서 이윤을 극대화하는 가격을 매기는 것보다 더 이윤을 크게 하는 가격 설정은 불가능하다.

한 가지 유념할 것은 K사가 가격탄력성이 낮은 시장에서 보다 높은 가격을 부과하고 있다는 사실이다. 가격탄력성이 낮으면 보다 높은 가격을 부과하더라도 소비가 줄지 않기 때문에 가격을 높여서 수입을 증진시키 것이 유리한 반면, 가격탄력성이 높은 시장에서는 가격을 낮출 때 수요가 크게 늘어날 수 있기 때문에 가격을 낮추는 정책이 사용되는 것이다.

가격차별(price discrimination)의 사례는 우리 주변에서 매우 흔하게 볼 수 있다. 외국 출판사들이 동일한 책에 대해 양장본(hard cover)와 저가본(paperback)을 시차를 두고 발간하는 것은 책을 빨리 사 보아야 하는 사람들과 그렇지 않은 사람들을 시간으로 분리한 뒤 서로 다른 가격을 매기는 정책이라고 할 수 있다. 컴퓨터 소프트웨어 회사들이 기관들에게는 매우 비싼 가격을 매기는 반면 학생들에게는 저렴한 가격을 부과하는 정책도 유사한 사례이다. 백화점 등이 실시하는 바겐세일이나 영화관의 조조할인, 신문 등과 함께 배포되는 쿠폰들도 가격차별의 사례들이다.

또 몇 년 전 크게 논란이 되었던 인터넷 서적 판매기업인 아마존의 가격 책정 정책도 가격차별정책의 한 사례이다. 즉, 아마존은 충성도가 높은 구매자에게 보다 높은 가격을 부과하였다. 단골들에게 보다 싼 가격을 제공한다는 통념과는 배치되지만, 이 정책은 가격차별정책으로 보면 매우 합리적이다. 즉, 가격차별이 가능하다면 소비자들 가운데 가격탄력성이 낮은 사람들에게 더 높은 가격을 부과해야 하기 때문이다. 이 정책은 여러 가지 비판 때문에 곧 폐기되었고 아마존의 명성을 크게 훼손하는 결과를 낳았지만, 차별화된 제품시장에서의 생산자들이라면 누구나 취하는 정책의 한 변종에 불과하다는 점은 널리 인지되지는 않았다.

이 같은 가격차별정책이 소비자 후생에 기여하는 바를 일률적으로 평가하기는 쉽지 않다. 예를 들어, 영화관 조조할인의 경우, 노년층처럼 소득이 낮은 사람들은 낮에 싼 가격으로 영화를 볼 수 있는 기회를 제공하는 반면, 직장에 다녀야 해서 주말에만 영화를 볼 수 있는 사람들은 상대적으로 소득이 높다는 이유로 보다 높은 가격을 지불해야 한다. 이처럼 전자는 이득을 보고 후자는 손해를 보게 되는 경우, 사회 전체의 후생이 증가하였는지 감소하였는지 평가하기란 쉽지 않다. 따라서 정부는 특별한 경우를 제외하고는 가격차별을 불공정한 거래행위로 취급하고 단속하지는 않는다.

부록: 최적화

본문에서는 가능한 한 직관에 의거해서 논의를 전개하였다. 하지만 많은 전문 연구들은 엄밀한 논리 전개를 위해 수학을 많이 사용하는데, 수학적 접근을 전혀 모를 경우에는 자칫 전문적 연구들을 이해하는 데 많은 어려움이 발생할 수 있다. 이러한 문제를 다소나마 완화해 보고자 본 부록에서는 아주 간략하게 최적화(optimization)와 관련된 수학적 접근법을 소개하기로 한다. 사실 최적화 문제를 푸는 방식은 소비자의 효용극대화건 생산자의 비용극소화건, 완전경쟁이건 독점이건 모두 동일하다. 따라서 편의상 이하의 논의는 소비자이론의 예만을 제시하기로 하고, 생산자이론 또는 소비자이론 등에서 최적화가 어떻게 적용되는지 체계적으로 학습하고자 하는 분들은 미시경제학 교과서의 고전이라고 할 수 있는 Silberberg(1990) 등을 참조할 것을 권한다.

1) 제약이 존재하지 않는 경우의 최적화

어떤 소비자가 제품 X을 소비함으로써 얻게 되는 효용이 얼마인지를 다음과 같은 효용함수로 나타낼 수 있다.

$$U=f(X).$$

한계효용은 X가 한 단위 증가할 때 증가되는 효용의 양으로,

$$MU_X \equiv \frac{dU}{dX}$$

와 같이 정의된다.

제품의 소비와 효용 간에 [그림 2-5]와 같은 관계가 주어져 있다고 하자. 이 효용

그림 2-5 효용함수

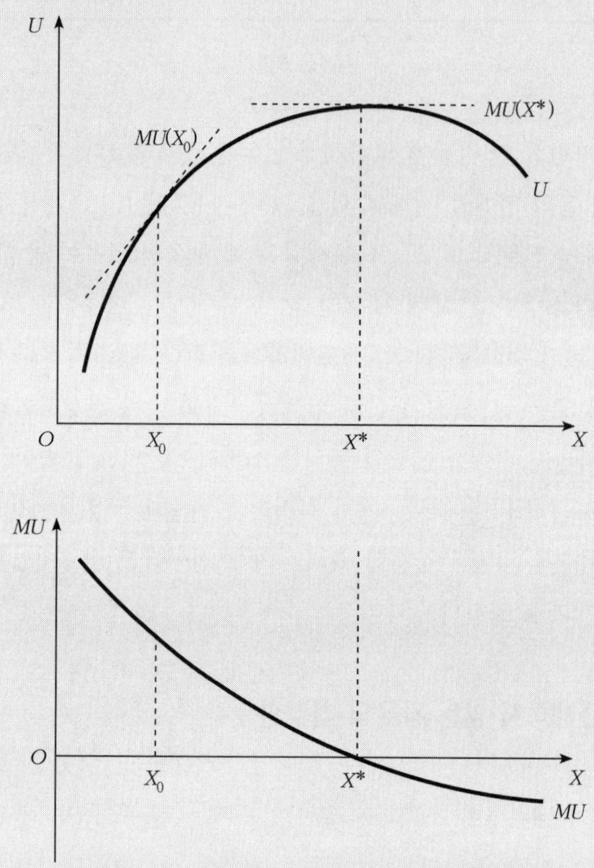

함수의 특성은 다음과 같이 서술할 수 있다. 첫째, X^*보다 적은 소비 수준하에서는 소비가 늘수록 총효용은 증가한다. 이것은 한계효용이 양의 값을 갖기 때문이다. 반대로 X^*보다 높은 소비 수준에서는 총효용 자체가 감소하는데, 이것은 한계효용의 값이 음이 되기 때문이다.

$$MU_X > 0 \text{ if } X < X^*,$$
$$MU_X < 0 \text{ if } X > X^*.$$

둘째, $X<X^*$인 구간에서 X가 증가할 때 U는 증가하지만 증가폭은 감소한다. 이것은 X가 증가할수록 MU가 점차 감소하기 때문이다. $X>X^*$에서는 X가 증가할수록 U가 감소하는데, 감소폭이 증가한다. 이 역시 X가 증가할수록 MU가 점차 감소하기 때문이다. 이것을 수학적으로는

$$\frac{dMU}{dX}=\frac{d^2U}{dX^2}<0$$

와 같이 나타낸다.

효용함수가 위와 같은 성격을 가지고 있다는 것을 통상적으로는

$$U=f(X),\ \frac{d^2U}{dX^2}<0$$

로 표시한다.

효용함수가 이같이 주어졌을 때, 효용을 극대화하는 소비량은 다음 두 조건, 즉 1계조건(first order condition: F.O.C.)과 2계조건(second order condition: S.O.C.)을 만족시키는 X^*이다.

$$\text{F.O.C.: } \frac{dU(X^*)}{dX}=0,$$

$$\text{S.O.C.: } \frac{d^2U(X^*)}{dX^2}<0$$

이다. 여기서 F.O.C.는 극값이 되기 위한 조건을 의미하는데, X^*의 좌우로 MU는 음과 양 또는 양과 음의 값을 갖게 된다는 것을 보여 준다. 단, 이 둘 중 어느 쪽이냐에 따라 F.O.C.를 만족하는 X^*는 U의 최소값을 가져올 수도, 최대값을 가져올 수도 있다. 그림에서 유추해 볼 수 있듯이 전자가 되려면 MU가 계속 증가해야 하고, 후자가 되려면 MU가 계속 감소해야 한다. 따라서 S.O.C.가 위와 같이 주어질 때 F.O.C.를 만족하는 X^*는 U를 극대화한다. 그리고 이것이 성립하도록 하기 위해 대개 함수를 정의할 때 2계조건은 전제하는 것이 일반적이다.

2) 제약하의 최적화

최적화는 여러 가지 제약하에서 다루어지는 것이 보다 일반적이다. 효용함수를 보다 일반화해서, X_1과 X_2 두 재화를 소비한다고 하자. 그리고 이 효용함수는

$$U=U(X_1, X_2),$$

$$\frac{\partial U}{\partial X_1}>0, \frac{\partial U}{\partial X_2}>0$$

와 같은 조건을 충족한다고 하자.

재화를 구매하려면 소득이 필요하다. 소득이 M이라 하고, 모든 소득을 X_1과 X_2 소비에 다 사용한다면, 소득과 소비 간에는

$$M=p_1X_1+p_2X_2$$

와 같은 관계가 성립한다. 이것은 소비자가 구매할 수 있는 한도를 보여 준다는 점에서 예산제약(budget constraint)이라고 한다.

소비자가 주어진 예산제약하에서 효용을 극대화하고자 한다고 하자. 이 문제는 흔히

$$\max U(X_1, X_2),$$
$$\text{s.t. } M=p_1X_1+p_2X_2$$

와 같이 정식화된다. 여기에서 주어진 조건은 가격과 소득이고, 효용극대화를 위해 소비자가 결정할 수 있는 변수는 재화의 수량, 즉 X_1과 X_2이다.

이 문제를 편리하게 푸는 방식은 라그랑지함수를 이용하는 것이다. 라그랑지함수는 목적함수와 예산제약을 결합함으로써 이루어진다.

$$L = U(X_1, X_2) + \lambda[M - p_1X_1 - p_2X_2].$$

여기서 λ를 곱한 것은 목적함수와 예산제약의 단위가 다르기 때문이다. 즉, 목적함수는 효용단위인 데 비해 예산제약은 화폐단위이다. 따라서 화폐액을 효용단위로 전환해 주어야만 양자를 합산하는 것이 가능한데, 이 역할을 하는 것이 λ이다. 바꾸어 말하면, λ는 화폐 한 단위를 소비할 때 얻게 되는 한계효용이라고 할 수 있다.

이처럼 목적함수와 예산제약의 결합으로 구성된 라그랑지함수 안에서는 X들을 늘리면 효용이 증가하지만, 이와 동시에 지출 증가 때문에 효용이 감소하기도 한다. 따라서 라그랑지함수를 이용하면 예산제약하에서 어떻게 효용이 극대화되는지를 고려하게 된다고 할 수 있다.

결국 라그랑지함수가 극대값을 갖도록 하는 X_1과 X_2를 구하는 방식은 기본적으로 무제약하의 극대화 방식과 동일하다. 우선 1계조건은 모든 내생변수들을 이용해서 라그랑지함수를 미분하는 것이다.[11)]

$$\begin{aligned} \text{F.O.C.}: L_1 &= U_1(X_1^*, X_2^*) - \lambda p_1 = 0, \\ L_2 &= U_2(X_1^*, X_2^*) - \lambda p_2 = 0, \\ L_\lambda &= Y - p_1X_1 - p_2X_2 = 0. \end{aligned}$$

물론 (X_1^*, X_2^*)는 최대값이 아니라 최소값을 가져다 줄 수도 있다. 따라서 1계조건을 만족하는 (X_1^*, X_2^*)에서 효용이 극대화되려면 2계조건이 충족되어야 한다. 2계조건은 1계조건의 결과로 L_1, L_2, λ를 다시 X_1, X_2, λ로 미분한 것이다. 2계조건을 제시하는 것은 다소 복잡하기 때문에 생략하지만, 기본적으로는 무제약하의 극대화 문제에서 제시한 2계조건과 동일하다.

1계조건 중 첫 두 식을 변형하면,

11) 1계조건 식들에서 함수에 붙은 하첨자들은 미분을 편의상 줄여 표현한 것이다. 예를 들어, L_1은 U를 X_1으로 미분하였음을 의미한다.

$$\lambda = \frac{U_1}{p_1} = \frac{U_2}{p_2}$$

와 같은 관계를 얻을 수 있다. 이것은 두 재화로부터 얻는 한계효용이 같아지는 수준으로 두 재화의 소비량을 결정하게 됨을 의미한다.

아울러 포락성 정리(the envelop theorem)를 이용하면, 1계조건으로부터 역함수를 얻을 수 있다. 즉, 균형에서는

$$X_1^* = X_1^*(p_1, p_2, M),$$
$$X_2^* = X_2^*(p_1, p_2, M)$$

를 얻을 수 있는데, 이것이 곧 수요함수이다. 소비자가 주어진 재화 가격과 예산하에서 효용을 극대화할 경우, 얼마만큼 재화를 소비할지를 보여 주는 함수들이기 때문이다. 제1장의 분석에서 사용된 수요함수 또는 수요곡선은 엄밀하게는 이러한 과정으로 도출되는 것이다.

참고문헌

이준구, 『미시경제학』, 법문사, 2008.

Silberberg, Eugene, *The Structure of Economics: A Mathematical Analysis* (2nd ed.), McGrow-Hill, 1990.

Chapter 3 게임 이론

남재현

Chapter 3

게임 이론

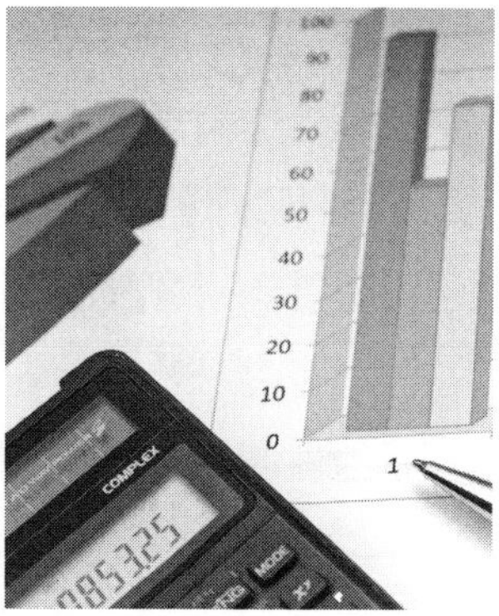

1. 서론

복수의 참가자들이 존재하는 경우, 각 참가자들 간에는 전략적 상호작용이 존재할 수 있다. 참가자들은 상대방의 행동에 대한 예측을 통해 자신의 효용을 극대화하는 전략을 효과적으로 실행하고자 한다. 이러한 경우를 분석하는 데 유용하게 사용할 수 있는 도구가 게임 이론이다. 다음의 예를 통해 우리가 주변에서 흔히 볼 수 있는 상황이 게임 이론으로 어떻게 분석되는지를 살펴보자.

[질문 1] 어느 마을에 철수와 영희는 생선을 팔고 있다. 그 마을에서 생선의 총 산출량은 그 둘의 산출량의 합으로 결정되며, 생선 가격은 그 총산출량에 의존한다. 즉, 각 생산자의 판매이윤은 총산출량과 그에 따라 변하는 가격에 영향을 받는다. 따라서 철수의 최적 산출량은 영희의 산출량에 의존한다. 철수는 본인의 최적 산출량을 도출하기 위해서 영희의 산출량에 대한 예상을 해야 한다. 이는 영희에게도 동일하게 적용된다. 과연 철수와 영희, 각각의 이윤을 극대화하는 산출량은 어떻게 정해질 것인가?

[질문 2] 용의자 철수와 영희가 각각 따로 조사받고 있다. 경찰은 두 사람에게 자백을 하면 형을 감면해 준다는 제안과 함께 다음의 조건을 제시한다. 만약 한 사람이 범죄를 자백하고, 다른 사람은 묵비권을 행사하면, 자백한 사람은 석방을, 묵비권을 행사한 사람은 30년형을 살게 된다. 만약 둘 다 묵비권을 행사하면 두 사람은 모두 5년형을, 만일 둘 다 자백하면 각각 10년형을 받게 된다. 이러한 상황에서 어떠한 결과를 예상할 수 있는가?

[질문 3] 항공사 A와 항공사 B가 신규 노선 진입 여부를 놓고 대립하고 있다. 항공사 A가 해당 시장에서 먼저 움직임을 취한다. 두 기업 모두 시장에 진입한다면 각각의 기업은 손해를 면치 못할 것이다. 반면, 어느 한 기업만 시장에 진입하면 진입기업에게는 독점이윤이 주어진다. 따라서 각 기업은 상대의 진입을 저지하고 시장에 진입하는 것이 자신의 이윤을 극대화하는 최상의 전략이다. 항공사 A가 진입 여부를 결정하고자 할 때, 항공사 B가 항공사 A의 선택과 상관없이 무조건 시장진입을 선언하는 경우, 우리는 이 주장을 어떻게 바라보아야 할 것인가?

[질문 4] 비행기에 범죄자 한 명이 권총을 들고 탑승하였다. 권총에는 총알이 두 발 장전되어 있다. 하지만 기내에 경찰관은 세 명이 있다. 총알 한 발당 한 명의 경찰관을 사살할 수 있다. 살인을 범하면 한 명당 10년형이 추가된다. 과연 이 범죄자는 비행기를 납치할 수 있을 것인가?

[질문 5] 두 여인이 한 아이를 데리고 와 서로가 그 아이의 친엄마임을 주장한다. 그 여인들은 솔로몬 왕에게 누가 진짜 엄마인지 결정해 달라고 요청한다. 솔로몬 왕은 두 여인이 계속 그 아이의 엄마임을 주장한다면, 그 아이를 절반으로 '나누겠다'는 제안을 한다.

[질문 6] 사람들로 하여금 1부터 100까지의 숫자 중 하나를 택하게 하고, 각 사람들이 택한 숫자의 평균에 $\frac{2}{3}$를 곱한다. 여기서 나온 값과 가장 가까운 숫

자를 택한 사람이 승자가 된다. 승자가 되기 위해서는 어떤 숫자를 택해야 하는가?

위 질문들은 어떠한 특징을 가지는가? 먼저, 위 질문들의 구조에는 모두 참가자(player), 전략(strategy), 보상(payoff)이라는 세 가지 구성요소가 있다. 그리고 위 상황에 처한 참가자들 간에는 공통적으로 전략적 상호작용이 존재한다. 예를 들면, [질문 1]의 경우 생선가격이 총산출량에 의해 결정되므로, 철수의 이윤은 영희의 산출량에 의존한다. 따라서 철수의 최적 산출량은 영희의 산출량에 의존할 수 있다. [질문 2]의 경우, 각 참가자들의 보수는 다른 참가자의 선택에 의존한다.[1] [질문 3]의 경우, 역시 두 항공사는 상호간의 진입 여부에 따라 자신들의 손익을 따져 대응을 달리한다. 항공사 A가 시장에 진입할 것으로 예상된다면 항공사 B는 시장에 진입하지 않는 것이 최적의 선택이다. 항공사 A 역시 항공사 B가 무조건 진입할 것으로 예상된다면 시장에 진입하지 않는 것이 최적 선택이 된다. 각 항공사의 최적 선택은 다른 항공사의 선택에 의존한다.

참가자 간에 전략적 상호작용이 존재하므로 각 참가자들이 자신의 보수를 극대화시키기 위해서는 상대방의 행동에 대한 효과적인 예측이 필요하다. 이러한 경우를 분석할 때 유용하게 사용할 수 있는 도구가 바로 게임 이론이다. 본문에서 위 질문의 해결책을 게임 이론적 방식으로 찾아보고 그 이론을 소개해 보고자 한다.

[질문 1]의 상황을 통해 각 게임 참가자의 최적 대응을 살펴봄으로써 내쉬 균형의 개념에 대해 알아본다. 모든 참가자 개인은 상대방의 행동을 예측한 상황에서 자신에게 가장 큰 보수를 주는 전략을 선택하고, 내쉬 균형이란 이러한 전략 조합을 의미한다. 내쉬 균형에서는 모든 참가자가 다른 참가자의 전략이 주어진 상황에서 가장 큰 보수를 얻는 전략을 선택하므로 현재 상황에서 벗어날 유인(incentive to deviate)이 없다. 때문에 내쉬 균형은 안정적인 전략 조합이다.

[질문 2]에서는 우월전략(dominant strategy)의 개념을 소개하고, 그 개념을 이용하여 '죄수의 딜레마' 게임을 풀고자 한다. 그리고 '죄수의 딜레마' 구조는 여러 상황

1) 제3절에서 살펴보겠지만, [질문 2]의 경우에는 각 참가자의 보수는 다른 참가자의 선택에 의존하지만, 각 참가자의 최적 선택은 다른 참가자의 선택에 의존하지 않는다.

에 응용될 수 있음을 살펴보겠다.

경기자들의 선택이 순차적으로 발생하는 경우 경기자들은 이전에 취해진 행동이 주어진 상황에서 자신의 차례에서 최적인 선택을 한다. 이러한 방식으로 균형점을 찾는 방식을 살펴보자. [질문 3]과 [질문 4]를 통해서는, 참가자들이 그들의 선택을 순차적으로 하는 순차행동 게임(sequential move game)과 이러한 게임에서 균형을 구하기 위해 사용되는 후진귀납법(backward induction)을 소개하고자 한다.[2] 또한 [질문 5]의 상황을 통해 메커니즘 디자인에 대해 배우고, [질문 6]을 통해 실험경제학(experiment economics)에 대해 알아본다.

2. 게임과 내쉬 균형

1) 전략적 상호작용과 쿠르노-내쉬 균형

[질문 1] 어느 마을에 철수와 영희는 생선을 팔고 있다. 마을에는 두 명의 생산자가 있기 때문에 총산출량은 둘의 산출량의 합으로 이루어지며 생선 가격은 그 총산출량에 의존한다. 즉, 각 생산자의 판매이윤은 총산출량과 그에 따라 변하는 가격에 영향을 받는다. 따라서 철수가 몇 마리를 팔 것인가 결정하는 데에는 영희의 산출량에 의존하며, 그리고 영희의 산출량도 철수의 산출량에 의존한다. 이로 인해 철수가 본인의 최적 산출량을 도출하기 위해서는 영희의 산출량에 대한 예상을 해야 한다. 이는 영희에게도 동일하게 적용된다. 과연 철수와 영희, 각각의 이윤을 극대화하는 산출량은 어떻게 정해질 것인가?

2) 게임은 각 참가자의 행동이 동시에 이루어지는 동시행동 게임(simultaneous move game)과 각 참가자들의 행동이 각각 차례로 이루어지는 순차행동 게임(sequential move game)으로 나누어 볼 수 있다.

먼저 게임은 크게 세 가지 구성요소로 이루어져있다. ① 참가자(player)가 누구인가; ② 각 참가자들이 구사할 수 있는 전략(strategy)은 무엇인지; ③ 그러한 전략을 시행하였을 때의 보수(payoff)는 무엇인지. 이를 위의 예에 적용하면, ① 참가자는 철수, 영희이고, ② 그들의 전략은 각각 '얼마만큼 생산해야 할 것인가?' 그리고 ③ 그들의 보수는 생산량에 따라 결정되는 이윤이다.

이러한 상황에서 어떠한 결과, 또는 균형점을 예상할 수 있을까? 위 질문의 해답을 찾기에 앞서 먼저 시장에 한 명의 생산자만이 존재하는 경우를 생각해 보자. 철수는 마을에 생선을 팔아 생계를 꾸린다. 이 작은 마을에서 철수의 가게는 유일한 생선가게이다. 철수는 자신의 이윤을 극대화하는 가격과 산출량을 결정한다.

가격은 $P=10-Q$로 생산자의 총산출량에 의해 결정된다고 가정하자. P는 가격을 나타내고, Q는 시장에 공급되는 생산자의 총산출량을 표시한다.[3] 철수가 독점적으로 생산하고 있는 상황에서는 철수의 산출량이 전체 시장의 총산출량과 일치한다(생산비는 없다고 가정한다). 예를 들어, 철수가 생선을 한 마리 판다면, 즉 총산출량이 1이라면 가격은 9이고, 산출량이 2이면 가격은 8, 그리고 산출량이 3이면 가격은 7이 된다. 철수가 생선을 많이 팔수록 생선의 가격은 하락한다. 생산비가 없는 상황에서, 철수의 이윤은 가격과 수량의 곱으로 이루어진다. 철수가 자신의 산출량 Q를 변화시킴에 따라 가격이 변화하고, 이로 인해 이윤이 변화한다. 철수의 최적 선택은 이윤을 극대화하는 수준에서 산출량을 결정하는 것이다. 예를 들어, 철수가 한 마리를 판매한다면 그 이윤은 $9\times1=9$이고, 두 마리를 판매한다면 그 이윤은 $8\times2=16$이다. 이렇게 9×1, 8×2, $7\times3\cdots$ 진행해 나가면 우리는 철수가 5만큼 생산하였을 때 자신의 이윤을 극대화할 수 있음을 알 수 있다($Q^*=5$).

이제 질문의 경우를 살펴보자. 철수는 여전히 마을 장터에 생선을 가져다 판다. 하지만 이제 시장에는 철수뿐만이 아니라 영희라는 생산자가 새로 등장하였다. 철수는 Q_a만큼 생산하며, 영희는 Q_b만큼 생산한다(여기서 아래첨자 a는 철수를 나타내고, 아래첨자 b는 영희를 나타낸다). 따라서 총산출량 Q는 두 생산자의 산출량의 합인 Q_a+Q_b에 해당한다($Q=Q_a+Q_b$). 가격은 위의 예와 마찬가지로 총산출량에 따라 결정된다.

3) 이 예에서 생선 가격은 $P=10-Q$로 표시되었다. 산출량 증가에 따라 가격이 하락하는 관계이다.

이제 가격은 철수의 산출량뿐만이 아니라 영희의 산출량에도 영향을 받는다. 기존에 철수가 산출량을 늘림에 따라 가격이 하락하였듯이 이제는 철수와 영희 각자의 산출량의 합인 총산출량이 증가함에 따라 가격이 하락한다. 위 식을 통해 철수의 이윤은 영희의 산출량에 영향을 받음을 쉽게 확인할 수 있다. 이때 철수의 이윤은 철수 자신의 산출량과 영희의 산출량의 합인 총산출량에 의해 결정된다.

여기서 흥미로운 사실은 결국 철수의 최적 산출량에 대한 결정은 영희가 얼마만큼 생산할 것인가에 의해 결정된다는 사실이다. 철수는 고민에 빠졌다. 예전에는 자신의 이윤을 극대화하기 위해 자신의 산출량을 어느 수준으로 해야 하는가만 고민하면 되었다. 하지만 이제 철수는 영희가 얼마만큼 팔 것인가 역시 고려해야만 한다. 이는 영희에게도 마찬가지로 적용되기 때문에 영희 역시 자신의 이윤을 극대화하기 위해서는 철수가 얼마만큼 팔 것인가를 고려해야 한다. 영희의 경우도 동일하게 철수가 내리는 산출량 결정에 따라 자신의 최적 선택이 좌지우지된다.

철수는 얼마나 생산할 것이며, 영희는 얼마나 생산할 것인가? 각자의 최적 선택은 상호간 의존관계에 놓여 있다. 이와 같은 관계를 '전략적 상호의존'(strategic interdependency)이라고 한다. 이러한 상황에 대해 1830년대 쿠르노는 다음과 같은 접근 방법을 제시하였다.[4)]

먼저, 영희의 가상적인 각 생산량에 대해 철수의 최적 산출량 계획을 계산한다. 같은 방식으로, 철수의 가상적인 각 생산량에 대해 영희의 최적 산출량 계획을 계산한다. 그 계산된 두 가지 생산계획이 만나는 점을 찾는다. 두 생산계획이 만나는 점은 서로의 최적 산출 계획이 서로 맞물리는 점이다. 철수의 산출량은 영희의 산출량에 대해 최적이고, 동시에 영희의 산출량은 철수의 산출량에 대해 최적이다. 따라서 그 점이 균형점이 된다는 것이다. 위 과정을 자세하게 살펴보자.

먼저, 만약 영희가 생산을 전혀 하지 않는다면, 앞에서 살펴보았듯이 철수의 최적 산출량은 5이다. 만약 영희가 1을 생산한다면, 철수의 보수함수(payoff function)는 다음과 같이 수식으로 표시된다. $\pi_a=(10-Q_a-1)Q_a=(9-Q_a)Q_a$. 즉, 철수가 1개를 생산하면, 영희 산출량 1과 철수 산출량 1로, 시장가격은 8이 되고, 철수의 이윤은

4) 많은 사람들이 게임 이론에서 내쉬 균형을 떠올리는데, 사실 그 게임 이론적인 발상은 쿠르노로 거슬러 올라간다. 1830년대, 쿠르노는 이러한 상황에서 우리는 어떤 결과를 예측할 수 있을 것인지에 대한 획기적인 질문을 던졌다.

그림 3-1 가상적인 영희의 산출량(Q_b)에 대한 철수의 최적 산출량(Q_a)

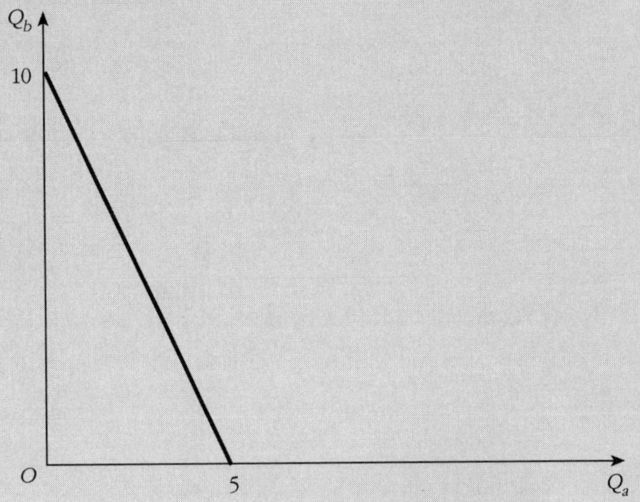

$8 \times 1=8$이 된다. 같은 방식으로 철수가 2개를 산출하면, 시장가격은 7이고, 철수의 이윤은 $7 \times 2=14$가 된다. 이런 방식으로 철수의 최적 산출량을 찾으면, 철수의 최적 산출량은 4.5이다. 같은 방식으로, 만약 영희가 2를 생산한다면, $\pi_a=(10-Q_a-2)Q_a=(8-Q_a)Q_a$이므로 철수의 최적 산출량은 4이다. 만약, 영희가 3을 생산하면, 철수의 최적 산출량은 3.5가 된다.

이렇게 찾은, 영희의 가상적인 산출량에 대해 철수의 최적 산출량을 찾으면 [그림 3-1]과 같다. 위 그림에서 선은 가상적인 영희의 산출량(Q_b)에 대해 철수의 최적 산출량(Q_a)을 보여 준다. 이는 영희의 (가상적인) 산출량에 대한 철수의 최적 대응(best response)을 보여 주는 것으로 철수의 반응곡선(best response curve)이라고 부른다.

이제 철수의 (가상적인) 산출량에 대한 영희의 최적 산출량을 계산해 보자. 앞에서의 계산과 동일하게, 만약 철수가 생산을 전혀 하지 않는다면, 영희의 최적 산출량은 5이다. 만약 철수가 1을 생산한다면, 영희의 보수함수는 앞의 분석과 동일하게 $\pi_b=(10-Q_b-1)Q_b=(9-Q_b)Q_b$이므로 영희의 최적 산출량은 4.5이다. 만약 철수

그림 3-2 가상적인 철수의 산출량(Q_a)에 대한 영희의 최적 산출량(Q_b)

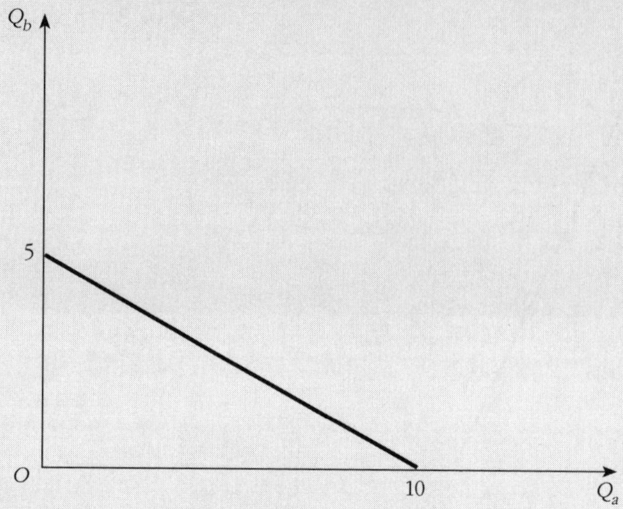

가 2를 생산한다면, $\pi_b=(10-Q_b-2)Q_b=(8-Q_b)Q_b$이므로 영희의 최적 산출량은 4이다. 이러한 방식으로 계산한 철수의 모든 가상적 생산량에 대한 영희의 최적 산출량을 그래프로 나타내면 [그림 3-2]와 같다. 위 그래프는 철수의 산출량(Q_a)에 대한 영희의 최적 산출(Q_b)을 반응곡선으로 나타내고 있다.

이렇게 계산된 영희의 산출량에 대한 철수의 최적 대응과 철수의 산출량에 대한 영희의 최적 대응을 하나의 그림에 같이 표시하면 [그림 3-3]과 같다. [그림 3-3]과 같이 각각의 반응곡선이 만나는 지점(Q_a^*, Q_b^*)이 생긴다. 두 생산자의 최적반응곡선이 만나는 지점(Q_a^*, Q_b^*)을 살펴보자. 철수가 Q_a^*만큼 생산하고, 영희는 Q_b^*를 생산한다. 이 점에서는 철수와 영희 모두 다른 생산량을 선택하고자 하고 싶어하지 않을 것이다. 철수의 생산량 Q_a^*는 영희가 Q_b^*를 생산할 때 철수의 이윤을 극대화하는 최적 생산량이며, 영희의 생산량 Q_b^*는 철수가 Q_a^*를 생산하는 것에 대응하는 최적 생산량이기 때문이다. 쿠르노는 이러한 점을 균형점으로 지적하였다.

이러한 발견은 이후 내쉬 균형(Nash equilibrium)의 개념으로 이어진다. 존 내쉬(J. Nash)는 자신의 논문에서 내쉬 균형의 개념을 등장시켰고, 내쉬 균형이 일정한

그림 3-3 철수의 최적반응곡선과 영희의 최적반응곡선

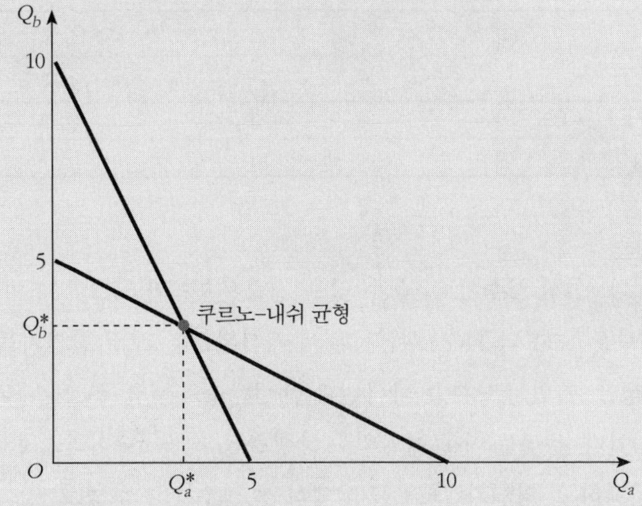

조건하에서 늘 존재함을 보였다. 내쉬 균형이란 모든 게임 참가자들이 각각 상대방의 선택에 따라 자신에게 최적인 선택을 한 결과, 결과적으로 서로가 자신의 선택에서 벗어나지 않아 맞물린 상태를 뜻한다. 즉, 이는 내쉬 균형하에서는 상대방이 지금의 전략을 고수한다는 가정하에서 나 역시 지금의 전략을 바꿀 유인이 없음을 뜻한다. 내쉬 균형을 문장으로 쉽게 풀어 나가면 다음과 같다.

> [정의] 내쉬 균형은 게임의 각 참가자들이 자신들의 상대방의 선택에 대하여 최선의 선택을 한 상황이다.[5)]

이러한 내쉬 균형의 개념을 다음의 간단한 예를 가지고 살펴보도록 하자.

5) 엄밀한, 기술적인 정의를 하면 다음과 같다.
내쉬 균형: n명의 참가자들이 참여하는 일반적인 게임 $G=\{s_1, \cdots, s_n; u_1, \cdots, u_n\}$에서 각 참가자 i에게 s_i^*가 $n-1$명의 다른 참가자들의 전략 $(s_1^*, \cdots, s_{i-1}^*, s_{i+1}^*, \cdots, s_n^*)$에 대한 참가자 i의 최적 대응이라면 $(s_1^*, \cdots, s_n^*)$는 내쉬 균형이다. 즉, s_i의 모든 선택 가능한 전략 s_i에 있어 $u_i(s_i^*, \cdots, s_{i-1}^*, s_i^*, s_{i+1}^*, \cdots, s_n^*) \geq u_i(s_i^*, \cdots, s_{i-1}*, s_i^*, s_{i+1}^*, \cdots, s_n^*)$가 성립한다(Robert Gibbons, 1992).

표 3-1 철수와 영희 게임

		영희	
		L	R
철수	U	(3, 9)	(1, 8)
	D	(0, 0)	(2, 1)

철수와 영희가 있다. 철수가 취할 수 있는 전략은 'UP'과 'DOWN'이며, 영희가 취할 수 있는 전략은 'LEFT'와 'RIGHT'이다. 위에 제시된 표는 모든 참가자들의 전략의 조합으로 발생할 수 있는 보수를 나타낸다(첫 번째 숫자는 철수의 보수, 두 번째 숫자는 영희의 보수)이다. 우리는 이를 게임의 보상행렬(payoff matrix)이라고 한다. 예로, 철수가 'UP'을 선택하고, 영희가 'LEFT'를 선택하면, 철수는 '3'을 얻고, 영희는 '9'를 얻게 된다.

그러면 위 보상행렬로 표시된 게임에서 균형점은 과연 어디에 있을까? 먼저 철수의 입장에 서서 차근차근 따져 보자.

STEP 1: 영희가 LEFT를 선택한다고 하자. 이때 철수가 UP을 선택하는 경우, 철수는 3을 얻고, DOWN을 선택하는 경우 0을 얻는다. UP을 선택하였을 때의 보수인 3이 DOWN을 선택하였을 때의 보수인 0보다 크다. 따라서 영희가 LEFT를 선택하는 상황하에서 철수는 UP을 선택한다.

표 3-2 철수와 영희 게임: 영희가 LEFT를 선택할 경우

		영희	
		L	R
철수	U	(3, 9)	(1, 8)
	D	(0, 0)	(2, 1)

STEP 2: 영희가 RIGHT를 선택한다고 하자. 이때 철수가 UP을 선택하는 경우 철수는 1을 얻고, DOWN을 선택하는 경우 2를 얻는다. DOWN을 선택하였을 때의 보수인 2가 UP을 선택하였을 때의 보수인 1보다 크다. 따라서 영희가 RIGHT를 선택하는 상황하에서 철수는 DOWN을 선택한다.

표 3-3 철수와 영희 게임: 영희가 RIGHT를 선택할 경우

		영희	
		L	R
철수	U	(3, 9)	(1, 8)
	D	(0, 0)	(2, 1)

이를 정리하면, 영희가 LEFT를 선택하면, 철수는 UP을 선택하고, 영희가 RIGHT를 선택하면, 철수는 DOWN을 선택하는 것이 철수 입장에서 최적이다. 이는 영희의 선택에 대한 철수의 최적 반응이 된다.

반대로 영희의 입장에서 철수의 선택에 대해 영희의 최적 선택을 분석해 보자.

STEP 3: 철수가 UP을 선택한다고 가정해 보자. 이 경우, 영희의 최선 선택은 'LEFT'이다.

표 3-4 철수와 영희 게임: 철수가 UP을 선택할 경우

		영희	
		L	R
철수	U	(3, 9)	(1, 8)
	D	(0, 0)	(2, 1)

STEP 4: 철수가 'DOWN'을 선택하면, 영희의 최적선택은 'RIGHT'가 된다.

표 3-5 철수와 영희 게임: 철수가 DOWN을 선택할 경우

		영희	
		L	R
철수	U	(3, 9)	(1, 8)
	D	(0, 0)	(2, 1)

이를 정리하면, 철수가 UP을 선택하는 경우 영희는 LEFT를 선택함으로써 더 높은 보수를 얻을 수 있다. 철수가 DOWN을 선택한다면 영희는 RIGHT를 선택함으로써 더 높은 보수를 얻을 수 있다. 이는 철수의 선택에 대한 영희의 최적 반응이 된다.

각자의 전략이 상대의 전략에 대해 최적 대응이 되는 점이 바로 내쉬 균형이다. 위의 예에서 내쉬 균형은 (UP, LEFT)와 (DOWN, RIGHT)이다. 철수가 UP을 선택하면, 영희는 LEFT를 선택하고자 하고, 영희가 LEFT를 선택할 때는 철수가 UP을 선택하고자 한다. 따라서 (UP, LEFT)에서는 철수와 영희의 선택이 상호 최적이 되며, 서로의 최적 반응이 맞물리는 점이 된다. 마찬가지로, (DOWN, RIGHT) 역시 내쉬 균형이 된다. 각 참가자들은 내쉬 균형에서 각각 다른 선택으로 이탈할 유인이 없다.

2) 내쉬 균형의 의의와 특성

우리는 왜 내쉬 균형에 흥미를 가지며 그 의의는 무엇인가? 내쉬 균형에서는 상대방의 선택 하에서 각 참가자들이 자신의 보상을 최대화하는 전략을 택한다. 따라서 모든 참가자들은 내쉬 균형점에서 자신의 선택을 변경시킬 유인을 가지지 않는다. 만약 어떤 점이 내쉬 균형점이 아니라면 누군가는 그 점에서 이탈할 것이다. 예를 들어, 위의 [표 3-1]에서 철수가 UP을 선택하고, 영희가 RIGHT를 선택한 점은 내쉬 균형이 될 수 없다. 왜냐하면, 그 점은 철수가 UP을 선택한 상황을 의미하는데, 그 경우 영희는 RIGHT가 아닌 LEFT를 선택하고 싶어할 것이다. 따라서 (UP, RIGHT)는 안정적인 점이 될 수 없다. 그러므로 내쉬 균형은 안정적인 전략의 조합으로 이루어져 있다.[6]

6) 내쉬 균형을 '자기 실행적 약속'(self enforcing areement)으로 설명할 수 있다. 서로 상대방과 약속을 하고, 상대방

하지만, 내쉬 균형의 개념에는 단점 역시 존재하는데, 복수의 내쉬 균형이 존재하는 경우, 그 중 어느 균형점이 게임의 결과로 나타날지 예측이 쉽지 않다는 것이다.

또한, 내쉬 균형이 항상 사회적으로 최적인 균형을 보장하는 것은 아니다. 먼저, 위의 예에서 내쉬 균형점인 (D, R)에서 각 참가자의 보수의 합은 3이다. 반면 내쉬 균형점이 아닌 (U, R)에서 각 참가자의 보수의 합은 9이다. 즉, 내쉬 균형점은 그 결과가 반드시 사회적으로 최적인 점은 아니다. 전략적 상호관계가 있을 때 발생하는 결과가 반드시 사회적으로 최적은 아니다.

3. 우월전략

1) 죄수의 딜레마

우월전략(dominant strategy)이란 상대방의 선택과 상관없이 자신에게 가장 높은 보수를 주는 전략이다. 상대방의 선택과 상관없이 최적인 전략이 존재한다면 게임 참여자들은 그 전략을 선택하고자 할 것이다. 게임 이론에서 가장 유명한 예인 죄수의 딜레마는 우월전략을 이용해 풀 수 있다. 죄수의 딜레마 게임을 살펴보자.

[질문 1] 두 용의자 철수와 영희가 각각 따로 조사받고 있다. 경찰은 두 사람에게 자백을 하면 형을 감면해 준다는 제안과 함께 다음의 조건을 제시한다. 만약 한 사람이 범죄를 자백하고, 다른 사람은 묵비권을 행사하면, 자백한 사람은 석방을, 묵비권을 행사한 사람은 30년형을 살게 된다. 만약 둘 다 묵비권을 행사하면 두 사람은 모두 5년형을, 둘 다 자백하면 10년형을 받게 된다.

이 그 약속을 지키는 경우 나의 최적 선택 역시 약속을 지키는 것이라면 이러한 약속은 자기 실행성이 있다는 것이다. 즉, 이러한 상황하에서는 참가자들이 서로 내쉬 균형의 전략을 채택하기로 합의한다면 아무도 이 합의를 깨고자 하지 않을 것이다.

위의 상황을 보수행렬로 나타내면 다음과 같다.

표 3-6 죄수의 딜레마

		철수	
		묵비권	자백
영희	묵비권	(−5, −5)	(−30, 0)
	자백	(0, −30)	(−10, −10)

철수와 영희는 각각 묵비권과 자백 중 하나를 선택한다. 철수와 영희의 최적선택은 무엇인가? 앞에서와 마찬가지로, 철수와 영희의 최적 반응을 각각 구해 보자.

STEP 1: 철수의 가상적인 선택 (묵비권)에 대하여 영희의 최적 반응을 구해 보자.

표 3-7 죄수의 딜레마: 철수가 묵비권을 행사할 경우

		철수	
		묵비권	자백
영희	묵비권	(<u>−5</u>, −5)	(−30, 0)
	자백	(<u>0</u>, −30)	(−10, −10)

만약 철수가 묵비권을 행사한다고 하면, 영희는 자백을 할 때 '0'을 얻고, 같이 묵비권을 행사하면 '−5'를 얻는다. 자백을 하면 석방을, 그렇지 않으면 5년을 감옥에서 보내야 한다. 이 경우, 영희는 자백을 하고자 할 것이다. 철수의 묵비권에 대한 영희의 최적 대응은 자백이다.

STEP 2: 철수가 자백을 하는 경우, 영희의 최적 선택을 구해 보자.

철수가 자백을 하는 경우에도 영희는 자백을 하는 것이 더 유리하다. 자백을

표 3-8 죄수의 딜레마: 철수가 자백할 경우

		철수	
		묵비권	자백
영희	묵비권	(−5, −5)	(−30, 0)
	자백	(0, −30)	(−10, −10)

하지 않는 경우에는 감옥에서 30년을, 자백을 하는 경우에는 감옥에서 10년을 보내야 되기 때문이다.

철수의 선택에 상관없이 영희 입장에서는 자백을 하는 것이 묵비권을 행사하는 것보다 더 높은 보수를 얻을 수 있다. 따라서 영희에게는 자백을 하는 것이 우월전략이다. 이와 같이, 상대방 선택에 관계없이 (자신의 전략 중) 가장 높은 보수를 주는 전략을 우월전략이라고 한다. 우월전략이 존재하는 경우 게임의 참가자는 그 전략을 선택하고자 할 것이다.

이 게임은 철수와 영희에게 대칭적이므로, 철수에게도 마찬가지로 자백을 하는 것이 우월전략이 된다. 따라서 이 경우는 둘 다 우월전략인 자백을 선택해 영희와 철수가 둘 다 10년을 감옥에서 보내게 될 것이라고 예상할 수 있다.

우월전략을 이용해서 나온 균형은 항상 내쉬 균형(Nash equilibrium)이 된다. 내쉬 균형이란 게임 참여자들이 상대방의 전략이 주어진 상황에서 최선의 전략을 선택하여 형성된 균형 상태를 말한다. 앞의 예에서는 영희가 자백을 할 때 철수가 묵비권 행사를 하면 30년을 감옥에서 보내야 하기 때문에 철수는 묵비권을 행사할 이유가 없다. 마찬가지로 철수가 자백을 할 때 영희가 묵비권을 행사하면 30년을 감옥에서 보내야 하기 때문에 영희 역시 (자백, 자백)의 균형에서 벗어날 이유가 없다. 따라서 모두가 자백을 하는 것은 내쉬 균형이 된다.

하지만, 내쉬 균형이 항상 최선의 결과(outcome)를 내는 것은 아니듯, 죄수의 딜레마의 경우 우월전략 조합은 최선의 결과를 가져오는 것은 아니다. 만약 두 죄수가 모두 묵비권을 행사한다면, 효용이 (−5, −5)가 되어 둘이 모두 자백을 하여 얻게 되는 (−10, −10)보다 크다. 그럼에도 불구하고 (자백, 자백)은 균형이 된다. 즉, 균형은 참가자들이 그 점에서 벗어날 유인이 없는 상태를 말하는 것이지, 참여자들에게 가장 높은 효용을 주는 것을 의미하지는 않는다.

우월전략이 존재한다면, 참가자들이 그 전략을 사용할 것을 예상할 수 있다. 따라서 우월전략이 존재하는 게임에서는 참가자들이 우월전략을 사용하는 것을 바탕으로 균형점을 찾을 수 있다. 하지만, 모든 게임에서 우월전략이 존재하는 것은 아니다. 예로, 앞의 [표 3-1]을 살펴보면, 그 게임에서는 우월전략이 존재하지 않는다. 이에 반하여, 내쉬 균형이 존재하는 조건은 상당히 일반적이다. 따라서 일반적으로 게임에서 내쉬 균형을 이용하여 그 게임의 결과를 예측하고자 한다.

2) '죄수의 딜레마' 응용

(1) HDTV

'죄수의 딜레마'의 구조는 여러 상황에 응용될 수 있다. 예로, 기존의 컬러 TV 방식인 NTSC에서 HDTV(high definition TV)로의 기술이전을 살펴보자. NTSC에서 HDTV로 전환하기 위한 신기술 개발은 새로운 효용을 주지만, 동시에 높은 초기 투자비용이 들어간다. 다음의 표는 방송시장이 이미 포화 상태에 있어서 시장이 더 이상 커질 수 없는 경우를 상정하고 있다.

표 3-9 NTSC vs HDTV

		방송사 B	
		NTSC	HDTV
방송사 A	NTSC	(5, 5)	(3, 7)
	HDTV	(7, 3)	(4, 4)

방송사들이 NTSC와 HDTV를 선택할 때 얻는 보상은 위의 표에 나타나 있는데 이를 자세히 살펴보자. 현재 방송사 A와 B는 NTSC 방식으로 방송을 하고 있다. 현재 두 방송사 모두 5의 보수를 얻고 있다. 이러한 상황에서 방송사 A만이 HDTV에 참여한다고 하자. 방송사 A는 HDTV로 인해 좀더 많은 고객을 유치할 수 있고, 이로 인해 높은 초기 투자비용에도 불구하고 이윤이 증가한다. 이때 시장이 커지지 않

으므로, 방송사 A의 늘어난 고객은 방송사 B로부터 이탈한 고객이다. 따라서 방송사 A만 HDTV에 참여하는 경우 방송사 A의 보수는 7로 증가하는 반면 방송사 B의 보수는 3으로 줄어든다. 이 경우 두 방송사의 보수는 (7, 3)이 된다. 두 방송사 모두 HDTV을 선택하면, 두 방송사는 결국 같은 기술을 사용하고, 이전과 동일한 시장점유율을 가지게 된다. 시장의 규모가 한정되어 있는 반면에, HDTV에 높은 개발비용을 들였으므로 이 경우 기업들이 얻게 되는 보수는 전보다 줄어들어 (4, 4)가 된다.

이 게임을 우월전략을 이용하여 풀어 보자. 방송사 A의 입장에서 생각해 보자. 먼저, 방송사 B가 NTSC를 유지하는 경우를 보자.

STEP 1: 만약 방송사 B가 NTSC 방식을 계속 유지한다면, 방송사 A는 NTSC 방식을 선택하면 5의 보상을 얻고, HDTV 방식을 선택하면 7의 보상을 얻는다. 따라서 방송사 B가 NTSC 방송을 유지한다면 방송사 A는 HDTV 방식으로 전환해 더 높은 보상을 받을 수 있다.

표 3-10 NTSC vs HDTV: 방송사 B가 NTSC를 선택한 경우

		방송사 B	
		NTSC	HDTV
방송사 A	NTSC	(5, 5)	(3, 7)
	HDTV	(7, 3)	(4, 4)

이제, 방송사 B가 HDTV를 선택하는 경우, 방송사 A의 최적 반응을 살펴보기로 하자.

STEP 2: 방송사 B가 HDTV로 전환하는 경우에도 방송사 A가 계속 NTSC를 유지하면 보상은 3이 되고, HDTV로 전환하는 경우 4를 얻게 된다. 따라서 방송사 B가 HDTV로 전환하는 경우에 방송사 A는 HDTV를 선택하고자 한다.

표 3-11 NTSC vs HDTV: 방송사 B가 HDTV를 선택한 경우

		방송사 B	
		NTSC	HDTV
방송사 A	NTSC	(5, 5)	(3, 7)
	HDTV	(7, 3)	(4, 4)

정리하면, 방송사 A 입장에서 HDTV를 선택하는 것은 우월전략이 된다. 같은 방식으로, 방송사 B에게도 마찬가지로 HDTV를 선택하는 것이 우월전략이다. 따라서 두 방송사 모두 HDTV를 선택할 것이라고 예상할 수 있다. 이때 두 방송사 모두가 HDTV를 선택하는 것이 우월전략에 따른 균형이다. 균형점에서 두 방송사가 얻는 보수는 (4, 4)이다. 이는 두 방송사가 예전에 얻었던 보수 (5, 5)보다 낮은 수치이다. 즉, 두 방송사가 모두 신기술로 전환하는 경우, 신기술에 따라 시장 규모가 (신기술 투자비용을 만회할 정도로) 확대되지 않는다면, 죄수의 딜레마 구조가 발생하게 된다. 역으로, 신기술 전환에 따라 시장 규모가 확대된다고 하면, 두 방송사 모두 신기술로 인해 이윤이 증대된다.

(2) 자진신고자 감면제도

카르텔 자진신고자 감면제도(leniency)는 죄수의 딜레마를 활용한 제도이다. 자진신고자 감면제도는 카르텔 참여자가 자진신고할 경우 시정조치나 과징금 등의 제재를 감면해 줌으로써, 담합을 하고 있는 행위자들이 스스로 자신이 연루된 카르텔을 신고하도록 유인하는 제도이다. 자진신고자 감면제도는 기존의 카르텔에 대한 적발(detection) 효과와 장래의 카르텔에 대한 억지(deterrence) 효과가 모두 큰 것으로 알려져 있다. 이런 생각에 기반하여 세계 각국의 경쟁당국은 자진신고자 감면제도를 채택하고 있다.

우리나라는 현재 담합을 첫 번째로 신고한 사업자에게는 과징금을 전면 감면해 주고, 두 번째로 신고한 사업자는 50%를 감면해 주는 방식으로 자진신고자 감면제도를 운용하고 있다. 공정거래위원회는 이 제도를 처음 시행한 1997년 이래로 제도 개선을 통해 제도 활용률을 높여 왔다.[7] 각국의 자진신고자들의 감면 정도와 수준 등의 운영 기준은 나라마다 조금씩 차이를 보이지만, 이 제도는 현재 각국 경쟁당국의 핵심적인 카르텔 적발 수단이 되었다.

그 제도의 효과에 대하여 여러 실증연구가 진행되었는데, 주로 자진신고자 감면제도를 도입하거나 개정한 시기를 전후하여 담합사건 처리 건수, 처리기간, 과징금 등의 자료를 분석함으로써 이 제도의 담합 형성 억지력(deterrence)과 적발력(detection)을 분석하는 것이다. 이러한 연구에 따르면 자진신고자 감면제도가 도입된 이후 담합 적발 건수와 과징금액에 큰 폭의 증가가 있었던 것으로 분석되고 있다. 대표적인 연구로 미국 자료를 사용한 Miller(2009)와 EC자료를 사용한 Brenner(2009)가 있다(김현수 · 남재현, 2010).

4. 순차행동 게임

1) 후진귀납법

지금까지 분석한 게임들은 참가자들이 동시에 행동을 선택하는 게임이었다. 또는 상대방의 선택을 모르는 상황에서 참가들이 자신들의 행동을 선택하는 게임이었다.[8] 참가자들의 행동이 순차적으로 이루어지는 순차행동 게임(sequential move game)에서는 먼저 행동을 선택하는 참가자(leader)가 있고, 앞선 참가자의 행동을 관측하고 자신의 행동을 결정하는 참가자(follower)가 있다. 이를 구체적으로 살펴보면 다음과 같다.

① 먼저, 참가자 1은 전략 a_1을 선택한다.

7) 공정거래위원회(2009).

8) 비록 참가자들이 전략을 선택하는 데 있어 시간적 차이가 있다고 하더라도 참가자들이 상대방의 전략적 선택을 모르고 전략을 선택한다면, 이는 모든 참가자들이 동시에 전략을 선택하는 경우와 동일하다.

② 참가자 2는 a_1을 관측하고, 자신의 전략 a_2를 선택한다.

이러한 순차적 게임에서 나중에 전략을 선택하는 참가자 2(follower)는 앞선 참가자 1(leader)의 선택을 관측하고 자신의 전략을 결정한다. 참가자 2의 최적 선택은 참가자 1의 선택에 따라 달라진다. 중요한 점은 참가자 1이 자신의 선택이 후발주자, 즉 참가자 2에게 가지는 영향력을 고려하여 자신의 전략을 선택한다는 것이다. 이러한 순차적 게임에서는 후진귀납법(backward induction)이 유용하게 사용된다. 다음의 예를 가지고 살펴보자.

[질문 3] 항공사 A와 항공사 B가 진입 여부를 놓고 대립하고 있다. 항공사 A가 해당 시장에서 먼저 움직임을 취한다. 두 기업 모두 시장에 진입한다면 각각의 기업은 손해를 면치 못할 것이다. 반면, 어느 한 쪽만 진입한다는 것은 경쟁사가 진입하지 않음을 의미하기에 이 경우 진입기업에게는 독점이윤이 주어진다. 따라서 각 기업은 상대의 진입을 막는 것이 자신의 이윤을 극대화하는 최상의 전략이다. [그림 3-4]는 이러한 구조를 보여 준다.

[그림 3-4]를 게임 나무(game tree)라고 한다. 첫 번째 점(nod)은 항공사 A가 행동을 결정하는 점이다. 항공사 A가 out, enter 중 행동을 결정하면, 항공사 A의 선택을

그림 3-4 두 항공사의 신규 노선 진입 결정

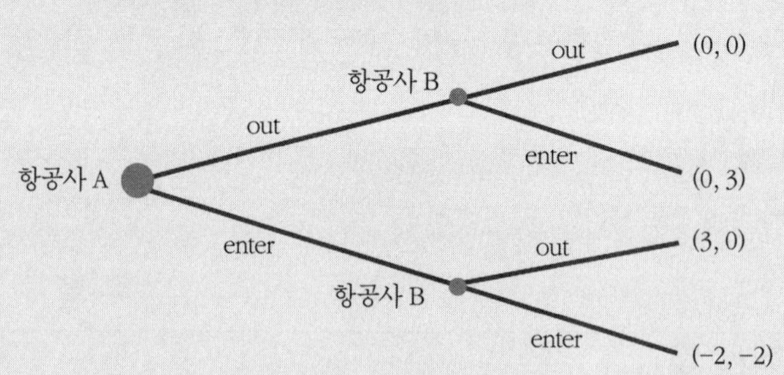

관측한 후, 항공사 B는 out, enter 중 어떤 행동을 할지 결정하게 된다. 이 결정은 순차적으로 일어난다. 즉,

① 항공사 A는 선택 가능한 행동의 집합 {enter, out}으로부터 행동을 선택한다.

② 항공사 B는 항공사 A의 행동을 관찰하고 자신의 선택 가능한 행동의 집합 {enter, out}으로부터 행동을 선택한다.

첫 번째 점에서 항공사 A는 시장에 진입할지 고민하고 있다. 만약 항공사 A가 시장에 진입하지 않았을 때, 항공사 B도 시장에 진입하지 않으면 두 회사는 아무런 보상도 얻지 못한다. 항공사 A가 시장에 진입하지 않고, 항공사 B가 진입하게 되면 항공사 B가 시장을 차지하고 3의 보상을 얻는다. 항공사 A가 시장에 진입한 경우, 항공사 B가 진입하지 않으면 항공사 A만 3의 보상을 얻는다. 그런데 항공사 A가 진입하고 항공사 B도 시장에 진입하면 두 회사는 2의 손해를 보게 된다.

이러한 상황에서 항공사 A가 먼저 선택을 한다. 어떠한 선택을 하겠는가? 만일 항공사 A가 선택을 하는 시점에, 항공사 B가 항공사 A의 선택과 상관없이 시장에 진입하겠다고 발표를 하면, 그 발표를 어떻게 평가하여야 하겠는가?

이와 같이 사건이 연속적으로 일어나는 게임에서는 후진귀납법을 이용하여 게임을 풀게 된다. 그 과정을 보자.

항공사 B의 최적 선택은 항공사 A의 선택에 의존한다. 항공사 A가 시장에 진입하지 않으면 항공사 B는 시장에 진입할 것이다(항공사 B가 시장에 진입하는 경우에는 보상 3을 얻지만 진입하지 않는 경우에는 아무 보상도 얻지 못하기 때문이다.).

반대로, 항공사 A가 시장에 진입하는 경우 항공사 B는 'out'을 선택할 것이다(만약 항공사 B도 시장에 진입한다면 −2의 보상을 얻는다. 시장에 진입하지 않는 경우에는 0의 보상을 얻는다).

정리하면, 항공사 B는 항공사 A가 시장에 진입하면 진입하지 않고, 항공사 A가 시장에 진입하지 않으면 진입하는 전략을 택할 것이라고 결론지을 수 있다.

이제, 항공사 A는 자신의 선택이 항공사 B에 가지는 효과를 계산하였다. 항공사 A가 시장에 진입하지 않으면 항공사 B는 시장에 진입하는데, 이때 항공사 A가

얻는 보상은 0이다. 항공사 A가 시장에 진입하면 항공사 B는 시장에 진입하지 않을 것이므로, 이때 항공사 A가 얻는 보상은 3이다. 진입하였을 때의 보상이 더 크기 때문에 항공사 A는 시장에 진입할 것이다. 결국 항공사 A는 시장에 진입하고, 항공사 B는 진입하지 않는 것이 균형이 된다.

이와 같이 순차적인 선택의 과정이 있을 때, 맨 마지막 선택점에서부터 참가자의 선택을 계산하고, 이에 기반해서 그 전 선택점에서 선택을 결정하는 것을 후진귀납법이라 한다. 이 예에서는 후진귀납법에 의하면, 항공사 A는 시장에 진입하고, 항공사 B는 시장에 진입하지 않는다.

2) 약속 또는 위협의 신뢰성

한편, 이러한 상황 하에서 두 번째 참여자들은 어떤 행동을 하겠다고 미리 선언하는 전략(preannouncement)을 펼 수 있다. 가령 항공사 B는 항공사 A에게 "우리는 무조건 시장에 참여할 것이다"라고 선언하는 것이다. 만약 항공사 A가 항공사 B의 주장을 믿고 시장에 진입하지 않으면 항공사 B는 그 시장에 단독으로 진입하여 이익을 얻게 된다.

그러나 항공사 B의 "우리는 무조건 시장에 참여할 것"이라는 선언을 어떻게 평가하여야 하는가? 이러한 선언은 믿을 만한(credible) 것이 아니다. 항공사 A가 정말로 시장에 진입하였을 때, 항공사 B가 시장에 진입하는 것은 항공사 B 입장에서 최적의 선택이 아니기 때문이다. 항공사 A가 이미 진입한 상황에서, 항공사 B 입장에서는 진입하지 않는 것이 더 높은 보수를 얻을 수 있으므로, 항공사 B의 '무조건 enter'는 실현 가능하지 않다. 이러한 위협을 신뢰할 수 없는 약속 또는 협박(empty promise 또는 empty threat)이라고 한다.

후진귀납법의 결과는 '믿을 수 없는 위협'(non-credible threats)을 포함하지 않는다. 즉, 후진귀납법에서는 참가자 2가 자신의 선택점에서 최적(optimal) 전략을 선택할 것을 참가자 1이 기대하고 있다. 따라서 참가자 2가 자신의 이윤극대화와 무관하게 선택할 것이라고 주장하더라도(이 경우는 무조건 시장에 진입하겠다는 주장) 참가자 1은 이를 믿지 않는다. 따라서 이러한 순차적 합리성(sequential rationality)을 고

려한 균형점을 찾기 위해 이에 대한 많은 연구가 이루어졌다.[9)]

또 다른 예로 다음의 경우를 살펴보자.

> [질문 4] 비행기에 범죄자 한 명이 권총을 들고 탑승하였다. 권총에는 총알이 두 발 장전되어 있다. 하지만 기내에 경찰관은 세 명이 있다. 총알 한 발당 한 명의 경찰관을 사살할 수 있다. 경찰관들은 불행히도 권총이 없고, 곤봉만 가지고 있으며, 범죄자를 체포하는 경우 승진될 수 있다. 게임은 다음과 같이 진행된다. 게임은 범죄자가 비행기를 납치하려고 하는 상황에서 시작된다. 경찰관 1은 체포 시도와 체포 포기에서 하나를 선택한다. 만일 경찰관 1이 체포를 시도하면, 범인은 그냥 순순히 잡히는 것과 권총을 사용하는 것 중 하나를 선택할 수 있다. 만일 범인이 경찰관 1에게 체포되지 않는다면, 같은 상황이 경찰관 2에게 반복된다. 마찬가지로, 범인이 경찰관 1, 2에게 체포되지 않는다면, 같은 상황이 경찰관 3에게 반복된다. 범죄자는 저항 없이 그냥 체포되면, 3년형을 살게 된다. 그러나 살인을 범하면 1명당 10년형이 추가된다. 범죄자가 비행기를 납치하려고 하는 경우, 과연 이 범죄자는 비행기를 납치할 수 있을 것인가?

만일 어떤 경찰관이 체포를 시도한다면 범죄자의 최적 전략은 무엇인가? 그리고, 과연 경찰관은 이 범죄자를 체포하려 시도할 것인지 살펴보자. 이 경우에 범죄자는 어떤 행동을 할지, 경찰관은 범죄자를 잡으러 뛰어들 수 있을지 후진귀납법을 이용하여 예측해 본다.

후진귀납법의 시작은 맨 마지막 선택점에서 어떤 선택이 일어나는지를 분석하는 것이다. 먼저, 총알 두 발을 사용한 상황에서는 권총에 총알이 없게 된다. 만일 경찰관 1, 2가 체포를 시도하였고, 범인이 경찰관 1, 2에게 총을 사용하였다면, 마지막 상황에서는 총알이 없다. 이 경우에는 경찰관 3이 범인을 체포할 것이다.

다음으로, 위의 결과를 이용하여 후진귀납법으로 총알이 한 발 남아 있는 경우

9) 이러한 균형 개념으로 subgame perfect Nash equilibrium이 존재하며, 이 균형은 내쉬 균형을 보다 강화한 것이다.

를 분석하자.

다음 그림은 총알이 한 발 남아 있는 상황을 보여 준다.

그림 3-5

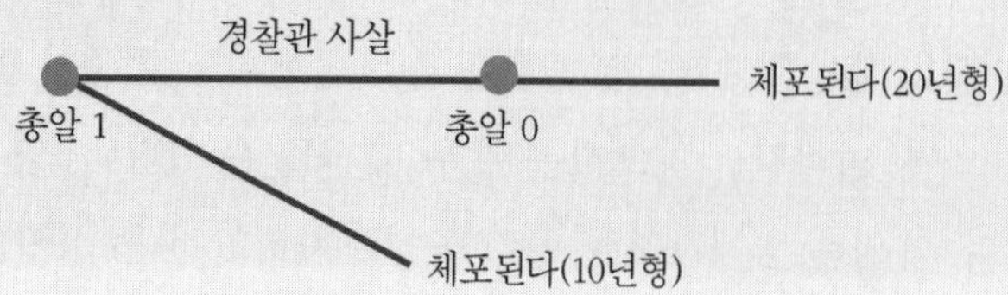

총알이 한 발 있는 상황에서 경찰관 2가 체포를 시도할 때 경찰관 2에게 체포되면 감옥에서 10년을 보낸다. 만약 범죄자가 경찰관 2에게 남은 총알 한 발을 사용하면, 범죄자는 총알이 없게 되고, (앞의 분석과 같이) 경찰관 3에 의해 체포되어 감옥에서 20년을 보내야 한다. 따라서 총알이 한 발 남은 경우에는 그냥 체포되는 것이 최적이다.

그림 3-6

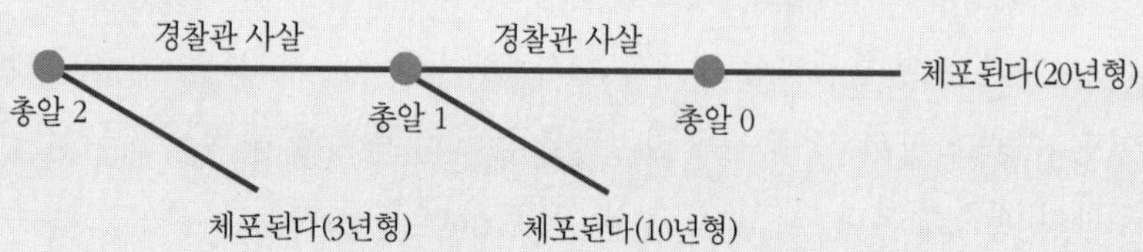

총알이 두 발 남아 있는 경우를 생각해 보자. 범죄자가 체포를 시도하는 경찰관 1에게 순순히 잡히는 경우 일정한 벌(여기서는 3년형)을 받게 될 것이다. 범죄자가 체포를 시도하는 경찰관 1에게 총을 사용하면 총알 한 발이 있는 선택점으로 가게 된다. 이 경우는 앞 문단에서 보았듯이, 총알이 하나 남아 있는 선택점에서의 선택 결과 체포되고 감옥에서 10년을 사는 것이다.

따라서 총알이 두 발 남아 있는 경우 경찰관 1에게 총을 사용하면, 범죄자는 10년형을 살게 되는 반면, 처음부터 체포되면 일정한 벌(3년형)을 받게 되므로, 비록 총알이 두 발 있다고 해도, 결국 처음부터 첫 번째 경찰관이 체포를 시도할 때 체포되는 것이 최적이다.

그러므로 경찰관이 범죄자가 후진귀납법을 한다고 예상한다면 망설임 없이 범죄자를 체포하고자 할 것이다.

[질문 4의 변형 1] 사실 위의 결과는 범죄자가 합리적이며 이러한 후진귀납법 계산을 할 수 있다는 가정하에 경찰관의 최적 전략을 분석한 것이다. 만일 작은 확률로 범죄자가 합리적이지 못하다면, 또는 범죄자가 이런 계산을 할 만큼 합리적이지 못하다면, 위의 분석은 어떻게 달라지겠는가?

질문 4 변형에 대한 답은 각자 생각하여 보기 바란다.

[질문 4의 변형 2] 만약 형벌이 '사람을 죽이면 무조건 사형'이면 결과는 어떻게 될까?

이러한 경우, 체포를 시도하는 첫 번째 경찰관에게 권총을 사용한 범죄자는 2번째 경찰관에게 아무런 추가 '비용' 없이 권총을 사용할 수 있다. 즉, 권총을 경찰관 1에게 사용하고 나면, 범인은 두 번째 총알을 경찰관 2에게 추가로 사용해도 사형, 그렇지 않다고 해도 사형에 처하게 된다. 이러한 경우 범인은 경찰관 2에게 추가로 권총을 사용하는 것을 확약(commit)할 수 있게 되고, 이러한 결과를 예측하는 경찰들은 권총을 가진 강도를 체포하지 않으려고 할 것이다. 이 경우 범인은 비행기를 납치할 수 있게 된다. 따라서 형벌을 정할 때 범죄자의 행동에 따라서 형벌이 한계적(marginal)으로 가중될 수 있도록 하는 것이 중요하다.

5. 메커니즘 디자인

1) 메커니즘 디자인의 개념

지금까지 게임 이론의 기본적인 내용을 살펴보았다. 게임은 참가자, 그들의 전략, 그리고 전략의 상호작용에 따른 보수로 이루어진다. 그 참가자들의 행동을 균형점으로 예측하기 위해 내쉬 균형에 대해 살펴보았다. 그리고 순차적으로 전략이 선택되는 게임에서 균형을 찾기 위해 후진귀납법을 소개하였다. 이처럼 지금까지는 전략적 상호작용이 존재하는 상황에서 균형점을 찾기 위한 방법을 살펴보았다. 이제, 사회적으로 원하는 결과를 얻기 위해 참가자들에게 게임을 설계하는 내용을 살펴보자.

이러한 게임 이론 분야를 메커니즘 디자인(mechanism design, 또는 제도설계 이론)이라 한다. 메커니즘 디자인의 질문은 우리가 원하는 결과인 사회적 목적을 식별한 후, 이러한 목표를 이룰 수 있는 제도가 있는지 없는지 묻는 것을 포함한다. 만약 그 답이 "그렇다"라면 우리는 그 제도 또는 메커니즘이 어떤 형태를 가질 때 우리가 원하는 목표를 도출할 수 있게 되는지 알아본다(Maskin, 2007).

단순화시키면, 메커니즘 디자인이란 정보를 가지고 있지 않은 계획자가 보다 많은 정보를 가지고 있는 경제 주체들을 상대로 게임을 설계할 때, 그 게임의 결과가 계획자 자신이 원하는 방향으로 이루어질 수 있도록 게임을 설계하는 것이다. 솔로몬 왕이 두 여인 중에 아이의 진짜 친모를 찾는 유명한 이야기는 메커니즘 디자인을 단적으로 설명한다.

[질문 5] 두 여인이 한 아이를 데리고 와 서로가 그 아이의 친엄마임을 주장한다. 그 여인들은 솔로몬 왕에게 누가 진짜 엄마인지 결정해 달라고 요청한다. 솔로몬 왕은 두 여인이 그 아이의 엄마임을 계속 주장한다면, 그 아이를 절반으로 '나누겠다'는 제안을 한다.

자, 이 내용을 가만히 살펴보자. 그 당시에 DNA 검사가 존재하는 것도 아니고, 태어난 지 얼마 안 되는 아이의 얼굴을 보고 엄마를 찾을 수 있는 것도 아니다. 여기서 중요한 점은 누가 그 아이의 진짜 엄마인지는 두 여인들만이 알고 있다는 사실이다. 솔로몬 왕이 가지고 있는 정보는 그 두 여인이 가지고 있는 정보에 비해 매우 제한적이다. 여기서 솔로몬 왕은 두 여인이 가지고 있는 정보를 노출할 수 있게 '게임'을 디자인한다. 두 여인이 계속해서 아이의 엄마라고 주장하면 아이를 반으로 잘라서 나누어 주겠다고 하는 것이다. 솔로몬 왕은 아이의 진짜 엄마는 아이가 반으로 잘려 목숨을 잃기를 원치 않으므로 아이를 포기할 것이라고 예상한 것이다. 솔로몬 왕의 생각대로 아이의 진짜 엄마는 아이를 포기하겠다고 말하고, 가짜 엄마는 아이를 데려가겠다고 말하였다. 게임을 하는 와중에 진짜 엄마와 가짜 엄마가 스스로 자신의 정보를 드러낸 것이다.

참가자들은 주어진 메커니즘 또는 제도에서 자신의 이윤을 극대화하기 위해 행동하고, 그 행동의 결과가 자신에게 좋을 때에만 그 게임에 참여한다. 제도를 설계하는 설계자는 제도 변경에 따라 참가자들의 행동이 바뀌고 새로운 균형점이 도출되는 것을 예상하고, 사회적으로 최선의 결과를 가져올 수 있는 제도를 설계하는 것이다.

2) 메커니즘 디자인의 이용

탄소배출권은 이러한 제도설계의 한 예이다. 정부는 일정한 규모의 탄소 배출을 감축시키고자 한다. 기업들 간에는 탄소 배출 감축에 따른 비용이 다른 것이 일반적이다. 사회적으로 최선인 결과는 가장 낮은 탄소 배출 감축 비용을 가지는 기업들이 탄소 배출을 감축하는 것이다. 그럼, 이러한 결과를 어떻게 도출할 수 있는가?

만일, 정부가 탄소 배출 감소 비용이 낮은 기업들을 대상으로 탄소 배출 감소 기업을 선정한다고 발표하였다고 해보자. 그렇다면 기업들은 자사의 탄소 배출 감축 비용에 관한 정보를 솔직하게 대답하지 않는 것이다. 기업들은 탄소 배출량을 줄이기가 매우 어렵고, 비용이 많이 든다고 주장할 것이다. 이러한 경우 정부가 기업들의 탄소 배출량 감축에 따른 비용을 알기 위해서는 많은 노력과 수고가 필요하게 된다.

대신에 정부가 탄소배출권제도를 도입하면, 기업들은 탄소 배출을 위해서 배출권을 구입해야 된다. 탄소배출권의 수량이 현재 배출되는 탄소 배출량보다 적은 상황에서 탄소배출권에 대한 가격이 자연스럽게 형성된다. 그러면 기업들은 탄소 배출 감소에 따른 비용과 탄소배출권 구입에 따른 가격을 비교하게 된다. 탄소 배출 감축에 따른 비용이 탄소배출권 구입 가격보다 낮은 기업들은 탄소 배출을 감축하게 되고, 그렇지 않은 기업들은 탄소배출권을 구입하게 된다. 따라서 결과적으로, 탄소 배출 감축 비용이 낮은 기업들이 탄소 배출을 감축하게 된다. 탄소 배출 감축 비용이 낮은 기업들이 탄소 배출을 감축시키게 하는 당초의 사회적 목적이 달성되는 것이다. 이에 따라 정부는 탄소 배출량을 일정 수준으로 유지하면서, 탄소 배출량 감축에 따른 비용도 최소화할 수 있다.

앞에서 공정거래위원회의 자진신고자 감면제도를 살펴보았다. 이 역시 메커니즘 디자인의 한 예이다. 담합 여부에 대해 보다 정확한 정보를 가지고 있는 측은 기업들이고 정책당국은 기업들이 가지고 있는 이러한 정보를 얻고자 한다. 이를 위해 정책 당국은 자진신고 여부에 따라 과징금을 전액 또는 일정 부분 감면하는 혜택을 주는 것이다. 여기서 자진신고 감면 혜택을 한 기업에게만 줄 것인지 복수의 기업에게 감면 혜택을 줄 것인지에 따라 자진신고 제도에 따른 균형점에 변화가 올 수 있다. 이와 관련하여 최적의 자진신고자 감면제도에 대한 여러 학술적 논의가 진행되고 있다.

6. 실험경제학

사람들에게 실제로 게임을 시켜 보면 그 결과가 어떨까? 사람들의 실험 결과가 게임 이론에서 예측하는 균형점으로 설명이 될까? 만일 이론에서 예측하는 균형점과 실제 실험 결과 간에 차이가 있다면, 그 차이는 왜 존재할까? 그러한 차이를 반영하여 이론을 수정할 수 있을까? 이러한 문제의식에 기반하여 실험경제학(experimental economics)에 대한 연구가 진행되고 있다. 이하에서는 다음의 한 실험을 설명하고 실험경제학을 소개하고자 한다.

[질문 6] 사람들로 하여금 1부터 100까지의 숫자 중 하나를 택하게 한다. 각 사람들이 택한 숫자의 평균을 구해 $\frac{2}{3}$를 곱한다. 이 값과 가장 가까운 숫자를 택한 사람이 승자가 된다.[10] 승자가 되기 위해서는 어떤 숫자를 택해야 하는가?

이 게임에서 승리하기 위해서는 다른 참가자들이 선택할 숫자를 예측해야 한다. 다른 참가자들이 평균적으로 선택할 숫자에 $\frac{2}{3}$를 곱해서 그 수를 택하는 것이 그 게임에서 승리할 수 있는 방법이기 때문이다. 이와 관련하여 미인대회(Beauty contest)에 참가한 여러 미인들 중 우승할 미인을 맞춘 사람에게 상을 주는 경우를 생각해 보자. 그 상을 받기 위해서는 본인에게 가장 아름다운 사람을 선택하는 것이 아니라, 다른 사람들이 미인이라고 생각하는 사람을 예측해야 한다. 그렇다면 다른 참가자들이 어떤 숫자를 선택할까? 다른 참가자들 역시 이 게임에서 승자가 되고 싶어한다.

사실, 이 게임은 합리적인 예측을 단계별로 반복해 나가는 방식으로 그 균형점을 찾을 수 있다. 균형점을 찾아가는 단계를 하나하나 살펴보자. 먼저, 게임의 규칙

10) 예로, 참가자들이 선택한 숫자들이 (10, 20, 30, 40, 50)이라면, 그 수들의 평균은 30이 된다. 따라서 20(=30×2/3)을 적은 참가자가 승자가 되는 것이다.

에 의해 1에서 100까지 숫자를 고르기 때문에 사람들이 고르는 숫자의 평균의 최댓값은 100이다. $100 \times \frac{2}{3}$를 하면 약 66이 된다. 따라서 우승할 수 있는 가장 큰 숫자는 66이다.

모든 사람들이 위의 결과를 알고 있다면 사람들은 66보다 큰 수를 고르지는 않을 것이다. 이러한 경우, 사람들이 고르는 숫자의 평균의 최댓값은 66이 된다. 따라서 그 평균의 최댓값은 66에 다시 $\frac{2}{3}$를 곱하여 44가 된다.

모든 사람들이 여기까지 생각할 수 있다면 사람들은 44 이하의 숫자를 선택할 것이다. 따라서 이제 우승할 수 있는 가장 큰 숫자는 44이다. 다시 이러한 과정을 한 번 더 진행시켜 보자. 그럼 이 경우 우승할 수 있는 큰 숫자는 약 30이다. 이 과정을 반복하면 결국 1을 선택해야 우승하게 된다는 것을 알 수 있고, 모든 단계를 합리적으로 예측한 사람이라면 이 게임이 시작하는 단계에서 1을 선택할 것이다.

위 게임의 이론에 의한 균형점은 모든 사람들이 숫자 1을 선택하는 것이다. 사실, 모든 사람들이 1을 선택하는 것이 내쉬 균형이다. 그런데 실제로 실험해 보면 1을 선택해서 우승하는 것은 매우 어렵다.

많은 사람들이 게임의 균형이 결국 1로 갈 것이라는 예상은 하지 못한다. 우승하기 위해서는 다른 사람들이 대강 어느 정도의 숫자를 부를지 예상하고 그것보다 한 단계 앞서서 생각해야 한다. 때문에 균형전략이 숫자 1을 선택하는 것이라는 것을 아는 참가자도 다른 사람들이 1과는 다른 숫자를 선택할 것을 예측한 상황에서 우승할 수 있는 숫자를 선택해야 한다.

그런데 이 게임을 동일한 사람들을 대상으로 여러 번 반복하다 보면, 사람들이 부르는 숫자가 점점 작아지는 것을 발견하게 된다. 사람들이 게임을 반복하면서 그 게임이 가지는 구조를 학습하게 되는 것이다.

여기서 수업시간에 23명의 학생을 대상으로 실제로 실험을 한 결과를 소개해 보겠다. 23명 중 처음 8명 학생들에게 게임을 알려 주고 숫자를 선택하게 하였다. 학생들이 부른 숫자는 50, 39, 48, 40, 44, 35, 53, 45인데 학생들이 부른 숫자의 평균에 $\frac{2}{3}$를 곱한 값은 29.5로, 우승자는 35를 선택한 학생이었다. 이 과정을 모든 23명의 학생들이 관측하였다.

그 다음 8명의 학생에게 이 게임을 반복하였다. 그 학생들은 앞의 게임에서 35

의 숫자가 우승 숫자라는 것을 알고 있다. 그 학생들이 부른 숫자는 30, 23, 14, 20, 13, 15, 10, 29로써 그 학생들이 부른 숫자의 평균에 $\frac{2}{3}$를 곱한 값은 12.8이었다. 따라서 우승자는 13을 부른 학생이었다. 이 과정을 모든 학생들이 관측하였다.

마지막으로 남은 7명의 학생들에게 그 게임을 반복하였다. 그 학생들은 10, 8, 12, 15, 4, 7, 1 숫자를 선택하였고, 그 학생들이 부른 숫자의 평균에 $\frac{2}{3}$를 곱한 값은 4.75이므로 우승자는 4를 부른 학생이었다.

그 우승한 학생들에게 왜 그 숫자들을 선택하였는지 물어보았다. 그들의 답은 "다른 학생들이 부를 것 같은 숫자에 $\frac{2}{3}$를 곱하였다", "앞선 그룹의 우승 숫자에 $\frac{2}{3}$를 곱하였다" 등의 대답을 할 뿐 정확하게 해결 방법을 알고 있는 학생은 없었다. 하지만 여러 번의 실험을 통해 학생들이 부르는 숫자가 점점 빠르게 작아지는 것을 알 수 있었다. 사실, 위 게임을 반복하면 우승 숫자는 매우 빠른 속도로 1에 수렴한다. 결국, 내쉬 균형점으로 수렴하는 것이다.

또 다른 게임을 생각해 보자. 두 참가자들이 순서대로 숫자를 선택하게 한다. 두 참가자가 선택한 숫자의 합이 100을 넘지 않으면 각각이 선택한 숫자만큼의 상금을 받고, 그 두 숫자의 합이 100을 넘으면 상금을 받지 못하는 게임이 있다. 첫 번째 참가자가 선택한 숫자를 알고 있는 상황에서 두 번째 참가자는 숫자를 선택한다. 즉, 처음 참가자가 x를 선택하고, 두 번째 선택자가 y를 선택해서, x+y가 100보다 크지 않으면, 각각 x, y를 얻는 것이다.

예로, 참가자 A가 95를 부르면, 참가자 B는 5를 부르는 것이 최적이다. 참가자 B가 5보다 큰 숫자를 선택하면, 상금을 받지 못하지만, 5 이하의 숫자를 선택하면, 그 수만큼 상금을 받을 수 있기 때문이다. 하지만 실제 실험을 해보면 A가 95를 선택하는 경우, B가 5 이상의 숫자를 선택해서, 둘 다 상금을 받지 못하는 경우가 존재한다. 이는 A가 매우 큰 숫자를 부르면, B는 A가 '괘씸하다'고 생각하여 둘 다 상금을 받지 못하게 만드는 행동을 통해 A를 '처벌'하기 때문이다.

그런데, 만약 B에게 첫 번째 숫자가 첫 번째 참가자가 고른 것이 아니라 기계가 고른 숫자라고 알려 주면, 첫 번째 숫자가 99이더라도, B가 1을 선택한다. 즉, B가 첫 번째 숫자를 더 순응적으로 받아들이는 것이다.

경제학은 사람들의 선택에 관한 학문이다. 실험경제학은 다양한 실험을 디자인하고 참가자들에게 이를 실행하여, 다양한 실험에서 얻어지는 참가자들의 선택을 분석한다. 그리고 이를 통해 사람들의 선택에 대한 우리들의 이해를 넓히고자 한다.

참고문헌

공정거래위원회, 「리니언시 제도 시행 11년, 그 성과와 과제」, 2009.

김현수 · 남재현, 「카르텔 자진신고자 감면제도의 주요 쟁점과 효과 분석」, 한국응용경제학회, 2010.

남재현, 「메커니즘 디자인 이론은 탈무드식 지혜」, 동아일보, 2007. 10. 30., p. 30.

Bernheim, B. D. and M. D. Whinston, *Microeconomics*, 2008.

Farrell, Joseph and Carl Shapiro, "Standard Setting in High Definition Television," Brookings Papers on Economic Activity: Microeconomics, 1992, pp. 1-93.

Gibbons, Robert, *Game Theory for Applied Economists*, Princeton University Press, 1992.

Maskin, Eric S., "Mechanism Design: How to Implement Social Goals," Nobel Prize Lecture, December 8, 2007.

Chapter 4 불확실성과 정보의 경제학

한순구

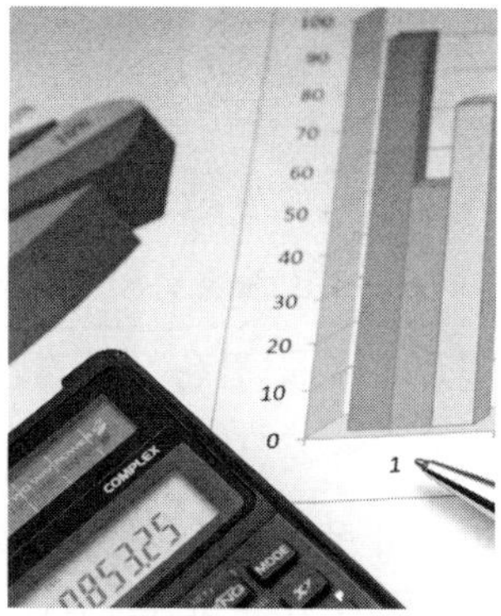

Chapter 4

불확실성과 정보의 경제학

1. 거래와 효율성

경제학에서 가장 중요하게 생각하는 개념이 바로 효율성이다. 흔히들 "파이를 크게 키운다"는 설명이나 "분배보다는 성장만 중시하는 경제논리"라는 말들이 효율성에 밀접하게 관련된다고 볼 수 있다. 효율성은 국가나 사회 전체의 부 또는 번영과 밀접한 관련이 있으므로 당연히 중요한 개념이고 분배 문제뿐 아니라 정치적 민주화 등도 국가의 부가 늘어나면 많은 부분이 해결된다고 경제학자들은 믿고 있기에 효율성은 다른 어떤 기준보다 경제학에서 중요시된다.

이런 효율성에 있어 중요한 것이 바로 사회 구성원들 사이의 자발적인 거래의 허용이다. 어떤 두 사람이 자발적으로 거래를 한 경우에는 효율성이 증가하였다고 확신을 할 수 있다. 예를 들어, 갑이 자신이 가진 목걸이를 을에게 50만 원에 팔았다면, 갑에게 목걸이의 가치는 50만 원 미만이었음이 분명하고 을에게 목걸이의 가치는 50만 원이 넘는 것이 분명하다. 만일 갑에게 목걸이의 가치가 40만 원이고 을에게 60만 원이라서 이 거래가 이루어진 것이라면, 목걸이의 주인이 바뀌는 단순한 행동에 의해 국가의 부(또는 효율성)가 20만 원 증가한 셈이다.

이런 자유로운 거래가 가능한지 여부에 따라서 국가와 사회의 부가 크게 달라지며, 이에 있어서 법의 역할은 절대적이다.

하지만 불확실성(uncertainty) 또는 정보의 비대칭성(asymmetric information)은 이런 거래를 어렵게 만든다. 예를 들어, 위의 예에서 갑이 소유한 목걸이가 진품일 확률이 50%이고 모조품일 확률이 50%라고 해보자. 당연히 모조품의 가치는 0원이다. 진품 여부를 갑은 알겠지만 을은 모른다고 해보자. 그러면 단순평균으로 보아도 목걸이를 사는 경우 을의 기댓값은 60만 원과 0원의 평균인 30만 원이 될 것이며, 따라서 을은 30만 원 이상을 주고 목걸이를 사려 하지 않을 것이다. 반면, 진품 목걸이를 소유한 갑으로서는 자신의 가치인 40만 원 이하에 목걸이를 팔 이유가 없으므로 이 거래는 성립되지 않을 것이다. 그 결과 20만 원의 국부 또는 효율성 증가를 놓치게 된다.

이때 갑이 알고 있는 정보를 을이 모르는 것을 정보의 비대칭성이라고 하고, 을의 입장에서 목걸이가 진품인지 아닌지를 모르는 상태를 불확실성이 존재한다고 말한다. 이렇듯 정보의 비대칭성과 불확실성은 대부분의 경우 자발적인 거래에 장애를 유발한다. 따라서 이런 정보의 비대칭성과 불확실성을 제거하거나 감소시킬 수 있다면 효율성 증진에 큰 도움이 된다. 예를 들어, 정부가 모조품 목걸이를 판 사람은 반드시 검거하여 처벌하고 돈을 되돌려준다면 갑은 반드시 진품만을 팔 것이며, 을은 비록 비대칭 정보가 있지만 갑이 팔려는 목걸이가 진품이라고 확신하고 구입하게 될 것이다.

2. 불확실성과 금융

금융산업이란 결국 돈을 빌려 주고 빌려 받는 일을 하는 산업이다. 사람들은 금융은 돈 놓고 돈 먹기이며 실제로 아무 것도 만들어 내는 것이 없다고 말하기도 한다. 하지만 금융산업도 엄연히 제품을 생산해 내고 있다. 자동차를 생산하는 기업은 자동차의 원료가 되는 철강, 플라스틱, 전선 등을 구입하여 자동차를 만든 후에 소비자에게 판매한다. 금융산업도 마찬가지인데, 금융회사는 현재 자금이 없지만 능력이 뛰어나거나 좋은 아이디어가 있는 사람들과 기업들을 발굴하고 조합해서 금융상품을 만들어 낸다. 마치 평범한 쇳조각, 플라스틱 조각, 전선 몇 가닥을 모아서 소비자에게 멋진 차를 판매하듯이 금융회사는 컴퓨터 프로그램에 재능이 있는 10대 소년, 새로운 기계를 개발한 30대 중소기업 사장, 명문대를 졸업하여 앞으로 높은 수입을 올리겠지만 현재는 집을 마련할 돈이 없는 젊은이들을 모아서 금융상품을 만들어 낸다. 마치 소비자가 자동차가 어떻게 만들어지고 어떻게 굴러가는지 전혀 모르고 디자인과 마력만 보고 자동차를 구입하듯이 사람들은 자신의 돈이 누구에게 가는지 모르고 금융상품을 구매한다.

자동차를 사는 사람들은 자동차의 엔진 안에서 어떤 일이 벌어지는지 전혀 모르면서도 자신이 한 7-8년 간 별 문제 없이 자동차를 탈 수 있다고 기대하고 돈을 지불한다. 마찬가지로 사람들은 자신이 은행에 예금한 돈이 건설업자에게 가는지, 아니면 컴퓨터회사에 가는지 전혀 모르면서도 1년 또는 2년 후에 원래 돈에 연 6%의 이자를 얹어서 돈을 회수할 수 있다고 믿고 금융상품을 구매하게 된다. 자동차가 일정 기간 내에 고장이 나면 자동차회사가 책임지고 수리해 주듯이, 금융회사들도 설사 돈을 빌려간 사람들에게 문제가 생기더라도 회사가 책임지고 돈을 지불하겠다고 예금자들에게 보장하곤 한다.

이렇게 보면 사실 자동차산업이나 금융산업은 별 차이가 없다. 정말 차이가 없을까?

2008년도 노벨상 수상자인 크루그먼 교수는 자신의 책 *The Return of Depression Economics*에서 금융산업을 설명하면서 실제로 미국의 워싱턴에서 실행되었던 아이돌보기(baby-sitting) 그룹의 문제를 예로 들고 있다.

미국의 수도 워싱턴 시에 사는 어린 자녀를 가진 부부들이 모여서 우리로 말하면 아이를 서로 봐 주는 품앗이를 결성하였다고 한다. 품앗이란 말 그대로 자신이 시간이 있는 날 다른 사람의 아이를 봐 주고, 대신 자신이 외출해야 하는 날에는 다른 사람에게 자신의 아이를 부탁하는 간단한 방법이었다. 하지만 이런 품앗이가 두세 집 사이에서만 이루어지면 모든 집 부모가 바쁜 날이 있기 때문에 풀을 넓혀서 몇백 명의 부모들이 모여서 품앗이를 시작하였다고 한다. 그리고 아이돌보기를 부탁만하고 자신은 하지 않는 얌체와 같은 행위를 막기 위해서, 각 부모들에게 몇 장씩의 쿠폰을 지불하고 자신이 아이를 맡길 때에는 쿠폰을 아이를 봐 주는 사람에게 주고 대신 자신이 다른 사람의 아이를 봐 줄 때 맡기는 사람으로부터 쿠폰을 받도록 제도를 마련하였다. 즉, 궁극적으로 자신의 아이를 맡기기 위해서는 자신도 다른 사람의 아이를 봐 주어야 하도록 제도를 만든 것이다. 그런데 이런 훌륭한 아이디어는 실행하자마자 곧 좌초되었다. 사람들이 자신의 아이는 맡기지 않고 서로 자신이 다른 사람의 아이를 봐 주겠다고만 하는 상황이 발생한 것이다. 문제는 대부분의 부모들이 미래에 갑자기 자신이 바빠지는 경우에 대비해서 쿠폰을 미리 많이 저축해 놓고 싶어하였다는 것이다. 그래서 처음에 많은 부모들이 아이를 맡기기보다는 자신이 다른 아이를 맡겠다고 신청하였고, 그 결과 아이를 맡고 싶어도 맡지 못하는 경우가 많이 발생하게 되었다. 이런 결과를 본 부모들은 더 조바심이 나기 시작하였다. 왜냐하면 자신이 시간이 있다고 해도 다른 사람의 아이를 맡아서 쿠폰을 저축할 수 있다는 보장이 없기 때문에 자신의 쿠폰이 너무 중요해진 것이다. 따라서 부모들은 정말로 중요한 일이 아니면 외출을 자제하여 자신의 쿠폰이 줄어드는 상황을 막게 되었다. 이런 부모들의 행동은 아이를 맡기는 사람들의 수를 더욱 줄어들게 만들었고, 그 결과 더욱 많은 부모들이 아이를 맡기지는 않고 맡겠다고만 요청하기 시작하였다. 결국 서로 아이를 맡아 주기로 한 제도는 마련되었지만, 실제로 이 제도를 이용하는 경우가 너무 적어서 제도가 유명무실해지는 위기가 닥쳤다.

다행히도 이 아이돌보기 그룹의 이야기는 해피엔딩으로 끝나게 되는데, 부모들에게 더욱 많은 쿠폰을 무상으로 공급하여 애초보다 훨씬 많은 수의 쿠폰을 부모들이 갖게 되자 부모들이 이제는 자신이 필요한 경우에 마음 놓고 아이를 맡길 수 있다고 생각해서 쿠폰을 모으는 데 집착하지 않게 되었고 그 결과 처음 의도한 것처럼 아이를 봐 주는 품앗이가 잘 굴러가기 시작하였다고 한다.

짐작하였겠지만 이 예에서 부모들이 모으려고 하였던 쿠폰이 바로 우리 사회의 돈, 또는 신용(credit)이라고 하는 것이다. 처음에 사람들이 아이를 잘 맡기지 않았는데, 이는 다른 부모들이 자신의 아이를 잘 맡아 줄지가 걱정되어서 그런 것이 아니었다. 또 쿠폰이 많이 배포된 다음에 사람들이 아이를 많이 맡기기 시작하였는데, 이는 다른 부모들이 자신의 아이를 잘 맡아 줄 것이라고 확신해서도 아니었다. 즉, 서비스는 그대로인데도 이에 대한 수요는 급격히 늘 수도 있고 급격이 줄 수도 있다.

금융산업은 다른 산업과는 너무도 크고 분명한 차이점을 갖고 있는데, 이는 바로 금융산업이 미래와 관련되었다는 사실 때문에 불확실성이 존재한다는 점이다.

이미 말하였다시피 금융산업이란 돈을 빌려 오고 빌려 주는 일을 하는 산업이다. 그런데 과연 어떤 사람이 당신에게 돈을 빌리면서 "지금 돈을 빌려 주면 내가 바로 그 자리에서 갚겠다"고 하는 경우가 있을까? 그 누구도 그 자리에서 갚을 돈을 이자까지 주면서 빌릴 리가 없다. 당연히 돈을 지금 빌려 주면 내일, 1년 후, 또는 10년 후의 미래에 받게 된다. 이는 시장에서 야채나 고기를 살 때 또는 자동차를 살 때 돈을 지불하면 바로 자신의 물건을 받는 것과는 큰 차이가 있다(자동차의 경우 돈을 할부로 내면 미래와 관련이 생기는데, 이 경우에는 자동차를 구매하는 것이라기보다는 자동차와 관련된 금융상품을 구매하는 셈이 되며, 이런 의미에서 자동차회사는 사실 금융회사에 가깝다는 주장이 나오게 된다).

그런데 미래와 관련이 되면 반드시 따라 나오게 되는 문제가 바로 불확실성과 위험의 문제이다. 지금 구매하여 받은 사과도 사실 맛이 있을 수도 있고 없을 수도 있는 불확실성이 수반되지만, 그래도 그 사과는 눈으로 직접 보고 손으로 만져 볼 수도 있으며, 정 의심되면 한 입 먹어 볼 수도 있다. 하지만, 금융상품 또는 남에게 빌려 준 돈은 언제나 돌려받지 못할 수 있다는 불확실성과 위험을 안고 있는데, 보통 사람들로서는 이를 사과와 같이 확인해 보기가 어렵다는 문제가 있다.

사람들은 이런 미래에 대한 불확실성을 안고서 의사결정을 해야 하는 경우에 처하면 불확실한 미래에 대한 자신의 기대를 갖게 되고 이를 기준으로 행동하게 된다. 이 회사는 전망이 좋기 때문에 돈을 빌려 주면 반드시 갚을 것이지만 저 사람은 건강이 좋지 않아서 돈을 빌려 줄 수가 없다는 식의 기대를 말한다.

그런데 이런 기대는 단순히 미래의 현상을 평가하는 데서 그치지 않고 이런 기대에 따라서 미래의 결과가 달라진다. 앞선 아이돌보기 그룹의 예에서 부모들은 미래에 쿠폰을 얻기가 어려울 것이라는 기대를 갖게 되는데, 이런 기대가 일단 형성되자 부모들은 자신의 아이를 맡겨서 쿠폰을 쓰기보다는 다른 아이를 맡아서 쿠폰을 얻으려고만 하게 되고, 그 결과 미래에 쿠폰을 얻기가 어려울 것이라는 기대가 실제로 현실에서 나타나게 되었다. 즉, 사람들이 앞으로 돈을 빌리기가 어려워질 것이라고 기대하게 되면 앞으로 돈이 필요한 사람들은 지금 미리 돈을 빌려 놓으려고 노력할 것이고 그 결과 실제로 돈을 빌리려는 사람들이 많아져서 돈을 빌리기가 어려워지게 된다.

따라서 경제에 있어 불확실성은 크나큰 피해를 줄 수 있는 잠재적 가능성을 항시 가지고 있으므로 이런 불확실성을 해소하는 것은 국가 사회적으로 너무도 중요하다.

3. 위험과 위험 기피, 그리고 보험

실제 우리 생활에서 확실한 것은 거의 존재하지 않는다. 예를 들어, 수박을 산다고 하였을 때 그 수박을 먹으면서 자신이 얼마나 만족을 할지는 확실치 않다. 즉, 설탕덩어리처럼 달디 단 수박일 수도 있고, 반면 무를 먹는 듯 전혀 단맛이 없는 수박일 수도 있기 때문이다. 이것이 바로 불확실성(uncertainty)이다.

하지만 일반인들은 이런 수박과 관련된 불확실성에 대해서는 큰 관심을 갖지 않는다. 반면, 주식 시세, 부동산 시세 등 궁극적으로 자신의 재산 또는 돈과 관련된 불확실성에는 아주 큰 관심을 가지게 된다. 그래서 경제학에서도 특별히 돈과 관련된 불확실성은 별도로 이름을 붙여서 위험(risk)이라고 부른다.

동전을 던져서 앞면이 나오면 당신이 1억 원을 받고 뒷면이 나오면 당신이 1억 원을 내야 하는 경기가 있다면 당신은 이 경기를 하겠는가라고 물었을 때, 만일 당신이 기꺼이 이 경기에 참여한다면 당신은 위험선호자(risk lover)라고 하는 반면 당신이 이 경기를 안 한다면 당신은 위험기피자(risk averter)라고 한다. 또한 위험을 선호하지도 기피하지도 않는 사람은 위험중립적(risk neutral)이라고 한다.

정확히 정의하자면 이 경기는 1/2의 확률로 1억 원을 받고 1/2의 확률로 1억 원을 잃기 때문에 그 기댓값이 0이다. 당신이 이 경기를 하지 않으면 당연히 당신의 이득은 0이 된다. 따라서 경기를 하든 말든 기댓값은 동일하다. 다만 경기를 하지 않으면 위험이 없고 경기를 하면 돈을 크게 따거나 잃을 수 있는 위험이 수반된다. 이렇듯 기댓값은 같지만 한 쪽은 위험이 없고 다른 쪽은 위험이 있을 때, 위험이 없는 쪽을 선호하면 위험을 기피한다고 하고 위험이 있는 쪽을 선호하면 위험을 선호한다고 한다. 도박을 즐겨 하거나 복권을 사는 등 위험을 선호하는 행위를 사람들이 보이기는 하지만 일반적으로 사람들은 위험에 대해 기피적인 경우가 대부분이라고 생각하면 크게 틀리지 않는다. 즉, 사람들은 위험을 싫어하고 따라서 투자수익률이 낮아도 위험이 적은 곳에 투자하는 행위를 자주 보인다.

그런데 이런 위험기피적인 성향은 경제적 비효율을 초래할 수 있다. 만일 이 세상에 자동차보험이 없어서 혹시라도 여러분들이 운전하다가 사고가 났을 때 그 피해자에게 100% 여러분들의 돈으로 보상을 해야 한다면 여러분들 중에 운전을 할 사람이 몇이나 될지 궁금하다. 혹시라도 깜박 신호를 못 보고 가는 경우가 전혀 없으리라는 보장이 없는데, 그러다가 지나가던 어린이라도 차에 치어 평생 장애가 생긴다면 사회적 지위나 경제적 풍요, 또 가정의 평화가 모두 한 순간에 깨질 수 있으니 사실 운전을 포기하는 사람들이 적지 않을 것이다. 실제로 대부분의 사람들은 커다란 인사사고 없이 평생을 운전하기 때문에 이런 사고 확률은 매우 낮고 설사 사고가 나면 10억 원을 배상해야 한다고 하더라도 사고의 확률이 0.01%라면 운전자의 사고 배상의 기댓값은 10만 원 정도라고 볼 수 있다. 하지만 이 운전자가 위험기피적이라면 이런 낮은 기댓값에도 불구하고 차라리 운전을 포기할 수 있다. 또는 이렇게 운전을 꺼리는 사람들을 설득해서 버스 기사가 되도록 하려면 버스 기사의 급여가 엄청 높아지게 될 것이다.

문제는 사회의 많은 사람들이 이런 낮은 확률의 위험 때문에 운전을 포기하게 되거나 또는 버스 기사의 급여가 높아져서 대중교통 요금이 지금보다 몇 배가 된다면 당연히 경제는 위축될 수밖에 없다.

따라서 많은 사람들은 누군가 자신이 가지고 있는 위험을 대신 맡아 준다고 하면 돈을 내고라도 부탁하게 될 것이다. 예를 들어, 버스 기사를 하고 싶지만 사고의 위험 때문에 망설이는 사람에게 어떤 회사가 사고가 나면 모든 책임을 지는 방식으로 위험을 대신 감수해 주겠다고 하면 그 운전자는 상당히 큰 금액을 지불하고서라도 위험을 떠맡기고 싶을 것이다. 동시에 사회적으로 보면 이렇게 위험을 타인에게 전가한 운전자가 낮은 급여를 받고라도 버스를 운전할 것이므로 효율성에 큰 증가가 이루어진다.

다소 높은 보험료를 받지만 개개인들의 위험을 대신 떠맡아 주는 보험회사들이 없다면 우리가 당연히 즐기고 있는 많은 경제활동이 위험기피적인 인간의 성향 때문에 사라질 것이므로 보험은 경제적 효율성 측면에서 아주 중요한 역할을 한다고 볼 수 있다.

잠깐 수식으로 살펴보자면 어떤 사람이 받는 돈을 x라고 하고, 그 사람이 그 돈으로부터 느끼는 효용을 $U(x)$라고 할 때 $U(x)=x$라는 효용함수를 생각해 보자. 즉, 100원을 벌면 100의 효용을 느끼고 200원을 벌면 200의 효용을 느끼는 사람이 이에 해당된다. 이 경우 이 사람에게 동전을 던져서 앞면이 나오면 1억 원을 받고 뒷면이 나오면 0원을 받는 경기를 그 기댓값인 5,000만 원을 주고 하겠냐고 물으면 이 사람은 어떤 반응을 보이겠는가? 계산을 해보자.

이 상황은 현금 5,000만 원이 더 좋으냐, 아니면 1/2의 확률로 1억을 받을 수 있는 로또복권이 더 좋으냐는 문제로 귀결된다. 이 사람에게 현금 5,000만 원의 가치 또는 효용은 U(5,000만 원)=5,000만 원이다. 반면 1/2의 확률로 1억 원을 받을 수 있는 로또복권의 가치 또는 효용은 $\frac{1}{2}\times U$(0원)$+\frac{1}{2}\times U$(1억 원)$=\frac{1}{2}\times 0+\frac{1}{2}\times$1억 원=5,000만 원이다. 결론적으로 $U(x)=x$라는 효용함수를 가진 개인에게 있어서 현금 5,000만 원과 1/2의 확률로 1억 원을 받을 수 있는 로또복권은 동일한 가치를 가지게 된다. 이때 현금과 로또복권의 기댓값은 5,000만 원으로 같지만 현금은 위험성이 거의 없는 반면 로또 복권은 큰 위험이 내재되어 있는데도 불구하고 둘을 동일하게 느낀다는 것은 이 사람이 위험기피적이 아니고 위험에 전혀 영향을 받지 않는 위험중립적이라는 증거이다.

반면, 위험기피적인 사람의 효용의 예로 $U(x)=\sqrt{x}$를 생각해 볼 수 있다. 이 사람에게서 현금 5,000만 원의 가치 또는 효용은 U(5,000만 원)=$1{,}000\sqrt{50}=5{,}000\sqrt{2}$ 이다. 반면 1/2의 확률로 1억 원을 받을 수 있는 로또복권의 가치 또는 효용은 $\frac{1}{2}\times U$(0원)+$\frac{1}{2}\times U$(1억 원)=$\frac{1}{2}\times 0+\frac{1}{2}\times 10{,}000=5{,}000$이다. $5{,}000<5{,}000\sqrt{2}$ 이므로 당연히 이 사람은 현금 5,000만 원에서 1/2의 확률로 1억 원을 받는 로또복권보다 높은 효용을 느끼게 되므로 현금 5,000만 원을 내고 이 로또복권을 사는 일은 없을 것이다. 그리고 현금과 로또복권의 기댓값이 동일한 상황에서 위험이 없는 현금을 선호하였다는 사실에서 $U(x)=\sqrt{x}$ 라는 효용함수를 지닌 사람은 위험기피적이라는 것을 알 수 있다.

동일한 방법으로 확인한다면 $U(x)=x^2$ 형태의 효용함수를 지닌 사람은 위험을 선호하게 됨을 알 수 있을 것이다.

4. 대리인 문제 1: 도덕적 해이

대리인 문제(principal and agent problem)란 어떤 사업의 궁극적 책임을 지게 되는 주인(principal)이 여러 가지 이유로 본 사업을 직접 실행할 수 없는 때 대신 일을 실행할 대리인(agent)에게 위임할 경우 발생하는 문제를 말한다.

이삿짐센터를 불러서 이삿짐을 옮기는 경우에서부터 사장이 직원을 고용하여 일을 맡기는 경우, 개인들이 자신들의 여유 자금을 은행이 대신 투자해 달라고 저축하는 경우, 더 나아가 국민이 정치인들에게 국가의 운영을 맡기는 경우 등 사회의 많은 상황들이 이런 대리인 문제의 상황에 해당된다.

일견 대리인 문제는 주인에게 위탁을 받아서 대신 일해 주는 대리인이 주인을 속이는 문제로 간단히 이해할 수 있으나 실제로 대리인 문제가 발생하는 배경에는 이보다는 훨씬 복잡한 여러 가지 요인들이 복합적으로 작용하고 있다. 이제부터 하나씩 살펴보도록 하자.

1) 주인과 대리인의 갈등

돈을 투자하여 회사를 차린 사람(=주인)이 전문가(=대리인)를 직원으로 고용하여 일을 시키는 경우 대리인은 주인에게 돈을 벌어 주고 주인은 대리인에게 급료를 지급하는 것이 아주 간단한 주인-대리인 관계의 구조이다.

간단한 수식으로 나타내기 위해 x를 대리인이 주인에게 벌어다 주는 돈이라고 하고 w를 주인이 대리인에게 지불하는 급료라고 정의하자. 하지만 대리인이 주인에게 벌어다 주는 돈은 항상 정해져 있지 않은 것이 일반적이다. 즉, 대리인이 열심히 일하지 않고 꾀를 피우든지, 국제금융시장에 위기가 닥치든지, 원자재 가격이 하락하거나 상승하는 등의 여러 가지 이유로 x는 한 수준으로 정해지지 않고 $p(x)$의 확률로 발생하게 된다.

만일 $p(x=1$억$)=1/3$이고 $p(x=2$억$)=2/3$이라면, 주인이 그 일을 대리인에게 맡기는 경우에 기대 수익은 5/3억이 된다.

결국 **주인이 원하는 것은 이익인 x를 크게 하고 급료인 w를 조금 지불하는 것**이다. 따라서 대리인과 함께 일하는 주인의 기대이익은 다음과 같다.

$$\text{주인의 이윤}=p(x, e)\times(x-w(x)).$$

여기서 확률 p에 들어간 e가 의미하는 바는 대리인의 노력 정도(effort)이다. 이는 대리인이 더 노력할수록 결과가 좋아져서 주인의 이익인 x가 높아질 확률이 커진다는 의미이다. 또 급료 w에 x가 들어간 것은 아무래도 성과 또는 이익인 x가 좋으면 주인이 대리인에게 더 많은 급료를 지불할 것임을 의미한다.

주인의 이윤은 대리인의 노력인 e가 커지면 커지고 대리인의 급료인 w가 커지면 작아진다.

반면, 대리인은 직접적으로 주인의 이익에는 관심이 없다. 대리인이 직접적으로 관심이 있는 것은 자신에게 지불되는 급료 w와 이 급료를 받기 위해서 자신이 힘들게 노력해야 하는 노력 e이다. 즉, **대리인이 원하는 것은 급료 w를 많이 받고 노력 e를 조금 하는 것**뿐이다. 따라서 주인 밑에서 일하는 대리인의 기대이익은 다음과 같다.

$$\text{대리인의 이윤} = p(x, e) \times (w(x) - e).$$

결국 **대리인의 이윤은 급료 w가 커지면 커지고 노력 e가 커지면 작아진다.**

물론 앞의 식들에서 간접적인 영향들이 있지만 일단 직접적인 영향들을 놓고 보면, 주인은 w가 작아지기를 바라는 반면 대리인은 커지기를 원하고, 주인은 e가 높아지기를 원하는 반면 대리인은 작아지기를 원하므로 기본적으로 주인과 대리인의 관계는 갈등관계일 수밖에 없다.

2) 비대칭정보와 불확실성이 대리인 문제의 핵심

하지만 아무리 주인과 대리인이 갈등관계에 있다고 해도 주인이 대리인의 노력 수준인 e를 모두 관찰할 수 있다면 갈등은 쉽게 해소될 수 있다. 대리인의 노력 수준이 주인이 원하는 수준에 미치지 못하면 급료를 지불하지 않고 주인이 원하는 수준에 도달하였을 때만 급료를 지불하게 되면 대리인은 급료를 받지 못할까봐 주인이 원하는 수준의 노력을 기울일 것이기 때문이다.

물론 대리인 문제는 주인이 대리인의 노력 수준인 e를 직접 관찰할 수 없다는 것에서 비롯되는데, 경제학에서는 이처럼 대리인은 자신의 노력 수준인 e를 알지만 주인은 이를 모르는 식으로 한 측이 가진 정보를 다른 측이 갖지 않은 경우를 **정보의 비대칭성**(asymmetry of information)이라고 부른다. 즉, 주인에게 e는 관찰 불가능이고 다만 x만이 관찰 가능한 것이 주인-대리인 문제의 핵심 원인인 것이다.

그런데 비록 정보의 비대칭성이 있다고 하더라도 노력 수준 e와 그 결과의 이윤 x 사이에 1 대 1 대응이 이루어진다면 주인으로서는 비록 대리인의 노력 수준 e를 직접 관찰할 수 없다 하더라도 그 결과인 x를 보고 대리인의 노력 수준을 완벽히 추측해 낼 수 있을 것이다.

예를 들어, 직원이 1시간 열심히 일하면 회사의 이윤이 10만 원 증가하고 2시간 열심히 일하면 20만 원 증가하는 관계라고 하면, 비록 사장이 그 직원의 근무시간을 모르더라도 이윤이 50만 원 증가하였다면 해당 직원이 8시간 근무 중에서 오로지 5시간만 열심히 근무하였다는 것을 바로 파악할 수 있을 것이다.

따라서 만일 사장이 직원들이 8시간 근무하는 것을 목표로 한다면 이 상황에서 이윤이 80만 원 이상 증가하면 급료를 지급하고 80만 원 미만이면 전혀 급료를 주지 않는 방식으로 노동계약을 맺음으로써 대리인 문제를 피할 수 있을 것이다.

문제는 현실에서는 똑같이 5시간을 열심히 일해도 어떤 때는 이윤이 30만 원밖에 오르지 않는 반면 어떤 때에는 80만 원이 오를 수도 있다는 것이다. 즉, 다시 말해서 대리인의 노력 수준 e와 그 결과 발생하는 이윤 x가 1 대 1 대응관계가 아니고 확률적인 관계라는 것이다. 이를 경제학에서는 노력 수준과 이윤 사이에 **불확실성**(uncertainty)**이 존재**한다고 말한다.

결론적으로 대리인 문제는 만일 주인이 직접 대리인의 노력 수준 e를 관찰할 수 있거나 또는 노력 수준과 그 결과인 이윤 x 사이에 불확실성이 존재하지 않아 주인이 x를 통하여 e를 정확히 파악할 수 있다면 발생하지 않는다.

여기서 한 가지 유의할 것은 비록 주인의 궁극적인 목적은 이윤 x를 높이고 급료 w를 높이는 것이지만, 주인이 대리인에게 요구할 수 있는 것은 x가 아니라는 사실이다. 이는 대리인도 사실 x를 직접 결정할 수는 없고 x 또는 x가 발생할 확률인 $p(x)$에 영향을 주는 e만 결정할 수 있기 때문이다.

이는 시험공부를 하는 학생을 놓고 생각하면 이해가 쉬울 수 있다. 부모나 교수의 입장에서는 학생이 시험성적을 잘 받으면 좋겠지만 앞서 e와 x 사이에 불확실성이 있듯이 학생의 공부량과 시험성적은 반드시 1 대 1 관계는 아니다. 즉, 어떤 때는 열심히 일해도 시험성적이 안 나오는가 하면 어떤 때는 별로 공부하지 않았는데도 시험성적이 잘 나오는 때가 있기 때문이다. 물론 공부를 많이 할수록 시험성적이 잘 나올 확률이 올라가는 것은 분명하지만 이 둘의 관계에는 불확실성이 존재한다.

따라서 부모나 교수가 학생에게 요구할 수 있는 것은 사실 학생 자신도 직접 컨트롤할 수 없는 시험성적 x가 아니라 학생이 100% 컨트롤할 수 있는 노력 수준 e가 되어야 한다. 조금 바꾸어 말하면, 인간이 결정할 수 있는 것은 노력 수준일 뿐 하늘에 의해 부과되는 불확실성을 포함하는 그 결과가 아니므로 인간적인 최선은 대리인의 노력 수준이 사회적으로 최적이 되도록 하는 것뿐이다. 따라서 대리인 문제에서 경제학적 효율성은 결과 또는 이윤인 x가 어떻게 나왔는가가 아니라 대리인의 노력 수준인 e가 사회적으로 바람직한 수준으로 결정되었냐는 것이다.

실제로 대리인을 너무 결과인 x에 신경쓰도록 하면 사회적 비효율이 발생할 수 있는데, 이는 다음 소절에서 살펴보도록 하겠다.

3) 대리인은 주인에게 보험을 들었다

미국의 명문 야구팀 보스턴 레드삭스(Redsox)와 레드삭스의 선수인 데이비드 오티즈(David Ortiz)의 예를 통하여 대리인 문제를 보다 깊이 살펴보도록 하자.

오티즈는 레드삭스에서 뛰고 있는 선수이다. 그런데 오티즈가 열심히 경기를 하면 레드삭스의 성적이 올라갈 확률이 2/3이고 성적이 떨어질 확률이 1/3이라고 한다. 현재 레드삭스는 성적이 좋으면 오티즈에게 400만 달러를 주고 성적이 나쁘면 100만 달러를 준다. 그리고 오티즈 선수는 위험기피적인 성향을 가지고 있으며 그 효용함수는 $U(x)=\sqrt{x}$라고 하자.

그러면 이때 오티즈가 얻게 되는 기대효용은 다음과 같아진다.

$$U(x)=\frac{2}{3}\sqrt{4{,}000{,}000}+\frac{1}{3}\sqrt{1{,}000{,}000}=\frac{2}{3}\times 2{,}000+\frac{1}{3}\times 1{,}000=\frac{5{,}000}{3}.$$

그리고 레드삭스가 오티즈에게 지불하는 평균연봉은 다음과 같아진다.

$$W=\frac{2}{3}\times 4{,}000{,}000+\frac{1}{3}\times 1{,}000{,}000=3{,}000{,}000.$$

그런데 레드삭스가 오티즈 선수의 연봉을 조정하려고 한다고 하자. 이번엔 성적이 떨어지는 경우에 오티즈에게 0달러의 급료를 주려고 한다. 즉, 보다 강력한 인센티브 시스템을 도입하려는 것이다. 당연히 오티즈 선수가 자발적으로 현재의 계약을 포기하고 새로운 계약을 맺도록 해야 하므로 레드삭스는 오티즈에게 현재의 효용 수준인 5,000/3을 보장해 주어야 한다. 그렇다면 오티즈가 자발적으로 팀 성적이 내려가면 0달러를 받는 새로운 계약에 서명하도록 하기 위해서 레드삭스는 팀 성적이 오를 때 오티즈에게 최소 얼마를 주어야 하겠는가?

이때 우리가 구하려는 팀 성적이 오를 때의 오티즈의 급료를 y라고 한다면 아래와 같은 식이 성립한다.

$$U(x)=\frac{2}{3}\sqrt{y}+\frac{1}{3}\sqrt{0} \geq \frac{5,000}{3}.$$

결국 위의 식을 만족시키는 최소의 y는 625만 달러가 된다.

그리고 이때 레드삭스가 오티즈에게 지불하는 평균연봉은 다음과 같다.

$$W=\frac{2}{3}\times 6,250,000+\frac{1}{3}\times 0=4,166,667.$$

이를 통해 우리가 알 수 있는 것은 팀의 성적이 떨어질 때 오티즈의 급료를 낮추어서 오티즈에게 더 강한 인센티브를 주려고 하면 오티즈에게 더 높은 평균연봉을 지불해야 한다는 것이다. 우리의 예에서는 더 강한 인센티브 시스템을 도입함에 따라 오티즈의 평균연봉이 300만 달러에서 416만 6,667달러로 오른 것을 알 수 있었다. 그리고 이렇게 연봉이 올랐다고 해서 오티즈 선수는 전혀 더 행복해진 것도 아님을 알 수 있다.

많은 사람들이 높은 연봉을 받지만 언제라도 해고될 수 있는 컨설팅 회사와 낮은 연봉을 받지만 안정적으로 근무할 수 있는 공사 중에서 어느 쪽을 원하느냐고 물으면 공사를 택하는 것을 볼 수 있다. 이는 컨설팅 회사처럼 매년 성과를 토대로 해고를 시키거나 연봉을 조정하는 등의 강력한 인센티브를 주어서 사람들을 더 열심히 일하도록 만들고자 하면 회사로서는 훨씬 더 많은 급료를 지불해야 함을 의미한다.

물론 이는 대리인들이 위험기피적이기 때문에 발생하는 현상이다. 위험을 싫어하는 사람들에게 상황에 따라서 급료가 크게 변하는 불확실성을 부여하기 위해서는 이에 상응하여 평균적인 급료가 올라야 한다는 논리이다.

결국 **성과에 따라 급료가 큰 차이가 나도록 강력한 인센티브 시스템을 도입하**

면 대리인들의 노력 수준은 올릴 수 있을지 모르지만 주인은 상당한 급료의 인상을 예상하여야 한다.

기업에 자금을 투자하는 투자자와 이 기업에서 근무하는 근무자를 놓고 보았을 때 경제학에서는 투자자는 위험중립적이고 근무자는 위험기피적이라고 가정한다. 즉, **주인은 위험중립적이고 대리인은 위험기피적**이라는 뜻이다.

의사를 예로 들어 보자. 의사 중에는 자신이 직접 책임지고 경영하는 개업의와 대형 병원에서 월급을 받고 근무하는 의사가 있다. 당연히 평균적으로는 개업의가 더 많은 수입을 올릴 것이다. 하지만 개업의는 반드시 자신의 병원이 잘 되라는 보장이 없기 때문에 큰 손실을 볼 수 있다는 위험을 감수하는 반면 대형 병원에 근무하면 꼬박꼬박 월급을 받을 수 있다는 안정성이 있는 것이다.

개업을 하면 2/3의 확률로 3억 원을 벌고 1/3의 확률로 0원을 벌 수 있는 반면, 병원에서 근무하면 꼬박꼬박 1억 원을 받을 수 있다고 하면 평균수입은 개업의가 2억 원이고 병원 근무가 1억 원이지만 병원 근무를 원하는 위험기피적 의사들이 많이 있을 것이다. 이때 병원 경영자가 위험중립적이라면 병원 경영자는 평균 2억 원의 수입을 벌어 주고 1억 원의 연봉을 받아가는 의사 1명당 1억 원의 순이익을 거두고 있는 셈이다.

따라서 따로 개업을 하면 더 많은 돈을 벌 수 있는 의사들이 병원에서 월급을 받고 근무하는 것은 마치 개인들이 위험을 피하기 위해 보험에 드는 것과 일맥상통한다. 즉, **개인사업을 하지 않고 직장에 다니는 사람들에게 직장은 보험 가입과 같은 것이다. 또 기업은 자신의 피고용자들에게 보험을 들어 줌으로써 일종의 보험 수익을 올리는 보험회사로 파악할 수 있다.**

직장의 이런 보험적 성격은 경제에서 매우 중요하다. 앞의 예에서 만일 의사들을 고용하는 대형 병원이 없고 위험기피적인 의사들의 대부분이 1/3의 확률로 0원을 버는 해가 있을 수 있다는 사실에 너무 겁을 먹게 되어 아무도 의원을 개업하지 않는다면 국민들이 의료 서비스를 받기가 너무도 어려워질 것이기 때문이다.

반대로 주인과 대리인이 똑같이 위험기피적이거나 주인과 대리인이 똑같이 위험중립적이라면 대리인 문제는 발생하지 않는다. 대리인 문제의 본질은 대리인이 가지고 있는 정보를 주인이 가지고 있지 않다는 비대칭정보에서 시작된다. 따라서

만일 정보를 많이 가진 대리인이 정보를 적게 가진 주인으로부터 사업 자체를 인수한다면 대리인 문제는 사라지게 된다. 이는 마치 가장 정보를 많이 가진 사람이 주인이 되어 직접 경영하는 상황이므로 대리인 문제가 생길 수 없다.

따라서 만일 정보를 많이 가진 측이 대리인이 아니라 주인이 될 수 있는 가능성이 있다면 이는 적극적으로 지원해 주어야 한다(이에 대해서는 잠시 후 다시 예를 들어 설명하도록 하겠다).

하지만 현실에서 정보를 많이 가진 대리인을 주인으로 바꾸는 것이 쉽지도 바람직하지도 않은 경우가 발생하는데, 이것이 바로 정보를 많이 가진 사람이 아주 위험기피적이고 정보를 덜 가진 사람이 위험에 둔감하거나 중립적인 경우이다. 이 때는 정보의 문제뿐 아니라 앞서 언급한 보험의 문제가 생겨서 정보를 가진 사람에게 아무리 주인이 되라고 해도 위험을 꺼리는 경향 때문에 대리인으로 남고자 할 것이기 때문이다.

만일 주인이 위험기피적인 성향의 대리인의 노력 수준 e를 직접 관찰할 수 있다면 주인은 대리인의 급료가 성과 x와는 관련이 없고 노력 수준 e하고만 관련이 있도록 하는 것이 옳다. 그 이유는 대리인이 직접적으로 통제할 수 없는 x에 따라서 급료가 달라질 수 있도록 하면 대리인에게 불확실성을 증폭시키는 결과가 되기 때문에 우선 대리인의 평균급료를 올려 주어야 하고, 혹시 급료의 인상이 충분하지 못하면 대리인이 자신의 일을 포기하는 상황이 발생할 수 있기 때문이다.

하지만 현실에서는 주인이 대리인의 노력 수준 e를 관찰할 수가 없기 때문에 대리인의 급료를 산정할 때 성과 또는 이윤인 x를 기준으로 할 수밖에 없다(이에 대해서는 '도덕적 해이'에서 보다 자세히 살펴보도록 하자).

결론적으로 현재의 대리인이 별로 위험에 대해 기피하는 성향이 없다면 대리인 문제를 복잡하게 생각할 필요 없이 그냥 현재의 주인이 대리인에게 그 사업 자체를 넘기는 것으로 해결이 된다. 따라서 대리인 문제는 결국 위험기피적인 대리인이 위험중립적인 주인 밑에서 일하면서 위험 부담을 주인에게 넘기려는 상황에서만 발생하게 된다.

정보를 많이 가진 측을 주인으로 만들기

대리인 문제가 사회적으로 심각하게 부각되는 대표적인 사례가 의료보험이라고 볼 수 있다. 이때 일반인들이 주인에 해당되고 의료 서비스를 제공하는 의료산업이 대리인에 해당된다. 그리고 이 상황에서 성과 x는 의료 서비스를 받는 사람들의 건강이라고 할 것이다.

의료 서비스는 명백하게 비대칭 정보가 존재하는 상황이다. 의사들은 오랜 기간 동안 전문적 지식을 축적하여 왔지만, 일반인들은 거의 지식이 없는 상황이기 때문이다. 따라서 의사들이 성의 없는 진료를 하여 x를 낮추거나 과잉 진료 등으로 자신에게 지급되는 급료 또는 진료비인 w를 높이는 행위가 얼마든지 벌어질 수 있다는 점에서 이는 전형적인 대리인 문제에 해당된다. 극단적으로 말하자면 의사가 돈을 벌기 위해서는 환자가 쾌유되지 않고 계속 아픈 상태를 유지하도록 하면서 지속적으로 진료비를 뜯어 내는 것이 좋을 것이기 때문이다.

보상받지 못하는 의료사고나 건강보험 재원 고갈 등 우리 사회에서 큰 문제로 대두되고 있는 것들이 모두 이런 대리인 문제에서 비롯된다.

그런데 만일 일반인들이 정액을 지불하고 건강보험에 가입하고 건강에 이상이 생기면 추가적인 부담이 없이 보험사에 속한 의사들이 모든 치료를 해 준다고 하면 어떨까? 즉, 환자가 일단 돈을 내고 보험에 가입한 후 병이 생기면 환자는 전혀 돈을 내지 않고 보험사와 보험사에 속한 의사들이 환자가 나을 때까지 치료를 해 준다는 방식이다. 이 경우 보험사와 의사들은 환자를 빨리 치유시켜서 진료를 종결하는 것이 이익이 된다. 더 나아가 피보험자가 병에 걸리기 전에 건강 진단을 통하여 예방을 하는 것이 더 이익일 것이므로 치료뿐 아니라 건강 검진과 평소의 건강 유지에 더 힘을 쏟을 것이다.

즉, 정보를 더 많이 소유한 의사나 건강보험사가 건강 문제의 발생시 진료비만 받는 대리인이 아니고 모든 책임을 지도록 하는 주인의 입장에서 활동하도록 하면 비대칭정보로 인한 대리인 문제를 피할 수 있다.

물론 현실에서 일반인의 건강 유지는 의사뿐 아니라 일반인들 자신이 평소에 식사량, 음주량과 운동량을 어떻게 조절하는가도 중요하다. 이런 개인의 식사량, 음주량, 운동량은 해당 개인만이 가지고 있는 비대칭정보이므로 이런 면에서는 건강보험공단이 주인으로서 의료비를 일부 부담하는 상황에서 개인들이 자신의 식사량, 음주량, 운동량을 건강보험공단에 알리지 않고 행동하는 또 다른 대리인 문제가 발생하고 있다고 생각할 수 있다. 따라서 과잉 진료와 의료사고 등의 문제들은 어떤 한 가지 방법으로 완벽히 해결하기는 어렵다. 하지만 이 모든 것이 기본적으로 비대칭정보에 기초한 대리인 문제에서 발생한다는 것은 분명하다.

4) 유보임금

경제학자들 사이에는 노예제도가 아직 유지되고 민주주의가 도입되지 않았다면 대리인 문제가 발생하지 않았을지 모른다는 농담이 있다.

역사 드라마를 보면 임금의 건강을 담당하는 어의는 임금이 사망하면 본인 역시 죽음을 당하거나 먼 시골로 유배되어서 다시는 의업에 종사하지 못하게 된다. 물론 어의가 열심히 치료한다고 해서 반드시 임금의 병이 낫는다는 보장도 없고 어의가 좀 게으름을 피운다고 임금이 병이 악화된다는 보장도 없지만, 그래도 어의가 노력하면 할수록 임금의 병이 나을 확률이 높다고 볼 수 있다. 즉, 예를 들어 어의가 열심히 진료하면 임금의 사망 확률이 40%인데 어의가 게으름을 피우면 임금의 사망 확률이 50%라고 해 보자. 만일 임금이 사망하더라도 어의의 연봉이 조금 줄어드는 정도라면 어의는 “내가 죽을 고생을 해도 결국 임금의 사망 확률이 40%나 되고 내가 좀 게으름을 피운다고 임금의 사망 확률이 그리 크게 늘어나는 것도 아닌데”라고 생각해서 좀 게으름을 피울 수 있는데, 이것이 바로 대리인 문제이다. 물론 전문지식이 없는 임금으로서는 어의가 열심히 치료하고 있는지 아닌지 알 수 없다는 비대칭정보가 존재한다.

하지만, 만일 임금이 죽는 경우 어의도 사형에 처해진다면 어떨까? 어의의 입장에서 이제 40%와 50%는 임금의 사망 확률이 아니고 본인의 사망 확률로 인식될 것이다. 그리고 보나마나 어의는 “내가 열심히 치료하면 내 생존율이 10%나 높아지게 되는구나”라고 생각해서 죽을 힘을 다해 치료를 할 것이다.

이토록 극단적인 엄벌이 가능하다면 대리인은 엄벌에 처해지는 것이 두려워서 주인이 원하는 높은 수준의 노력을 경주할 것이다. 하지만 노예제도가 폐지되었을 뿐 아니라 직업 이전의 자유가 존재하는 현대 사회에서는 이런 극단적인 처벌은 불가능해졌다.

요즘에는 교수들도 조교들에게 많은 일을 시키지 못하는데, 그 이유는 좀 과하게 일을 부과하면 조교들이 휴학을 해버리기 때문이다. 만일 교수가 일하지 않는 조교의 곤장을 때릴 수가 있다면 이런 상황이 벌어지지 않겠지만, 아무리 학생이라고 해도 휴학을 하겠다고 하면 교수로서도 잡을 방법이 없기 때문이다.

경제학에서는 이렇듯 **주인이 대리인에게 보장해 주어야 하는 최소한의 후생 수준 또는 연봉 수준을 유보임금(reservation wage)이라고 부른다.** 대리인은 언제라도 사표를 써서 주인과의 관계를 끊고 실업 상태로 들어갈 수 있으므로 이 유보임금은 당연히 0원보다 큰 값이다. 더욱이 대리인이 다른 직장을 얻거나 직접 사업을 시작하는 등의 가능성이 있기 때문에 유보임금은 대부분의 경우 대리인이 다른 일을 해서 벌 수 있는 최대의 수입액이 되므로 0원보다 훨씬 큰 금액이 될 가능성이 높다.

흔히들 말하는 당근과 채찍이라고 할 때, 만일 극단적인 채찍을 쓸 수 있다면 대리인 문제는 발생하지 않을 것이다. 하지만 현대 사회에서 채찍을 지나치게 사용하면 대리인이 떠나기 때문에 채찍의 사용이 제한될 수밖에 없고 따라서 당근을 많이 이용해야 하는 상황이다. 문제는 이런 당근을 사용하려면 급료를 올려 주어야 해서 주인의 이윤이 줄어들기 때문에 사용할 수 있는 당근의 양에도 제한이 있을 수밖에 없다는 것이다. 이렇듯 당근과 채찍이 모두 제한이 있기 때문에 주인은 대리인이 자신이 원하는 수준의 일을 해 주도록 유도할 수 있는 충분한 수단을 가지고 있지 못하다.

5) 도덕적 해이

다시 한 번 오티즈와 레드삭스의 상황을 생각해 보자. 앞에서와 마찬가지로 오티즈가 열심히 경기를 하면 레드삭스의 성적이 올라갈 확률이 2/3이고 성적이 떨어질 확률이 1/3이라고 한다. 그리고 오티즈는 야구 이외에는 마땅히 할 일이 없기 때문에 유보임금이 0이라고 하자. 즉, 오티즈는 자신의 효용 수준이 0보다 크면 레드삭스에 남아 있을 것이다. 이미 우리는 오티즈가 위험기피적인 성향을 가지고 있으며 그 효용함수는 $U(x)=\sqrt{x}$임을 알고 있다.

그런데 여기서 오티즈가 술을 아주 좋아한다고 가정해 보자. 만일 오티즈가 술을 마시면 오티즈가 경기를 할 때 팀 성적이 올라갈 확률은 1/3이 되고 성적이 떨어질 확률이 2/3가 된다고 가정해 보자. 대신 오티즈는 술은 마시면 효용이 2,000만큼 증가하여 $U(x)=\sqrt{x}+2{,}000$이 된다.

이때 대리인인 오티즈의 음주 여부를 우리는 노력 수준 e라고 간주할 수 있다. 오티즈가 음주를 하지 않으면 e가 높은 셈이고, 오티즈가 음주를 하면 e가 낮은 셈이 된다.

당연히 레드삭스는 오티즈가 술을 마시는지 아닌지를 직접 확인할 길이 없는 비대칭정보 상황이므로, 오티즈의 급료는 오티즈의 음주 여부가 아니라 팀의 성적이 좋은가 아닌가에 연동될 수밖에 없는데, 우리는 팀의 성적이 나쁠 때 오티즈의 연봉은 0이고 팀의 성적이 좋을 때 오티즈의 연봉을 w 라고 하겠다.

이 상황에서 오티즈가 술을 마시고 경기에 나갈 경우 2/3의 확률로 팀의 성적이 떨어져서 0원을 받고 1/3의 확률로 팀의 성적이 올라서 w 원을 받을 것이므로 오티즈의 기대효용은 다음과 같아질 것이다(뒤에 붙어 있는 2,000은 음주의 기쁨을 나타낸다).

$$U(x)=\frac{1}{3}\sqrt{w}+\frac{2}{3}\sqrt{0}+2{,}000 \geq \frac{\sqrt{w}}{3}+2{,}000 : \text{음주 출장의 경우}$$

반면, 오티즈가 술을 먹지 않으면 1/3의 확률로 팀의 성적이 떨어져서 0원을 받고 2/3의 확률로 팀의 성적이 올라서 w원을 받을 것이므로 오티즈의 기대효용은 다음과 같아질 것이다.

$$U(x)=\frac{2}{3}\sqrt{w}+\frac{1}{3}\sqrt{0} \geq \frac{2\sqrt{w}}{3} : \text{음주를 안 하고 출장할 경우}$$

만일 레드삭스가 오티즈의 음주 출장을 막으려면 오티즈 자신이 음주를 하지 않는 것이 음주를 하고 출장하는 것보다 이익이라고 생각해야 하므로 다음이 충족되어야 한다.

$$\frac{2\sqrt{w}}{3} \geq \frac{\sqrt{w}}{3} + 2{,}000$$: 오티즈가 음주를 하지 않고 출장하는 조건

이를 정리해 보면 팀의 성적이 좋을 때 오티즈에게 레드삭스가 주어야 하는 급료 w는 3,600만 달러 이상이 되어야 한다. 오티즈가 술을 마시지 않고 경기를 하기 위해서는 레드삭스는 2/3의 확률로 3,600만 달러를 지급해야 하므로 기대지불액이 2,400만 달러에 이른다.

반면, 레드삭스가 오티즈가 술을 마시고 경기에 나오는 것을 막지 않기로 결정하면 어떻게 될까? 오티즈의 유보임금이 0이라고 가정하였으므로 레드삭스는 오티즈에게 돈을 주지 않아도 오티즈는 레드삭스를 위해 야구를 할 것이며, 따라서 레드삭스는 팀 성적에 관계없이 오티즈에게 0달러를 지불할 것이다. 당연히 오티즈는 술을 마시고 경기를 할 것이며, 이때 레드삭스의 성적이 좋을 확률은 1/3로 떨어질 것이다.

결국 레드삭스는 오티즈에게 평균 2,400만 달러를 지불하고 팀의 승률을 2/3로 올릴 것인가, 아니면 오티즈에게 한 푼도 주지 않고 팀의 승률을 1/3로 만족할 것인가를 결정하여야 하는 것이다.

만일 레드삭스가 팀의 승률을 중요시해서 오티즈에게 팀 성적이 좋을 때 3,600만 달러를 지불한다면 사실상 소위 이야기하는 대리인 문제는 발생하지 않는다. 하지만 레드삭스가 오티즈에게 지불해야 하는 급료가 너무 높다고 판단하여 차라리 팀 성적을 포기하기로 결정하면 대리인 문제가 발생하게 되는데, 그 이유는 오티즈가 술을 마시지 않고 경기를 하는 바람직한 상황이 달성되지 못하기 때문이다.

조금 심화해서 들어가 보면, 만일 레드삭스가 오티즈의 음주 여부를 관찰할 수 있는 상황에서 오티즈의 음주를 막으려고 할 때 레드삭스가 오티즈에게 주어야 하는 금액은 400만 달러이다. 이는 오티즈의 효용함수가 $U(x)=\sqrt{x}$의 형태를 가지고 오티즈가 술을 마실 때 느끼는 효용이 2,000이므로 400만 달러 이상을 지불하면 $U(x)=\sqrt{4{,}000{,}000}=2{,}000$으로서 오티즈가 술을 포기하고 400만 달러를 택할 것이기 때문이다. 만일 레드삭스가 팀의 승률을 1/3에서 2/3로 높이기 위해 기꺼이 400만

달러를 오티즈에게 지불할 용의가 있다면 사회적으로 최적의 상황은 오티즈가 음주를 하지 않고 경기에 임하는 것이다. 하지만 현실에서 오티즈의 음주 여부를 레드삭스가 알 수 있는 길이 없으므로 레드삭스는 오티즈의 음주를 막기 위해서 400만 달러가 아닌 평균 2,400만 달러를 지불해야 하는데, 만일 이 금액이 레드삭스에게 너무 크다면 레드삭스는 오티즈의 음주를 막는 것을 포기할 것이고 사회적으로 효율적이고 바람직한 상황이 달성되지 못한다.

결론적으로 대리인의 급료 w를 노력 수준 e가 아닌 성과 x에 연동시킴으로써 지불해야 하는 급료의 양이 급증하고, 이에 따라 주인이 대리인에게 최적 수준의 노력 e를 요구하는 것을 포기하는 것이 대리인 문제의 본질이고 이를 도덕적 해이(moral hazard)라고 부른다.

도덕적 해이란 보험에 든 자동차 운전자가 이전에 비해 주의를 덜 하는 것처럼 사고 여부 또는 팀의 성적 여부에 따른 피해액 또는 급료의 변화가 크지 않을 때 대리인이 노력 수준을 줄이는 현상을 말한다.

우리의 예에서 오티즈는 레드삭스가 높은 급료 때문에 음주를 막는 것을 포기하고 팀 성적에 별로 관계없이(즉, 성과급적 성격이 작고 고정적인) 급료를 지불하자 노력 수준을 줄여서 음주를 하게 되는데 이것이 바로 도덕적 해이이다.

많은 사람들은 도덕적 해이가 보험과 관련해서만 일어난다고 생각하지만, 앞에서 설명한 것처럼 주인-대리인 관계가 본질적으로는 보험관계이기 때문에 대리인 문제 역시 도덕적 해이 문제에 해당된다.

도덕적 해이 문제는 금융산업에서도 자주 관찰할 수 있다. 예금보험공사는 은행이 지불 불능의 상황이 되면 개인당 5,000만 원까지 은행 대신 개인의 예금을 지불해 준다. 원칙적으로 예금자는 자신의 자금을 투자하는 것이므로 해당 은행의 부도 가능성을 스스로 판단하여 투자해야 하고, 만일 부도가 발생하여 손해를 보게 되더라도 타인으로부터 대신 지불받아서는 안 된다.

하지만 은행의 부도 가능성을 고려하게 되면 위험을 기피하는 예금자들이 은행에 예금을 하지 않을 것이므로 이 또한 문제가 발생하며 이런 비효율적 상황을 방지하기 위해 정부는 예금보험공사를 설립하여 예금자가 투자에 실패하는 경우에도 5,000만 원까지는 정부가 지불을 보장해 주는 것이다.

물론 이렇게 보험의 개념이 들어오면 발생하는 것이 바로 도덕적 해이이다. 예금자들은 원래 투자를 함에 있어서 투자 대상의 위험을 판단해야 한다. 예를 들어, 곧 망할 기업이나 절대로 이윤이 나지 않을 기업에 투자를 한다면 엄청난 비효율이 일어날 것이므로 이런 선별적인 투자가 반드시 필요하다. 그런데 이렇게 자신이 예금하는 은행의 건실성을 알아보려면 여러 가지 조사와 신경 쓸 일들이 발생하는데, 예금자로서는 5,000만 원 이하를 예금할 경우 이렇게 신경을 쓸 필요가 완전히 없어지게 된다. 따라서 예금자들은 은행의 건전성을 전혀 염려하지 않고 무조건 이자율이 높은 곳에만 예금을 하려는 성향을 보일 수 있는데, 이 역시 주인인 예금보험공사와 대리인인 예금자 사이에 존재하는 도덕적 해이라고 볼 수 있다.

부도의 가능성과 판결집행 불능

도덕적 해이와 관련하여 현실에서 가장 극단적인 사례가 바로 부도의 위험을 전혀 고려하지 않는 대리인의 태도라고 할 수 있다.

간단히 설명해 보자. 갑이라는 사람은 현재 거의 돈이 없는 사람인데 다행히 을이라는 투자자로부터 1억 원의 돈을 빌렸다고 하자. 갑은 을에게 1년 후에 원금 1억 원과 이자 1,000만 원을 지불해 주어야 한다. 그런데 이렇게 을에게서 빌린 1억 원을 갑이 투자할 수 있는 곳은 두 곳이 있는데, 하나는 A사업이고 다른 하나는 B사업이다.

A사업에 1억 원을 투자하면 1년 후에 50%의 확률로 1억 2,000만 원을 벌 수 있고 50%의 확률로 1억 1,000만 원을 벌 수 있다. 반면, B사업에 투자하면 1년 후에 50%의 확률로 1억 5,000만 원을 벌 수 있고 50%의 확률로 1억 원의 손해가 나서 원금을 모두 잃게 된다고 하자.

만일 A사업과 B사업 중에 하나를 골라서 투자하라고 하면 대부분의 사람들은 A사업에 투자할 것이다. A사업은 절대로 원금이 손해날 걱정이 없고, 다만 이익률이 10%냐 20%냐의 문제이기 때문에 안전하면서도 괜찮은 수익을 올릴 수 있기 때문이다. 반면, B사업을 보면 50%의 수익률을 올릴 수도 있지만 1/2이라는 상당히 큰 확률로 100%의 손실이 날 수 있기 때문이다. B사업은 A사업보다 더 위험할 뿐 아니라 기대이익률도 A사업이 15%인 데 반해 −25%로서 절대적으로 불리하여 아마

어느 누구도 자신의 돈을 B사업에 투자하기는 힘들 것이다.

하지만 갑이 을에게서 자금을 빌린 경우에는 이야기가 달라진다. 갑의 입장에서 A사업을 바라보면 1/2의 확률로 1억 2,000만 원을 벌게 되면 을에게 1억 1,000만 원을 지불하고 자신에게는 1,000만 원이 남게 된다. 반면, 1/2의 확률로 1억 1,000만 원을 벌더라도 을에게 지불하고 나면 자신은 다시 빈털터리가 된다. 따라서 갑에게 있어서 A사업은 50%의 확률로 1,000만 원을 벌 수 있는 투자에 불과하다.

반면 B사업은 갑에게 매력적일 수가 있는데, 1/2의 확률로 실패하면 1억 원을 잃지만 어차피 갑으로서는 자신의 돈이 아닌 을의 돈이고, 자기 자신은 어차피 을에게 돈을 갚지 못해도 빈털터리이기는 마찬가지이므로 이윤이 1억 1,000만 원이나 마이너스 1억 원이나 동일하게 느껴질 것이다. 반면 1/2의 확률로 1억 5,000만 원을 벌면 을에게 이자를 지불하고도 4,000만 원이 남게 된다. 따라서 갑의 관점에서 B사업은 50%의 확률로 4,000만 원의 이익을 남길 수 있는 괜찮은 투자인 것이다.

이 계산에 따르면 갑은 A사업이 아니라 B사업에 투자하게 되는데, 이는 어차피 재산이 없는 사람은 얼마의 손실이 나든 두려워할 이유가 없기 때문이다. 다시 말하면 지불 능력이 없는 경우에 사람은 무모한 투자나 무모한 행동을 하게 되는데 이는 '잃을 것이 없다'(nothing to lose)라는 생각을 가지고 있기 때문이다.

경제적 효율성의 측면에서 화이트칼라 범죄에는 벌금형이 많은 반면 블루칼라 범죄에는 금고형이 많은 것을 이런 면에서 정당화시킬 수 있다. 화이트칼라 범죄자들이 일정 수준의 부를 가진 사람들이라고 하면 이들은 체포될 경우 자신의 부를 벌금으로 빼앗길 수 있기 때문에 조심을 하겠지만, 블루칼라 범죄자들은 자신이 소유한 부가 거의 없는 상황이므로 벌금형으로는 범죄예방을 할 수 없기 때문이다.

더 나아가 많은 잠재적 가해자들이 판결집행 불능(judgement proof)이라는 방법을 악용하고 있는데, 이 역시 사고 또는 불법행위가 발생하여 책임을 져야 하는 경우에 사고 피해에 대한 지불 능력이 없으면 자연히 책임을 피할 수 있다는 점을 이용하는 것이다.

5. 대리인 문제 2: 역선택

지금까지 우리들은 대리인 문제 중에서 도덕적 해이와 관련된 사항들을 살펴보았다. 도덕적 해이와 관련된 대리인 문제에서는 주인이 모르고 대리인만 아는 정보가 대리인의 노력 수준으로 정의된다. 즉, 대리인이 주인 몰래 어떤 행동을 할 수 있는 가능성이 있는 것이다. 하지만 이와는 다른 또 하나의 대리인 문제가 존재하는데, 이것이 바로 역선택(adverse selection)과 관련된 대리인 문제이다.

하나의 예를 살펴보자. 갑은 이제 취업전선에 뛰어든 청년이다. 그리고 갑이 취직을 원하는 직장 중의 하나가 을이라는 기업이라고 하자. 그런데 을 기업에서 일하는 사원들은 크게 두 부류로 나뉠 수 있는데, 한 부류는 고능력형이고 다른 부류는 저능력형이다. 고능력형은 업무 수행 능력이 뛰어난 사원으로서 평균적으로 회사의 이익을 연 1억 원씩 높여 준다. 반면, 저능력형은 업무 수행 능력이 떨어지는 사원으로서 평균적으로 회사의 이익을 4,000만 원밖에 올려 주지 못한다. 일반적으로 어떤 사람이 고능력형일 확률은 50%이고 저능력형일 확률 또한 50%라고 한다.

문제는 갑은 자신이 고능력형인지 아니면 저능력형인지를 알지만 을 기업은 알지 못한다는 것이다. 따라서 을로서는 갑을 고용하면 회사로서는 평균 7,000만 원의 이익을 기대할 수 있다는 사실뿐이다.

$$\frac{1}{2}\times 1\text{억}+\frac{1}{2}\times 4{,}000=7{,}000\text{만 원.}$$

만일 갑이 고능력형이고 달리 다른 일을 할 수 없는 처지라면 갑은 조금 억울하지만 7,000만 원을 받고 을 기업에 취직하게 될 것이다. 만일 갑이 저능력형이라면 회사에 겨우 4,000만 원밖에 벌어 주지 못하는데도 7,000만 원을 받게 되어 좋아할 것이다.

하지만, 만일 갑이 고능력자라면 을 기업 이외의 다른 직장에서 근무하거나 개인사업이라도 시작하여 연 8,000만 원의 수익을 올릴 수 있는 반면, 갑이 저능력자라면 을 기업 이외에 마땅히 근무할 곳도 없고 개인사업을 할 능력도 없어서 실업자가 될 수밖에 없다고 하는 다소 현실적인 가정을 추가하면 사정은 달라진다.

그 이유는 고능력자인 갑은 연 7,000만 원의 연봉에 만족하지 못하고 스스로 개인사업이라도 해서 8,000만 원을 벌기 위해 을 기업에 취직하지 않을 것이기 때문이다. 그런데 이런 상황이 발생하면 남는 사람들은 모두 저능력형일 것이 분명하므로 을 기업은 더 이상 평균 7,000만 원의 연봉을 지불할 수 없게 된다. 만일 을 기업이 4,000만 원의 이익밖에 올리지 못하는 저능력형 직원들에게 7,000만 원을 지불한다면 3,000만 원의 손실이 발생하기 때문이다. 따라서 을 기업은 자신이 고능력형과 저능력형을 구분할 능력이 없는 한 자신의 회사에 지원하는 사람들은 모두 저능력형임이 분명하다고 예상하고 연봉은 4,000만 원 이상 제시하지 않을 것이며, 이에 따라 고능력형 직원은 한 명도 뽑지 못하게 된다.

이렇듯 우리의 예에서는 주인인 을 기업이 대리인인 갑이 어떤 유형인가를 파악하지 못한다면 을이 원하는 고능력 유형의 갑은 취업하지 않고 을이 원하지 않는 저능력 유형만 직원으로 선발하게 된다는 의미에서 이런 대리인 문제를 역선택이라고 부른다.

이때 사회적으로는 비효율이 발생하게 되는데, 그 이유는 고능력형의 갑이 만일 을 기업에서 일하게 된다면 연 1억 원의 이익을 올릴 수 있음에도 불구하고 취직을 포기하고 연 8,000만 원밖에 벌지 못하는 다른 직장이나 개인사업을 하게 되기 때문이다. 국가 경제 전체로 보더라도 2,000만 원의 손실이 발생하는 것이다.

지금 언급한 상황 역시 주인-대리인 문제이고 따라서 정보의 비대칭성이 존재하는데, 바로 대리인인 갑은 자신의 능력을 알고 있으나 고용자인 을 기업은 갑의 능력을 모른다는 것이 정보의 비대칭이다.

하지만 도덕적 해이와 비교해 보았을 때 역선택은 뚜렷한 차이점이 있다. 도덕적 해이의 경우에 주인이 모르고 대리인이 아는 것은 대리인의 노력 수준 또는 행동이었다. 이런 노력 수준이나 행동은 대리인이 할 수 있음에도 불구하고 하지 않는 것들이다. 즉, 직원은 하루에 8시간씩 열심히 일할 수 있지만 도덕적 해이가 발생하면 3시간은 게으름피우고 놀면서 시간만 보낼 수도 있고, 보험에 든 자동차 운전자는 피곤하면 운전을 하지 말아야 하지만 보험을 믿고 피곤한데도 계속 운전을 하는 일들이 발생할 수 있다.

반면, 역선택의 상황에서는 대리인이 노력한다고 상황이 바뀌지는 않는다. 즉, 저능력형의 직원은 아무리 애를 써도 고능력형만큼 회사의 이익을 올려 줄 수 없다. 즉, 역선택의 상황에서 대리인이 주인에게 숨기는 것은 어떤 행동이나 노력의 정도가 아니라 원래 타고난 자신의 능력 또는 유형이다.

이런 차이가 존재하지만 역선택의 상황에서도 도덕적 해이와 마찬가지로 사회적인 비효율이 발생하기 쉽다는 것은 공통된 현상이다. 아마도 오래 전에 경제학을 공부한 분들은 "악화는 양화를 구축한다"라는 구절을 기억할지 모른다. 즉, 사회에 위조지폐인 악화와 유효한 지폐인 양화가 유통되고 있는데, 이런 악화와 양화를 구별해 내지 못하는 사람이 있다면 궁극적으로 이 사람의 주머니에 들어 있는 돈들은 모두 악화가 될 것이라는 뜻이다.

이는 악화를 가진 사람들은 들키기 전에 악화를 빨리 처분하려고 하는 반면, 자신은 궁극적으로 양화만 지니고 있으려 할 것이므로, 양화는 모두 보관하고 악화만 타인에게 유통시킬 텐데 이를 구별하지 못하는 사람은 양화를 모두 타인에게 빼앗기고 타인으로부터는 악화만 받게 될 것이라는 의미이다. 이 또한 역선택을 여실히 보여 주는 예라고 할 수 있다.

보험제도에 있어서도 역선택은 큰 문제가 된다. 만일 어떤 자동차 보험회사가 안전한 운전자와 위험한 운전자를 구별하지 못하여 동일한 보험료를 청구한다면 안전한 운전자들은 자신의 사고 확률이 낮은데도 과다한 보험료가 청구되었다고 생각하여 모두 다른 보험회사로 옮겨 갈 것이고 위험한 운전자들은 자신의 사고 확률이 높으므로 청구된 보험료에 만족하여 남을 것이므로 결국 위험한 운전자들만 이 보험이 남게 될 것인데 이 또한 역선택이다.

1) 역선택 문제의 해결 방법: 시그널링

도덕적 해이가 문제가 되는 경우에 대리인은 인센티브가 부족하면 그냥 자신의 노력을 줄일 수는 있다. 즉, 레드삭스가 충분히 연봉을 제시하지 않으면 오티즈 선수는 마음대로 술을 마시고 출전하는 방식을 택할 수 있다. 그리고 어차피 내가 별 노력도 하지 않았으니 급여가 작아도 억울하지는 않다고 정당화할 수 있을지 모른다.

하지만 역선택의 상황에서 고능력형 인재는 이렇게 노력 수준을 조정할 여지도 없다. 이미 본인의 능력이 우수하기 때문에 회사에 큰 이익을 안겨 주는 것은 피할 수 없는 사실인데, 이를 인정받지 못하고 저능력형 인재와 동일한 급여를 받을 수밖에 없다.

따라서 역선택의 상황에서 저능력형 인재는 자신의 정체를 숨기고 싶어하겠지만 고능력형 인재는 어떻게 해서든 자신의 우수함을 주인에게 알리려고 하는 인센티브를 가진다. 주인 또는 기업들도 어떻게 해서든 고능력형과 저능력형을 구분해서 고능력형의 대우를 높여 주고 싶은 인센티브를 가진다. 이런 상황에서 고능력형 인재와 주인 사이에 할 수 있는 것이 바로 시그널링(signalling)이다.

시그널링이란 고능력형 인재는 할 수 있지만 저능력형 인재는 할 수 없는 어떤 특별한 행동이 있고, 이 행동을 주인이 관찰할 수 있는 경우 고능력형 인재가 자신의 우수성을 주인에게 알리기 위해 그 행동을 하는 것을 의미한다.

잠시 쉬어 가는 의미에서 시그널링의 원칙을 잘 보여 주는 중국 고사 하나를 소개하고자 한다.

죽은 말의 뼈를 사다(買死馬骨)

『전국책』(戰國策) 중 연책(燕策)에 다음과 같은 이야기가 있다. 연(燕)나라의 소왕(昭王)은 부왕을 살해하고 나라를 유린한 제(齊)나라의 원수를 갚으려고 스승 곽외에게 인재를 부탁하였다. 그러자 곽외는 이렇게 말하였다. 옛날 어떤 임금이 천리마를 구하려고 무척 애를 썼으나 몇 년이 지나도록 구하지 못하였습니다. 그러던 어느 날 연인(涓人: 잡무를 보는 하급 관리)이 와서 임금을 뵙고는 천금을 주면 천리마를 구해 오겠다고 장담을 하였지요. 왕은 그 말을 믿고 천금을 그에게 준 후 천리마가 당도하기만을 손꼽아 기다렸습니다. 그런데 얼마 후 연인은 죽은 천리마 머리를 500금이나 주고 사온 것이었습니다. 화가 난 임금이 연인을 불러 어떻게 된 일이냐고 물었지요. 그러자 연인이 이렇게 말하였습니다. "전하, 천리마는 귀한 말이라 모두들 집안에 숨겨 놓고 결코 내놓으려고 하지 않습니다. 그런데 전하께서 천리마를 그것이 죽은 것임에도 불구하고 500금에 샀다는 소문이 나 보십시오. 천리마를 가진 사람들이 가만히 있을 리 없지 않겠습니까? 조금만 기다리시면 천리마를 가지고 있는 사람들이 전하 앞에 줄을 설 것입니다." 과연 연인의 말대로 얼마 후 천리마를 가진 사람들이 임금 앞에 몰려들었답니다(古之人君有以千金使涓人求千里馬者馬已死買其骨五百金歸朞年千里馬至者). 또 연인은 "전하 우선 저를 500금에 사십시오. 그러면 천하의 영재들이 이 소문을 듣고 앞을 다투어 전하 곁으로 달려올 것입니다." 라고 말하였습니다. 곽외의 말을 듣고 깨달음을 얻어 그대로 시행하니 과연 악의(樂毅) · 추연(鄒衍)과 같은 명신들이 찾아와, 소왕은 그들과 함께 나라를 일으키고 제나라에 원수도 갚았다.

이상의 일화에서 우리는 천리마의 소유자를 주인이라고 보고 천리마를 사고자 하는 임금을 대리인이라고 볼 수 있다. 이때 대리인은 주인에게 없는 정보를 하나 가지고 있는데 얼마나 천리마를 간절히 원하는 유형인가 하는 것이다. 보나마나 천리마의 주인이 먼 길을 마다하지 않고 천리마를 끌고 임금에게 갔을 때 만일 그 임금이 천리마에 대해 약한 선호를 가진 유형이라면 천리마를 싼 가격에 팔지 않으면 사지 않겠다고 할 것이므로 천리마를 끌고 먼 길을 온 보람도 없이 싼 가격에 팔든가 다시 끌고 돌아가야 하므로 큰 손해를 볼 것이다. 반면, 임금이 천리마에 대해 강한 선호를 가진 유형이라면 천리마의 가격이 비싸더라도 살 것이므로 먼 길을 끌고 가서 파는 보람이 있을 것이다. 문제는 천리마의 주인은 천리마를 원한다고 자신을 부르는 그 임금이 약한 선호 유형인지 강한 선호 유형인지 알 수 없다는 것이다.

그런데 이때 그 임금이 죽은 천리마의 뼈를 엄청난 돈을 주고 샀다는 사실을 알게 되면 어떻겠는가? 보통 약한 선호를 가진 임금은 살아 있는 천리마를 보고도 500금을 내려 하지 않을 것인데, 죽은 천리마에 500금을 지불하였다는 것은 그 임금이 확실하게 강한 선호를 가지고 있다는 시그널이 된다. 따라서 천리마의 주인들은 그 임금이 정말로 천리마에 대한 강한 선호를 가지고 있다고 확신하고 너도 나도 천리마를 팔기 위해 모일 것이다.

이때 중요한 것은 죽은 천리마의 뼈를 사는 것은 실질적으로 전혀 쓸모 없는 돈 낭비이고 그 액수 또한 엄청나서 약한 선호를 가진 임금은 도저히 따라할 수 없는 행위여야 한다는 것이다. 만일 죽은 천리마의 뼈를 50금 정도에 샀고 심지어 약한 선호를 가진 임금이라도 이 정도의 액수를 지불할 수 있다고 하면 효과적인 시그널이 되지 못할 것이며, 천리마의 주인들은 그 임금이 강한 선호를 가졌다고 확신할 수 없을 것이다.

2) 마이클 스펜스의 교육 모형

갑이라는 청년이 을 기업에 취직하려는 상황을 묘사한 앞의 게임에서 갑이 고능력형이라면 최대 1억 원의 연봉을 받을 수 있지만 저능력형이라면 최대 4,000만 원의 연봉만 받을 수 있다는 가정을 가져와 보자. 기존의 문제는 을 기업이 갑이 고능력형인지 저능력형인지 구분하지 못한다는 것이다.

그런데 이때 어떤 대학에서 한 교수라는 사람이 수업을 열었는데 고등 수학을 한문과 라틴어를 섞어서 필기하고 스와힐리어와 산스크리트어로 강의하는 전혀 쓸모가 없지만 어처구니 없이 극도로 어려운 수업이라고 해보자.

비록 한 교수의 수업은 이렇게 어처구니 없는 내용을 담고 있지만 한 가지 특징이 있었는데, 고능력형의 사람은 한 교수의 수업에서 비교적 쉽게 A학점을 받을 수 있지만, 저능력형의 사람이 A학점을 받기 위해서는 훨씬 더 고생을 한다는 것이다. 예를 들어, 고능력형의 사람은 한 교수의 수업에서 A학점을 받기 위해서 수업료 지불과 교재비, 그리고 공부하는 과정에서의 엄청난 고생 등을 모두 합하여 1,000만 원의 비용이 들어가는 반면, 저능력형의 사람은 이런 비용에다가 과외까지 별도로 받아야 하고 그래도 너무 고생을 하게 되므로 7,000만 원 정도의 비용이 들어간다고 해 보자.

이때 을 기업이 "한 교수의 수업을 듣고 A학점을 받은 사람은 연봉 1억 원을 주고, 그렇지 못한 사람들은 연봉 4,000만 원을 준다."고 선포하면 어떤 일이 벌어지겠는가?

① 우선 갑이 고능력형인 경우를 생각해 보자. 갑이 만일 한 교수의 수업을 듣고 A를 받는다면 을 기업은 약속대로 갑에게 1억 원을 지불할 것이다. 하지만 갑은 한 교수의 수업을 듣기 위해 1,000만 원을 지불한 상황이므로 갑의 순이익은 9,000만 원이 될 것이며 갑의 입장에서는 을 기업에 취직하지 않는 경우 자신의 기대수

익이 8,000만 원이므로 그냥 순이익 9,000만 원을 받기 위해 한 교수의 수업을 듣고 을 기업에 취직하여 1억 원을 받을 것이다. 만일 갑이 한 교수의 수업을 듣지 않으면 을 기업은 약속대로 4,000만 원만 줄 터인데 당연히 갑은 4,000만 원을 받느니 개인사업으로 8,000만 원을 받는 것이 좋다. 결론적으로 모든 계산을 해본 이후 갑은 한 교수의 수업을 들어 A학점을 받고 을 기업에 취직하여 1억 원의 연봉을 받게 된다.

② 반면, 갑이 저능력자라면 어떻겠는가? 갑이 만일 그냥 한 교수의 수업을 포기하고 을 기업에 취직한다면 4,000만 원의 연봉을 받을 것이다. 하지만 갑이 한 교수의 수업을 들어서 A학점을 받은 후 을 기업에 취직하여 1억 원을 받을 수도 있기는 하다. 그러나 이 경우 갑은 한 교수의 수업을 들으면서 7,000만 원의 비용이 발생하므로 궁극적인 순이익은 3,000만 원이 된다. 이 두 액수를 비교해 보면 갑은 한 교수의 수업을 듣고 3,000만 원을 버는 것보다는 수업을 듣지 않고 4,000만 원을 버는 것이 좋다는 판단을 하게 될 것이다. 따라서 저능력형의 갑이라면 한 교수의 수업을 듣지 않고 을 기업에 취직하여 4,000만 원을 받게 될 것이다.

결국 고능력자들은 한 교수의 수업을 듣는 반면 저능력자들은 한 교수의 수업을 듣지 않을 것이므로 한 교수의 수업을 들었는가 아닌가만 보면 그 사람이 어떤 유형인지를 즉시 알 수 있다.

이렇듯 서로 다른 유형의 사람들이 서로 다른 행동을 하는 상황을 게임 이론에서는 분리균형(separating equilibrium)이라고 한다. 당연히 분리균형에서는 고능력자가 자신이 고능력을 가지고 있음을 효과적으로 시그널하는 것이 가능하다.

반면, 서로 다른 유형의 사람들이 동일한 행동을 하는 것을 공동균형(pooling equilibrium)이라고 한다. 위의 예에서 만일 저능력자가 한 교수의 수업을 듣고 A학점을 받는 비용이 7,000만 원이 아니라 3,000만 원이라고 하면 저능력자 또한 한 교수의 수업을 듣게 될 것이다. 그 이유는 한 교수의 수업을 듣지 않으면 4,000만 원의 연봉을 받지만 3,000만 원의 비용을 들여서 한 교수의 수업을 들으면 1억 원의 연봉을 받아 결국 7,000만 원의 순이익을 올릴 수 있기 때문이다. 이렇듯 능력에 상관없이 모두 한 교수의 수업을 듣게 되는 상황에서는 한 교수의 수업을 들었는가가 해당 사람의 능력을 전혀 시그널해 줄 수 없게 된다. 따라서 공동균형에서는 시그널이 이루어지지 못한다.

노벨상 수상자인 마이클 스펜스(Michael Spence) 교수가 제안한 이 교육 모형을 살펴보면, 어째서 대학에서 사회의 실생활에 하등의 도움을 주지 못하는 수업을 하는 것이 일정 역할을 할 수 있는지 알 수 있다. 즉, 대학에서 4년간 공부하면서 학생들이 자신의 인적 자본을 축적하여 생산성을 높일 수도 있겠지만, 설사 대학이 생산성 향상에 전혀 역할을 하지 못한다고 해도 고능력을 가진 학생과 저능력을 가진 학생을 쓸데없지만 어려운 수업들을 통하여 구별하여 사회에 시그널해 줌으로써 역선택의 문제를 감소시키는 역할을 한다는 것이다.

그리고 이 과정에서 중요한 것은 고능력자에게는 1,000만 원의 비용이 발생하지만 저능력자에게는 7,000만 원의 비용이 발생하도록 수업의 난이도를 잘 조정하는 것이다. 만일 난이도 조정에 실패하면 분리균형이 아니라 공동균형이 발생하여 역선택의 문제가 해결되지 못할 것이기 때문이다.[1)]

경제학에서 자주 언급되는 이런 시그널링의 다른 좋은 사례가 바로 광고이다. 광고란 궁극적으로 "이 상품을 한 번 사용해 주세요. 저희는 정말 품질에 자신 있습니다"라고 생산자가 소비자에게 호소하는 작업이라고 볼 수 있다(물론 광고를 이성적인 호소가 아니라 그냥 인간의 비합리적인 심리에 호소하는 작업, 즉 인간은 많이 봐서 친숙한 것을 좋아하게 되는 동물이므로 광고에 반응한다는 주장도 존재한다).

그런데 재미있는 것은 우리가 어떤 운동화를 신은 어여쁜 여배우가 조깅을 하면서 "정말 편해요"라고 하더라도 정말 그 운동화가 편한지를 알 수는 없다는 것이다. 왜냐하면 누구라도 몇억 원의 돈을 주고 "정말 편해요"라고 해 달라는 부탁을 받으면 아무리 불편한 운동화라 하더라도 웃으면서 이 역할을 할 것이므로 광고 속의 그 여배우의 말을 액면 그대로 받아들이기는 어렵기 때문이다.

하지만 그럼에도 불구하고 그 여배우의 말을 믿어도 좋은 이유는 그 운동화회사가 그 여배우에게 엄청난 돈을 지불하였을 것이기 때문이다. 만일 그 광고비 지출이 너무 큰 것이어서 소비자들이 그 광고를 보고 한 번 운동화를 샀다가 실망해서 안 좋은 소문을 내서 운동화의 판매가 부진하다면 광고비 지출 때문에 큰 손해

1) 사실 분리균형, 공동균형 이외에도 이 둘의 중간 단계에 해당하는 혼합균형(hybrid equilibrium)이 존재한다. 하지만 이는 수학적으로 아주 복잡한 계산 능력을 요하는 개념이므로 여기에서는 소개하지 않도록 하겠다.

를 볼 것이기 때문이다. 따라서 비싼 광고비를 주고 반복해서 보여 주는 광고의 진짜 의미는 다음과 같다고 볼 수 있다.

> "여러분들 제가 이렇게 비싼 배우를 출연시켜서 이 운동화 광고를 찍고 그 광고를 황금시간대에 매일같이 방송하는 것은 정말로 엄청난 돈이 든답니다. 그런데 제가 왜 이런 짓을 하고 있을까요? 만일 여러분들이 제 운동화를 한 번 신어 보고 실망하셔서 다시는 사지 않으시고 주변 사람들에게 권하지 않으시면 저는 광고비 때문에 큰 타격을 받을 것입니다. 하지만 저는 바보가 아니기 때문에 그런 큰 손해를 볼 짓은 하지 않습니다. 따라서 제가 이렇게 많은 비용을 들여서 광고를 한다는 것이 정당화될 수 있는 딱 한 가지 설명은 제가 제 운동화의 품질에 너무 자신이 있어서 여러분들이 한 번만 신어 보시면 계속 찾으실 것이고 다른 분들에게도 권할 것이라는 자신이 있기 때문입니다."

즉, 낮은 품질의 운동화 생산자들은 도저히 따라하지 못할 정도의 광고비를 지출하면 소비자들은 광고를 하면 고품질 운동화, 하지 않으면 저품질 운동화라고 합리적인 추론을 할 것이라는 의미에서 대표적인 시그널링 사례이다.

이런 광고 이론의 다른 이름은 '현금 불지르기 광고이론'(cash burning theory of advertising)인데, 이는 광고가 마치 생산자가 앞마당에 현금을 산처럼 쌓아놓고 불지르면서 구경을 온 사람들에게 "저는 이렇게 현금을 불지를 정도로 제 상품의 품질에 자신 있습니다"라고 외치는 것과 같다는 의미에서이다.

6. 불확실성과 법의 역할

지금까지 우리는 비대칭정보와 불확실성에 대해 학습하였다. 그리고 비대칭성에 의해 야기되는 문제는 도덕적 해이와 역선택이 있다는 것도 학습하였다. 하지만 궁극적으로 이런 경제이론들이 법학에 줄 수 있는 교훈은 불확실성을 제거하거나 감소시키는 법제도나 판결이 있다면 적극 장려되어야 한다는 것이다. 비대칭정보나 불확실성은 결국 위험기피적인 성향이 강한 사람들을 위축시켜 경제의 근간이 자발적인 거래를 감소시킬 가능성이 높기 때문이다.

마지막으로 일본 전국시대의 영웅인 오다 노부나가의 법률 개혁을 언급하고 글을 마치려고 한다. 오다 노부나가는 일본이 수십 개의 작은 봉건 영주들로 나뉘어 싸우고 있던 일본의 전국시대에 병농일치가 아닌 직업군인제와 구식 무기가 아닌 조총의 대량 도입으로 일본 통일의 기초를 다진 사람이다.

그저 전투를 잘 하는 장군으로 이해되기 쉬운 오다이지만 결국 오다의 군대가 강성하였던 이유는 직업군인제도와 조총의 구입이었다는 점에서 그는 단순한 군인이 아니었음을 알 수 있다. 당연히 직업군인제도를 운영하기 위해서는 그들에게 급료를 지불하고 군량미를 공급해야 하였으므로 막강한 경제력이 뒷받침되어야 하였고, 지금으로 치면 몇백억씩 하는 토마호크 미사일에 해당하는 조총을 다른 영주들이 300정 정도 구입할 때 오다는 3,000정을 구입하였으므로 이 역시 엄청난 경제력을 지니고 있었다는 간접증거라고 할 수 있다.

그런데 이런 오다 노부나가의 경제 개혁 중에 유명한 것이 바로 동향인으로부터 외상 대금을 받지 못하게 한 제도이다. 명백히 오다 노부나가가 등장하기 전의 일본에서는 후쿠오카에 사는 사카이라는 사람이 마침 센다이에서 장사하러 후쿠오카에 온 야마우치 씨에게 100만 원의 외상을 주었다고 하면 야마우치 씨에게서 받을 돈을 전혀 다른 업무로 우연히 센다이에서 후쿠오카에 온 다른 사람 시로카와 씨에게서 받을 수 있었다. 즉, 시로카와 씨는 같은 센다이 출신이란 이유 하나만으로 야마우치라는 잘 알지도 못하는 사람의 빚을 갚아 주어야 하였던 것이다. 오다 노부나가가 한 일이란 바로 이런 관행을 금지하고 야마우치에게 빌려 준 돈은 반드시 야마우치에게서만 받도록 한 것이다. 당연히 이런 오다 노부나가의 개혁으로 일본의 상인들은 엉뚱한 곳에서 엉뚱한 사람의 빚을 대신 갚느라 돈을 잃을 수 있다는 불확실성에서 벗어날 수 있었으며, 따라서 오다 노부나가의 영지에서는 상인이 모이고 경제가 발전하였던 것이다.

Chapter 5 실증경제학의 방법론과 적용

김봉근

Chapter 5

실증경제학의 방법론과 적용

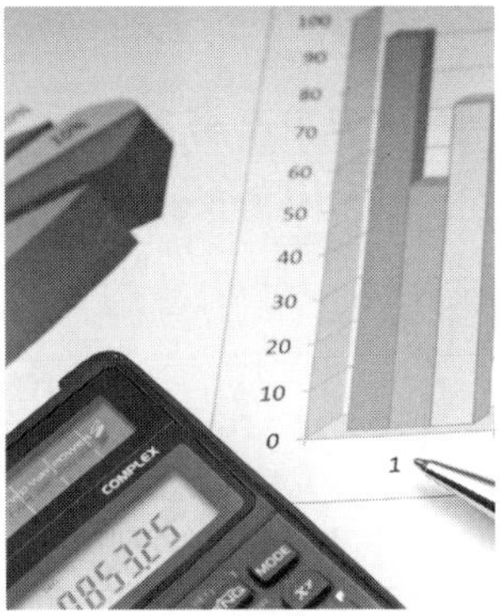

1. 서론

본장에서는 실증경제학의 정의와 실증연구의 응용 과정을 단계별로 살펴본다. 실증경제학은 가설 또는 이론의 검증을 위해, 계량경제모형을 설정하고 수집된 자료로 모수(parameter)를 추정하여 가설 검증을 시행하는 과정을 연구하고, 나아가 추정된 모수에서 정책 시사점을 도출한다. 이 과정에서 가설은 대부분 주요 변수 간의 정성적인 관계를 설정한 것이다. 예를 들어, 음주최소법정연령(주요 정책변수 또는 설명변수)이 높아지면 음주운전을 통한 교통사망사고(종속변수)가 줄어든다는 것이 두 변수의 정성적인 인과관계 가설이다. 동일한 종속변수 또는 동일 문제에 대한 다른 정책변수의 정성적인 가설로 주류소비세가 높아지면 (주류 소비 감소를 통한) 교통사고가 줄어들 것이란 가설을 들 수 있다. 즉, 두 변수의 인과관계의 부호가 가설의 핵심이다.이들 실증경제학 연구방법론을 사용하는 가설 검증은 법경제학의 여러 주제들에도 쉽게 적용될 수 있다. 또 다른 법적 정책 관련 사례로는 잠정적인 고용 보장에 대한 법원의 판례가 고용안정성(장기고용자의 증가 등을 통해)을 높인다는 가설 등에 대한 실증연구와 본장에서 사례로 다루는 소각장의 피해 여부 판정 및 피해액의 추정 사례 등을 들 수 있다. 구체적으로 소각장이 악취나 매연 등을 통해 주변 거주자들의 경제적 후생을 저하시키고 있다는 주장(또는 가설) 사례에 대해 주택가격 등의 통계적인 지표로 피해 여부의 존재를 실증적으로 판명하는 작업(주택가격 저하라는 정성적인 판명과 피해지역 주택가격 하락치의 평균치 추정이라는 정량적인 작업 등)은 실증경제학 연구방법론의 법적 문제에 대한 직접적인 응용 사례가 될 수 있다. 경제 또는 법경제이론 모형은 흔히 변수들의 정성적인 관계를 제시하나, 그 인과관계의 정량적인 크기에 대해서는 다루지 않는다. 예를 들어, 노동시장의 수요공급모형은 최저임금제가 균형고용량을 감소시킬 수 있음을 나타내나, 그 크기가 얼마일 것인지에 관한 정보는 제공하지 못한다. 실증경제학은 이론모형이 다루지 못하는 이러한 두 변수의 인과관계의 크기를 자료를 사용하여 계산하며, 다음과 같은 경제학 일반이나 법경제학 질문들에 정량적인 답을 제공한다.

- 인종이나 이민자에 대한 노동시장이나 주택시장에서의 차별 여부
- 교육환경 요소가 교육효과에 미치는 영향
- 폐기물 소각장의 주변 거주자에 대한 피해 여부

다음에서는 위의 질문들 중 소각장 피해 사례를 주된 적용 사례로 삼아 실증경제학의 구체적인 내용을 설명한다.

2. 가설 검증과 선형회귀분석

1) 가설과 변수의 설정

실증 주제로 소각장의 피해 여부 판정 및 피해액의 추정 사례(Kiel and McClain, 1995)를 고려한다. 구체적으로 쓰레기 소각장이 악취나 매연 등을 통해 주변 거주자들의 경제적 후생을 저하시키고 있다는 주장(또는 가설) 사례에 대해 적절한 지표

로 피해 여부의 존재를 실증적으로 판명하는 작업이 실증연구 작업의 목표이다. 실증연구에서 가장 먼저 고려해야 하는 것은 종속(결과)변수와 정책(원인)변수를 어떻게 정의하느냐의 여부이며, 이에 따라 자료의 선택이 달라질 수 있다.[1] 이 사례에서는 종속변수로 주택가격을 사용하고, 정책(원인)변수로는 소각장과 거리를 사용한다. 먼저, 소각장이 주변 지역 주택가격 저하를 유발했다는 정성적인 판명을 하기 위해서 여기서는 소각장에 근접한 지역의 주택가격이 더 낮을 것이라는 정성적인 가설을 설정하고, 소각장과의 거리와 주택가격을 포함한 자료를 가지고 가설을 검정한다

2) 정성적인 가설의 검정: 두 집단의 비교

정성적인 가설 검정은 가장 간단하게는 두 집단의 비교를 통해 이루어질 수 있다. 즉, 전체 주택가격 표본을 근접 지역과 기타 지역으로 나눈 다음, 근접 집단의 주택가격이 낮고, 그 집단별 차이가 통계적으로 유의하다는 것을 보임으로써 정성적인 가설 검정을 실행할 수 있다. 구체적으로 소각장 건립 이후에 근접 지역 표본을 소각장 근방일 때 이항변수 D=1로 설정하고, 나머지를 D=0으로 정의하는 두 집단을 설정한다.

- $\Delta=\mu_{Y,\,D=1}-\mu_{Y,\,D=0}$=집단 평균의 차이.
- 보이고 싶은 가설($\Delta<0$)을 귀무가설($\Delta=0$)을 기각함으로 증명 시도.

표본자료에서 두 집단의 평균평가점수를 구해("추정(estimation)"), 두 집단의 주택가격이 같다는 가설의 검정("hypothesis test")작업을 한다. 두 집단 차이 계산에서 개별 집단의 평균에 대한 추정치로 해당 집단의 표본평균값을 사용하였고, 표본평균은 모르는 모집단 평균의 최소자승 추정치로 해석된다. 즉, $\bar{Y}$는 모수(μ_Y)의 최

1) 또 다른 실증 주제로 학급 규모의 교육효과에 대한 영향을 측정하는 경우, 학급 규모를 정책변수라 할 때, 교육효과를 나타내는 종속변수로 부모의 만족도, 생산성으로서 임금 수준, 표준화된 점수 등을 고려할 수 있는데, 어떤 변수를 선택하느냐에 따라 이론 모형 및 그에 따른 계량모형은 달라진다. 예를 들어, 임금 수준이라면, 정책변수와 종속변수의 시간적인 차이를 고려한 이론 및 계량모형을 고려해야 하고, 부모의 만족도라면 세대 간의 자원 배분 과정 등 가계를 의사결정 주체로 하는 이론 및 계량모형을 고려해야 한다.

표 5-1 두 집단의 주택 평균가격 비교

주변 지역 여부	평균주택가격($\overline{Y}$)	표준편차	표본수
D=1	70,619.24	34,816.8	40
D=0	101,307.5	29,741.12	102

소자승 추정량("least squares" estimator)으로, 다음의 추정오차를 극소화하는 최적화 문제의 해이다.

$$\text{Min}_{\hat{\mu}_Y}\ S=\sum_{i=1}^{n}(Y_i-\hat{\mu}_Y)^2. \quad (1)$$

[표 5-1] 은 표본자료를 분석한 결과이다.[2)] 문제는 30,688달러 또는 비교 지역 평균주택가격의 약 30%가 피해 여부의 정성적인 판단을 하기에 충분히 중요하냐는 것이다. 추정 결과가 충분히 중요하냐라는 질문은 실증연구에서는 통상적으로 그 추정치가 통계적으로 유의하냐(0과 유의한 차이가 있느냐) 또는 주어진 가설 값과 통계적으로 유의하게 다르냐라는 질문으로 대체된다. 추정된 모수는 표준오차라는 추가정보와 결합하여 모수(Δ) 추정치의 통계적 유의도를 결정한다. 점추정량(위에서, $-30{,}688=\hat{\Delta}=\hat{\mu}_{Y,\,D=1}-\hat{\mu}_{Y,\,D=0}=\overline{Y}_{D=1}-\overline{Y}_{D=0}$) 주변의 일정 범위 구간(통상적으로 표준오차의 2배를 더하고 뺀 구간)을 신뢰구간 (confidence interval)이라 하고 가설상의 모수 값이(여기서는 Δ=0) 그 구간에 포함된 여부로 가설 검정을 시행한다. 신뢰구간(통상적으로 95%)에 가설상의 모수 값이 포함되지 않는다면 가설의 가능성이 매우 낮아 채택되지 않는 것으로 결정된다. 예를 들어, 소각장이 주택가격을 낮춰 피해를 줬다는 가설의 실증연구는 두 집단의 평균 차이=0이라는 가설을 표본자료를 사용해 대립가설 방향($\Delta<0$)으로 기각함으로써 실행하는 것이다.

이러한 신뢰구간에 의한 가설 검정은 추정치에서 가설상의 모수 값을 차감하고, 추정치의 표본오차로 나눈 t-통계량의 값이 t분포 어디에 위치하느냐의 여부

2) 소각장 사례의 실증 결과 값들은 Wooldridge(2009, pp. 450-451)에서 사용된 Kiel and McClain(1995) 사례분석 결과를 재정리한 것이다.

로 흔히 대체된다. 즉, 추정된 모수를 가설상의 모수 값으로 차감하고, 추정치의 표준오차로 나눈 (표준화된) t값이 0에서 많이 떨어진 경우(즉, 추정치와 모수 값의 차이가 추정오차 크기를 감안할 때 상대적으로 매우 큰 경우), 가설을 기각한다. 직관적으로 표준화된 t값은 표준정규분포와 매우 유사한 분포를 따르므로, t의 절대값이 2를 넘어가면, 그 값이 실현될 가능성이 매우 낮고 가설상의 모수 값을 자료가 뒷받침하지 못한다는 것이다. 예제에서의 t통계치를 구하는(표준화하는) 공식은 다음과 같다.

$$t=\frac{\hat{\Delta}(=\bar{Y}_{D=1}-\bar{Y}_{D=0})-\Delta(=0)}{SE(\hat{\Delta})},$$

$$t=\frac{\hat{\Delta}(=\hat{\mu}_{Y,D=1}-\hat{\mu}_{Y,\,D=0})}{SE(\hat{\Delta})}=\frac{\bar{Y}_{D=1}-\bar{Y}_{D=0}}{\sqrt{\frac{S^2_{D=1}}{n_{D=1}}+\frac{S^2_{D=0}}{n_{D=0}}}}. \tag{2}$$

여기서 $SE(\bar{Y}_{D=1}-\bar{Y}_{D=0})$는 표준오차이다. t통계치는 −5.27이고, 이 값은 정규분포와 유사한 t분포상 실현될 가능성이 매우 낮은 값이므로 가설은 기각된다. 통상적으로 t추정치의 절대값이 기준치 2보다 크면 기각한다.

$$t=\frac{\bar{Y}_{D=1}-\bar{Y}_{D=0}}{\sqrt{\frac{S^2_{D=1}}{n_{D=1}}+\frac{S^2_{D=0}}{n_{D=0}}}}=\frac{-30,688}{5,827}=-5.27. \tag{3}$$

3) 정량적인 효과 측정 및 가설 검정: 수리모형 및 계량모형 설명

소각장과 주택가격이 음의 관계라는 정성적인 가설 검정에서 보다 진전하여 구체적으로 소각장과의 거리가 가까워질 때 주택가격이 얼마나 감소하는가라는 정량적인 관계를 측정하고자 한다면, 위의 두 집단 차이를 통한 실증연구 접근 방식은 한계를 가지게 된다. 정량분석의 가장 기본적인 모형으로 두 변수의 인과관계를 간단한 선형함수로 가정한다.

$$Y_i = \beta_0 + \beta_1 X_i. \tag{4}$$

Y_i는 주택가격을, X_i는 소각장과의 거리를 나타낼 때, 측정하고자 하는 기울기(모수)는 선형회귀분석선의 기울기로 거리가 한 단위 증가할 때, 변동하는 주택가격을 나타낸다. 선형모형의 도입은 위와 같이 정성적인 가설에서 정량적인 관계를 다루는 가설로 전환하는 과정에서 위와 같이 자의적으로 채택되기도 하고, 때로는 주어진 경제모형가설에서 직접적으로 도출될 수도 있다. 후자의 예로서 한계소비성향가설을 들 수 있다. 케인즈가 주장한 바와 같이 한계소비성향이 1보다 작다는, 즉 소비 증가는 소득 증가보다 적다는 가설은 자연스럽게 선형모형에서 기울기가 0과 1 사이의 값을 가지는 가설로 설정될 수 있다.

한계소비성향가설을 나타내는 선형수리모형은 소득과 소비의 확정적(deterministic)인 관계를 설정하지만, 현실 자료에서 개인의 소비는 개인의 소득 이외에도 거주지역, 가족구성 형태 등 수많은 변수들에 영향을 받게 된다. 실제 표본자료를 사용한 실증분석에서는 수많은 다른 변수들의 영향을 오차항(error term)으로 처리해 계량연구 또는 실증연구 모형식 (5)로 변형된다.

$$Y_i = \beta_0 + \beta_1 X_i + \textit{Other Factors}_i,\ i=1, \cdots, n,$$
$$Y_i = \beta_0 + \beta_1 X_i + u_i,\ i=1, \cdots, n. \tag{5}$$

기울기를 추정하는 작업은 오차항을 포함한 계량모형식 (5)를 표본자료로 표현한 산포도를 그리고, 산포도에서 숨겨진 종속변수와 설명변수의 추세선($Y_i = \beta_0 + \beta_1 X_i$)은 추정오차를 극소화하는 과정 등을 거쳐 파악한다. 즉, 종속변수의 실제관측치(Y_i)와 추정치($\hat{Y}_i = \hat{\beta}_0 + \hat{\beta}_1 X_i$)의 차이를 극소화하도록 절편과 기울기를 설정한다. 구체적인 공식은 다음의 극소화 문제를 풀어 구한다. 이 방법을 최소자승추정법(ordinary least squares)이라 하며, 이것은 위에서 모집단의 평균을 추정하는 방식과 동일하다.

$$\mathrm{Min}_{\hat{y}_i}\ S = \sum_{i=1}^{n}(Y_i - \hat{Y}_i)^2,\ \hat{Y}_i = \hat{\beta}_0 + \hat{\beta}_1 X_i \tag{6}$$

또는

$$\text{Min}_{\hat{\beta}_0, \hat{\beta}_1} S=\sum_{i=1}^{n}(Y_i-\hat{\beta}_0-\hat{\beta}_1 X)^2 .$$

1계조건으로 두 개의 미지수($\hat{\beta}_0$, $\hat{\beta}_1$)를 포함한 두 개의 방정식을 도출하고, 방정식을 풀어 기울기에 대한 식 (7)의 추정 공식을 구한다. 이러한 선형회귀모형에서 거리단위라는 설명변수를 앞에서 논의한 소각장과의 근접 지역 여부를 나타내는 이항변수로 설정하면, 회귀분석으로 추정된 이항변수의 기울기 값은 주변 주택 지역의 주택가격 평균과 기타 지역의 평균주택가격의 차이인 Δ를 표현한 식으로 전환할 수 있다. 즉, 식 (5)의 회귀분석모형은 두 집단 간의 평균비교 등 정성적인 가설 검정 작업도 포함하는 보다 일반적인 실증연구모형으로 해석될 수 있다.

공식에 자료 수치들을 대입하여 설명변수를 앞에서 논의한 소각장과의 근접 지역 여부를 나타내는 이항변수로 설정한 경우의 기울기 최소자승 추정치를 구하면 다음과 같다.

$$\hat{\beta}_1=\frac{\sum_{i=1}^{n}(X_i-\bar{X})(Y_i-\bar{Y})}{\sum_{i=1}^{n}(X_i-\bar{X})^2}=-30{,}688,$$
$$\hat{\beta}_0=\bar{Y}-\hat{\beta}_1\bar{X}=101{,}307. \tag{7}$$

추정된 기울기와 절편값으로 이루어진 소각장 근접 유무와 주택가격의 추정된 선형식을 정리하여 표현하면 다음과 같다.

$$\underset{(3{,}093)}{\hat{Y}_i=101{,}307}-\underset{(5{,}827)}{30{,}688}X_i . \tag{8}$$

괄호 안은 추정된 표준오차이다. 설명변수가 이항변수인 경우 추정된 절편은 설명변수가 0일 때의 주택 추정가격으로, 그 직관적인 의미는 기타 지역의 주택 평균값을 나타내고, 그 값은 [표 5-1]에서 구한 기타 지역 주택 평균값과 동일하다. 기울기 값은 두 지역의 평균 차이를 나타내며, 이 값은 위의 두 집단 간의 차이를 추정한 값과 동일하다.

통상적으로 실증연구자는 위와 같은 실증연구를 완료하기 전에 다음과 같은 질문을 스스로 제기하고 답하는 과정을 거쳐야 한다. 위의 실증분석 결과는 얼마나 신뢰할 수 있는가? 다시 말해, 추정된 기울기가 정확한가, 그리고 통계적인 가설검정 작업이 적절히 이루어졌는가라는 질문을 점검해야 한다. 질문의 답은 계량모형 오차항의 기본 가정들이 실증연구 주제의 설정된 변수들의 특성과 사용된 자료의 성격에 비추어 충족될 수 있느냐에 따라 결정된다.

4) 실증연구 결과의 신뢰도 점검: 최소자승추정법의 기본 가정

계량모형은 수리모형에 오차항을 추가한 것이고, 최소자승회귀분석법(OLS)의 기본 가정은 오차항과 설명변수의 상관성 및 오차항의 형태에 관한 가장 중요한 두 가지로 요약된다. 이 두 가지 가정의 충족 여부는 실증분석이 신뢰할 수 있느냐라는 질문에 대한 점검의 핵심이다. 첫째는 추정이 얼마나 정확하게 되었냐, 즉 소각장의 근접 유무가 위에서 추정된 바와 같이 약 30%의 주택가격 차이를 유발하느냐에 대한 점검이고, 둘째는 추정된 차이가 통계적으로 유의하다는 결과를 신뢰할 수 있느냐 또는 통계적 검증에 사용된 표준오차가 정확히 추정되었느냐라는 질문에 대한 점검이다.

[기본 가정 1] 오차항과 설명변수의 무상관성

추정모수의 정확도와 관련된 기본 가정은 주어진 설명변수에 대한 오차항의 조건부 기대값이 0의 값을 가져야 한다는 것이다. $E(u|X=x)=0$. 다른 변수들의 영향을 받는 피설명변수 값이 X에 의해 결정되는 선형추세선의 값보다 크거나 작을 수도 있지만, 그 추세선을 벗어나는 수치의 기대값은 0이라는 것이다. 이 가정은 직관적으로 설명변수와 오차항의 상관관계가 없다는 것으로 풀어서 해석될 수도 있고, 또는 오차항이 무작위적(random)이다는 것으로 해석될 수도 있다. 이것은 계량모형 설정시 X 이외에 Y에 영향을 주는 수많은 변수들의 결합된 영향을 정확히 모르므로 무작위적 확률변수로 설정하거나, 적어도 Y변수에 대한 영향면에서 정책변수와의 체계적인 관련성은 없을 것이라는 가정에 근거한다. 최소자승추정법으로 추정된 정책효과 또는 추정된 기울기 $\hat{\beta}_{1,\ OLS}$의 정확도는 이 가정의 충족 여부

로 결정된다. 즉, 위의 적용 사례에서 피해액이 정확히 추정되었느냐의 여부는 이 가정의 충족 여부로 결정된다.

가설 검정에 사용되는 추정오차를 사용한 신뢰구간 설정 및 t값을 사용한 가설 검정의 통계적 유의성에 관한 정확도는 오차항의 형태와 관련된 다음의 기본 가정의 충족 여부가 결정한다.

[기본 가정 2] 동분산성(homoskedastic error)과 비자기상관성(non-autocorrelation)

오차항의 분산이 모든 관측치에 대해 동일하고, 오차항 사이의 상관관계가 없다는 가정이다. 직관적으로 개별 관측치가 가진 정보량이 동일하고, 관측치 i에서 나온 정보와 j 관측치의 정보가 무관하다는 것이다. 즉, $\mathrm{Var}(u_i)=\sigma^2$ and $\mathrm{Cov}(u_i, u_j)=0$ for $i≒j$.

위의 두 기본 가정이 성립할 때 선형모형의 기울기(또는 정책효과)를 최소자승추정법으로 추정하면, 기울기의 추정치는 정확하고, 이 추정치는 어떤 추정 방법보다 주어진 정보(관측치)를 가장 효율적으로 활용한 결과이며, 가설 검정의 통계적 유의성에 관한 판단이 제대로 이루어졌음을 의미한다. 다음 장에서 보듯이 이들 가정들은 현실 실증연구에서 매우 빈번히 위배되며, 그 결과로 잘못된 정책효과 추정치와 가설검정 결과를 도출한다.

3. 선형회귀분석의 기본 가정 위반 사례 및 보정 방법

1) [기본 가정 1]의 위반 사례 및 편의 유형

선형회귀식에서 기울기의 추정 정확도에 관한 [기본 가정 1]의 위반 사례로 설명변수와 오차항의 상관성은 다음의 이유들로 주로 발생한다.

- 누락변수 편의(omitted variable bias)
- 측정오차 편의(errors-in-variables bias)
- 내생성 편의(endogeneity bias 또는 simultaneous causality bias)

이들 위반 원인들은 모두 $E(u_i|X_{1i}, \cdots, X_{ki})\neq 0$ 또는 $\text{Cov}(X_i, u_j)\neq 0$ 문제를 유발한다. 직관적으로 위의 편의들은 추정한 기울기 값의 신뢰도를 저하시켜 실증분석 결과의 신뢰도를 낮춘다. 위의 소각장 사례에서 추정된 피해액 30,688달러가 정확하지 않다는 것이다.

(1) 누락변수 편의

누락변수 편의(omitted variable bias)는 선형회귀식에서 누락된 주요 변수가 종속변수에 영향을 주고 설명변수와 상관관계가 있을 때 발생한다. 예를 들어, 소각장 존재 이외에 주택가격에 미치는 주요 변수가 있고, 이 변수의 존재가 소각장과 관련을 맺을 때, 이 변수를 선형회귀식에서 누락한 경우 위에서 추정한 소각장 근접 유무에 따른 추정된 주택가격 변동액은 신뢰할 수가 없게 된다. 또 다른 예로 학급 규모가 평가점수에 영향을 줄 수 있다는 실증연구에서 학급 규모가 평가점수에 해당 지역 부모들의 소득평균 수준이 영향을 미치고, 학급 규모도 소득 수준과 상관관계가 있을 때, 평가점수에 대한 학급 규모의 영향으로 측정된 정책변수효과는 부모들의 소득 수준에서 오는 효과와 혼합되어 나타난다. 부모의 소득 수준을 적절히 통제하지 않는 경우, 학급 규모라는 정책변수의 효과는 정확하게 측정될 수 없다. 이러한 누락변수 편의를 계량모형으로 표현하면,

$$Y_i=\beta_0+\beta_1X_{1i}+\beta_2X_{2i}+u_i,\ i=1, \cdots, n \text{ (올바른 계량모형)}, \tag{9}$$
$$Y_i=\beta_0+\beta_1X_{1i}+u_i,\ i=1, \cdots, n \text{ (실증연구자가 채택한 } X_{2i} \text{가 누락된 계량모형)}.$$

누락된 변수를 갖는 계량모형의 최소자승 추정치는 표본수를 모집단까지 늘려도 추정치가 모수로 수렴하지 않고 편의(bias)를 갖게 된다. 편의의 방향과 크기를 살펴보기 위해, 표본수를 모집단까지 확대하는 최소자승 추정치의 확률극한값을

구하면 다음과 같다.

$$
\begin{aligned}
p\lim \hat{\beta}_{1,\,LS} &= p\lim \frac{\Sigma(X_{1i}-\bar{X}_1)(Y_i-\bar{Y})}{\Sigma(X_{1i}-\bar{X}_1)^2} \\
&= p\lim \frac{\Sigma(X_{1i}-\bar{X}_1)(Y_i-\bar{Y})/n}{\Sigma(X_{1i}-\bar{X}_1)^2/n} \\
&= \frac{\mathrm{Cov}(X_{1i},\, Y_i)}{\mathrm{Var}(X_{1i})} = \frac{\mathrm{Cov}(X_{1i},\, \beta_0+\beta_1 X_{1i}+\beta_2 X_{2i}+u_i)}{\mathrm{Var}(X_{1i})} \\
&= \beta_1+\beta_2 \frac{\mathrm{Cov}(X_{1i},\, X_{2i})}{\mathrm{Var}(X_{1i})} \neq \beta_1 \ (\because \mathrm{Cov}(X_{1i},\, \beta_0)=\mathrm{Cov}(X_{1i},\, u_i)=0). \qquad (10)
\end{aligned}
$$

식 (10)을 단계별로 설명하면, 기울기 추정식의 분자와 분모를 표본수(n)로 나눈 공식들은 두 변수의 표본공분산과 설명변수의 표본분산을 의미한다. 여기에서 표본수를 모집단의 크기까지 증가시키면, 표본의 공분산과 분산은 각각 모집단의 공분산과 분산으로 수렴할 것이다. 추정 공식이 정확하다면, 표본수를 모집단까지 늘릴 때, 표본에서 추정한 기울기 $\hat{\beta}_{1,\,OLS}$는 모집단의 기울기 β_1으로 수렴할 것이나, 누락된 변수 X_{2i}가 피설명변수에 영향을 미치는 주요 변수이고(따라서 계수가 0이 아니고 $\beta_1 \neq 0$), 누락된 변수와 정책변수(X_{1i})가 상관관계를 갖는다면(즉, $\mathrm{Cov}(X_{1i},\, X_{2i}) \neq 0$) 추정된 값의 확률극한값은 모수값인 β_1으로 수렴하지 않는다. 간단히 말해, 누락변수를 갖는 회귀분석모형은 틀린 추정치를 제시하게 된다.

누락변수 편의의 다른 예로 소득과 나이의 인과관계같이 비선형관계를 선형인 계량모형으로 추정할 때, 즉 제곱항을 누락한 경우를 들 수 있다.

$$
\begin{aligned}
&Y_i=\beta_0+\beta_1 X_{1i}+\beta_2 X_{1i}^2+u_i,\ i=1,\ \cdots,\ n \text{ (올바른 계량모형)}, \qquad (11) \\
&Y_i=\beta_0+\beta_1 X_{1i}+u_i,\ i=1,\ \cdots,\ n \text{ (실증연구자가 채택한 } X_{1i}^2 \text{가 누락된 계량모형)}.
\end{aligned}
$$

위와 유사하게 OLS 추정치의 확률극한값은 다음과 같이 편의를 갖는다.

$$p\lim\hat{\beta}_{1,LS}=p\lim\frac{\Sigma(X_{1i}-\bar{X}_1)(Y_1-\bar{Y})}{\Sigma(X_{1i}-\bar{X}_1)^2}=\beta_1+\beta_2\frac{\mathrm{Cov}(X_{1i},X_{1i}^2)}{\mathrm{Var}(X_{1i})}\neq\beta_1. \quad (12)$$

이러한 누락변수 편의에 대한 가장 간단한 보정 방식은 누락하지 말아야 할 주요 변수를, 즉 정책변수와 상관관계를 가지는 유의한 결정변수를 누락시키지 않는 것이다. 예를 들어, 제곱항을 포함해 올바른 비선형모형을 사용하거나, 학급 규모에 관련 실증연구에서 부모의 소득수준변수를 포함하는 것이다. 누락변수 편의를 방지하기 위해 통상적인 실증연구의 선형모형은 자연스럽게 여러 설명변수들을 포함한 다변수 회귀분석 방식을 사용한다. 물론, 여러 개의 설명변수를 사용하여도, 종속변수와 관심을 갖는 주요 설명변수 간의 인과관계가설에 대한 실증연구 분석 과정은 위의 일변수 설명변수의 경우와 매우 유사하다. 최소자승 추정량의 도출에서 최소화 문제의 미지수와 이에 해당하는 1계조건들의 숫자만 증가할 뿐이다. 다만, 한 가지 유의할 것은 다변수 설명변수를 사용할 때, 정책변수의 해석에서 약간 주의를 기울여야 한다. 식 (9)에서 $\beta_{1,LS}$의 해석은 학급 규모가 평가점수에 미치는 예라면 X_{2i}가 동일한 값일 때(소득 수준이 같은 지역구들에서), X_{1i}가 한 단위 증가할 때 종속변수가 한계적으로 증가한 크기를 의미한다. 비선형모형인 식 (11)에서는 X_{1i}가 한 단위 증가할 때 종속변수 증가분이 $\partial Y_i/\partial X_{1i}=\beta_1+2\beta_2X_{1i}$ 이므로 X_{1i}의 수준에도 의존하는 것을 감안해 기울기 추정값을 해석해야 한다.

(2) 측정오차 편의(errors-in-variables bias)

실증연구에서 정책효과의 추정치의 정확도와 관련해 또 다른 주요 문제는 자료의 측정오차 문제이다. 측정오차가 있는 설명변수를 사용할 때, 기울기의 추정치의 정확도에 미치는 영향을 살펴보면 다음과 같다. 먼저, 위의 식 (5)와 같이 최소자승추정법의 기본 가정들을 만족시키는 단순 또는 일변수 회귀분석모형을 고려한다. 문제가 되는 것은 실증연구에서 X_i 대신에 측정오차가 있는 X_i^*를 사용하는 경우이다.

$$X_i^*=X_i+v_i\leftrightarrow X_i=X_i^*-v_i. \quad (13)$$

여기서 v_i는 확률적인 측정오차를 가정한다(Cov(X_i, v_i)= 0).

위의 이상적인 계량모형에서 X_i 대신에 측정오차가 있는 X_i^*를 대입하면 의도한 식 (5)가 아니라 실제로는 식 (14)를 실증연구에서 사용하게 된다.

$$Y_i = \beta_0 + \beta_1 X_i + u_i = \beta_0 + \beta_1 (X_i^* - v_i) + u_i$$

또는

$$Y_i = \beta_0 + \beta_1 X_i^* + u_i^*.$$

여기서

$$u_i^* = u_i - \beta_1 v_i. \tag{14}$$

이 경우 식 (14)에서 설명변수와 오차항은 서로 상관관계를 가져, 최소자승추정법의 기본 가정을 충족시키지 못한다.

$$\text{Cov}(X_i^*, u_i^*) = \text{Cov}(X_i + v_i, u_i - \beta_1 v_i) = -\beta_1 \text{Var}(v_i) \neq 0. \tag{15}$$

이 경우 추정된 기울기는 위의 식 (10)과 같이 편의를 도출하면, 절대값이 0으로 향하는 과소추정 편의를 가지게 된다(식 (16) 참조). 즉, 직관적으로 소각장 사례에서 피해를 받는 근접 지역을 잘못 설정하여, 이항설명변수에 측정오차가 있게 되면 추정치는 과소추정의 편의를 갖는 것으로 해석될 수 있다.

$$p\lim \hat{\beta}_{1,LS} = \beta_1 - \beta_1 \frac{\text{Var}(v_i)}{\text{Var}(X_i^*)} < |\beta_1|. \tag{16}$$

(3) 내생성 편의

내생성 편의(endogeneity bias; simultaneous causality bias)는 설명변수가 외생적으로 주어진 것이 아니고, 종속변수와 상호 영향을 주고 받는 내생변수로 인지될 때 발생되는 편의이다. 대표적인 내생성 편의 사례로 수요함수의 추정을 들 수 있다. 사례로 수요곡선을 추정한다고 하자. 특정 재화에 대한 수요곡선의 기울기를 다음의 선형모형으로 측정한다고 하자. 이 경우 추정된 기울기 β_1은 가격 변화에 대한 수요량의 변화를 의미한다.

$$Q_t = \beta_0 + \beta_1 P_t + u_t. \quad (17)$$

연도별 조합 자료를 사용한다면 Q_t는 특정 연도의 거래된 수량을 나타내고, P_t 거래가격을 의미한다. 이들 연도별 조합은 재화의 시장에서의 수요와 공급의 상호작용에 의해 결정되는 조합이므로, 재화와 가격의 조합은 추정하고자 하는 수요곡선상의 변화를 나타내는 수요곡선상의 조합이 아닐 수 있다. 즉, 이 경우 종속변수인 판매량과 설명변수인 가격은 인과관계가 아니라 두 변수가 서로 상호간에 영향을 미치는 관계로 수량을 가격에 회귀분석하는 식 (17)은 종속변수(오차항 포함)가 설명변수에 영향을 미쳐 (따라서 오차항과 설명변수는 상관관계를 갖게 됨) 내생성 편의 를 갖게 된다.

또 다른 내생성 편의 사례로 직업훈련의 생산성효과 측정, 최저임금의 고용효과 등의 정책효과 추정에 관한 연구들을 들 수 있다. 종속변수로 임금 등의 생산성을 나타내는 지표를 사용하고, 피설명변수는 훈련이수 여부를 나타내는 경우를 고려할 때, 훈련을 받은 집단과 그렇지 않은 집단의 표본평균 차이가 훈련의 생산효과로 사용될 수 있다. 사회과학에서 사용되는 이런 집단 간의 정책효과 추정모형은 자연과학에서 신약의 효과를 측정하는 실증연구와 흡사하다. 다만, 자연과학에서는 통제집단(control group)과 신약이 투여되는 집단(treatment group) 분리가 확률적인 배분으로 행해지나, 사회과학에서의 모형은 통제집단과 정책대상 집단의 확률적인 분리보다는 자기선택 과정에 의해 집단 구성으로 이루어진다. 구체적으로 훈련 프로그램의 경우, Y= 임금 등의 생산성변수이고, X= 훈련자 본인 선택(self-selection)에 의한 훈련참여 여부 변수이나, 내생성 문제를 통제한 자연과학 연구 사례는 혈압저하 신약 테스트에서 Y= 혈압이고, X= 확률적 배정에 따른 신약투여집단 여부 등으로 해석된다. 훈련 프로그램이 생산성을 향상시킨다는 정성적인 가설은 이수집단과 비이수 통제집단으로 나누어 두 집단의 차이를 측정하고, 생산성의 차이가 없다는 가설을 기각함으로 보일 수 있다. 이러한 가설 검정 과정은 가변수(dummy 또는 이항변수)를 사용하는 선형회귀분석모형을 통해서도 실행 가능하다.

추정된 기울기는 정확하게 두 집단의 평균 차이를 나타낸다.

$$Y_i = \beta_0 + \beta_1 D_i + u_i. \tag{18}$$

확률적인 배정이 아니라 자기선택에 의한 정책대상 집단이 되는 경우, 흔히 통제집단에 비해 훈련참여 동기나 능력면에서 체계적으로 차이가 있을 수 있고, 이 경우 식 (18)의 최소자승 추정치는 앞에서 논의된 바와 같이 누락변수 편의를 갖게 된다. 유사한 주제로 기부금의 선거 결과에 대한 인과관계 실증분석에서, 기부금의 과다가 선거승리 가능성이 높은 후보자에 몰릴 경우, 기부금의 선거 결과에 대한 정책효과는 누락된 제3의 변수인 후보자의 자질이나 매력도를 반영하는 누락변수 편의를 갖게 된다. 이러한 내생성 편의를 누락변수 편의 문제를 활용한 회귀분석모형으로 정리하면 다음과 같다.

$$Y_i = \beta_0 + \beta_1 D_i + \beta_2 Ability_i + u_i \text{(올바른 모형)}. \tag{19}$$

능력 등을 누락한 최소자승 추정치는 표분수을 모집단까지 증가하는 확률극한값에서 편의를 갖는다.

$$p\lim \hat{\beta}_{1,LS} = \beta_1 + \beta_1 \frac{\mathrm{Cov}(D_i, Ability)}{\mathrm{Var}(D_i)} \neq \beta_1. \tag{20}$$

이러한 자기선택의 문제에 따른 내생성 편의 또는 누락변수 편의는 다음 장에서 자세히 설명하듯이 동일 집단에 대한 두 기간의 자료를 사용해 보정할 수 있다. 즉, 훈련이 이루어진 후 정책대상 집단의 생산성 평균값에서 통제집단의 생산성 평균값의 차이(회귀분석의 추정된 기울기)는 진정한 정책효과와 타고난 내생적인 능력의 차이가 혼재된 것이므로, 혼재된 값에서 훈련 이전의 두 집단의 평균 차이를 차감하는 이중차감을 통해 진정한 정책효과만을 찾아 낸다.

2) [기본 가정 1]의 위반 사례와 보정 방법

위에서 설명한 누락변수 편의, 측정오차 편의, 그리고 내생성 편의는 모두 설명변수와 오차항의 상관관계라는 최소자승추정법의 [기본 가정 1]의 위배라는 문제점으로 요약된다.

(1) 누락변수 편의 보정

누락변수가 자료에서 구할 수 있는 경우는 누락변수를 회귀분석식에 포함하는 다중회귀분석 방식으로 쉽게 문제를 해결할 수 있다. 문제는 누락된 변수를 구할 수 없는 경우가 보다 일반적인 상황이라는 것이다. 예를 들어, 교육연한이 임금(생산성) 수준에 미치는 (교육)효과를 측정하는 실증연구에서 생산성은 근로자의 타고난 능력에 의해서도 결정되고, 대학졸업장 등의 높은 교육연한이 근로자를 고용하는 기업에 대한 구직자가 보내는 신호도구로 사용되고 있다면, 교육연한의 효과로 측정된 선형모형의 기울기 추정치는 누락변수 편의를 갖게 된다. 즉, 임금의 차이가 교육 과정에서 습득된 인적 자본으로 인한 생산성의 차이라는 가설이 (부분적으로) 틀리고 내생적인 능력의 차이를 반영한다는 가설이 (부분적으로) 맞는 경우, 임금을 교육연한에 회귀분석한 결과는, IQ 등의 누락된 변수에 의해 편의를 갖게 된다. 그러나 통상적인 자료에 이들 내생적인 능력을 나타내는 변수는 존재하지 않아 다변수 회귀분석 방법으로는 이 편의를 보정할 수 없다. 이 경우 흔히 사용하는 보정 방법은 패널자료의 사용이고, 다음의 적용 사례에서 보다 자세히 논의한다.

(2) 패널자료를 사용한 누락변수 편의 보정 사례[3)]

미국에서는 매년 사망사고를 동반한 4만 건의 교통사고 중 약 1/3이 음주운전자와 관련되어 있고, 또한 음주운전자가 정상인에 비해 약 13배 정도나 많이 사망사고를 동반한 교통사고를 유발한다는 추정 결과 등이 제시되고 있다. 음주운전으로 인한 치명적인 교통사고를 감소시키기 위한 정책으로 경제적인 접근 방법과 음

3) 본 사례는 Stock and Watson(2007, pp. 351-353)을 재정리한 것이다.

주허용연령을 높이거나(Cook and Tauchen, 1984) 음주운전 적발시 처벌 수준을 높이는 법률규제적인 접근 방식을 들 수 있다. 다음에서는 경제적인 접근 방식으로 주류세 인상을 통한 운전사망사고 감소 효과에 관한 실증연구를 논의한다. 즉, 주류세 인상은 주류의 소비를 줄이고, 나아가 음주운전 및 이로 인한 교통사고가 줄어들 것이란 가설에 근거한 교통사고 감소를 목표로 한 경제적인 접근 방식이다.

주류세를 높일 때, 교통사망사고가 감소할 것이라는 가설을 검증하기 위해, 미국 주별 자료를 실증분석에 사용한다. 1982년에서 1988년까지의 7년간 48개 주의 교통사고 사망자 수(1만명당)를 종속변수로 주별 주류세율을 정책변수로 사용하는 간단한 단순회귀분석모형을 사용한다.

$$Y_{it}=\beta_0+\beta_1 X_{1it}+u_{it},\ i=1,\cdots,48;\ t=1982,\cdots,1988. \quad (21)$$

가설에 근거해 모수 기울기의 부호는 당연히 음이 될 것으로 예상하지만, 잠재적인 누락변수의 편의를 고려해 논의를 진전시켜 본다. 주류세율 이외에도 교통사망사고의 추가적인 결정변수로 주별 도로 혼잡도, 주별 차량의 노후 정도, 주별 도로 상태의 질적인 차이 등을 고려할 수 있다. 이들 요소 중 도로혼잡도는 치명적인 교통사고와 양의 인과관계를 가질 것으로 예상할 때, 도로혼잡도가 높은 주들이 주류세율이 우연히(?) 높고, 실증분석에서 도로혼잡도 변수를 누락한 경우라면 도로 혼잡도에서 오는 효과가 주류세율의 측정효과와 혼합되어 나타날 수 있다. 즉, 올바른 계량모형은 식 (22)의 다변수 선형모형이어야 하나, 실증연구 방법이 일변수 선형모형에 단순회귀분석 작업을 적용한 것이라면, 누락변수 편의를 갖게 된다.

$$Y_{it}=\beta_0+\beta_1 X_{it}+\beta_2 Z_{it}+u_{it}. \quad (22)$$

여기서 Z_{it}는 주별 도로혼잡도이다. 주어진 자료에 해당 변수가 없는 경우, 표본수를 모집단까지 확대하는 확률극한값에서 보듯이 누락변수 편의를 갖고, 편의 값이 큰 경우 가설과 상반되게 양의 OLS 추정치를 도출할 수도 있다.

$$p\lim \hat{\beta}_{1,\,LS} = \beta_1 + \beta_2 \frac{\mathrm{Cov}(X_{it}, Z_{it})}{\mathrm{Var}(X_{it})} \neq \beta_1. \tag{23}$$

이러한 누락변수의 편의는 주어진 자료의 패널적인 특성을 활용해 다음과 같이 보정할 수 있다. 패널자료는 횡단면적인 자료를 가지는 표본단위(가구, 주, 국가 등)가 복수의 기간에 걸쳐 자료를 가진 것을 의미하며, 동일 표본단위에 대해 기간별 차이 값을 도출할 수 있다.

먼저, 누락된 주별 지역적 특성을 반영한 도로혼잡도는 주어진 표본기간 동안 고정된 값을 가진다는 가정을 하고, 즉 Z_{it}를 Z_i라 가정하고, 2개 연도의 선형모형의 차감식으로 고정된 누락변수를 제거할 수 있다. 즉, t년도의 선형회귀식에서 $t-s$년도의 선형회귀식을 차감하면, 고정된 누락변수 Z_i가 제거되고, 다음과 같은 선형회귀분석식이 남는다. 즉, 주별 교통사고 사망자 변동치를 피설명변수로 하고, 주별 주류세 변동치를 설명변수로 하는 회귀분석을 실행한다.

$$Y_{i,t} - Y_{i,t-s} = \beta_1 (X_{i,t} - X_{i,t-s}) + (u_{i,t} - u_{i,t-s}). \tag{24}$$

위의 적용 사례의 실증 결과는 [표 5-2]와 같다. 회귀분석추정법(OLS)을 사용한 회귀분석 결과는 가설과 상반되게 유의한 인과관계가 없거나(1982년), 오히려 유의한 양의 관계(1988년)를 나타내고 있다. 즉, 주류세가 높을 때, 교통사고 사망자가 증가한다는 다소 비상식적인 실증 결과를 도출하고 있다. 패널자료를 사용한 차감의 보정 방식의 적용 결과는 가설을 잘 뒷받침하고 있다. 즉, 동일한 주 내에서(고정된 누락변수인 주 내 혼잡도의 변화가 없다는 가정하에) 시간에 따른 주류세율의 변화

표 5-2 미국 주별 자료를 사용한 교통사고 사망자 수에 대한 주류세 인상 효과 (기울기)추정치

1982년(식 (21))	1988년(식 (21))	패널분석 추정치(식 (24))
0.15	0.44	−1.04
(0.13)	(0.13)	(0.36)

출처: Stock and Watson(2007, pp. 351-356). 괄호 안은 추정치의 표준오차를 나타내며, 모수 추정치를 표준오차로 나눈 값이 t통계치이다. 세 번째 열은 1988 자료에서 1982 자료를 차감한 결과이다.

는 교통사고 사망자수를 통계적으로 유의하게 감소시키고 있음을 보여 준다. 정리하면 누락변수 편의는 정책효과의 부호를 바꿀 정도로 큰 영향을 미칠 수 있고, 이의 보정은 누락변수가 관측 가능하다면 누락변수를 넣은 다변수 회귀분석을 사용하고, 관측 가능하지 않다면 위와 같은 패널자료를 이용한 차감 방식을 사용한다.

(3) 패널자료를 사용한 측정오차 편의 보정 사례

측정오차의 실증연구의 적용 사례로 세대 간 소득상관계수라는 사회과학연구에서 중요한 실증연구를 논의한다. 세대 간 소득탄력성 또는 세대 간 소득상관계수는 한 세대에서 그 다음 세대로의 상대소득계층의 연계성을 나타내는 지표로 횡단면적인 소득불평등도와 더불어 한 사회의 (소득분포) 건전성 여부를 직접적으로 나타내는 중요한 지표이다. 이 지표는 장기간에 걸친 소득불평등도의 지속성 정도를 나타내는 것으로, 그 지표가 높다는 것은, 예를 들어 빈곤이 상당한 정도로 세습되어 한 개인의 소득분포상의 위치가 부모세대의 상대소득 수준에 의해 결정된다는 것이다. 이 지표는 적정 상속세율의 책정 등과 직접적으로 연계되며, 인적 자본에 대한 투자의욕의 저하, 계층 간 위화감의 고조 및 이로 인한 범죄율 증가 등 사회 전반적인 건전성과도 연계된다. 세대 간 소득상관계수 문헌에서 사용된 실증추정모형인 다음과 같은 세대 간 소득의 로그 선형회귀분석식을 사용한다.

$$Y_i = \beta_0 + \beta_1 X_i + u_i. \tag{25}$$

Y_i는 가구 i의 자녀세대의 로그변환된 실질 장기(항상) 연간 임금소득이며, X_i는 가구 i의 부모세대의 로그변환된 실질 장기 연간임금소득이며, ε_i는 확률오차를 의미하며, 종속변수와 설명변수가 로그변형값이므로 β_1은 부모의 장기임금소득에 대한 자녀의 장기임금소득탄력성으로 해석될 수 있다. β_1 추정치가 0으로 접근하면 사회의 세대 간 소득탄력성이 낮아 세대 간 소득이동성이 활발하다는 것을 의미하며, β_1 추정치가 1로 접근하면 사회의 세대 간 소득탄력성이 높아 세대 간 소득이동성이 저조하다는 것을 의미한다.

식 (25)를 추정하기 위해 통상적으로 부모의 소득과 자녀의 소득을 동시에 보

표 5-3 미국 패널자료(Panel Study of Income Dynamics)를 사용한 세대 간 소득탄력성 추정

단년도 부모 노동소득(측정오차 편의)	3개 연도의 평균소득	5개 연도의 평균소득
0.271(1968)	0.369(68-70)	0.413(67-71)
0.247(1971)		

출처: 저자 계산.

유한 패널자료를 사용한다. 장기소득 대신에 t년도의 패널자료에서 보고된 연간 측정임금소득 X_i^*는 임시변동소득을 포함해 장기소득과 다른 측정오차를 보유한다. 이러한 경우 측정치의 절대값이 과소보고되는 측정오차 편의를 예상할 수 있다. 이에 대한 보정 방법의 하나로 다년도의 패널자료 사용을 고려할 수 있다. 설명변수로 패널자료에서 보고된 측정오차가 있는 연간 측정임금소득 X_i^* 대신에 다년도 측정치의 평균값을 사용하면 다음과 같다. 충분히 큰 T의 기간을 사용하면 식 (25)의 측정오차 편의는 제거될 수 있다.

$$p\lim \hat{\beta}_{1,\, LS\ with\ X} = \beta_1 \frac{\sigma_X^2}{\sigma_X^2 + \frac{\sigma_v^2}{T}} > \beta_1 \frac{\sigma_X^2}{\sigma_X^2 + \sigma_v^2} \, . \tag{26}$$

세대 간 소득탄력성과 관련해 보정 방법 추정치와 측정오차의 편의를 가진 추정치의 값들을 비교하면 [표 5-3]에서와 같이 측정오차의 편의로 인해 소득탄력성이 거의 절반 수준으로 측정되어 한 사회의 소득이동성의 고저에 대한 잘못된 결론을 내릴 수 있다.

(4) 도구변수법에 의한 내생성 편의 보정

위의 특정 재화 수요곡선 기울기 추정 예제에서, 수요곡선의 기울기를 정확하게 추정하려면, 자료 조합은 수요곡선상의 변화만을 나타내는 조합이어야 한다. 즉, 공급곡선의 이동에 의해서만 도출된 관측치의 조합을 사용하여야 한다. 다시 말해, 가격 변화 중 공급곡선 이동에 의한 변화분만을 분리해 내기 위해 1단계에서 가격을 공급곡선만을 이동시키는 요소에 대해 회귀분석을 한다. 예를 들어, 도구변수인 Z로 낙농재화 공급환경 변화를 나타내는 강우량 등의 변수를 사용한다.

단계 1: 가격 P_t를 강우량(Z_t)에 회귀분석하여, 공급곡선에만 영향을 미치는 Z_t에만 영향을 받는 $\hat{P}_t$을 구하고, 즉 공급곡선의 이동에 의해서만 발생되는 가격의 변동분을 고립시켜

단계 2: Q_t를 $\hat{P}_t$에 회귀분석하여 수요곡선을 정확하게 추정한다.

도구변수추정법의 성공적인 사용은 도구변수가 [기본 가정 1]을 위배한 설명변수 중 오차항과 관련된 부분을 얼마나 성공적으로 분리하면서 기존의 설명변수가 가지는 설명력을 유지하느냐의 여부에 달려 있다. 정리하면, 성공적인 도구변수가 되기 위해서는

(1) 외생성 충족 또는 $\mathrm{Corr}(Z_t, u_t)=0$. 예를 들어, 낙농재화 생산 지역에서의 강우량은 직접적으로 재화수요 요인들과 연관되지는 않을 것이다.

(2) 적절성 충족 또는 $\mathrm{Corr}(Z_t, P_t)\neq 0$. 예를 들어, 충분하지 못한 강우량은 적은 목초지와 이에 따른 낙농재화 생산의 감소, 또는 공급곡선의 이동을 충분히 유발하느냐의 여부이다.

즉, 도구변수의 기본 가정들을 얼마나 충족시키느냐에 따라 달려 있고, 통상적으로 두 가정의 충족에 관한 다음의 점검사항들을 보고한다. 적절성의 충족 여부는, 단계 1에서 사용된 도구변수가 얼마나 설명변수와 밀접하게 연관을 맺고 있느냐의 여부이므로, 단계 1의 도구변수들이 결합된 설명이 통계적으로 유의하냐에 따라 결정된다. 따라서 1단계 회귀분석식에서 사용된 모든 도구변수가 적절하지 못하다는 가설(모든 기울기가 0이라는 결합가설)에 대한 지표(F-statistic)를 보고하고, 통상적으로 이 지표가 10을 넘어가면 도구변수들이 충분한 설명력이 있다(적절하다)고 여겨진다. 내생성 편의로 인해 원래의 정책변수 대신에 도구변수를 사용하는 것이므로, 도구변수의 외생성 보장 여부는 필수적이다. 즉, 도구변수 추정치와 보정 방법을 시행하지 않은 OLS값을 비교해 도구변수의 외생성 여부를 통계적으로 검증한

다(Wu-Hausman Test).

(5) 도구변수법에 의한 측정오차 편의 보정

보다 일반적인 보정 방법으로 도구변수법을 사용한 측정오차 편의 보정 과정을 설명하면 다음과 같다. 도구변수법의 직관적인 설명은 2단계 OLS 적용 과정을 거쳐 정책변수 중 오차항과 상관관계가 있는 부분과 [기본 가정 1]을 만족하는 부분을 분리해 내는 것이다. 예를 들어, 세대 간 소득이동성 예제에서 측정오차를 갖는 연간소득에서 장기소득(오차항과 무관)과 임시소득(오차항과 유관)을 분리해 내는 도구변수를 사용하여, 측정오차 편의를 해결하는 것이다. 위의 측정오차에 관한 식을 다시 도입하면

$$Y_i = \beta_0 + \beta_1 X_i^* + u_i^*, \text{ 여기서 } u_i^* = u_i - \beta_1 v_i. \tag{27}$$

여기서 X_i^*는 단년도 소득으로 오차항(u_i^*)과 관련된 임시소득 부분([기본 가정 1]위배)과 오차항과 관련없는 장기소득 부분으로 나누어진다.

먼저, 1단계에서 장기소득과 임시소득(측정오차)을 모두 가진 설명변수를 장기소득과 인과관계를 가지는 교육연한 등의 도구변수에 회귀분석한다. 오차항과 관련 없는 도구변수(교육연한변수)를 설명변수로 가지는 다음의 선형모형에 1단계에서 OLS를 적용한다.

$$X_i^* = \pi_0 + \pi_1 Z_i + v_i. \tag{28}$$

여기서 Z_i는 오차항(u_i^*)과 관련이 없으므로, Z_i값에 근거한 추정치는 $\hat{X}_i^* = \hat{\pi}_0 + \hat{\pi}_1 Z_i$는 오차항($u_i^*$)과 상관관계가 없게 된다. 기본 가정을 위배한 X_i^*를 $\hat{X}_i^*$로 대체해 OLS(2단계)를 적용한다.

$$Y_i = \beta_0 + \beta_1 \hat{X}_i^* + u_i^*. \tag{29}$$

표 5-4 측정오차의 편의 보정 방법 비교, 자료=PSID

측정오차 편의	보정 방법 1	보정 방법 2
OLS 추정치(음의 단년도 소득)	OLS 추정치(5년 평균소득)	IV(=부의 교육연한)
0.247(1971)	0.413(67-71)	0.516

출처: 저자 계산.

여기서 $\hat{X}_i^*$는 오차항(u_i^*)과 무관하므로 최소자승추정법의 [기본 가정 1]을 충족시키고, 그에 따라 기울기의 추정치에는 편의가 더 이상 없게 된다.

앞에서 설명한 장기패널자료의 평균값에 의한 보정 방법이 여의치 않을 경우, 측정오차(단기변동임금)와 관련이 없고, 장기소득과는 상관관계가 있는 교육연한을 도구로 사용하여 측정오차 편의를 보정할 수 있다. [표 5-4]의 장기패널자료의 평균값 사용과 도구변수추정법에 의해 추정된 세대간 소득탄력성 지표들로 도구변수에 의해 추정한 세대 간 소득탄력성은 측정오차에 의한 과소편의를 가진 추정치보다 상당히 크고, 그 수치는 다년간의 평균보정 방법을 사용한 수치와 유사하다.

(6) 내생성 편의와 이중차감 보정 방법

다음에서는 내생성 편의에서 흔히 적용되는 이중차감 방법(difference-in-difference approach)을 설명한다. 본 방법은 흔히 정책효과 측정시 사용하는데, 경제학에서는 직업훈련의 생산성효과 측정, 최저임금의 고용효과 등의 실증연구 등을 들 수 있다. 종속변수로 임금 등의 생산성을 나타내는 지표를 사용하고, 피설명변수는 훈련이수 여부를 나타낸다. 훈련을 받은 집단과 그렇지 않은 집단의 표본평균 차이가 훈련의 생산효과로 사용될 수 있다. 사회과학에서 사용되는 이런 집단간의 정책효과 추정모형은 자연과학에서 신약의 효과를 측정하는 실증연구와 흡사하다. 다만, 자연과학에서는 통제집단(control group)과 신약이 투여되는 집단(treatment group) 분리가 확률적인 배분으로 행해지나, 사회과학에서의 모형은 통제집단과 정책대상 집단의 확률적인 분리보다는 자기선택 과정에 의해 집단 구성이 이루어진다. 이러한 자기선택의 문제에 따른 편의는 동일 집단에 대한 두 기간의 자료를 사용해 보정할 수 있다. 즉, 훈련이 이루어진 후 정책대상 집단의 생산성 평균값에서 통제집단의 생산성 평균값의 차이(회귀분석의 추정된 기울기)는 진정한 정책효과와 타고난 내생적인 능력의 차이가 혼재된 것이므로, 혼재된 값에서 훈련 이전의 두 집단의 평균 차이를 차감하는 이중차감을 통해 진정한 정책효과만을 찾아 낸다.[4] 즉, 이중차감 추정치는 식 (30)이다.

$$\hat{\beta}_{1,\,DinD}=(\bar{Y}_{D=1,\,T=1}-\bar{Y}_{D=1,\,T=0})-(\bar{Y}_{D=0,\,T=1}-\bar{Y}_{D=0,\,T=0}). \tag{30}$$

적용 사례로 소각장에 따른 주택가격 손실액의 추정연구(Kiel and McClain, 1995)를 들 수 있다. 쓰레기 소각장이 소각장 근방의 주택가격에 미치는 영향을 다음의 간단한 회귀분석모형을 통해 실증분석한다.

$$Y_i=\beta_0+\beta_1 D_i+u_i. \tag{31}$$

여기서 D_i는 가변수로 주택 관측치가 소각장 근방에 위치하면 1의 값을 갖고, 그렇지 않은 경우 0의 값을 갖는다. 소각장 건설 이후와 이전의 소각장의 주택가격에 대한 영향은 [표 5-5]의 회귀분석 결과값으로 정리되어 나타낼 수 있다.

[표 5-5]의 (1)열의 추정된 기울기는 소각장 영향 후의 두 집단 간의 주택가격차

표 5-5 소각장 사례에서의 내생성 편의와 이중차감 보정 방법: 소각장지역 가변수 기울기 추정

(1) 소각장 영향 이후(T=1)	(2) 소각장 영향 이전(T=0)	(1)-(2)
-30,688 (5,827)	-18,824 (4,875)	-11,863 (?)

출처: Wooldridge(2009), pp. 450-451.

4) 여기에서 다루는 이중차감법의 도입 이유는 전장에서 설명한 두 집단 간의 차이를 통한 통상적인 정성적 가설 검증 과정 등에서 반드시 고려되어야 한다. 즉, 소각장 주변 지역의 주택가격 차이와 멀리 떨어진 비교 지역의 차이가 소각장 이외의 다른 요소에 의해 영향을 받는지를 고려해야 한다. 소각장의 입지가 주택가격이 저렴한 지역으로 설정되었다면 두 지역 간의 추정된 평균적인 차이는 소각장의 영향을 과대평가할 수 있다. 이러한 이중차감법 도입 근거는 잠정적인 고용 보장의 판례에 대한 도입 지역과 미도입 지역 간의 고용기간 등의 차이에 대한 실증연구 등 수많은 법경제학 실증연구에 적용될 수 있다.

이다($\hat{\beta}_{1, LS}=\bar{Y}_{D=1}-\bar{Y}_{D=0}$). 만약, 소각장이 건설될 때, 소각장의 위치가 주택가격과 관계없이 결정되었다면, 위에서 추정한 정책효과는 정확한 값일 것이나, 소각장의 위치 선정이 주택가격이 원래 낮은 지역에서 이루어졌다면 소각장 근방을 나타내는 설명변수(D)와 주택가격(Y)은 설명변수에서 종속변수로의 일방향 인과관계가 아닌 상호 상관관계를 갖게 되어 내생성 편의를 유발한다. 즉, 두 변수가 상호 인과관계를 가지고, 이로 인해 회귀분석모형의 [기본 가정 1]을 위배하게 된다. 이러한 내생성 편의 존재를 확인하기 위해, 소각장 건설 전의 주택가격으로 동일한 계량모형을 추정한 결과는 [표 5-5]의 (2)열이다. 건설 전의 회귀분석 결과는 소각장 선정이 주택가격이 낮았던 지역에서 이루어졌음를 확인시키고 있다. 따라서 위에서 소각장 건립 후의 주택가격 영향은 소각장 건립 이전의 차이에 소각장의 진정한 영향이 혼재된 값일 것이므로, 초기 차이를 차감한 이중차감 방식으로 진정한 소각장의 영향을 측정한다. [표 5-5]의 세 번째 열의 이중차감값을 구하는 식 (32)는 위의 이중차감식 (30)과 동일한 것으로 항들을 재배치한 것이다.

$$\hat{\beta}_{1, DinD}=(\bar{Y}_{D=1, T=1}-\bar{Y}_{D=0, T=1})-(\bar{Y}_{D=1, T=0}-\bar{Y}_{D=0, T=0})=-30,688-(-18,824)=-11,863. \quad (32)$$

그러나 이러한 독립된 두 개의 회귀분석으로 소각장 건립 이전의 차이와 이후의 차이를 추정하고, 양자의 차이를 사용하면, 진정한 소각장의 영향(−11,863)은 계산할 수 있으나, 이 추정치의 통계적 유의성에 대한 정보는 알 수 없게 된다. 통계적 유의성에 대한 추가 정보는 소각장 건설 이전과 이후를 나타내는 시간 가변수(T=time dummy)와 대상 여부의 가변수(D)의 상호작용변수를 통해 도출할 수 있다. 즉, 이전과 이후의 자료를 통합한 자료에 세 개의 변수를 사용한 다음의 모형에 OLS를 적용할 때,

$$Y_i=\beta_0+\beta_1 D_i+\beta_2 T_i+\beta_3 T_i \times D_i+u_i. \quad (33)$$

모수 β_2는 소각장 건립 이전과 이후의 모든 주택가격의 평균변동분을 나타내고, 모수 β_1은 소각장 건립 이전의 두 집단 간의 초기 차이를 나타내며, 두 가변수의

상호작용변수의 모수인 β_3는 위에서 설명한 이중차감의 추정치를 의미한다. 이때 최소자승법에 의해 추정되는 모수 β_3의 추정오차를 사용해 가설검정을 완성할 수 있다. 주어진 추정오차를 감안할 때, t 추정치가 −1.59에 지나지 않아 소각장 근방의 주택가격에 대한 음의 영향은 단지 제한적으로 유의함을 알 수 있다.

$$\hat{Y}=82{,}517-18{,}824D+18{,}790T-11{,}863T\times D \qquad (34)$$
$$(2{,}726)\quad(4{,}875)\quad(4{,}050)\quad(7{,}456),\ n=321.$$

3) 오차항의 [기본 가정 2] 위반과 시사점 및 보정 방법

앞에서 논의한 바와 같이 단순선형회귀모형에서 오차항과 설명변수가 무관하고, $E(u_i|X_i)=0$ 오차항의 형태가 $\text{Var}(u_i)=\sigma^2$과 $\text{Cov}(u_i, u_j)=0$ for $i\neq j$를 만족시키면, 첫째 가정은 최소자승추정법을 사용한 기울기(또는 정책효과)의 추정치는 정확한 것을 보장하고, 둘째 가정은 가장 정보를 효율적으로 사용한 추정치($\text{Var}(u_i)=\sigma^2$과 $\text{Cov}(u_i, u_j)=0$ for $i\neq j$)임을 보장한다. 여기서는 두 번째 가정을 위반할 때 가설 검정 결과에 대한 시사점을 살펴보고 그 보정 방법을 설명한다.

(1) 이분산성($\text{Var}(u_i)=\sigma_i^2$)

노동소득과 교육연한의 상관관계를 나타내고 있다. 기본 가정의 그림과 달리, 높은 교육연한 보유자가 낮은 교육연한 보유자에 비해 상대적으로 큰 임금분산도를 나타내고 있다고 하자. 즉, 교육연한이 큰 집단은 소득분산도가 크고, 교육연한이 작은 집단은 상대적으로 소득분산도가 그리 크지 않다고 하자. 이를 설명변수와 오차항의 분산 간의 관계로 간단히 정리하면 $\text{Var}(u_i)=\sigma_i^2=\sigma^2 f(X_i)$, $f'>0$ 등으로 정의되며, 구체적인 형태로는 $\text{Var}(u_i)=\sigma_i^2=\sigma^2 X_i$로서 분산도가 교육연한과 선형관계로 교육연한이 크면 분산도가 선형으로 커지는 관계를 들 수 있다. 이러한 이분산성은 모수 추정의 편의([기본 가정 1] 관여)에는 영향을 미치지 않고, 추정모수의 표준오차 추정에만 관여한다. 하지만 정책효과의 추정에는 반드시 통계적 유의성 또는 가설 검정 여부가 자연스럽게 동반되므로 이분산성을 고려하지 않은 신뢰구간은 정확하지 않고, 이에 따른 가설 검정 결과는 잘못될 가능성이 있다. 다음은 이분산성에 따른 추정기울기의 추정오차를 구하는 과정이다.

$$\begin{aligned} \mathrm{Var}(\hat{\beta}_{1,LS}) &= \mathrm{Var}\left\{\frac{1}{\sum_{i=1}^{n}(X_i-X)^2}\sum_{i=1}^{n}(X_i-\bar{X})u_i\right\} \\ &= \frac{\sum_{i=1}^{n}(X_i-\bar{X})^2\,\mathrm{Var}(u_i)}{\{\sum_{i=1}^{n}(X_i-\bar{X})^2\}^2} = \frac{\sum_{i=1}^{n}(X_i-\bar{X})^2\sigma_i^2}{\{\sum_{i=1}^{n}(X_i-\bar{X})^2\}^2}. \end{aligned} \tag{35}$$

위의 추정오차식은 OLS 추정오차식 $\mathrm{Var}(\hat{\beta}_{1,LS})=\frac{\sigma^2}{\sum_{i=1}^{n}(X_i-\bar{X})^2}$ 과 다르다. 이분산성을 무시하고, OLS 추정오차식에 근거한 통상적인 가설 검정(신뢰구간 사용 또는 *t*-test나 *F*-test 사용) 방법을 사용하면 추정오차식이 잘못되어, 가설 검정 결과는 받아들일 수 없게 된다.

적용예를 살펴보면 다음과 같다. 실증연구자가 다음의 선형모형 기울기를 추정하려고 한다고 하자.

$$Y_i=\beta_0+\beta_1X_i+u_i,\ u_i\sim N(0,\sigma^2). \tag{36}$$

여기서 Y_i는 개인의 소비를 나타내며, X_i는 개인의 소득을 나타내, 추정된 기울기는 개인별 한계소비성향을 표현한다. 그러나 실제 자료는 개인별 자료가 아니라 개인별 자료를 총괄한 지역단위 자료(예를 들어, 미국 주별 자료)라 할 때, 즉 $Y_j=(\sum_{i=1}^{n}Y_{ij})/N_j$, N_j는 j번째 지역단위의 개인별 관측치 수를 나타낸다. 따라서 Y_j는 j지역단위의 개인별 소비의 평균값을 나타낸다. 이러한 지역단위의 총괄 자료를 사용한 모형은 다음과 같다.

$$Y_j=\beta_0+\beta_1X_j+u_j,\ u_j\sim N(0,\frac{\sigma^2}{N_j}). \tag{37}$$

이 모형에서 도출되는 추정기울기의 분산은 $\mathrm{Var}(\hat{\beta}_{1,LS})=\{\sum_{j=1}^{n}(X_i-\bar{X})^2\frac{\sigma^2}{N_j}\}/\{\sum_{j=1}^{n}(X_i-\bar{X})^2\}^2$이며, 이것은 통상적인 OLS 추정기울기의 분산인 $\mathrm{Var}(\hat{\beta}_{1,LS})=\sigma^2/\{\sum_{j=1}^{n}(X_j-\bar{X})^2\}$와

달라, OLS의 신뢰구간에 따른 가설 검정 결과는 사용할 수 없게 된다. 이러한 이분산성의 보정 방법은 문제가 있는 오차항의 형태를 원래의 기본 가정을 만족시키도록 변형시키는 것이다. 즉, 지역별 자료의 개인별 관측치 수를 알고 있는 경우, OLS 추정 방법을 다음의 변형된 계량모형에 적용한다.

$$\sqrt{N_j}Y_j=\beta_0\sqrt{N_j}+\beta_1\sqrt{N_j}X_j+\sqrt{N_j}u_j. \quad (38)$$

이와 같은 경우, 변형된 오차항은 동분산성 조건을 충족시키게 된다($Var(\sqrt{N_j}u_j)=N_j Var(u_j)=N_j \frac{\sigma^2}{N_j}=\sigma^2$). 요약하면 모든 관측치에 동일한 비중을 주는 회귀자승법(OLS)에서 지역단위별로 다른 관측치를 주는 가중회귀자승법(weighted least square)을 사용하는 것이다(지역별 가중치는 $W_j=N_j$).

(2) 자기상관 또는 시계열상관

오차항 간에 상관관계가 있는 현상을 자기상관(autocorrelation)이라고 하고, 이 현상이 흔히 나타나는 시계열자료의 특성을 반영해 시계열상관(serial correlation)이라고도 정의한다. 실증연구 사례로 Brown et al.(1984)은 저숙련 집단에 대한 최저임금의 고용효과를 분석한 결과를 들 수 있다. 계량모형은 다음과 같다.

$$Y_t=\beta_0+\beta_1X_t+u_t. \quad (39)$$

여기서 Y_t는 저숙련 고용량, X_t는 최저임금 수준을 나타내는 지표로 정책변수, 그리고 오차항 u_t는 다른 변수들로 인플레이션이나 경기변동 지표 등을 포괄한다. 실증분석에서 분기별 자료를 사용하였고, 가설은 통상적인 수요-공급모형에서 최저임금의 상승은 균형고용량을 감소시킬 것이라는 정성적인 가설을 가정하고 있다. 위의 계량모형에서 오차항은 다른 기본 가정들은 만족하나, 현재의 오차항이 전기의 오차항과 상관관계를 갖는다고 한다. 흔히 최저임금 이외의 경기변동 요소들은 특정 시점에서 초기 영향을 미친 후 시간이 진행함에 따라 점진적으로 사라지는 경향을 나타낸다. 이러한 오차항의 형태를 모형으로 나타내면

$$u_t=\rho u_{t-1}+v_t,\ |\rho|<1,\ \rho\neq 0,\ \mathrm{Var}(v_t)=\sigma_v^2,$$
$$\mathrm{Cov}(u_s, v_t)=\mathrm{Cov}(v_s, v_t)=0 \text{ for } s\neq t. \tag{40}$$

즉, 오차항은 전기와 상관관계를 갖는 부분 ρu_{t-1}과 확률적인 오차항 v_t부분으로 이루어져 있다고 하자. 이러한 자기상관성은 오차항의 기본 가정을 위반하고, 앞의 이분산성과 같이, OLS의 추정오차식은 부정확한 수치를 계산해 낼 것이다. 따라서 이에 근거한 신뢰구간, 가설 검정은 신뢰할 수 없게 된다. 이러한 자기상관관계는 $e_t=Y_t-\hat{Y}_t(=\hat{\beta}_0+\hat{\beta}_1X_t)$가 e_{t-1}와 관련되느냐를 점검(Durbin-Watson Test)하므로 알아낼 수 있고, e_t를 e_{t-1}에 회귀분석한 다음의 기울기가 0과 유의하게 다르다면, 보정 방법이 필요하게 된다.

$$\hat{\rho}=\frac{\sum_{t=2}^{T} e_t e_{t-1}}{\sum_{t=1}^{T} e_t^2}. \tag{41}$$

보정 방법은 이분산성과 유사하게 계량모형을 변형시켜, 변형된 오차항이 기본 가정을 충족시키도록 하는 것이다. 즉, t기에서 ρ값을 곱한 $t-1$기의 값을 차감하면, 각 기간의 선형회귀식은 다음과 같게 된다.

$$\begin{aligned} &Y_2-\rho Y_1=\beta_0(1-\rho)+\beta_1(X_2-\rho X_1)+u_2-\rho u_1 \\ &\vdots \\ &Y_T-\rho Y_{T-1}=\beta_0(1-\rho)+\beta_1(X_T-\rho X_{T-1})+u_T-\rho u_{T-1}. \end{aligned} \tag{42}$$

여기서 알지 못하는 모수 $\rho=\frac{\mathrm{Cov}(u_t, u_{t-1})}{\mathrm{Var}(u_t)}$ 대신에 추정된 $\hat{\rho}=(\sum_{t=2}^{T}e_t e_{t-1})/(\sum_{t=1}^{T}e_t^2)$를 사용한다.

변형된 계량모형에서의 오차항은 확률적인 오차항 v_t만을 갖게 되어, 오차항의 기본 가정을 충족시키게 된다. 즉, $\mathrm{Var}(u_t^*)=\mathrm{Var}(u_t-\rho u_{t-1})=\mathrm{Var}(v_t)=\sigma_v^2$, 그리고 $\mathrm{Cov}(u_s^*, u_t^*)=0$이다.

참고문헌

Brown, C., C. Gilroy, and A. Kohen, "Time-Series Evidence of the Effect of the Minimum Wage on Youth Employment and Unemployment," *Journal of Human Resources*, Winter 1983, pp. 3-31.

Cook, P. J. and G. Tauchen, "The Effect of Minimum Drinking Age Legislation on Youthful Auto Fatalities, 1970-77," *Journal of Legal Studies*, January 1984, pp. 169-190.

Kiel, K. and K. McClain, "House Prices during Siting Decision Stages: The Case of an Incinerator from Rumor through Operation," *Journal of Environmental Economics and Management*, March 1995, pp. 241-255.

Stock, J. H. and M. W. Watson, *Introduction to Econometrics* (2nd ed.), Addison-Wesley, 2007.

Wooldridge, J. M., *Introductory Econometrics: A Modern Approach* (4th ed.), Thomson South-Western, 2009.

Chapter 6 소송에서 계량경제학 기법의 활용

임영식

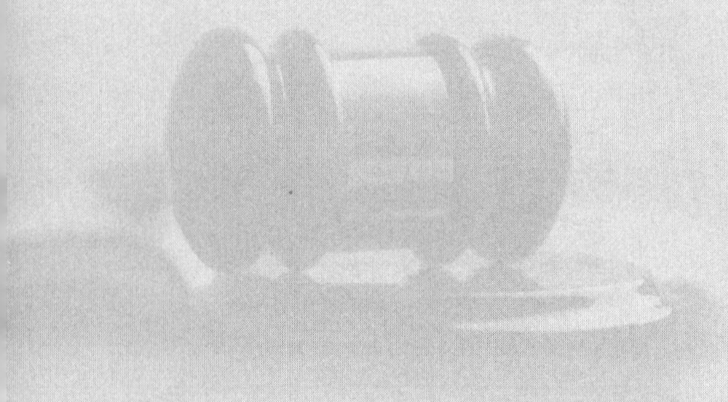

Chapter 6

소송에서 계량경제학 기법의 활용

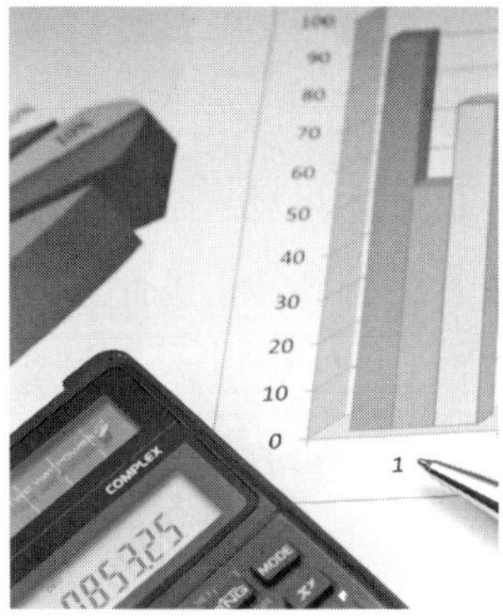

1. 서론

이슈가 전혀 경제적이지 않은 소송에서 경제분석은 물론 불필요하다. 하지만 이슈가 조금이라도 경제적인 것과 관련 있는 소송이라면 경제분석을 할 필요가 있는지, 있다면 어떤 식으로 해야 할 것인지에 대해 생각할 필요가 있다. 이때 경제분석이라 함은 경제학의 복잡하고 고도로 추상적인 이론을 일반인도 이해하기 쉬운 용어로 번역 · 차용해서 법리적인 주장에 힘을 실으려는 작업만을 뜻하지는 않는다. 사건의 실체를 이해하고 판단하는 데 결정적인 단서를 제공하는 직접적 증거가 부재하는 한, 정황적 증거(circumstantial evidence)에 의한 추론은 불가피하다. 정황적 증거의 대표적인 예가 경제적 증거(economic evidence)이다. 협의의 경제분석이 경제학에서 정립된 이론을 바탕으로 당해 건에서의 이슈를 재단하고 평가하는 작업을 의미한다면, 광의의 경제분석은 특별한 경제학의 이론과 직접적으로 닿아 있지는 않지만, 수치를 다루는 일련의 모든 작업을 포섭하는 개념으로서 당해 건의 실체를 파악하는 데 도움이 되는 실증 증거를 찾아가는 모든 작업을 포괄한다고 보면 된다. 실증 증거의 확보는 과거 자료에 대한 면밀한 분석을 통해 가능해지므로 어떠한 자료를 어떠한 방법에 의해 분석하고 당해 건에 적용할지가 핵심적인 사안이라고 할 수 있다. 특별히 계량경제학에서 정립된 통계적 기법으로 자료를 살펴보고 정량적으로 분석, 주요 사안에 대한 판단을 제공해 주는 접근법을 계량경제분석이라고 부른다.

기업행위의 위법성을 다루는 공정거래 분야에서 경제분석의 필요성은 특히나 크다고 할 수 있다. 특정한 기업행위를 하게 된 동기, 유인, 그로 인해 소비자 후생에 끼친 영향 등에 대한 평가를 함에 있어서 경제분석은 결정적인 증거를 제시한다. 문제가 되는 기업행위가 어떠한 효과를 발생시켰는지, 그 친경쟁적 혹은 반경쟁적 효과에 대한 정량적 · 정성적 평가를 통해서 위법성을 판단하는 접근법[1]을 유효한 것으로 받아들이는 한 경제분석은 대단히 유용한 분석 도구임에 틀림없다. 예컨대, 두 기업의 합병으로 시장력의 증대가 우려되는 사안에서 당해 기업결합으로 인해 야기될 가격 상승분을 추정하는 작업, 경쟁자를 배제할 의도로 행해진 것이라는 혐의를 받고 있는 특정한 가격설정(약탈적 가격설정, 묶음할인, 끼워팔기, 조건부 가격할인 등)이 과연 어느 정도의 반경쟁적 효과를 야기하였는지, 궁극적으로 소비자 후생에 미친 영향은 어느 정도인지를 평가하는 작업 등은 경제분석의 도움 없이는 답을 알기 어려운 사안들이다. 또한 공급자들의 가격고정(price-fixing) 담합으로 인해 구매자들이 과다지불한 액수는 얼마인지, 즉 담합으로 인해 구매자들이 입은 손해액이 얼마인지를 산정하는 작업은 계량경제분석이 큰 역할을 하는 대표적인 분야이다. 이와 같은 공정거래 및 경쟁 분야뿐 아니라 본질적으로 돈과 숫자가 분쟁의 핵심일 수밖에 없는 금융 분야도 광의의 경제분석이 큰 역할을 할 수 있는 분야임에 틀림없다. 계량경제분석의 실례를 다룰 3)항에서 여섯 개의 예 가운데 네 개가 공정거래와 금융 분야에 해당하는 예임을 보아도 이들 분야가 경제분석이 많이 활용되는 대표적인 분야임을 쉽게 알 수 있다.

미국의 경우, 경제적인 이슈가 주요 쟁점인 케이스에서 경제분석은 광범위하게 활용되고 있다. 미국 법무부(Department of Justice, 일명 DOJ) 산하 반독과점국(Antitrust Division)의 경제소송 및 규제분과(Economic Litigation & Regulatory Section)에 속해 있는 경제학자들은 반독과점국이 담당하는 주요 사건에 자동으로 배정, 사건

1) 이러한 접근 방법을 효과에 근거한 접근법(effect-based approach)이라고 부른다. 이에 반해, 어떠한 행위가 있었다는 그 자체만으로 위법성이 인정된다고 보고 실제 그 행위가 어떠한 영향을 미쳤는지를 따져 볼 필요가 없다고 보는 입장을 형태 위주의 접근법(form-based approach)이라고 한다.

초기의 조사 단계부터 최종적인 의결 단계에 이르기까지 광범위하게 참여한다. 이들의 주요 역할은 당해 케이스에서 문제가 되고 있는 경제적인 이슈를 분석, 반독과점국이 취하고 있는 입장이 경제이론 및 실증분석의 결과와 일치하는 합리적인 것인지를 평가하는 것이라고 보면 된다. 사건의 경중 여부, 위법성 정도, 입증 가능성, 향후의 전략 등에 대한 의견을 개진하는 데 이들 경제학자의 의견과 법조 팀의 의견이 일치하는 케이스가 우선적으로 조사 대상이 될 정도로 이들의 영향력은 막강하다고 할 수 있다. 또한 반독과점국 산하에는 경제분석 그룹(Economic Analysis Group: EAG)이 있어서 전문적으로 반독과점정책과 규제 등에 관한 이론을 집중적으로 연구, 결과물을 학술논문 형태로 발표하고 있다. 이들 논문은 현재 미 연방 반독과점국의 경제학자들이 주요 현안 및 경제적 이슈에 대해 어떠한 입장을 취하고 있는지를 이해하는 데 주요한 소통 수단이라고 할 수 있다.

미국 경쟁정책 및 규제 관련 집행에 있어서 법무부 산하 반독과점국과 더불어 양대 산맥을 이루고 있는 연방무역위원회(Federal Trade Commission: FTC)도 산하에 경제분석국(Bureau of Economics)을 두고 있다. 경제분석국 소속 경제학자들의 역할은 경제분석을 통해 위원회의 집행 혹은 정부의 규제정책이 어떠한 경제적 영향을 끼치는지 평가하고, 반독과점 및 소비자 보호라는 위원회의 목표에 합치하는 방향으로 위원회의 활동을 안내하고 지원하는 일이다.

경제학자의 렌즈를 통해서 바라본 케이스의 내용 및 쟁점은 법조인의 그것과 상당히 차별화된 경우가 많아서 경제분석을 통해 입증된 경제적 증거가 판결에 결정적인 영향을 미치는 경우가 미국에서는 대단히 많다. 심지어 “돈과 숫자가 연루된 케이스는 모두 경제분석의 대상이다”라고 말할 정도로 각종 금융, 반독과점, 노사관계, 계약 위반 등 다양한 케이스에서 경제분석의 활용은 거스를 수 없는 대세인데, 과연 우리나라에서 이러한 흐름이 어떤 식으로 자리매김하게 될지 관심사가 아닐 수 없다.

변호인 혹은 법원의 시각에서 생각하기 힘든 혹은 찾아 내기 힘든 실증적 증거를 찾아 내서 의뢰인의 법리적 주장에 힘을 싣고 법원이 재단해야 할 이슈가 무엇인지를 잘 안내하는 것이 소송에서 경제분석 전문가가 수행하는 일이다. 보다 구체적으로는 다음과 같은 네 가지 영역으로 그 역할을 분류해 볼 수 있다: 첫째, 불법행위가 있었는지 그 과실 여부(liability)에 대한 평가, 둘째 과실이 있었다면 피해자에게 발생한 손실이 과연 가해자의 불법행위에 기인한 것인지 그 손해의 인과성(loss causation)에 대한 평가, 셋째 과실도 있었고 손해의 인과성도 인정하는 경우에 손해가 실질적으로 유의미한 액수만큼 발생할 수 있는 것인지 그 실질성(materiality)에 대한 평가, 마지막으로 과실도 있었고 손해의 인과성도 인정되며 손해액도 실질적으로 유의한 액수임이 인정되는 경우, 손해액이 구체적으로 얼마인지를 산정하는 작업(damage estimation) 등이 주요한 역할이라고 할 수 있다. 케이스마다 역할은 물론 다르겠지만, 위의 네 영역을 전부 포괄해야 하는 케이스는 걸린 액수도 크고 언론의 관심도 많이 받는 high-profile 케이스인 반면, 마지막 단계인 손해액 추정만 하게 되는 케이스는 주로 쌍방 간 합의를 통해 사건을 조기에 종결시키려는 케이스에서 단기간의 프로젝트로 진행되는 경우가 많다.

소송 당사자의 어느 일방에게 유리한 경제적 증거만 존재한다면 애당초 소송은 없었을는지도 모른다. 경제분석 전문가의 분석틀에 따라 분명 당사자에게 유리한 증거가 각기 제출될 터인데, 어느 쪽의 경제적 증거가 보다 현실적이고 수미일관하며 일반인의 상식에 부합하는지, 그리고 진실에 가까운 것으로 보이는지 그것을 판별하는 게 법원의 몫이다. 사실 전문가가 아닌 한 법원의 입장에서 경제분석 전문가의 보고서를 완벽히 이해하는 게 쉬운 일은 아닐 것이다. 소송에서 실증경제분석에 의한 증거가 광범위한 영역에서 활용되고 있고, 그 축적된 경험 또한 상당한 미국과 유럽에서는 이러한 고민에 대해 다음과 같은 기준을 제시, 법원이 갖는 고충을 나름대로 해결하려는 입장을 보이고 있다.

1993년 미 연방대법원의 판결[2]에서 이름 붙여진 이른바 '다우버트 기준'(The Daubert Standard)은 보다 쉽게 경제분석의 채택 여부를 결정할 수 있는 틀을 제공하였는바, 그 첫 번째 기준은 학계에서 검증된 방법을 사용하였는지의 여부이다. 자신만의 독특한 방법으로 분석을 하고 그것이 옳다고 주장하는 것은 그러지 아니한 일반적인 방법, 즉 학계에서 통상 이용하는 방법에 의해서는 원하는 결과를 얻지 못하기 때문에 그리하였을 가능성이 높음을 시사한다. 비단 보고서 제출로 끝나는 것이 아니라 양측 전문가에 대한 심문을 통해 전반적인 작업 수행에 대해 확인하

2) *Daubert v. Merrell Dow Pharma, Inc.*, 509 U.S. 579 (1993).

는 절차가 그래서 필요한 것이다. 또한 분석에 사용된 모형이 실제 자료를 가지고 테스트해 볼 수 있는 것인지, 학술지에 실리는 등 학계 및 동료 연구자들의 평가를 받았는지, 그 결과가 오류일 확률은 어느 정도인지 등을 보고하게 함으로써 모형의 신뢰도를 높이려는 것도 다우버트 기준이 추구하는 기준들이다. 그 이후의 여러 판례를 통해 보강되고 살이 붙여지는 다우버트 기준이 추구하는 바는 결국 전문가 증언이 신뢰할 만한 이론과 방법에 기초한 것인지, 그러한 이론과 방법이 당해 건에 적절하게 적용되었는지를 살펴봄으로써 검증되지 않고 신뢰할 수 없는 결과물이 증거로 채택, 활용되는 위험을 배격하는 것이라고 할 수 있다.

유럽의 경우 이러한 논의는 비교적 최근에 활발하게 이루어지고 있는 것으로 보인다. OECD 라운드테이블의 2008년 보고서, 영국 경쟁당국(U.K. Competition Commission)의 2009년 보고서는 복잡하고 전문적인 경제적 증거를 다룸에 있어서 법원 또는 경쟁당국이 고려해야 할 기준들을 나열하고 있다. 명확성, 투명성, 일관성, 신뢰성, 완전성, 결과의 재현 가능성 등 다양한 요소들을 열거하고 있지만, 요약하자면 충분한 자격을 갖춘 전문가가 신뢰할 만한 방법에 근거, 당해 건의 판단에 도움이 되는 적절한 분석을 하였는지를 살펴보라는 것으로서 미국의 다우버트 기준과 사실상 차이가 없다.

미국과 유럽에서의 이러한 기준을 실제 소송의 과정에 적용시켜 살펴본다면 아마도 다음과 같을 것으로 본다. 먼저, 분쟁 쌍방의 전문가들이 의견의 일치를 보이는 부분과 의견의 일치를 보지 못하고 있는 부분을, 각각 일목요연하게 정리, 법원에 제출한다. 이때 일치를 보지 못하고 있는 부분에 대해서는 왜 그러한지 그 이유도 함께 제출한다. 법관은 위에서 나열된 여러 기준에 입각해 보았을 때 어느 쪽 주장이 더 설득력이 있는지, 어느 쪽의 분석이 당해 사건의 실체를 이해하는 데 더 적절한지 판단을 내린다. 다툼의 내용이 지나치게 전문적이고 기술적이어서 독자적인 판단을 내리기가 어려운 경우 법관은 법원이 임명하는 감정인 등 제3자 전문가의 의견을 물론 구할 수 있다. 한국 사법 시스템에서 독특한 제도인 법원 감정인 제도를 보다 효율적으로 활용하는 제도적 개선 방안을 논의해야 할 필요성이 제기되는 부분이 바로 이 지점이다.

현재 법원 감정인의 활용은 양측 전문가의 사전 분석 및 하고자 하는 주장을 듣기에 앞서 바로 감정인에게 분석을 의뢰하는 형태를 띠고 있다. 자료의 수집 및 정리, 모형의 선택, 각종 민감도 검정 등 분석의 A부터 Z까지 해야 할 일은 참으로 많다. 누군가 이미 수행하였던 작업을 한 걸음 떨어져서 비판적인 시각에서 검토하는 것과 자신이 그 작업의 입안 단계부터 분석, 최종 점검에 이르는 모든 과정을 직접 수행하는 것은 천양지차이다. 분석에 필요한 모든 과정을 감정인이 최초 단계에서부터 직접 수행하는 경우, 자료를 잘못 다룰 가능성, 분석에 필수적인 요소임에도 불구하고 누락시킬 위험성 등 여러 면에서 오류를 범할 가능성이 다분하다. 그러한 오류가 사후적으로 밝혀지는 경우, 감정 결과에 대한 객관성과 신뢰성을 상실, 감정인으로서의 제 기능을 다하지 못하게 됨은 두 말의 여지가 없다. 따라서 현행 방식보다는 쌍방 전문가의 분석과 주장을 다 듣고 나서 그 평가를 하는 단계에서 감정인의 의견과 전문성을 활용하는 것이 보다 효율적이고 논쟁의 여지를 최소화하는 길이라고 생각한다.

전문가가 아닌 사람들에게 복잡하고 전문적인 내용을 쉬운 용어로 이해하기 쉽게 잘 설명하는 것 또한 쉬운 일은 아니다. 어쩌면 경제적 증거 그 자체보다 그러한 증거를 어떻게 잘 설명하고 법원에 설득력 있게 전달할 것인가가 더 중요할는지도 모른다. 어차피 서로에게 유리한 경제적 증거를 갖고 다툼을 벌이는 이상 자신의 증거를 설득력 있게 발표하는 것은 대단히 중요한 일이 아닐 수 없다. 본장은 미국에서는 이미 일상화되었지만, 한국에서는 아직 초기 단계라 할 수 있는 경제분석의 소송에서의 활용과 관련하여 법원의 이해를 제고시키는 데, 또한 경제분석의 전문가로 활동하는 데 있어서 도움이 되는 내용을 담고자 한다. 실례 중심으로 설명함으로써 실제 경제적 이슈의 사건에서 어떠한 점이 사실관계의 이해에 핵심적인 사항이며, 그 결과를 해석함에 있어서 어떤 점들에 유념해야 하는지 등에 대해 제한적이나마 독자들과 공유하였으면 한다.

2. 회귀분석

1) 회귀분석이란

우리가 관심을 갖고 있는 두 개의 변수 X와 Y가 있다고 하자. X와 Y 간에 어떠한 관계가 존재하는지를 분석하는 간단한 통계적 방법이 상관계수를 구해 보는 것이다. 어떠한 방식으로 상관계수를 구하는지에 따라 여러 종류의 상관계수가 존재하는데, 이른바 피어슨 상관계수가 가장 많이 쓰이는 계수이다. 피어슨 상관계수는 -1에서 1까지의 값을 가지며, 1(−1)의 값을 가질 때 두 변수는 완벽한 양(음)의 상관관계를 갖는다고 말한다. 반면, 상관계수가 0이라는 것은 두 변수 간에 상관성이 전혀 없음을 뜻한다.

만일 우리가 관심을 갖고 있는 것이 단순히 X와 Y 간에 존재하는 상관성의 확인이 아니라 X가 Y에 어떠한 영향을 미치는지, 미친다면 그 효과는 어떠한 것인지, X값이 변함에 따라 Y값이 어떠한 값을 가질 것인지 그 예측치를 얻고자 하는 것 등이라면, 상관계수분석은 더 이상 유효한 분석이라고 할 수 없다. 변수 Y의 변화에 변수 X 또는 그 밖의 요인들이 어떤 영향을 미치는지 그 인과성(causality)에 주목해서 변수들 간의 관계를 체계적이고 종합적인 방법으로 분석하는 통계적 기법이 회귀분석(regression analysis)이다. 다시 말해, 우리가 관심을 갖고 있는 변수 Y에 대해 여러 다양한 값들이 관측되었을 때 과연 어떤 요인들에 의해 Y값들의 변화가 설명되는지 혹은 영향을 받는지 각각의 요인들이 미치는 효과를 식별하고 추정하는 것이 회귀분석이 하고자 하는 바다. 이때 우리가 설명하려고 하는 변수 Y를 종속변수(dependent variable) 또는 피설명변수(explained variable)라 부르며, Y에 영향을 끼칠 것으로 보는 여러 요인들, X를 독립변수(independent variable) 또는 설명변수(explanatory variable)라고 부른다. 회귀분석이 시도하려는 바를 한 마디로 요약한다면, 각각의 설명변수들이 피설명변수에 미치는 영향력을 측정하고 그것이 과연 통계적으로 신뢰할 만한 유의한 결과인지를 평가하는 것이라고 할 수 있다. 회귀분석은 모형에서 설정된 독립변수에 일정한 값들을 대입할 때, 종속변수가 어떠한 값을 가질 것인지 그 예측치를 추정할 수 있다는 점에서 상관계수분석보다 진일보한 분석 기법임에 틀림없다.[3)]

앞서 1)항에서는 (계량)경제분석 결과의 증거로서의 채택 여부를 평가하는 몇 가지 기준들에 대해 설명하였다. 특히, 미국에서의 다우버트 기준 이후, 판례들은 반독과점 사건에서의 손해액을 산정함에 있어서 회귀분석 방법을 '통상적인 방법'(common approach)의 하나로 인정하고 있으며, 올바르게 사용된다면 반독과점 사건에서의 손해액을 입증하는 데 있어서 경제학자가 사용할 수 있는 신뢰할 만한 수단이라고 판시하고 있다.[4)] 3)항에서 다룰 계량경제분석의 실례들은 모두 회귀분석을 이용해서 계량분석을 수행한 경우들이다.

2) 회귀분석의 주요 통계량

회귀분석에는 여러 종류가 있다. 자료의 형태나 특성, 분석하려는 바가 무엇인지에 따라 적합한 회귀분석 방법을 사용해야 하는데, 몇 가지 이론적 가정이 만족될 때 통상적으로 가장 많이 쓰이는 일반적인 방법이 통상최소자승법(ordinary least squares: OLS)이라 불리는 선형회귀방법이다. 논의의 편의를 위해, 이하에서는 다음과 같은 단순선형회귀분석 결과를 예로 들어 설명하기로 한다.

[그림 6-1]에는 534개 기업들의 보험 가입 금액과 보험료 액수를 보여 주는 산포도가 담겨 있다. 양 변수 간에는 강한 (+)의 상관관계, 즉 보험 가입 금액이 클수록 보험료가 비싸지는 관계가 있음을 육안으로 쉽게 확인할 수 있다. 화재보험의 경우 화재로 인한 피해액을 1억까지 보상해 주는 보험에 비해, 5억까지 보상해 주는 보험의 보험료가 비싼 것은 당연하다 할 터인데, 우리의 관심은 보험 가입 금액이 1% 증가할 때, 보험료가 몇 % 오르는지, 즉 보험 가입 금액의 증가분이 보험료 증

3) *Y*에 영향을 미치는 요인, *X*를 하나로 보는지, 아니면 여러 개로 보는지에 따라 단순회귀(simple regression)와 다중회귀(multiple regression)로 나누어지는데, 단순회귀분석은 사실상 상관관계분석과 기본적으로 동일하다. *Y*에 영향을 끼칠 수 있는 기타의 모든 요인들을 사상하고 오로지 하나의 요인에만 주목한다는 점에서 상관관계분석이나 단순회귀분석은 그 설명력에 있어서 제한적일 수밖에 없다.

4) *Conwood v. U.S. Tabacco*, 290 F.3d 768, 793 (6th Cir. 2002), Petruzzi's IGA Supermarkets v. Darling-Delaware Co., 998 F.2d 1224, 1238 (3rd Cir. 1993).

그림 6-1 log(보험 가입 금액)과 log(보험료)의 산포도 및 회귀분석 예측치

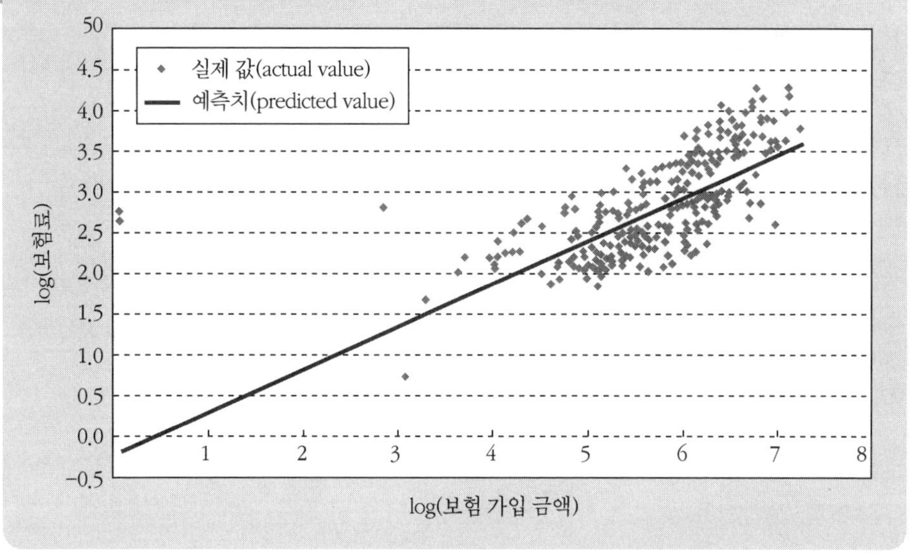

가분에 미치는 영향이 어느 정도인지에 있다고 하자. 다시 말해, 우리가 추정하고 자 하는 회귀방정식, $Y=a+b\times X$에서 종속변수 Y는 로그변환된 보험료 액수, X는 로그변환된 보험 가입 금액인 셈이다.[5)]

앞의 주 3)에서 설명한 바에 따르면, 위의 선형회귀방정식은 보험료를 결정하는 설명변수로 보험 가입 금액이라는 단일 변수를 채택한 단순선형회귀방정식이다. 그런데 위의 산포도를 보면 동일한 보험 가입 금액에 대해 보험료의 액수가 제각각인 것을 볼 수 있다. 앞의 화재보험 예에서 보험 가입 금액은 5억 원으로 동일하다 하더라도 그 밖의 다른 요인들에 따라 가입자가 납부하는 보험료는 천차만별일 것이다. 예컨대, 일반 사무실에 비해 인화성 물질을 취급하는 공장에서 화재사고가 날 가능성은 훨씬 클 것인바, 비록 보험 가입 금액은 동일하다 하더라도 공장

5) 로그변환을 반드시 해야 하는 것은 아니다. 주로 다음의 두 가지 점 때문에 한다고 보면 된다: 첫째, 설명변수 X가 1% 변할 때, 종속변수 Y가 몇 % 변하는지, 그 %의 관계에 관심이 있다면 양 변수를 로그변환해야 한다. 본 예에서도 보험금이 1원 오를 때 보험료가 몇 원 오르는지의 관계보다는 %의 관계가 보다 궁금하다는 가정하에 로그변환 예를 들었다. 둘째, 설명변수 X가 취하는 값의 범위가 아주 크다면, 극단의 값들로 인하여 X와 Y의 관계가 선형으로 표현되기에 부적절할 수 있다. 이처럼 자연 수치로는 선형관계가 아닌 경우, 로그변환을 통해 자료를 선형관계(이를 '로그선형'(log-linear)이라 부른다)로 만듦으로써 선형회귀분석이 갖는 우수한 성질을 그대로 활용할 수 있는 장점이 있다.

표 6-1 log(보험료)=a+b×log(보험 가입 금액)에 대한 선형회귀분석 결과

회귀분석의 주요 통계량	값
상관계수	0.728
결정계수(*R*-square)	0.530
F-비	599.645
F-비의 유의확률	<0.0001
관측치 수	534

	계수	*t*-값	*p*-값
Y 절편(*a*)	−0.173	−1.42	0.1551
log(보험 가입 금액)(*b*)	0.523	24.49	<0.0001

이 내야 하는 보험료는 일반 사무실에 비해 당연히 더 높을 것이다. 이처럼 보험 가입 물건의 위험도는 보험료를 결정하는 또 다른 중요한 요소로 보는 것이 타당할 것이며, 보험 가입 금액 이외에 보험 가입 물건의 위험도를 추가적인 설명변수로 모형에 포함시킴으로써 회귀분석의 설명력은 높아질 것이다. 바로 이 점이 다중선형회귀분석이 단순선형회귀분석에 비해 우월한 결정적인 이유라고 할 수 있다.

[표 6-1]에는 통계 프로그램을 돌려 얻은 단순선형회귀분석의 결과가 담겨 있다. 이를 어떻게 해석해야 하는지에 대해 살펴보기로 하자.

- **상관계수**: 두 변수의 움직임 간에 어떠한 상관성이 있는지 그 관계를 [−1, 1] 사이의 값으로 정규화해서 나타내는 지표이다. 1(−1)의 값을 가질 때 두 변수는 완벽한 양(음)의 상관관계를 갖는다고 말하며, 상관계수가 0이라는 것은 두 변수 간에 상관성이 전혀 없음을 뜻한다. 본 예의 두 변수 간에는 (+)의 상관성이 있음을 [그림 6-1]에서 보았다. 상관계수가 72.8%임을 보여 주는 위의 결과는 그와 일치한다.
- **결정계수(*R*-square)**: 종속변수의 변화분 중에서 독립변수에 의해서 설명되어지는 비율을 측정하는 통계량으로서 1에 가까울수록 설명력이 높다고 본다. 위 결과에 따르면, 보험료의 변화분 가운데 약 53%가 보험 가입 금액,

단일 변수에 의해 설명되어진다고 할 수 있다.[6] 나머지 47%는 보험 가입 금액 이외의 요인들에 의해 영향받는다고 할 수 있는데, 앞의 예에서 살펴본바 사고가 날 위험도 등이 그러한 추가적인 요인이라고 보면 된다.

- *F*–비: 모형의 전반적인 적합성을 측정하는 수치로서, 모형에서 채택한 독립변수들이 전부 잘못 설정되어졌다는 가설을 검정하는 통계량이다. 이 값이 클수록 그러한 귀무가설(null hypothesis)을 기각하기가 용이해진다고 보면 된다. 이 값 자체보다는 아래의 그 유의한 정도를 나타내는 확률 값에 주목해야 한다.
- *F*–비의 유의확률: 위의 *F*–비에 근거해서 모든 독립변수의 효과는 0이라는 귀무가설을 기각할 때, 이러한 결정이 오류일 확률로서 이 값이 작을수록 모형의 적합도가 좋다고 할 수 있다. [표 6-1]의 결과에 따르면 0.01%보다도 작은 값을 가지므로 독립변수의 설정은 적절한 것으로 보여진다.
- 각 변수들의 계수: 해당 독립변수가 종속변수에 끼치는 영향력의 평균적인 값으로서, 다른 독립변수들의 값이 일정하다고 할 때, 해당 독립변수 한 단위가 증가할 때 종속변수가 평균적으로 얼마만큼 변하는지를 측정하는 추정치이다. 독립변수와 종속변수가 로그변환된 값인 경우, 그 계수는 탄력성(elasticity), 즉 독립변수가 1% 증가할 때 종속변수가 몇 % 변하는지를 측정한다. [표 6-1]에서 log(보험 가입 금액)의 계수는 0.523이므로 보험 가입 금액이 1% 증가할 때 보험료는 약 0.52% 증가한다고 해석하면 된다. [그림 6-1]의 검은색으로 표시된 예측치 선의 기울기가 바로 0.523인 셈이다.
- *t*–값: 해당 독립변수가 종속변수에 하등의 영향을 끼치지 않는다는 가설, 즉 계수=0이라는 귀무가설을 검정하는 통계량으로서 그 값이 클수록 그러한 귀무가설을 기각하기가 용이해진다고 보면 된다. 통상 *t*–값이 1.96보다 클 때, 95% 신뢰수준 또는 5% 유의수준에서 귀무가설을 기각, 해당 독립변수의

6) 결정계수의 해석은 주의할 필요가 있다. 이 값이 크다고 해서 모형이 잘 설정되었고, 이 값이 작다고 해서 모형이 열위에 있다고 반드시 말할 수는 없다는 점이다. 예컨대, 대한민국이 올림픽에서 획득한 메달의 개수와 지구의 평균온도를 회귀분석으로 돌리는 경우 결정계수는 매우 크게 나올 수 있다. 두 변수가 시간이 흐름에 따라 증가해 왔을 거라는 점을(이러한 변수를 추세변수(trend variable)라고 한다) 고려한다면, 결정계수는 크게 나올 테지만, 두 변수 간에 어떤 의미 있는 관계가 있다고 보기는 힘들다. 이처럼 양 변수 간에 외형적으로는 상관성이 있는 것처럼 보이지만, 실제로는 제3의 공통 요인(이 경우, 시간)이 있어 그렇게 되는 경우, 계량경제학에서는 양 변수 간에 '허구의'(spurious) 관계가 존재한다고 말한다.

계수 추정치가 통계적으로 유의하다고 말한다. 여기서 5% 유의수준에서 통계적으로 유의하다는 것의 의미는 귀무가설이 참이어서 해당 독립변수가 종속변수에 하등 영향을 끼치지 않는 것이 사실임에도 불구하고 잘못해서 이 가설을 기각하는 오류를 범할 확률이 5%를 넘지 않음을 뜻한다. [표 6-1]에서 log(보험 가입 금액)의 t-값은 24.5로서 대단히 크며, 따라서 그 계수 0.523은 통계적으로 매우 유의한 결과라고 할 수 있다.[7)]

- p-값: 위의 t-값에 근거해서 해당 독립변수의 효과는 0이라는 귀무가설을 기각할 때, 이러한 결정이 오류일 확률로서 이 값이 작을수록 해당 독립변수에 대해 얻은 계수 추정치는 통계적으로 유의하다고 할 수 있다. [표 6-1]의 결과에 따르면, log(보험 가입 금액)의 p-값은 0.01%보다도 작은 값을 가지므로 그 계수 추정치, 0.523은 유의한 결과라고 할 수 있다.[8)]

회귀분석과 관련한 이상의 주요 통계량에 대한 기본적인 지식만 갖고 있어도 법원에 제출되는 계량경제모형을 이용한 분석 결과를 이해하는 데 큰 도움이 될 것이다. 다음 항에서는 이러한 기본 지식을 염두에 두고 계량경제분석이 적용된 실제 소송 케이스(혹은 법경제학연구)들을 살펴봄으로써 그 활용의 범위와 유용성 등에 대해 생각해 볼 기회를 제공하고자 한다.

3) 회귀분석이 적용된 실제 소송/컨설팅 케이스

(1) 가격담합으로 인해 소비자에게 발생한 손해액의 적절한 추정치는 얼마인가

특정 산업의 주요 업체들이 2003년부터 2008년까지 6년 기간 동안 명시적인 가격담합을 유지해 왔고, 그로 인해 이 제품의 소비자들이 부당하게 입은 피해에 대해 손해배상 소송을 청구하였다. 담합 또는 가격고정(price-fixing) 케이스에서 손해

7) 통계적 유의성(statistical significance)에 견주어 경제적 유의성(economic significance)이라는 개념이 있다. 만일 [표 6-1]에서 log(보험 가입 금액)의 계수가 0.01, 즉 보험 가입 금액이 1% 증가할 때, 보험료는 0.01% 증가한다고 해보자. 비록 t-값이 커서 통계적으로는 유의한 결과라 할지라도 실상 보험료에 미치는 실질적 효과는 미미하다고 할 수 있다. 이 경우 경제적 유의성은 없는 결과인 셈이다.

8) t-값과 p-값에 대한 설명으로부터 추론할 수 있듯이, 양 값은 정확히 반비례하는 관계가 있다. 즉, t-값이 높을수록(낮을수록) p-값은 작아진다(커진다)고 할 수 있다. 이러한 점을 염두에 두고 회귀분석 결과를 검토한다면 보다 용이하게 결과를 해석할 수 있을 것이다.

액을 산정하는 대표적인 방법 중의 하나가 아래의 선형모형에 의거한 회귀분석 방법이다.

$$\log(\text{가격}) = a + b_1 \times \log(\text{생산비용}) + b_2 \times \log(\text{가구당 평균소득}) + \cdots + d \times (\text{담합기간 더미}).$$

가격에 영향을 미칠 것으로 예상되는 각종 수요측 요인 및 비용측 요인과 더불어 제일 마지막에 '담합기간 더미'가 설명변수로 들어가 있음을 볼 수 있다. 담합기간 더미는 2003년부터 2008년까지의 자료는 1, 그 외 기간의 자료는 0의 값을 갖는 가변수로서, 회귀분석 추정을 통해 얻게 되는 계수 d값은 가격에 영향을 미치는 여러 요인들을 통제하고 난 후, 순전히 담합에 의해 가격이 부풀려진 정도를 측정하는 추정치이다.[9] 보다 구체적으로는 담합기간 동안의 가격이 비담합기간의 가격에 비해 평균적으로 몇 % 높았는지를 측정하는 추정치로서 d의 t-값이 높다면(혹은 p-값이 낮다면) 이 결과는 통계적으로 유의하다고 할 수 있다.

예컨대, d=0.15라고 해보자. 즉, 담합이 없었던 기간(담합이 시작되기 이전의 기간일 수도 있고 담합이 종료된 이후의 기간일 수도 있음)에 비해 가격이 15% 정도 부풀려진 것을 의미하므로 만일 담합기간 동안의 실제 거래가격이 1만 원이었다면, 담합이 없었을 경우의 이른바 '가상가격'(but-for price)은 대략적으로 계산하는 경우 10,000원×(1−0.15)=8,500원으로 추정된다.[10] 실제의 거래가격과 담합이 없었을 경우의 가상가격 간의 차이, 즉 1,500원이 단위당 손해액인 것이며, 이 단위당 손해액에 담합기간 동안 판매한 총판매량을 곱합으로써 담합으로 인해 발생한 것으로 추정되는 손해액을 산정할 수 있다. 이 예에서 만일 담합기간 동안의 총구매량이 1,000개였다면, 담합으로 인해 추정되는 손해액은 150만 원(=1,500원×1,000개)인 셈이다.

---

9) 이처럼 담합기간 더미의 계수에 의해 담합으로 인해 부풀려진 가격인상분(overcharge)을 추정한다는 의미에서 이 방법은 더미변수 방법(dummy variable method)이라고 불린다.

10) 실제 우리가 관찰하는 거래가격('실제가격')이 담합으로 인해 15% 부풀려진 것이기 때문에 엄밀하게 이야기하면 가상의 경쟁가격('가상가격') 기준으로 15%가 인상된 것으로 해석해야 한다. 따라서 가상가격의 정확한 계산은 다음과 같다: log(실제가격)−log(가상가격)=0.15이므로, 이를 풀면 실제가격/가상가격=exp(0.15)=1.162를 얻는다. 즉, 가상가격=실제가격/1.162=1만 원/1.162=8,607원이 된다.

계량경제학 포인트

가격에 영향을 미치는 각종 수요변수, 비용변수들과 더불어 다른 주요한 설명변수가 누락되지 않았는지 점검할 필요가 있다. 예를 들어, 담합이 종료되고 난 직후, 새로운 기업이 시장에 진입, 점유율을 크게 확보하는 데 성공하였다고 하자. 이 신규 진입으로 말미암아 경쟁이 더 치열해졌고, 이로 인해 가격이 하락하는 요인이 발생한 셈이다. 다시 말해, 담합이 종료되고 난 이후 가격이 하락한 것은 담합의 종료로 인해 인위적으로 인상되었던 증가분이 제자리로 돌아온 것에 기인한 것이기도 하지만, 동시에 시장에서의 경쟁이 치열해진 것에 기인한 것이기도 하다. 담합 후 기간에 발생한 이러한 시장에서의 증가한 경쟁도(degree of competition)를 적절히 통제하지 않고 분석을 진행하게 되면, 담합으로 인해 가격이 과다하게 인상된 부분, d 및 나아가 손해액이 과다하게 추정되는(overestimate) 오류가 발생하게 된다. 계량경제학에서는 이러한 연유로 발생하는 오류를 '누락변수 편의'(omitted variable bias)라고 부른다.

선형회귀분석의 주요한 가정 가운데 하나는 모형에서 설정한 설명변수와 교란항(disturbance term, 설명변수에 의해서 설명되지 않는 부분)이 상호 독립적(mutually independent)이어야 한다는 점이다. 이 가정이 함축하는 바, 그리고 이 가정이 누락변수 편의와 어떤 관계를 갖는 것인지 설명하는 것은 본고의 범위를 벗어난다. 다만 모형에서 설정한 설명변수와 상관성을 갖는 변수가 누락되는 경우 선형회귀모형의 추정치는 편의의 문제가 발생함은 염두에 둘 필요가 있다.[11)]

우리의 예에서 시장에서의 경쟁도는 모형에 포함된 변수인 담합기간 더미변수와 관련을 가지고 있다. 즉, 담합이 종료된 이후에 신규 기업의 진입으로 말미암아 시장에서 경쟁의 양태가 체계적으로 달라졌기 때문에, 담합기간 더미변수와 시장에서의 경쟁도 사이에는 상관성이 있다고 할 수 있다. 따라서 시장에서의 경쟁도를 누락한 채 모형을 돌리게 되면 담합기간 더미변수에 대해 얻는 추정치는 편의(bias)를 갖는 부정확한 추정치가 되는 것이다.

11) 누락변수 편의와 관련한 보다 자세한 계량경제학적 설명은 제5장 제3절 참조.

(2) 여성 근로자가 남성 근로자에 비해 낮은 임금을 받는 경우 성차별에 의해 설명되어질 수 있는 부분은 얼마인가

한 대형 생활용품 매장의 여성 근로자가 동일 작업임에도 불구하고 여성이라는 이유로 남성에 비해 임금을 덜 받았으니 성차별이라는 소송을 제기하였다. 원고측은 특별한 경제분석 없이 동일 작업군의 여성 근로자들의 평균임금과 남성 근로자들의 평균임금을 비교한 결과를 제시하고 평균적으로 여성 근로자들은 남성 근로자들에 비해 약 16% 덜 받는다고 주장하였으며, 그에 근거해서 계산된 액수 전체를 손해배상액으로 청구하였다. 이에 대해 피고측 전문가는 경제학적 의미의 차별(economic discrimination)이란 자신의 생산성에 근거해서 응당 받아야 할 몫보다 덜 받을 때 존재하는 것이며, 올바른 분석은 생산성을 일정하게 제어한 이후의 임금 비교이어야 한다는 점을 지적하고 다음과 같은 회귀분석모형을 제시하였다:

$$\log(\text{시간당 임금}) = a + b \times \log(\text{근무 연수}) + \cdots + d \times (\text{여성=1, 남성=0의 값을 갖는 성별 더미}).$$

근무 연수가 길수록 보다 경험이 풍부한 숙련노동이라고 본다면 이들 변수는 생산성을 측정하는 적절한 대용변수(proxy)라고 할 수 있다. 이 회귀방정식을 추정한 결과 성별 더미변수의 계수 d는 −0.0145의 값을 갖는 것으로 나왔으며, t-값은 −0.46이었다. 이 결과가 의미하는 바는 동일한 생산성을 갖는 근로자들을 비교할 때 여성 근로자는 남성 근로자에 비해 평균 1.45% 정도 낮은 임금을 받는다는 것으로 생산성 지표를 일정하게 통제한 이후의 결과는 원고측 주장과는 달리 별반 차이가 없는 것으로 나타났다. 더욱이 t-값이 상당히 작게 나온 결과는 위의 계수가 통계적으로도 유의한 결과가 아님을 시사하는 것으로서 "여성과 남성 근로자 간의 임금 격차는 없다"는 귀무가설을 통계적으로 유의한 수준에서 기각할 수 없음을 뜻한다. 실제 소송에서는 좀더 세련되고 진일보한 모형이 이용되었지만 기본 시각은 위의 예에 드러나 있으며, 법원은 피고측의 손을 들어 주었다.

계량경제학 포인트

위의 예에서 만일 근무 연수 변수를 빼고 모형을 돌리면 어떤 결과를 얻을까? 성별 더미변수의 계수 d는 −0.171을 얻게 되는데, 이는 여성 근로자가 남성 근로자에 비해 평균적으로 약 17.1% 정도 낮은 임금을 받는다는 것을 의미하는 것으로서 원고 측 주장인 16%와 유사한 결과이다. 이처럼 경제적으로, 통계적으로 중요한 의미를 갖는 동시에 모형에서 이미 설정하고 있는 설명변수와 상관성을 갖고 있는 변수를 빼고 분석을 수행하는 경우 '누락변수 편의'의 문제가 발생함은 이미 앞의 담합 예에서 본 바와 같다. 본 예에서 남성인지 여성인지에 따라 근무 연수에 체계적인 차이가 있기 때문에, 즉 모형에 이미 포함되어 있는 성별 더미변수와 생산성을 대변하는 지표로서 근무 연수가 상관성을 갖고 있기 때문에 이를 적절히 고려하지 않고 누락한 채 선형회귀모형을 돌리게 되면 성별 더미변수의 추정치는 정확성을 상실한 값을 갖게 된다. 누락변수의 문제로 인해 회귀분석의 결과가 어느 한 쪽으로 편향될 수 있음을 항상 염두에 둘 필요가 있으며, 본 예에서 근로자의 생산성을 측정하는 지표를 배제하고 분석하는 경우 여성이 남성에 비해 받는 상대적 임금 격차는 과다하게 추정됨을 알 수 있다.[12)]

(3) 기업전망 관련 공시가 허위였다는 뉴스로 인해 주가가 폭락한 경우 그 가운데 얼마만큼을 허위공시에 의해 야기된 것으로 보아야 하는가

회사 ZZZ는 2008년 10월 공시(press release)를 통해 향후 5년간의 영업계획 및 성장치 전망을 내놓았으며, 그 장밋빛 내용으로 인해 주가가 급등하였다. 하지만, 그로부터 1년 후인 2009년 11월 이 회사는 이전 공시에 담긴 내용들이 전부 잘못이었음을 밝혔고, 이 날 하루 주가가 20.1% 하락하였다. 회사의 허위공시로 인해 피해를 입은 주식거래자들이 집단소송을 제기하였는바, 주요 이슈는 도대체 허위공시로 인해 발생한 주당 손해액(damage per-share)이 얼마인가 하는 점이었다. [그림 6-2]는 ZZZ 회사의 2008년 8월부터 2010년 3월까지의 주가 및 이른바 '진성가격'(true value), 즉 허위공시 사실이 없었다고 가정하는 경우 예상되는 ZZZ 회사의 진정한 주당 가

12) 각주 11)에서와 마찬가지로 누락변수 편의와 관련한 보다 자세한 계량경제학적 설명은 제5장 제3절 1)을 참조.

그림 6-2 log(보험 가입 금액)과 log(보험료)의 산포도 및 회귀분석 예측치

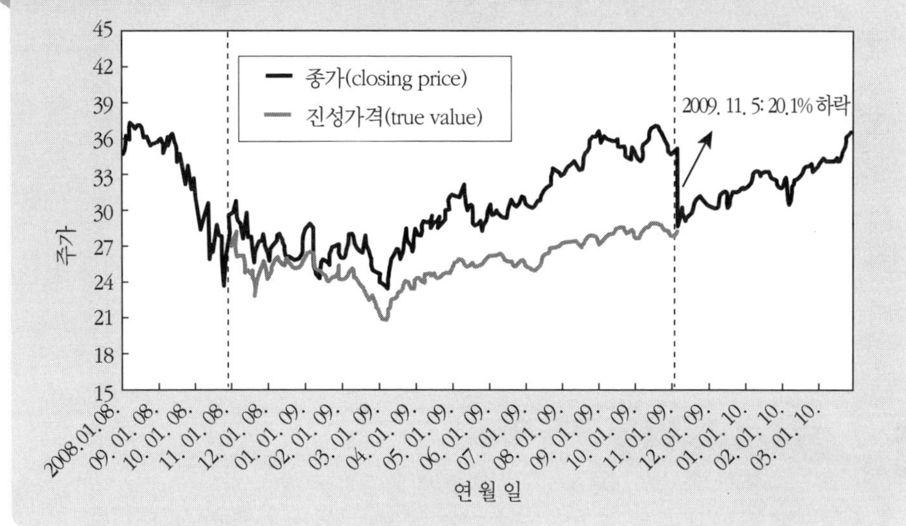

치를 보여 주고 있다.

원고측은 2009년 11월 5일자의 하락분인 20.1%가 피고의 허위공시로 인하여 '집단소송 기간' 동안 인위적으로 부풀려진 주가를 반영하는 수치이기 때문에 진성가격은 실제가격에서 그만큼을 차감하는 방식에 의해 구해질 수 있다고 주장하였다. 이에 대해 피고측 전문가는 20.1%의 낙폭은 비단 공시가 거짓이었음을 알리는 뉴스뿐만 아니라 그 날 시장 전체, 혹은 산업 전체의 동향에도 영향 받은 수치이기 때문에 그러한 요소들, 즉 허위공시와는 무관한 요소들에 의해 주가가 변동한 부분은 제하고 난 후 진성가격은 구해져야 한다고 주장하였다. [그림 6-2]는 피고측의 주장(법원에서 받아들여짐)에 근거해서 작성된 진성가격을 음영으로 된 선으로 보여 주는바, 그 배후에는 다음과 같은 간단한 회귀분석을 통해 얻어진 추정 결과가 있다:

ZZZ 주가 수익률=−0.0002+0.7397×(S&P500 지수의 수익률).

코스피지수 수익률의 계수인 0.7397의 의미는 코스피지수가 1% 상승(하락)할

때, ZZZ 주가의 수익률은 평균적으로 약 0.74% 상승(하락)함을 뜻한다. 이러한 관계를 허위공시 등과 같은 기업 특정적 뉴스와 무관하게 시장 전체의 움직임에 의해 영향 받는 정상적인 관계로 본다면, 집단소송 기간의 일별 코스피지수를 위 식에 대입함으로써 매일매일의 ZZZ 주가에 대한 예상수익률을 구할 수 있게 된다. 예컨대, 코스피지수가 0.5% 상승하였다면, 그 날 ZZZ 주식은 약 0.35%(=−0.0002+0.7397×0.005) 오를 것으로 예상할 수 있다. 이러한 방식으로 계산한 ZZZ 주가에 대한 예측치와 실제치의 괴리만큼이 허위공시로 인해 주식거래자들이 부당하게 피해 입은 주당 손해액이라고 할 수 있다.[13)]

계량경제학 포인트

위의 선형회귀방정식은 주식과 같은 금융자산의 가격 형성을 설명하는 대표적 이론인 자본 · 자산가격모형(capital asset pricing model: CAPM)을 단순화한 모형이다. 이 이론의 핵심은 시장에서의 변동분과 특정 주식의 변동분 간의 관계를 살펴봄으로써 이 주식이 시장에서의 보편적인 위험(market-wide risk)으로 충분히 반영이 되지 않는 기업특정적인 위험(firm-specific risk)을 얼마나 갖는지에 주목한다는 점이다. 이 이론에 바탕한 모형을 통해 분석을 하게 되면, 본 예에서 본 바와 같이 시장이나 산업 전반의 영향을 제거한 기업특정적인 요인에 의해 변동한 주가 움직임을 포착할 수 있는바, 기업특정적인 뉴스가 주가에 미친 영향을 분석하는 이러한 기법을 '이벤트 분석'(event study)이라고 부른다. 이벤트 분석은 특정한 금융 이벤트, 예컨대 인수합병, 유상증자, 주식분할, 배당금 지급 등의 뉴스가 주가에 미치는 영향을 체계적으로 분석할 수 있는 기법으로서 금융 관련 경제분석에서 대단히 많이 쓰이고 있다.

이벤트 분석에 있어서 중요한 사항 중의 하나는 분석기간을 어떻게 설정하느냐 하는 점이다. 본 예에서 집단소송기간은 허위공시로 인하여 ZZZ 주가가 오염된 기간(이른바 'tainted or contaminated period')이기 때문에 위 회귀식을 구함에 있어서 사

13) 본 예에서는 코스피지수의 수익률만을 설명변수로 하는 단순선형회귀분석을 소개하고 있다. 시장 전체의 움직임뿐만 아니라, 해당 기업이 속한 산업군의 일반적인 동향도 분석에서 고려해야 하는 경우가 많다. 그러한 경우 산업군에 속하는 기업들의 평균주가지수를 계산하여 설명변수에 추가하는 다중선형회귀분석을 수행하게 된다.

용되어서는 안 된다. 이러한 오염이 발생하기 이전의 기간, 예컨대 허위공시가 발표된 시점으로부터 1년 전 기간, 즉 2007. 10. 30.-2008. 10. 29. 등이 회귀분석을 수행하기에 적합한 기간이라 할 수 있다. 이 기간 동안의 ZZZ 주가 수익률과 코스피지수 수익률 간의 체계적인 관계를 파악하고 그러한 정상적인 관계에 비추어 보았을 때 문제가 되는 집단소송기간 동안 우리가 예상할 수 있는 ZZZ 회사 주식의 진정한 가치를 추정할 수 있게 되는 것이다.

한편, 위 회귀식을 보면 주가 수준 자체가 아니라 주가 수익률에 대해 분석을 수행하였음을 볼 수 있다. 국민소득, 물가 수준, 주가지수 등의 거시 경제 변수는 시간이 흐름에 따라 꾸준히 증가해 온 변수(이러한 변수를 추세변수(trend variable)라고 함)라고 할 수 있는데, 이러한 추세변수들은 차분(differencing) 또는 수익률(rate of return) 등을 통해 추세를 제거하고 난 이후 회귀분석을 수행해야 함이 알려져 있다.[14] 앞의 각주 6)에서는 추세변수의 추세를 제거하지 않은 채 회귀분석을 수행하는 경우 결정계수(*R*-square)가 오도된 값을 가질 수 있음을 설명하고 있다. 각주 6)의 설명과 위의 예 등은 기본적으로 시계열자료를 분석함에 있어서 추세가 있는지의 여부, 추세가 있다면 어떠한 방식으로 이 문제를 해결할 것인지가 주요한 선행 연구이어야 함을 시사한다.

(4) 경찰관 수가 범죄율에 미치는 영향을 어떻게 추정할 것인가, 경찰관 수와 범죄율 간에 강한 (+)의 관계가 있다는 결과를 어떻게 받아들여야 하는가

위의 질문에 대한 계량경제학적 대답 및 해결책을 제시한 사람이 시카고대학의 저명한 경제학자 레빗(Steven Levitt)이다. 1997년 *American Economic Review*에 발표한 논문[15]은 정확히 위의 질문에 대한 답을 풀어 가는 과정을 상세히 소개하였는데, 여기에서는 그 핵심적인 내용만 짚어 보고자 한다.

경찰관 수 및 여타의 사회경제적 특징을 반영하는 변수들을 설명변수, 범죄 건

14) 이 부분에 대한 자세한 계량경제학적 설명은 이 글의 범위를 넘는다. 시계열자료 분석에서의 비정상성(non-stationarity), 단위근 검정(unit root test), 공적분(cointegration) 등의 개념이 추세변수를 이용한 회귀분석에 있어서의 문제점을 인식, 보정하기 위한 계량경제학적 노력의 산물이다. 이와 관련되어 보다 깊이 있는 이해를 원한다면 계량경제학 교과서의 관련 부분을 참고하기 바란다.

15) Steven D. Levitt(1997), pp. 270-290. 우리나라 자료를 이용해서 경찰력과 범죄 발생 간의 관계를 분석한 최근의 연구로는 민희철(2011), 김일중 · 변재욱(2012)이 있다. 이 중 김일중 · 변재욱(2012)은 레빗의 연구를 포함, 최근까지 이루어진 범죄억지정책과 범죄 발생 간의 관계에 대한 연구성과들을 포괄적으로 개괄하고 있다.

수를 피설명변수로 하는 회귀분석모형을 분석한 결과, 경찰관 수가 10% 증가할 때 범죄 건수는 약 2.8% 증가한다는 결과를 얻었다. 경찰관 수가 증가할수록 범죄율이 낮아질 거라는, 즉 양자 간에 (−)의 상관관계가 존재할 것이라는 일반의 예상과는 빗나간 결과이다. 이러한 결과가 나온 이유는 경찰관 수가 설명변수인 동시에 반대로 피설명변수로서 범죄율에 영향 받는 측면이 있기 때문이다. 즉, 범죄율이 높은 도시일수록 더 많은 경찰관을 고용한다는 사실은 양 변수 사이에 양의 상관관계가 존재할 수 있음을 뒷받침한다.

그렇다면 그러한 역의 관계는 배제하고 순전히 경찰관 수의 증가가 범죄율에 미치는 영향을 추정할 방법은 없는가? 계량경제학에서 도구변수(instrumental variable: IV) 방법이라 불리는 접근법이 이러한 문제를 해결한다. 설명변수인 경찰관 수에는 영향을 미치지만 종속변수인 범죄율과는 상관성이 없는 변수를 도구변수로 선택, 2단계의 추정 과정을 거쳐 회귀분석(2단계 최소자승법(two-stage least squares: 2SLS)이라 불림)을 수행하면 그러한 문제로부터 발생하는 편의를 교정한 결과를 얻을 수 있음이 알려져 있다.[16] 레빗 교수가 도구변수로 선택한 변수는 시장 및 주지사 선거연도이다. 지방자치단체장 선거연도가 도구변수로 적절한 것임을 보이기 위해 레빗 교수는 선거연도에 경찰관 수는 증가하는 경향이 있는 반면, 범죄율과 지방자치단체장 선거연도 간에는 상관관계가 발견되지 않는다는 통계적 결과를 제시하였다. 즉, 설명변수에는 영향을 미치지만, 종속변수와는 아무런 관련이 없어야 한다는 도구변수가 갖추어야 할 특성이 충족되었음을 입증한 것이다.

주지사 선거연도를 도구변수로 삼고 2SLS 방법을 이용한 회귀분석 결과, 경찰관 수의 계수 추정치는 약 −0.7에서 −0.9 사이의 값을 갖는다. 즉, 범죄율이 경찰관 수에 대해 갖는 탄력성은 약 −0.7에서 −0.9로서, 다시 말해 경찰관 수가 10% 증가할 때 범죄율은 약 7%에서 9% 감소한다는 우리의 직관과 일치하는 결과를 레빗 교수는 얻었다.

16) 도구변수법 또는 2단계 최소자승법에 대한 자세한 설명은 제5장 제3절 4), 5), 6)항을 참조.

계량경제학 포인트

위 예에서 경찰관 수와 범죄율은 상호간에 영향을 주고받는 관계를 갖고 있음을 보았는데, 이러한 경우 어느 한 변수를 독립변수로, 다른 한 변수를 종속변수로 설정하고 단순하게 OLS로 분석하는 경우 심각한 편의의 문제가 발생한다. 계량경제학에서는 이를 '동시성'(simultaneity)의 문제라고 부르는데, 인과성의 관계가 어느 일방으로만 존재하는 것이 아니고 역의 방향(reverse causality)으로도 작용하는 것에 착안하여 붙인 이름이라고 보면 된다.[17] 이 문제에 대한 보다 자세한 설명에 관심있다면 계량경제학 교과서를 참조하기 바라며, 여기서는 이론적인 측면보다는 공급 및 수요함수 추정 사례에서 동시성이 갖는 의미를 쉽게 풀어 설명함으로써 이해를 돕고자 한다.

가격이 오름에 따라 구매자가 구매하려는 수요량은 줄 것이라는 수요의 법칙, 혹은 가격이 오름에 따라 판매자가 판매하려는 공급량은 늘 것이라는 공급의 법칙에 따라 모형을 구성하게 되면, 당연히 가격이 설명변수, 수량이 피설명변수일 것이다. 그런데 만일 ① IMF사태와 같은 수요측에 갑작스럽게 발생한 외부적 충격으로 말미암아 수요가 급감, 그로 인해 가격이 하락한 것이라면, 혹은 ② 오일쇼크와 같은 공급측에 갑작스럽게 발생한 외부적 충격으로 말미암아 수입물량이 급감, 시장에 공급되는 물량이 줄고 그로 인해 가격이 상승한 것이라면, 판매량이 거꾸로 설명변수, 가격이 종속변수인 역의 인과관계가 성립한다고 볼 수도 있을 것이다. 이렇듯 시장에서 관찰되는 가격과 수량은 사실 수요함수와 공급함수가 동시적으로 상호 작용하여 균형을 이룸으로써 나타난 결과로서 균형가격, 균형수량의 의미를 갖는다. 즉, 우리가 시장에서 실제로 직면하는 가격과 수량은 수요와 공급의 상호작용에 의한 결과이므로, 시장에서 관찰한 가격과 수량만 가지고서 정확한 수요함수, 공급함수를 개별적으로 식별해 낼 수 없는 문제가 발생하는 것이다(계량경제

17) 대부분의 계량경제학 교과서에서는 내생성 또는 동시성 편의(endogeneity or simultaneity bias)라고 이름 붙인바, 이 문제를 계량경제학의 이론에 기초하여 자세하게 설명하고 있다. 이러한 문제의 연원이 무엇이며, 이를 보정할 수 있는 방법은 어떠한 것이 있으며, 이 문제를 보정하지 않고 회귀분석을 수행한 경우와 보정한 이후의 결과를 비교함으로써 이 문제가 갖는 심각성 등을 체계적으로 설명하고 있다. 본서 제5장 제3절 3)항 참조.

학에서는 이를 '식별'(identification)의 문제라 부른다).

정확한 수요함수를 식별, 추정하기 위한 선결조건은 바로 수요함수에는 영향을 안 미치고 오로지 공급함수에만 영향을 끼치는 변수(들)을 분석에 포함시키는 것이다(이러한 변수가 바로 앞에서 언급한 '도구변수'이다). 즉, 수요함수를 일정하게 고정시킨 상태에서 공급함수는 자유롭게 움직이는 것을 허용한다면, 우리가 시장에서 관찰하는 가격과 수량들을 모두 모아 하나의 선으로 연결할 수 있고, 그것이 정확히 수요함수를 반영하는 것일 것이다. 마찬가지로 공급함수를 추정하고자 한다면, 공급함수에는 영향을 미치지 않고 오로지 수요함수에만 영향을 미치는 변수(들)을 분석에 포함시킴으로써 공급함수는 일정하게 고정된 채 자유롭게 변동하는 수요함수의 이동을 통해 공급함수를 추정하는 것이 가능해진다. 이와 같은 방식을 통해 분석을 수행하지 않는 한 수요함수(공급함수)의 추정은 내생성 또는 동시성의 문제로 인한 오류를 가질 수밖에 없다. 앞의 예에서 설명한 바와 같이 경제학의 이론 및 현실에 부합하는 성격을 갖는, 이른바 '적절한' 도구변수를 선택해서 2단계 최소자승법에 의한 분석을 해야만 우리가 원하는 수요함수(공급함수)를 정확하게 식별해 낼 수 있는 것이다.

(5) A, B 두 기업 간 합병으로 인해 예상되는 경쟁제한효과, 즉 가격인상폭은 얼마인가

A(합병인), B(피합병인) 두 기업의 기업결합신고서를 접한 경쟁당국의 가장 큰 우려는 합병으로 인해 탄생할 기업의 시장력(market power)이 증대하고, 증가한 시장지배력을 이용하여 가격을 인상, 결국 소비자 후생을 감소시키지 않을까 하는 점이다. 합병으로 인한 경쟁제한효과의 계량경제학적 추정이 핵심적인 쟁점으로 부각하는 사례가 많은바, 이에 대해 살펴보기로 하자.

논의의 편의상, A는 두 개의 점포 A1과 A2를 갖고 있다고 하자. 또한 지난 4년간의 자료를 살펴본 결과, 점포 A1은 인근 지역에 B의 점포가 존재한 적이 없었던 반면에, 점포 A2는 2년 전에 B의 점포가 바로 옆에 들어섰음을 확인하였다고 하자. B의 점포와 치열한 경쟁을 하였던 점포 A2의 가격과 그러한 경쟁으로부터 자유로웠고 따라서 상당한 독점적 지위를 누리고 있었던 점포 A1의 가격을 비교함으로써 B

와의 합병이 A의 가격에 어떤 영향을 미칠지 가늠해 볼 수 있을 것이다. 다음과 같은 모형에 의해 추정된 예상 가격인상분이 경제분석의 일환으로 제출되었다고 하자.

log(A의 각 점포, 각 시점의 가격)
　=a+b×(점포 A1은 0, 점포 A2는 1의 값을 갖는 더미변수 D)
　　+여타 가격에 영향을 미치는 변수들.

앞서 담합으로 인한 손해액 추정 예에서 살펴본바, 더미변수 D의 계수 b는 가격에 영향을 미치는 여러 요인들을 통제한 이후, 점포 A2가 B점포와의 경쟁으로 말미암아 가격을 낮게 받는 경우, 그 효과를 추정한다. 바꿔 말하면, 그러한 경쟁으로부터 자유로운 점포 A1은 상대적으로 높은 가격을 받을 수 있었다는 것을 의미하고, 바로 이 계수에 의해 두 기업이 합병하게 되는 경우 예상할 수 있는 가격인상분을 추정할 수 있다는 주장이다.

이 주장의 가장 큰 문제는 무엇일까? 만일 경쟁업체인 B점포가 들어오기 이전인 3-4년 전에도 점포 A1의 가격이 점포 A2의 가격에 비해 높았다면, 위 모형에 의해 추정되는 가격인상분 예측치 b는 합병으로 인한 효과를 과대평가하는 것일 것이다. 즉, B와 경쟁하기 이전에도 이미 가격 차이가 존재하였고, B와의 경쟁으로 말미암아 가격 격차가 더 벌어진 것이라면, B와 경쟁하기 시작한 이후 관찰된 총가격 격차에서 B와의 경쟁 이전에 이미 존재하고 있었던 가격 격차를 차감해야 진정한 효과를 측정하게 되는 것이다.[18] 이러한 점을 고려하지 않은 채 분석을 수행하는 경우 경쟁제한효과가 과다하게 추정될 우려가 있는 셈이다. 이와 같은 문제를 적절히 고려한 올바른 계량경제모형은 다음과 같을 것이다:

log(각 점포, 각 시점의 가격)
　=a+b_1×(점포 A1은 0, 점포 A2는 1의 값을 갖는 더미변수 D)
　　+b_2×(B점포가 들어오기 이전 시기는 0, 이후 시기는 1의 값을 갖는 더미변수 T)

18) B와의 경쟁 이전, 이후 시기 각각에 대해 두 점포 A1과 A2의 가격 차이를 먼저 계산한 후, 그 둘 값의 차이를 계산함으로써 원하는 결과를 얻게 되는 방법을 계량경제학에서는 이중차분법(difference-in-difference method)이라고 부른다. 이 방법은 담합으로 인한 손해액 추정에서도 많이 사용된다. 상세한 내용은 제5장 제3절 7)항 참조.

$+b_3\times$(위 두 더미변수 D와 T의 교차항, 즉 $D\times T$)

+여타 가격에 영향을 미치는 변수들.

위 모형에서 교차항 $D\times T$의 계수 b_3가 바로 우리가 의도하는바, 순수히 B와의 경쟁으로 인해 발생할 것으로 예상되는 가격변동분, 혹은 A와 B의 합병으로 인해 발생할 것으로 예상되는 가격상승분의 정확한 추정치인 것이다. 왜 b_3가 그러한 값을 갖는지 살펴보는 것은 모형의 원리를 이해하는 데 유익할 것이므로 좀더 자세히 설명하기로 한다.

B와의 경쟁 이전(T=0)의 점포 A1(D=0)의 가격=0,

B와의 경쟁 이전(T=0)의 점포 A2(D=1)의 가격=b_1.

이 두 값의 차이인 b_1이 B와의 경쟁 이전에도 이미 존재하고 있었던 두 점포 간의 가격 격차이다. 한편,

B와의 경쟁 이후(T=1)의 점포 A1(D=0)의 가격=b_2,

B와의 경쟁 이후(T=1)의 점포 A2(D=1)의 가격=$b_1+b_2+b_3$.

이 두 값의 차이인 (b_1+b_3)가 B와의 경쟁 이후에 두 점포 간의 가격 격차이다. 주 18)에서 설명한바, 이중차분법에서 우리가 궁극적으로 얻으려고 하는 값은 경쟁 이전과 이후 시기에 양 점포 간의 가격 격차가 어떻게 달라졌는가 하는 점이다. 즉, B와의 경쟁 이후에 발생한 가격 격차인 (b_1+b_3)과 경쟁 이전에 이미 존재하고 있던 가격 격차인 b_1과의 차이, b_3가 바로 합병으로 인해 예상되는 가격상승분인 것이다.

이러한 점포특정적인 요인들에 기인하여 발생하는 가격차이분은 경쟁 여부와 상관없이 존재하는 것인바, 기업합병으로 인한 가격효과 분석에서 제외되어야 할 부분이다. 위의 모형에서 더미변수 D는 바로 점포특정적인 요인에 기인한 횡단면적 가격 차이를 포착하는 변수이며, 더미변수 T는 B와의 경쟁이 없었던 시기와 있

었던 시기 간의 시계열적 가격 차이를 포착하는 변수라고 보면 된다. 최종적으로 양 더미변수의 교차항(interaction term)인 더미변수 $D \times T$에 의해 점포특정적인 요인에 의한 가격 차이를 제하고 난 가격 차이, 즉 본 예에서 핵심 이슈인 B와의 경쟁 유무에 의해서 순수히 발생한 가격차이효과를 추정하게 되는 것이다.

계량경제학 포인트

횡단면자료(cross-section data)와 시계열자료(time-series data)가 복합되어 있는 자료를 패널 자료(panel data)라고 부른다. 위의 예에서 본 자료는 A의 점포인 A1과 A2, 즉 복수의 횡단면 단위와 각 점포의 지난 4년 간 시계열자료로 구성되어 있다는 점에서 패널자료이다. 패널자료의 분석에 적합한 계량경제모형은 고정효과(fixed-effect)모형으로 불리는 회귀분석모형으로서 위에서 살펴본 이중차분모형도 그 한 예라고 보면 된다. 고정효과 분석의 특징을 한 마디로 요약하자면, 횡단면 단위가 갖고 있는 항시적 성격의 고유한 특성이 종속변수에 미치는 영향을 직접적으로 통제한다는 점이다. 예컨대, 위의 예에서 각 점포에서 버스 정류장까지의 거리, 각 점포가 위치한 지역의 평균소득, 각 점포가 위치한 지역의 거주인구, 주변의 교통체증 정도 등은 시간이 변함에 따라 불변이거나 아니면 거의 대동소이한 점포특정적인 성격이라고 할 수 있다.

(6) 자사 소유주의 매각에 의한 이윤 획득 가운데 내부자거래(insider trading)에 의한 부당이득으로 볼 수 있는 부분은 얼마만큼인가

은퇴를 목전에 둔 어느 금융기관 CEO가 자사 소유주를 대량으로 처분하고 곧바로 은퇴, 회사를 떠났다. 그로부터 얼마 후 회사의 회계감사가 잘못되었다는 뉴스와 함께 주가가 폭락하였다. 곧바로 주식보유자들을 중심으로 한 집단소송이 제기되었고, 원고의 주장은 이 CEO가 잘못된 회계감사의 내용을 알고 있었음에도 이 사실을 은폐, 주가가 인위적으로 부풀려진 상태에서 보유 주식을 처분함으로써 부당한 이득을 획득하였다는 점이다. 즉, 문제가 되는 기간 동안 이 CEO가 사고 판 자사주 거래로부터 발생한 차익이 모두 부당이득이라는 주장을 전개하였다. 이에 대한 피고측 경제분석의 대응은 다음 두 가지로 요약된다: 첫째, 여러 내부 문서 및 이메일, 증권사 애널리스트의 리포트, 각종 경제뉴스 등의 자료를 검토한 결과, 회계감사의 내용이 잘못되었다는 사실을 CEO가 최초로 인지할 수 있었던 시점은 문제 기간의 상당히 후반이었고, 따라서 인지가 가능하였던 시점 이전의 자사주 거래로부터 발생한 차익은 혐의사실과 무관한 것으로서 부당이득으로 간주되어서는 안 된다는 점, 둘째 은퇴를 앞둔 많은 경영자들이 은퇴 직전에 자사 보유주를 대량으로 처분하는 경향이 있으며, 이 CEO의 주식거래 패턴도 이러한 경향과 크게 다르지 않다고 한다면 그러한 평균적 거래 패턴에 의해 설명되어질 수 있는 부분은 부당이득 규모를 산정함에 있어서 고려되어야 한다는 점이었다.

특히, 두 번째 주장과 관련하여 피고측 경제분석 전문가는 광범위한 데이터베이스를 구축, 500여 개가 넘는 상장회사의 이사 및 감사(Officers & Directors: OD)들의 주식거래 자료를 회귀모형을 통해 분석하였는바, 종속변수는 자사주 보유량 대비 처분 비율, 독립변수로는 나이, 은퇴까지 남은 연수, OD로서 근무하였던 연수, 자사주 보유 비율, 회사가 속한 산업군, 연도별 더미변수, 그 외 스톡옵션 관련 제반 변수 등을 설정하였다. 회귀분석 결과 얻은 추정식이 의미하는 바는 위의 설명변수들의 특정 값들을 대입하면, 평균적으로 몇 % 정도 주식을 처분하는 경향이 있는지 그 예측치를 제공한다는 점이다. 케이스에서 문제가 된 CEO의 위 설명변수에 해당하는 값들을 대입해서 얻은 주식처분율의 예측치는 실제 처분한 비율과 크게 다르지 않으며, 이 결과는 통계적으로도 유의한 것임을 보였다. 예컨대, 이 CEO가 실제로 자사 보유분의 80%를 처분해서 1,000만 달러의 차익(=처분가격-취득가격)을 거두었다고 하자. 회귀분석으로부터 얻은 추정치에 따라 이 CEO의 보유 주식 처분율을 추정한 결과 약 70%로 예측되었다면 실제치와 예측치의 차이, 즉 10%만이 평균적인 주식거래 패턴을 벗어난 비정상적 처분으로 볼 수 있다. 따라서 부당내부거래에 의해 얻은 이득은 100만 달러(=10,000,000×10%)라는 결론에 이른다.

물론 이러한 계량분석 결과를 적극적으로 해석, 전체 이득 1,000만 달러 가운데 오직 10%만이 부당이득이라고 주장하는 것은 1,000만 달러 전체가 부당이득이라고 주장하는 것만큼이나 극단적이고 비현실적이라는 반론이 가능하다. 실제 피고측이 이러한 분석 결과를 제시하면서 내세운 요지는 이 CEO의 주식거래 가운데 상당 부분이 다른 유사 CEO들의 거래 패턴과 크게 다르지 않은 측면이 있기 때문에 부당이득을 산정함에 있어서 이러한 점이 충분히 고려되어야 한다는 다분히 방어적인 측면의 주장이었지, 부당이득의 규모가 100만 달러에 불과하다는 적극적인 주장은 아니었다.

계량경제학 포인트

이 예는 앞의 기업합병 예에서 본 바와 유사한 패널자료이다. 즉, 여러 명의 CEO들(따라서 횡단면자료)에 대해서 수년에 걸친 주식거래 자료(따라서 시계열자료)로 구성되어 있기 때문에 각 CEO들의 인구학적 측면의 고정적 요소들(demographic factors)이 끼치는 영향을 통제하는 고정효과(fixed effect) 방법에 의한 분석을 생각해 볼 수 있다. 하지만 수백 명의 CEO들이 분석 대상이기 때문에 앞의 기업합병 예에서 본 바와 같은 CEO별 더미변수를 넣어서 분석하는 고정효과 방법은 이 경우에는 유효하지 않다. 계량경제학적 용어를 빌려 표현하자면 관측치의 개수에 비해 상대적으로 설명변수의 수가 지나치게 많이 들어가게 됨으로써 모형의 적합도가 떨어지는 문제가 발생하는 것이다.[19)]

자료에 있는 CEO들은 이보다 훨씬 많은 수의 전체 CEO들로 이루어진 모집단(population)으로부터 추출된 표본(sample)이라 보고 분석을 하는 게 더 타당할 것이다. 모집단의 한 부분집합으로서 표본집단을 분석하는 경우 개별 분석단위(본 건의 경우 CEO)의 고유한 특성에 따른 차이는 상대적으로 중요도가 떨어지는 것으로 간주한다. 임의효과(random effect) 방법이라 불리는 패널자료 분석 방식은 이러한 형태를 갖는 패널자료를 분석하는 데 적합한 방식임이 알려져 있다. 물론 앞의 기업합병 예에서와 같이 개별 분석단위의 수가 적은 경우에도 반드시 고정효과 분석 방법을 사용해야 하는 것은 아니며 임의효과 분석 방법을 사용할 수도 있다. 따라서 패널자료를 접하였을 때, 고정효과 방식으로 할지 임의효과 방식으로 분석을 할지 결정하는 것은 중요한 첫 관문이라고 보는 것이 타당하다. 어느 경우에 고정

19) 보다 더 계량경제학적인 용어를 빌려 표현하자면 모형의 자유도(degree of freedom)가 떨어진다고 할 수 있다. 기본적으로 모형이 자유롭게 움직일 수 있는 공간이 일정 수준에서 제한되어 있는데, 설명변수의 지나친 증가는 이 공간을 잠식함으로써 모형의 정확한 추정을 위해 필요한 운신의 폭을 줄이는 문제가 발생한다고 보면 된다.

효과 방법이 적절한지, 어느 경우에 임의효과 방법이 적절한지 비전문적인 용어로 설명하는 것은 쉽지 않다. 횡단면분석의 객체 수가 많을수록 임의효과 방법이, 적을수록 고정효과 방법이 적절하다는 명제 또한 크게 보아 틀리지 않은 단순하면서도 직관적인 설명일 수 있다. 일반적으로 알려진 몇 개의 테스트[20]를 수행해서 어느 모형으로 접근하는 것이 더 적절한지를 먼저 평가하는 작업이 패널자료를 분석함에 있어서 수행해야 할 첫 번째 단계인 셈이다.

3. 결론

국내 소송에서 경제분석이 활용되기 시작한 건 그리 오래되지 않았다. 방대한 경험이 축적된 미국의 경우와 달리 초기 단계에 있는 우리의 경우 과연 경제분석이 왜 필요한지, 필요하다면 어떤 식으로 진행하는 게 적절한지, 이를 수행할 수 있는 충분한 전문인력이 확보되어 있는지 등 여러 가지 질문에 대한 답에 아직 충분한 공감대 내지 이해의 공유가 이루어져 있다고 보기 힘든 게 현실이다. 새로운 제도의 도입, 새로운 방법론의 도입이 부득불 야기할 수밖에 없는 여러 시행상의 착오를 반면교사 삼아 새로운 제도 · 방법론의 안정적인 정착을 위해 노력해야 할 것으로 보인다.

이 글에서는 소송에서의 경제분석이라는 새로운 방법론이 하나의 상품으로서 실패로 끝나지 않고 법률시장이라는 터에서 활발히 거래, 수요자 · 공급자 모두에게 인기 있는 상품으로 자리매김할 수 있도록 도움을 주자는 취지에서 작성되었다. 이 상품이 어떤 것이고, 어떤 경우에 쓰이는가를 실제의 예에 초점을 맞추어 소개함으로써 비전문가인 수요자도 비교적 쉽게 그 대의와 방향 등에 대해 공감하였으면 하는 바람이 집필동기라고 하겠다. 이 글이 대상으로 삼는 경제분석의 주요

20) 하우스만 테스트(Hausman Specification Test)라 불리는 방법은 가장 많이 쓰이는 방법 중의 하나이다. 그 외 방법 등 보다 자세한 설명을 원한다면 참고문헌의 계량경제학 교과서를 참조하기 바란다.

수요자는 물론 판사·변호사 등의 법조인이다. 경제분석의 배경에 있는 다양한 경제이론, 특히 계량경제이론이 낯설 수밖에 없는 이들 수요자에게 경제분석이 적용된 실례를 소개함으로써 경제분석이 활용될 수 있는 케이스에 대한 큰 그림을 제공하는 것만으로도 본고의 목적은 충분히 달성된 셈이다. 더 나아가 각 종류의 케이스에서 경제분석을 통해 그 실마리를 풀 수 있는 쟁점들을 식별해 낼 수 있는 능력까지 제고된다면 금상첨화일 것이다.

우리가 생각하는 것보다 소송에서 경제분석이 할 수 있는 일은 훨씬 많다고 필자는 믿는다. 어느 광고 문구처럼, 숨어 있는 1인치의 화면을 찾아 내듯 사건의 배후에 존재하지만 드러나지 않은 경제적 증거를 찾아 내서 사건의 판결에 도움을 주고자 하는 것, 바로 그 일이 경제분석이 담당해야 할 역할이라는 점을 강조하면서 글을 맺는다.

참고문헌

김일중 · 변재욱, 「한국의 법집행 및 노동시장 특성이 범죄발생에 미치는 영향에 대한 실증분석」, 『국제경제연구』, 제18권 제4호, 2012, pp. 55-89.

민희철, 「경찰력과 흉악범죄의 억지에 대한 연구」, 『법경제학연구』, 제8권 제2호, 2011, pp. 183-204.

American Bar Association Section of Antitrust Law, *Econometrics*, ABA, Chicago, IL: ABA Publishing, 2005.

Ashenfelter, Orley, *Statistics & Econometrics: Methods and Applications* (1st ed.), Hoboken, MA: Wiley, 2002.

Gujarati, D., *Basic Econometrics* (5th ed.), New York, NY: McGraw Hill, 2008.

Kennedy, P., *A Guide to Econometrics* (6th ed.), Malden, MA: Blackwell, 2008.

Levitt, Steven D., "Using Electoral Cycles in Police Hiring to Estimate the Effect of Police on Crime," *American Economic Review*, 87(3), June 1997, pp. 270-290.

OECD, *Policy Roundtable: Presenting Complex Economic Theories to Judges*, December 2008.

Rubinfeld, D. and R. Pindyck, *Econometric Models and Economic Forecasts* (4th ed.), New York, NY: McGraw Hill, 1997.

Stock, J. and M. Watson, *Introduction to Econometrics* (2nd ed.), Boston, MA: Addison-Wesley, 2007.

U.K. Competition Commission, *Suggested Best Practice for Submission of Technical Economic Analysis from Parties to the Competition Commission*, February 2009.

Wooldridge, J. M., *Introductory Econometrics: A Modern Approach* (3rd ed.), Mason, OH: Thomson South-Western, 2006.

제2부 법경제학의 주요 문제

Chapter 7 물권법의 법경제학

이동진

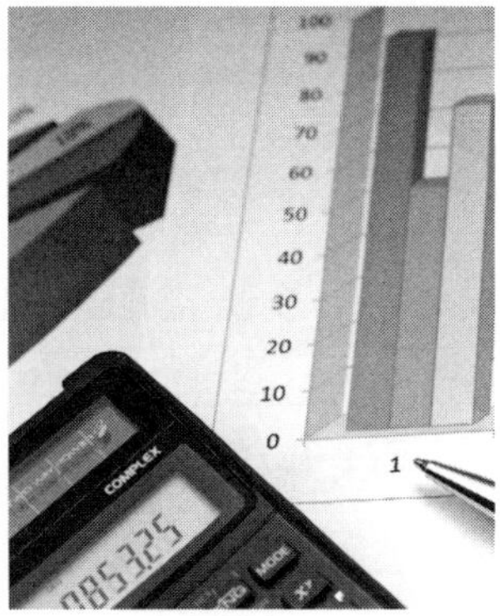

Chapter 7

물권법의 법경제학

1. 서론

이 글은 '물권법'(property law)의 경제적 분석을 다룬다. 'property law'의 역어(譯語)로는 물권법 이외에 재산법이 쓰이고 있다. 미국 물권법을 '미국 재산법'으로 번역한 예가 있고(박홍래, 2004), 'intellectual property law'는 (산업 내지는 공업) '소유권법'보다 지적 '재산(권)법'으로 쓰는 것이 오히려 일반적이다. 그러나 독일에서 재산법(Vermögensrecht)과 물권법(Sachenrecht)은 다른 의미를 갖고 있고, 우리 법학에서도 '재산법'을 가족법과 대비되는 의미에서 물권, 불법행위, 계약 등을 포괄하는 용어로 쓰는 것이 일반적이다(가령 윤진수, 2007b). 특히, 뒤에서 보겠지만, 물권(right to thing)과 (경제학적인) 재산권(property right) 사이에는 경제학적 분석에서도 의미가 없다고 할 수 없는 차이가 있다.

경제학에서는 재산권(property rights)을, "특정 자산을 사용할 수 있는 특정 경제주체의 능력 또는 기대능력(the ability or the expected ability of an economic agent to use an asset)"으로 정의한다(김일중, 2008, p. 47. Posner 저 · 정기화 역, 2005, pp. 80ff.도 참조). 개념 표지에 '물건'이 들어 있지 아니함을 알 수 있다. 이러한 경제학적 재산권 개념에는 물권이라고 보기는 어려운, 다른 사람보다 먼저 시내버스를 탈 수 있는 능력,

다른 사람의 성적(性的) 서비스를 이용할 수 있는 능력 등도 포함된다.[1] 이는 재산에 관한 권리라기보다는 오히려 권리 일반에 가깝다.[2] 마찬가지로 재산권 경제학 내지 재산권 접근(property right economics; property right approach)이라는 용어도 계약, 불법행위, 증권, 경제규제 등 제도와 거래비용의 존재를 고려한 경제적 분석 일반을 포괄하는 의미로 쓰이고 있다(김일중, 2011, pp. 100ff.).

반면, 재산법(property law), 즉 물권법은 그 중에서 물건에 관한 권리와 법, 즉 물권법만을 대상으로 한다. 결국 property law는 재산권법(property right law)의 부분집합이라고 할 수 있다(김일중, 2011, pp. 100f.). 물론 이처럼 넓은 재산권 개념 자체가 좁은 재산권 내지 물권 개념을 비판하는 과정에서 나온 것이기는 하다. 재산법의 경제적 분석이 재산권 경제학의 통찰을 물권법과 관련하여 전개한 것에 불과하다고 할 수도 있다. 양자가 무관하다고 할 수는 없지만 여기에서 굳이 우리나라에서 잘 쓰지 않는 재산법이라는 용어를 쓸 필요도 없으리라고 생각된다.

이 글은 물권법의 여러 분야 중에서도 특히 소유권법과 담보물권법의 몇몇 제도를 분석 대상으로 삼는다. 물권법은 점유 및 소유권과 지상권, 지역권, 전세권 등 이른바 용익물권(用益物權) 및 유치권, 질권, 저당권 등 담보물권에 관한 법적 규율을 포괄하는 분야이다. 그러나 이와 같은 물권법 전반과 그 모든 쟁점을 이 글에서 다 다루는 것은 여러 모로 가능하지 아니하다. 다른 한편, 재산권 경제학 일반(김일중, 2011)과 달리 아직까지 우리 소유권법에 관한 개괄적인 경제적 설명조차도 찾아보기 어려운 상황에서, 곧바로 한두 가지 쟁점만을 깊이 다루는 것도 반드시 적절하다고 보이지는 아니한다. 이 글에서는 일종의 절충으로, 법현실에서 가장 중요하고 경제적으로도 일찍부터 분석의 대상이 되어온 소유권법과 그 못지않게 법현실에서 중요하고, 또 경제적 이해관계에 민감한 제도임에도 아직까지 우리나라에는 경제적 분석의 틀이 제대로 소개되지 못한[3] 담보물권법을 중점적으로 다루기로 한다. 점유와 지상권 중 법현실에서 압도적으로 많이 문제되는 법정지상권은

1) 이러한 재산권 개념은 Coase(1959, pp. 25ff.)로 거슬러 올라간다.
2) 김정호(2003b, p. 15), 박세일(2000, p. 119) 등. Schäfer und Ott(2005, S. 549)가 property rights의 독어 역(譯)으로 Handlungsrechte(= rights to act)를 채택한 것도 이러한 관점에서 이해할 수 있다.
3) 가령 박세일(2000), Polinski 저 · 송상현 · 정상조 공역(1984), Cooter and Ulen 저 · 한순구 역 · 한성수 감수(2009), Posner 저 · 정기화 역(2004) 등은 담보법을 거의 또는 전혀 다루지 아니하고 있다.

위 논의와 관계되는 범위에서 간략하게나마 다루게 될 것이다. 직접적으로 다루지 못한 공동소유, 집합건물, 지역권, 전세권 등도, 상린관계나 재산권 일반에 관한 설명을 통하여 기본적인 접근 방법의 단서는 얻을 수 있으리라고 생각한다.

이 글의 주된 관심은 물권법의 현안과 관련하여 법률 규정의 해석과 입법에 있어 경제(학)적 관점이 어떠한 시사점을 제공하는가 하는 점에 있다. 대상과 목적 모두 법률가, 특히 (실정)법 도그마틱을 다루는 법률가의 관심에 향해 있음을 부인하기 어렵다.

2. 소유권법의 경제학

1) 기본적 고려 요소

(1) 자산의 효율적 배분과 효율적 투자의 유인

경제학은 어떻게 하면 한정된 자원을 가장 효율적으로 쓸 수 있는가 하는 점에 관심을 둔다. 이는 특정 자산의 이용과 관련하여서는, ① 그 자산을 누가 이용하고, ② 그가 그 자산에 어떠한 투자를 얼마만큼 할 것인가라는 두 문제로 나타난다. 달리 말하면, 어떤 자산의 가치는, 그 자산의 배분과 투자의 함수이다. 가치를 극대화할 수 있는 사람에게 배분되고, 그에 의하여 가장 효율적인 방법과 수준의 투자가 이루어지는 경우에 그 자산이 경제적으로 효율적으로 이용되고 있다고 할 수 있다.

자산의 효율적 배분과 투자에 반드시 법·제도가 필요한 것은 아니다. 법·제도적 뒷받침 없이도 자신의 이익을 극대화하는 경제인(homo oeconomicus)은 유리한 교환과 투자를 하기 마련이다.

이른바 권리금 수수(授受)의 관행을 그 예로 들 수 있다. 권리금은 통상 상가 임대차와 관련하여 전임차인이 임차권을 양도하거나 전대차하면서 새로운 임차인 또는 전차인과 사이에서 수수하는 돈으로, ① 영업시설 · 비품 등 유형물 및 ② 거래처, 신용, 영업상의 노하우(know-how)와 ③ 점포의 위치에 따른 영업상의 이점 등 무형적인 가치의 양도 또는 일정 기간의 이용에 대한 대가를 말한다. 판례는 "권리금이 그 수수 후 일정한 기간 이상으로 그 임대차를 존속시키기로 하는 임차권 보장의 약정하에 임차인으로부터 임대인에게 지급된 경우에는, 보장기간 동안의 이용이 유효하게 이루어진 이상 임대인은 그 권리금의 반환 의무를 지지 아니하며, 다만 임차인은 당초의 임대차에서 반대되는 약정이 없는 한 임차권의 양도 또는 전대차 기회에 부수하여 자신도 일정 기간 이용할 수 있는 권리를 다른 사람에게 양도하거나 또는 다른 사람으로 하여금 일정 기간 이용케 함으로써 권리금 상당액을 회수할 수 있을 것이"라고 한다.[4] 그런데 임대인은 임차권 양도나 전대에 동의할 의무가 없고(민법 제629조),[5] 원칙적으로 직접 전임차인에 대하여 권리금 반환 의무를 지는 것도 아니므로,[6] 결국 전임차인에게 권리금을 교부하고 임차권을 양수한 새로운 임차인은 임대인이 자신의 임차권 양도에 동의하지 아니하면 권리금을 잃게 된다. 권리금은 사실상 수수되고 있으나, 법적으로는 보호되지 아니한다고 할 수 있다.

그럼에도 불구하고 권리금은 수수될 뿐 아니라 계속 증액되기까지 한다. 이 점은 대체로 다음과 같이 설명될 수 있으리라고 생각한다.

상가 주변의 상권이 잘 형성되고, 당해 점포가 높은 가치를 갖게 되려면, 임차인의 투자가 필수적이다. 임차인의 투자로 인한 수익은 임대차기간은 물론 그 이후에도 계속 생길 수 있다. 특히, 그 중 일부는 당해 상가 내지 점포에 부착되어, 그 가치 자체를 증가시킨다.

이때 임대인은 임차인에게 권리금을 반환하지도 아니하고 임차권 양도 등에 동

4) 대법원 2002. 7. 26. 선고 2002다25013 판결(공2002, 2058) 등.
5) 대법원 2007. 11. 29. 선고 2005다64255 판결(공2008상, 1997) 등은, 임차인이 임대인으로부터 별도의 승낙을 얻은 바 없이 제3자에게 임차물을 사용 · 수익하도록 한 경우에 임차인의 당해 행위가 임대인에 대한 배신적 행위라고 인정할 수 없는 특별한 사정이 있는 경우에는 위 법조항에 의한 해지권은 발생하지 아니한다고 한다. 그러나 일반적으로 배신적 행위라고 인정할 수 없는 특별한 사정이 쉽사리 인정되고 있지는 아니하다. 이 법리에 대한 경제적 분석은 윤진수(2011, pp. 25f.) 참조.
6) 대법원 2002. 7. 26. 선고 2002다25013 판결(주 4)은 "임대인의 사정으로 임대차계약이 중도 해지됨으로써 당초 보장된 기간 동안의 이용이 불가능하였다는 등의 특별한 사정이 있을 때에는 임대인은 임차인에 대하여 그 권리금의 반환 의무를 진다고 할 것이고, 그 경우 임대인이 반환 의무를 부담하는 권리금의 범위는, 지급된 권리금을 경과기간과 잔존기간에 대응하는 것으로 나누어, 임대인은 임차인으로부터 수령한 권리금 중 임대차계약이 종료될 때까지의 기간에 대응하는 부분을 공제한 잔존기간에 대응하는 부분만을 반환할 의무를 부담한다고 봄이 공평의 원칙에 합치된다"고 한다.

의하지도 아니한 채, 전임차인과의 임대차 관계를 종료시키고, 보다 높은 금액으로 다시 임대하여 임차인의 투자로 인한 이익 전부를 자기 것으로 할 수 있을 것이다. 그러나 임대인이 한 번이라도 그와 같이 행동한다면 그 이후의 임차인은 더는 상가 내지 점포에, 임대차기간 이후에도 그 가치가 남게 될 투자는 하지 아니할 가능성이 높다. 임대인도 임차인의 투자수익의 일부를 상가 가치의 상승과 향후 차임 증액 등으로 분배받을 수 있다는 점에 비추면, 이는 양자 모두에게 이익이 되지 아니한다.

그렇다고 하여 임대인이 일반적으로 임차인에게 권리금 상당의 이익을 보장하지는 아니한다. 임차인이 어떠한 내용과 규모의 투자를 하든 임대인은 그에 구속되어, 가령 자기 스스로 상가를 이용하거나 용도 등을 변경하기가 어렵게 된다. 임대인은 이러한 약정을 하려 하지 아니할 것이다.[7] 또 임차인으로서도 임대인이 굳이 기꺼이 받아들이려 하지 아니하는 권리금 보장 약정을 받으려고 애쓸 필요가 크지 아니하다. 임차인은 투자가 충분히 효율적인 이상, 투자수익의 일부를 차임 증액 등을 통하여 임대인에게 제공할 수 있고,[8] 그렇게 함으로써 당해 상가를 처분하는 등 특별한 사정이 없는 한, 임차권 양도에 동의하거나 임차인이 추천한 새로운 임대인과 다시 임대차계약을 체결해 줌으로써 임차인의 권리금 수수를 승인하는 것이 임대인에게 우월전략(dominant strategy)이 되게 할 수 있다.

그리하여 임차권도, 그에 대한 투자의 대가인 권리금도, 법적으로 양도 내지 회수할 수 있는 권리가 아님에도 불구하고, 관행적으로 임차권이 양도되고 권리금 수수가 이루어지고 있다.[9] 그리고 임차인은 이러한 전망을 갖고 투자를 행할 수 있는 것이다.[10]

7) 이러한 약정은 일반적으로 소유자의 선호에 부합하지 아니할 가능성이 높다. 소유권, 특히 임대차계약과 같은 방법으로 제3자에게 그 이익을 넘긴 소유자의 소유권의 가장 큰 특징은 계약에서 일일이 특정하지 아니한, 또는 못한 이익은 결국 소유자에게 귀착된다는 점에 있다(Barzel, 1989. 또한 Merrill and Smith, 2001도 참조). 즉, 소유자는 특정하여 이전해 준 권리를 제외한 불특정의 포괄적인 가능성을 자신에게 유보한다는 것이다. 하나의 자산에 관하여 한 사람은 임차인이 되기를, 다른 한 사람은 임대인=소유자가 되기를 선택하였다면, 뒤의 사람은 불특정의 포괄적인 가능성 내지 위험에 자신을 내맡기고 싶지 아니한 사람일 가능성이 높다.

8) 실제로 많은 경우 권리금 수수는 단순한 임차권 양도에 의해서가 아니라, 전임차인, 임대인, 새로운 임차인의 3자간 계약에 의하여 이루어지고, 이 과정에서 차임, 보증금 등이 증액되어 임대인도 이익을 누린다.

9) 오래 전의 조사 결과이지만, 하양명(1980) 참조. 이러한 높은 정도의 사실상의 기대와 법적인 보호 사이의 불일치가 문제를 일으킬 수 있음은 물론이다.

10) 용익권(usufruct) 일반에 관하여 비슷한 문제 상황이 존재한다. 사실상 용익 목적물에 효율적인 투자를 할 수 있는 사람은 대개 용익권자인데, 그의 투자를 보장하면 할수록 소유자의 권리가 제한되어 소유권자의 지위가 제약되고, 이는 소유자의 선호와 부합하지 아니한다는 것이다. 지상권과 임차권에 관한 여러 법리, 특히 양도와 임대·전대, 존속기간과 갱신청구권, 수거의무, 매수청구권 등(민법 제280조 내지 제285조, 제621조·제622조, 제626조, 제629조, 제643조 내지 제647조)은 모두 이러한 문제를 조정하기 위한 노력이라고 볼 수 있다.

그러나 법 · 제도적인 뒷받침이 있다면, 즉, 자산에 대하여 적절히 재산권을 설정한다면, 당해 자산의 배분의 효율성과 투자의 효율성 모두가 향상될 수 있음도 사실이다. 자산이 배분된다는 것은 곧 그 자산보유자에게 어떤 권리, 말하자면 재산권이 있다는 의미이고, 그 자산에 대한 투자가 가장 효율적인 수준까지 이루어지기 위해서라도 투자의 수익과 그 비용이 완전하게 내부화(internalize)되어야 하는데, 이 또한 적절한 재산권 설정을 통하여 달성될 수 있기 때문이다.

(2) 거래비용의 절약

문제는 재산권의 설정에도 거래비용(transaction costs)이 소요된다는 점이다. (시장 내에서의 거래는 물론) 모든 행위에 비용이 들고, 종종 그 비용 때문에 비용이 없을 때와는 전혀 다른 결과가 생길 수 있다는 점은 재산권 경제학의 핵심적인 통찰 중 하나이다.

그러므로 재산권을 설정하지 아니함으로써 생기는 비효율(가령 공유의 비극(the tragedy of commons))과 재산권 설정에 드는 비용 중 후자가 더 큰 경우에는 재산권을 설정하지 아니하는 것이 오히려 효율적일 수가 있다.[11)]

이른바 조망권(眺望權)의 보호 문제가 그 예라고 생각된다. 판례는 일조이익은 일반적으로 보호하지만, "조망이익은 원칙적으로 특정의 장소가 그 장소로부터 외부를 조망함에 있어 특별한 가치를 가지고 있고, 그와 같은 조망이익의 향유를 하나의 중요한 목적으로 하여 그 장소에 건물이 건축된 경우와 같이 당해 건물의 소유자나 점유자가 그 건물로부터 향유하는 조망이익이 사회통념상 독자의 이익으로 승인되어야 할 정도로 중요성을 갖는다고 인정되는 경우에 비로소 법적인 보호의 대상이 되는 것이고, 그와 같은 정도에 이르지 못하는 조망이익의 경우에는 특별한 사정이 없는 한 법적인 보호의 대상이 될 수 없다"고 하여,[12)] 극히 예외적으로만 보호하고 있다.

11) Demsetz(1967)가 이러한 연구의 효시(嚆矢)를 이룬다. 그 이외 비슷한 실증연구를 개관한 것으로, 김일중(2008, pp. 72f.) 및 Kessler and Rubinfeld(2004, pp. 22f.) 참조.

12) 대법원 2007. 6. 28. 선고 2004다54282 판결(공2007, 1135) 등 다수. 당해 사안의 경우 5층짜리 아파트의 뒤에 그보다 높은 10층짜리 건물을 세움으로써 한강 조망을 확보한 경우와 같이 보통의 지역에 인공적으로 특별한 시설을 갖춤으로써 누릴 수 있게 된 조망의 이익은 법적으로 보호받을 수 없다고 하였다.

이러한 판시는 대체로 납득할 만하다. 조망이익도 자원의 일종이고, 이에 재산권을 설정함으로써 조망이익을 가장 높게 평가하는 사람이 그 이익을 누릴 수 있도록 해줄 수 있다. 그러나 다른 한편, 각각의 토지(및 지상건물) 소유자에게 조망이익을 법적으로 보장한다면, 그것을 사적인 재산권으로 설정하든, 공적 규제에 의하여 보호하든 막대한 거래비용이 소요될 가능성이 높다. 조망은 넓은 범위의 다수의 지상물에 의하여 영향을 받으므로, 새로 건물 한 동을 짓기 위하여 다수의 토지(및 지상건물) 소유자와 교섭하여야 하고, 규제에 의하여 보호하는 경우에도 복잡한 조정문제가 생겨 높은 비용이 들 것이기 때문이다. 조망이익을 재산권으로 보호하지 아니함으로써 생기는 비효율이 일반적으로 그러한 거래비용을 감수할 정도로 높다고 보기는 어렵다.

나아가 재산권을 설정하는 경우에도 여러 가지 방법이 있을 수 있고, 각각의 방법에 서로 다른 비용 내지 비효율이 따른다는 점에 유의하여야 한다. 기본적으로 동의규칙(property rule)에 의한 보호와 보상규칙(liability rule)에 의한 보호,[13] (사적인) 재산권을 설정하는 방법과 (공적인) 규제를 가하는 방법을 생각할 수 있다. 사적인 재산권을 설정하면 대체로 그 해결을 사법(私法)에[14] 맡기게 되고, 규제를 가하면 대체로 공법(公法)에 맡기게 된다. 어느 쪽이 나은지는 기본적으로 각각의 방법이 가져올 비용과 편익을 비교하여 결정할 문제이다. 가령 일조이익의 보호는 상당 부분 사적인 재산권 설정에 맡겨져 있는 반면,[15] 깨끗하고 건강한 대기환경을 누릴 이익의 보호는 거의 대부분 공적인 규제에 맡겨져 있는데,[16] 이는 주로 일조

13) 이 개념은 Calabresi and Melamed(1972)에서 유래한 것이다. 역어(譯語)는 윤진수(2012)에 따랐다. 아울러 공적인 규제에 대하여도 이러한 구분이 적용될 수 있다는 점에 주의할 필요가 있다. 법규 내지 명령 위반에 대하여 공법상 강제를 가하는 것은 물론, 가령 생명형이나 매우 높은 수준의 자유형을 부과하는 것도 동의규칙에 속한다고 할 수 있는 반면, 해악에 상당하는 수준의 벌금 · 과태료 등을 부과하는 것은 보상규칙에 속한다.

14) 이 점은 구체 수단에 관하여 동의규칙(property rule)을 취하든 보상규칙(liability rule)을 취하든 적어도 사적인 재산권을 설정하는 경우에는 당사자 사이의 교섭이 가능하다는 점에서 그러하다. 특히 보상규칙하에서의 교섭에 관하여는 허성욱(2006, p. 211) 및 Ayres(2005) 참조.

15) 대법원 1999. 1. 26. 선고 98다23850 판결(집41(1)민, 20) 등은 "건축법 등 관계 법령에 일조방해에 관한 직접적인 단속법규가 있다면 그 법규에 적합한지 여부가 사법상 위법성을 판단함에 있어서 중요한 판단 자료가 될 것이지만, 이러한 공법적 규제에 의하여 확보하고자 하는 일조는 원래 사법상 보호되는 일조권을 공법적인 면에서도 가능한 한 보장하려는 것으로서 특별한 사정이 없는 한 일조권 보호를 위한 최소한도의 기준으로 봄이 상당하고, 구체적인 경우에 있어서는 어떠한 건물 신축이 건축 당시의 공법적 규제에 형식적으로 적합하다고 하더라도 현실적인 일조방해의 정도가 현저하게 커 사회통념상 수인한도를 넘은 경우에는 위법행위로 평가될 수 있"다고 한다.

16) 대기환경보전법은 전형적인 대기환경 오염물질 배출원인 공장(같은 법은 사업장이라는 용어를 사용하고 있다)과 자동차 등에 대하여 배출 기준을 설정하고, 시정명령과 과징금, 인증제도 등을 규정하고 있다.

이익은 비교적 소수의 인접 토지(및 그 지상건물) 소유자 사이의 조정 문제로서 사적인 교섭에 소요되는 거래비용이 반드시 높다고 보기 어려운 반면에, 대기환경은 극히 다수의, 그리고 그 중 상당수는 극히 적은 양의 기여만을 한, 오염물질 배출자들과 거주자들 사이의 조정 문제로서 사적인 교섭에 맡기는 경우 거래비용이 매우 많이 들어, 결국 효율적인 수준의 법집행이 이루어지지 아니할 것이라는 점과 관계가 있다.[17)]

그 중간 형태도 있다. 가령 교통소음의 통제는 대체로 (사적인) 재산권을 매개로 이루어지고 있으나, 그 상대방은 불특정 다수의 도로이용자들이 아닌 도로 관리 주체가 되는데,[18)] 이는 소음으로 피해를 입은 자는 인근 지역 거주민으로 특정되므로 교섭이 불가능하지 아니하나, 가해자를 특정하여 개별 교섭에 맡기기는 어려우므로, 피해자들은 도로 관리 주체와 교섭하게 하고, 가해자들의 규제를 도로 관리 주체에게 맡긴 것으로 볼 수 있다.

한편, 대법원 2007. 6. 15. 선고 2004다37904, 37911 판결(공2007, 1062)은, "원고가 관리하는 부평-신월 간 경인고속도로로부터 발생하는 소음이 피고 주민들 주택을 기준으로 일정 한도를 초과하여 유입되지 않도록 하라는 취지의 유지청구는, 소음 발생원을 특정하여 일정한 종류의 생활방해를 일정 한도 이상 미치게 하는 것을 금지하는 것으로 청구가 특정되지 않은 것이라고 할 수 없고, 이러한 내용의 판결이 확정될 경우 민사집행법 제261조 제1항에 따라 간접강제의 방법으로 집행을 할 수 있으므로, 이러한 청구가 내용이 특정되지 않거나 강제집행이 불가능하여 부적법하다고 볼 수는 없다"고 하는데, 이는 법원 내지 사법부보다는 도로 관리 주체가 구체적으로 효율적인 소음 저감 방법을 찾는 데 더 나은 위치에 있다는 점을 고려하여, 구체적인 저감 방법의 결정을 도로 관리 주체에게 위임(delegate)하였다고 이해할 수 있다.

17) 사적 집행과 공적 집행의 선택 기준에 관한 개괄적인 설명으로는, Klöhn(2011) 참조.
18) 손윤하(2004, p. 147)는 개별적인 도로이용자들에 대하여도 책임을 물을 수 있으나, 실제로 증명이 곤란하기 때문에 책임을 묻는 예를 찾기 어렵다는 취지로 보인다. 그러나 기여 정도가 극히 미미한 개별 도로이용자에 대하여 책임을 귀속시킬 수 있는지에 대하여는 의문이 없지 아니하다. 정형근(2008, pp. 247f.)도 비슷한 문제를 제기하고 있다.

(3) 소결

이러한 관점에서, 재산권 제도 및 그 일부인 소유권법은, 자산의 배분과 투자의 효율 및 당해 제도하에서의 거래비용의 합이 최대가 되도록 설정될 때 경제적으로 효율적이라고 할 수 있다. 이하에서는 이를 소유권법의 개별 쟁점에 응용하여 보기로 한다.

2) 개별 제도에의 응용

(1) 소유권의 보호 범위

가. 경계침범 내지 점유침탈

소유권 관념의 특징 중 하나는 권리 범위가 명확하고, 그 범위 안에서 형식적 · 절대적 · 포괄적으로 보호된다는 점이다(이동진, 2011, p. 365). 이는 경계침범 내지 점유침탈(trespass)에 관한 한 우리 민법에서도 그대로 타당하다.

즉, 토지나 건물의 소유자는 타인의 토지나 건물의 경계를 침범하여 현재 이를 점유하고 있는 사람에 대하여 그 인도(引渡)를 청구할 수 있고(민법 제213조), 점유자가 이에 응하지 아니하려면 '그 물건을 점유할 권리가 있'음을 주장 · 증명하여야 한다. 이때 '점유할 권리'의 유무에, 소유자와 점유자 중 누구에게 그 물건이 귀속될 때 더 높은 가치를 가지는지 따위는 고려되지 아니한다. 또한, 만일 그가 타인의 토지 위에 무단으로 건물 등을 신축하였다면, 그는 소유권 방해배제청구의 일환으로 철거청구를 당할 수 있다(민법 제214조). 방해배제청구에서 방해가 '위법'하다는 점은 소유자가 주장 · 증명하여야 하나, 타인의 토지의 경계를 침범한 이상 이는 일응 위법하다고 평가되고, 점유자가 건물 신축이 위법하지 아니하게 되는 사정(사실상 '점유할 권리'와 같다)을 주장 · 증명하여야 비로소 철거 의무를 면할 수 있다.[19] 이 경우에도 원칙적으로 누구에게 그 토지가 더 큰 가치를 갖고 있는지는 고려되지 아니한다.[20] 또한 소유자가 자기 소유 토지의 경계 안에서 할 수 있는 행위에도

---

19) 미국법상 점유침탈(trespass)은, 우리 법상으로는, 점유를 매개로 한 권리침해에 대한 유지청구(injunction)에 해당하는 방해물 철거(민법 제214조) 및 그 대지인도청구(민법 제213조) 이외에 손해배상청구(damages; 민법 제750조)까지 포괄한다. 그러나 미국과 달리, 우리 법에서는 점유침탈만으로 영구적 손해배상(permanent damages)을 청구할 수는 없고, 또 타당하다고 여겨지므로, 여기에서는 앞의 두 가지만 설명하기로 한다.

20) 대법원 1990. 5. 22. 선고 87다카1712 판결(공1990, 1333)은, 원고의 권리행사의 결과로서의 이익보다 피고의 손

별다른 제약이 없다. 이처럼 소유권은 무정형적 · 포괄적이고, 이를 다수의 권리의 묶음(the bundle of rights)이라고 할 수 없다(Merrill and Smith, 2001; Smith, 2004).

먼저, 경계침범만으로 소유권 침해를 인정하는 것이 효율적인지 본다. 코즈 정리(Coase's theorem)의 가장 기본적인 귀결은, 거래비용이 낮은 경우 자발적 교섭이 가능하도록 재산권이 설정되어 있어야 한다는 것이다. 이는 당해 재산권에 가장 높은 가치를 부여하는 사람에게 그 재산권이 배분되게 하여 그 사회 전체를 파레토 최적(Pareto's optimality)으로 이끈다. 토지 및 건물 소유권의 경우 고려되는 거래비용으로는, ① 불특정 다수의 제3자가 소유권을 침해하지 아니하기 위하여 투입하여야 하는 주의비용, ② 당해 토지 · 건물의 소유자로부터 재산권을 양수하려고 하는 제3자가 당해 재산권의 내용을 확인하기 위하여 투입해야 하는 조사비용 및 ③ 당해 토지 · 건물에 보다 높은 가치를 부여하는 사람에게 이전시키기 위한 비용 내지 그 비용으로 인하여 이전에 실패함으로써 생기는 비효율을 생각할 수 있다. 소유권의 범위를 정하는 기준이 미리 명확히 정해져 있고, 나중에 개별적으로 조정될 여지가 없을수록 ①, ②가 감소하지만, 그 대신 ③이 증가할 가능성이 있다.

이른바 상호명의신탁을 이러한 측면에서 이해할 수 있다. 판례는 "여러 사람이 1필의 토지를 각 위치 특정하여 그 일부씩 매수하고 편의상 그 소유권이전등기만은 공유지분이전등기를 경료한 경우에 관계 당사자 내부관계에 있어서는 각 특정 매수부분의 소유권을 취득하고 각 공유지분등기는 각자 특정 매수한 부분에 관하여 각 상호 명의신탁하고 있음에 지나지 아니한다"고 하고, 이 법리는 건물에 대하여도 확장되고 있다.[21)] 그리하여 판례는 여러 점에서 이러한 공유자의 구분점유에 당해 부분의 단독소유와 유사한 지위를 부여하고 있으나, 공유등기가 되어 있는 이상 여기에는 한계 내지 위험도 없지 아니하다. 이러한 사안에서는 소유권의 범위를 한 필지의 토지 또는 한 동(棟)의 건물로 하는 것이 당사자들에게 비효율적이어서 본래 이

해가 막대하고 사회경제적 손실, 공익상의 지장이 크다고 하더라도 그 사유만으로는 원고의 토지명도, 건물 철거의 청구가 권리남용이 된다고는 할 수 없다고 본 원심 판결이 정당하다고 한다.

21) 대법원 1980. 12. 9. 선고 79다634 전원합의체 판결(공1982, 14480) 등 다수. 이 법리는 부동산 실권리자 명의 등기에 관한 법률 시행 이후에도 같은 법 제2조 1호 나.목("부동산의 위치와 면적을 특정하여 2인 이상이 구분소유하기로 하는 약정을 하고 그 구분소유자의 공유로 등기하는 경우")에 의하여 그 효력이 인정되고 있을 뿐 아니라, 점차 복잡해져 가고 있다. 가령 대법원 2001. 6. 15.자 2000마2633 결정(공2001, 2149).

를 복수의 토지로 분할하거나 구분건물로 나누어야 하는데,[22] 여기에 드는 거래비용도 상당하여 당사자들이 여러 가지 거래상 위험과 불이익에도 불구하고 여러 필지로 분할하거나 구분건물로 하는 것을 포기한 채 공유등기하의 구분점유 · 사용이라는 다소 불완전하고 위험한 형태의 소유에 만족하였다고 볼 수 있다. 그렇다면 이와 같이 토지를 분할하거나 건물을 구분건물로 나누는 데 거래비용이 많이 들게 되어 있는 까닭은 무엇일까? 주로는 소유권의 범위가 공부(公簿)의 기재와 그 현황에 의하여 명확하게 인식될 수 있도록 하기 위함이라고 생각된다. 당사자들의 합의만으로 어떤 형태로든 물건이, 따라서 소유권이 분할될 수 있다면, ③의 비용이 들지 않으므로 상호명의신탁과 같은 법현상은 생기지 아니한다. 그러나 위 ①, ②의 비용이 증가할 것임 또한 분명하다.

그러나 토지 · 건물의 경계라는 기준은 가시적(可視的)이고 비교적 명확하다. 또한 일정한 경계 내의 배타적 지배, 즉 점유는 대개 제3자에게 영향을 미치는 바가 적으므로, 인접지 소유자 등과 사이에 조정의 빈도가 많지 않을 것이다. 따라서 일률적으로 권리 범위를 정함으로써 생기는 ③의 증가가 ①+②의 감소보다 클 것으로 보기는 어렵다. 또한 토지 경계 내를 절대적으로 보호하면 권리가 어느 범위에서 보호되는지가 사전적으로(ex ante) 분명해져, 효율적인 투자가 촉진되는 면도 있다. 거래비용의 측면에서나 투자의 촉진의 측면에서나 절대적 · 관념적 소유권이 보다 효율적일 수 있다.[23]

다음, 소유권의 내용을 무정형적 · 포괄적으로 규정하는 것도 효율성과 무관하다고 할 수 없다. 이는 권리자가 그 토지를 어떻게 이용할지를 자유롭게 정할 수 있게 하여, 당해 토지의 새로운 이용 방식을 발전시키기 위한 투자를 촉진할 것이기 때문이다.[24]

22) 소유권의 경계를 바꾸기 위해서는 물건 자체를 여럿으로 나누어야 한다. 이른바 일물일권주의(一物一權主義).

23) Baird and Jackson(1984), Sterk(2008) 등. 물권법정주의(민법 제185조)도 제3자의 주의 및 조사비용(①+②)을 감소시키기 위한 장치로 이해된다. 김정호(2003b, pp. 24-27), Hansmann and Kraakman(2002) 등.

24) 권리의 묶음으로 이해되는 대표적인 재산권인 지적재산권은, 바로 이러한 권리의 개별 · 구체적 설정에서 오는 비용으로 인하여 그 이용이 회피되기도 한다. 예컨대, 새로운 기술 내지 방법에 대한 특허권 설정의 어려움 때문에 특허를 출원하는 대신에 영업비밀로 보호받기를 선택하게 된다는 것이다. 코즈 자신이 든 예로 설명한다면, 특정 방법으로 주파수를 이용하는 특정한 송수신 장치의 이용에 관하여 권리를 부여하는 경우보다는 단지 주파수 대역을 할당하는 법질서에서 쌍방향 통신과 같은 전혀 새로운 자원이용 방법의 개발에 투자할 유인이 더 크다고 할 수 있다.

나. 근린폐해와 수인한도론: 일조방해를 중심으로

그런데 법경제학의 효시(嚆矢)라고 할 수 있는 코즈의 논문, "The Problem of Social Cost"(1960) 이래, 물권법에서 법경제학 연구의 주요 대상을 이루어 온 것은 점유침탈이 아니라 다소간 비전형적이라고 생각되는 상린관계, 근린폐해(private nuisance) 내지 생활방해였다. 판례는 이러한 분쟁 유형에서 대체로 침해가 수인한도(受忍限度)를 넘어야 방해배제를 구할 수 있다고 한다(민법 제217조 · 제214조). 이하에서는 우리나라에서 가장 많이 문제되는 일조방해(日照妨害)의 예를 중심으로 수인한도의 법적 · 경제적 의미를 분석해 보기로 한다.

판례는 남측의 토지 위에 건물 기타 공작물이 설치되는 등으로 북측의 토지 이용자가 남측의 토지 위의 공간을 통하여 일조(日照)를 받을 가능성을 방해받는 경우, 그 정도가 '수인한도'를 넘으면 위법하다고 하여,[25] 이른바 수인한도론(受忍限度論)을 취하고 있다. 그리고 이때 수인한도를 정하는 요소로는 피해의 정도 내지 일조시간, 지역성 및 토지 이용의 선후관계가 중요하게 고려되고 있다. 즉, 실무상으로 동짓날 08:00부터 16:00까지의 총일조시간이 4시간이 넘거나, 같은 날 09:00부터 15:00까지의 최장 연속 일조시간이 2시간이 넘는 때에는 원칙적으로 수인한도를 초과하지 아니하고, 양자 모두 미치지 못하면 수인한도를 초과하였다고 본다(피해의 정도 내지 일조시간).[26] 그러나 일조시간이 이러한 기준에 못 미쳤다 하더라도 당해 지역이 고층빌딩이 들어선 상업지역이거나 주거지역에서 상업지역으로 변해가는 과정에 있다면 수인한도를 넘지 아니하였다고 볼 여지가 있다(지역성).[27] 또한 이미 남측 건물이 신축된 뒤 북측 건물이 신축된 경우에는 그러한 사정을 감수하고 신축한 것이므로 일조방해로 인한 책임을 물을 수 없고,[28] 남측에 한 건물이 신축되어 수인한도를 넘지 아니하는 정도의 일조방해만을 가하고 있었는데 그 후 남측에 건물이 하나 더 신축되어 비로소 수인한도를 넘는 일조방해를 가하게 된 경우에는 두 번째 신축된 건물만이 책임을 진다.[29] 다만 두 건물이 동시나 비슷한

25) 주 15) 이외에, 대법원 2002. 12. 10. 선고 2000다72213 판결(공2003상, 320) 등 다수.
26) 서울고등법원 1996. 3. 29. 선고 94나11806 판결(하집1996-1, 72). 대법원 2004. 9. 13. 선고 2003다64602 판결(공2004, 1661)은 사실상 이러한 판단 기준을 수용한 것으로 이해된다.
27) 대법원 2002. 12. 10. 선고 2000다72213 판결(공171, 320); 2004. 10. 28. 선고 2002다63565 판결(공215, 1935).
28) 서울고등법원 2000. 7. 7. 선고 99나52567, 52574 판결(미공간).
29) 대법원 2010. 6. 24. 선고 2008다23729 판결(공2010하, 1420).

시기에 신축된 경우에는 두 건물 소유자들의 공동불법행위책임을 인정한다(토지이용의 선후관계).[30)]

일조가 (경제적) 이익이라는 점에는 의문의 여지가 없다. 그러나 일조를 보호하려면 인근 토지 소유자들이 그 경계 내에서 건물 등을 신축하는 데 제약을 가하는 수밖에 없다. 나아가 일조방해가 존재하는가 하는 점은 두 토지 각각의 이용 모두와 조건적이다. 가령 한 토지에 높은 건물이 들어선다 하더라도, 늘 다른 토지의 일조가 방해된다고 할 수는 없고, 나아가 피해 토지가 주거용 등으로 이용될 때 비로소 일조이익의 침해가 문제된다. 즉, 일조이익 보호의 문제는 전형적으로 침해의 상호성(reciprocity)이 인정되는 사안유형이다.[31)] 실무가 피해의 정도에 관하여 일조시간이라는 다소간 일률적인 기준을 설정하고 있는 것은 바로 이러한 사정과 관계된다. 점유침탈의 경우와 달리 일조이익에 상호성이 있는 이상, 일조이익을 100% 보호하거나 0% 보호하는 경우 사회 전체적으로 매우 많은 교섭이 필요해질 수 있다. 어느 쪽이든 최소한의 건축 가능성 또는 최소한의 일조이익의 확보를 위하여 거의 언제나 교섭하여야 하기 때문이다. 적당한 기준을 정함으로써, 개별적인 교섭의 필요와 전체 분쟁의 수를 줄이고, 거래비용을 절감할 수 있게 된다.[32)]

건물의 규모 등이 커진다 하여 건물 소유자의 한계수익이 일반적으로 감소하리라고 단정할 수는 없을지 모르나, 반대로 한계수익이 일반적으로 증가하리라고 단정하기도 어렵다. 또한 적어도 일조이익의 한계효용은 체감하리라고 추정할 수 있고, 특히 일조이익이 극히 적을 때에는 그 한계효용이 매우 클 것이다. 따라서 일조보호의 균형은 아마도 100%와 0% 사이에 있을 것이다. 이 균형에 해당하는 일조이익만 보호한다면, 건물 소유자와 인접지 거주자 사이의 교섭 결과를 법이 미리 제공해 주는 셈이 된다. 문제는, 개별 · 구체적인 건물 소유자와 인접지 거주자 사이의 균형점을 확정하는 데는 비용이 많이 든다는 데 있다. 다수가 선택할 기준을 임의규

30) 대법원 2006. 1. 26. 선고 2005다47014, 47021, 47038 판결(공245, 313).
31) 이 개념에 관하여는 Coase(1960), 조홍식(2009, pp. 301 ff.) 등 참조.
32) 다른 한편, 이로부터 도시화 · 고밀화가 진행되어야 비로소 일조이익의 보호가 문제됨을 알 수 있다. 이용할 수 있는 토지의 총량에 비하여 총소득 내지 투자가 부족하여 밀집도가 낮은 경우에는 일조이익을 0%로 보호하더라도 어차피 대부분의 사안에서 충분한 이격(離隔)거리가 확보되어 교섭의 필요성 및 분쟁의 수가 크게 증가하지 아니한다. 이때에는 일조이익을 보호하기 위한 비용이 오히려 낭비일 수 있고, 가사 그 정도에 이르지는 아니하였다 하더라도 굳이 일조이익의 보호라는 문제가 제기되지는 아니할 가능성이 높다.

정(default rule)으로 정한다면, 교섭의 필요를 최소화할 수 있을 것이다. 다소간 일률적인 총일조시간 4시간 또는 최장 연속 일조시간 2시간이라는 기준은 이러한 취지로 이해되어야 한다.

한편, 이른바 지역성은 법원의 정보비용을 줄여 준다. 어떤 지역이 고층 건물이 들어선 상가지역이 아니라 저층 건물로 이루어진 주거지역인데, 이곳에 고층 상가가 들어서려고 하는 경우, 이것이 주거지역의 편익을 침해할 것임은 분명하다. 그러나 상가가 들어서서 당해 지역이 상업지역으로 변모하는 것이 전체적으로는 보다 효율적일 수도 있다. 문제는 법관이 이러한 지역의 성격 변화가 효율적인지 여부를 판단하기가 어렵다는 점에 있다. 이때 당해 지역의 특성과 잘 조화되지 아니하는 건물을 신축하려 하는 측에 이로 인한 교섭 내지 배상의 부담을 지운다면, 그 부담에도 불구하고 여전히 고층 상가 건물을 짓는 것이 효율적일 때에 한하여 고층 건물을 짓게 될 것이다. 당해 지역에 이러한 과정을 거쳐 고층 건물이 여럿 지어졌다면 이는 당해 지역이 전반적으로 고층 건물이 밀집된 상업지역으로 변모하는 것이 효율적이라는 방증(傍證)이 된다. 법원은 개개인의 행동의 집합을 통하여 이러한 정보를 얻을 수 있다. 그리고 이제부터 더는 고층 건물을 지으려는 투자자들에게 부담을 주지 아니함으로써, 앞서의 고층 건물 신축 투자보다는 덜 효율적이지만 여전히 효율적인 투자가 쉽게 이루어지게 하여, 상업지역화를 도울 수 있다. 지역성은 바로 이처럼, 개인의 행동의 집합으로부터 얻은 정보를 법적 판단에 매개해주는 기능을 한다(v. Randow, 1992). 이는 정보의 수집과 판단을, 법관보다 더 유리한 위치에 있는 시장에 위임함으로써 정보비용을 절약한 예라고 할 수 있다.

반면, 마지막 고려요소인 토지 이용의 선후관계의 효율성은 다소 미묘하다. 판례의 입장은 결국 시간순(priority in time)으로 우선권을 인정하겠다는 취지라고 할 수 있다. 권리 취득에 관하여 이러한 태도를 취하는 대표적인 예로는 선점(先占; 민법 제252조)이 있는데, 법경제학에서는 일찍부터 선점규칙(first possession)이 가져올 비효율성이 지적되어 왔다. 먼저 자원을 점유한 사람에게 그 자원을 할당하면, 첫째, 비효율적인 선점경쟁을 유발하고, 둘째, 결과적으로 비효율적인 자원할당을 가져올 수 있다는 것이다. 물론 이 규칙에는 자원의 발견과 취득을 위한 투자를 촉진하는 측면도 있다. 양자 사이에 어느 것이 더 효율적인지는 당해 자원이 얼마나 희소한지, 얼마나 많은 사람이 그에 투자하려고 하는지의 문제이다(김일중, 2008, pp. 55-60; Anderson and Hill, 1990).[33] 그런데 적어도 지금 우리의 현실에서 일조이익이 투자 내지 소비가 과소하여 이를 촉진하여야 할 자원이라고 생각되지는 아니한다. 오히려 비효율적인 선점경쟁이 생길 가능성이 크다. 즉, 남측 또는 북측의 토지 소유자는 사회적으로 최적의 투자 시기가 아님에도 불구하고, 사회적으로 최적의 규모 이상의 건물 또는 전원주택 등을 신축해 두는 것이 자신이 취득할 일조방해의, 또는 일조의 이익 때문에 사적으로는 유리할 수 있다. 이로 인한 비효율은 사회적 자원의 낭비이다. 나아가 그 건물이 그와 같이 신축되는 것이 사회적으로 최적의 토지 이용의 조합과 일치하지 아니하는 때에도, 그 후 신축되는 건물은 이제 앞 건물의 존재, 규모 및 형상을 전제할 때 가장 효율적인 형태로 건물을 신축하여야 하므로, 결과적으로 두 토지 이용의 조합은 최적 조합보다 비효율적인 것이 될 수 있다. 토지 이용의 선후에 따라 뒤에 신축된 건물이 먼저 신축된 건물의 상태를 늘 존중하여야 한다고 하면, 나중에 신축되는 건물은 가장 효율적인 형태로 신축되어 사후적(ex post) · 부분적 효율성은 기할 수 있겠지만, 먼저 신축되는 건물로서는 가장 효율적인 토지 이용의 조합을 택할 유인이 없어져, 사전적(ex ante) · 전체적 효율성이 손상될 가능성이 있다는 것이다. 따라서 적어도 가해건물과 피해건물이 동시 또는 비슷한 시기에 신축되는 등으로 가해건물이 피해건물의 신축을 예상할 수 있었던 경우에는 토지 이용의 선후를 묻지 아니하고 일조이익을 보호하는 것이 더 효율적이다.[34]

33) 민법은 동산에 관하여는 발견자의 선점을 인정하고(민법 제252조 제1항), 매장물(매장동산)은 제한적으로 발견자의 선점을 인정하나(민법 제254조 본문), 부동산은 국유로 한다(민법 제252조 제2항). 민법 밖에서 일종의 선점규칙이 적용되는 대표적인 예로는 특허권을 들 수 있다. 대체로 발견을 위하여 상당한 투자가 필요하고, 충분한 투자가 없을 것으로 여겨지는 경우에 선점규칙이 적용되고 있음을 알 수 있다.

34) 대법원 2008. 4. 17. 선고 2006다35865 전원합의체 판결(공2008상, 680)의 다수의견은 "토지의 소유자 등이 종전부터 향유하던 일조이익이 객관적인 생활이익으로서 가치가 있다고 인정되면 법적인 보호의 대상이 될 수 있"다고 하는데, 이 점에서 이러한 판시는 의문이다. 이는 결국 coming to a nuisance를 인정하는 결과가 되는데, 일반적으로 타당하다고 할 수 없을 뿐 아니라, 뒤에 보듯이 복합일영에 의한 일조방해 중 이른바 동시건축(同時建築)의 사안 유형의 판례와도 반드시 일관되지 아니한다(이동진, 2011, pp. 368-372). 조홍식(2009, p. 302)도 코즈의 상호성 개념을 근거로 coming to a nuisance 법리에 비판적 입장을 취한다.

판례는 복수의 가해건물의 일영이 결합하여 피해건물에 수인한도를 넘는 일조방해를 가하는 이른바 복합일영에 대하여 가해건물들이 동시 또는 비슷한 시기에 신축되었다면(同時建築) (가해건물의 신축 시기의 선후를 묻지 아니하고) 공동불법행위책임을 진다고 한다. 가해건물과 피해건물 사이의 이해조정이 아니라, 두 가해건물 사이의 이해조정이기는 하나, 문제되는 상황은 양자 모두 동일한데, 여기에서는 복합일영의 예를 가지고 설명하기로 한다.

		제2 가해건물		
		ⓐ	ⓑ	ⓒ
제1	㉠	10, −7, 10	10, −5, 9	10, −4, 6
가해	㉡	7, −3, 10	7, −1, 9	7, −1, 6
건물	㉢	2, −0, 10	2, −0, 9	2, −0, 6

삼자관계 보수행렬(제1 가해, 피해, 제2 가해)

		제2 가해건물		
		ⓐ	ⓑ	ⓒ
제1	㉠	6, −1, 8	6, −1, 9	6, −0, 6
가해	㉡	7, −1, 8	7, −1, 9	7, −1, 6
건물	㉢	2, −0, 10	2, −0, 9	2, −0, 6

최적 배상시 삼자관계 보수행렬
(제1 가해−배상, 피해+배상, 제2 가해−배상)

오른쪽의 보수행렬(payoff matrix)은 2개의 가해건물과 하나의 피해건물이 존재하고, 2개의 가해건물이 서로 다른 세 방법으로 신축될 때 가해건물과 피해건물이 입는 이익과 손해를 나타낸 것이다. 이 보수행렬에서 토지 이용의 선후를 중시하면, 제1 가해건물은 자신의 보수가 최대가 되는 ㉠, 제2 가해건물은 이에 적응하여 그의 보수를 극대화할 ⓑ의 방법으로 신축되고{ⓑ(= 9−5) ≥ ⓐ(=10−7) ≥ ⓒ(=6−4)}. 결국 균형은 (㉠, ⓑ)가 된다. 이때 사회적 총효용은 14(=10−5+9)로, 최적 수준인 (㉡, ⓑ)의 15(=7−1+9)보다 낮다. 나아가 이때 제1 가해건물은 ㉡보다 ㉠의 보수가 3이 높으므로, 최대 3의 자원을 투입하여 제2 가해건물에 앞서 신축하려고 노력할 유인이 있는데, 만일 실제로 이러한 자원 투입이 이루어진다면, 이 또한 사회적 낭비이다(이동진, 2011, pp. 373f.).[35] 이러한 낭비를 막기 위해서는 최적의 토지 이용의 조합을 넘는 토지 이용에 대하여는, 그 범위에서 책임을 물어야 한다. 위 보수행렬이 그러한 책임의 예를 보여 준다. 이를 공동불법행위와 과실상계에 관한 경제적 분석의 한 응용이라고 할 수도 있다.

35) Wittman(1980, 1981), White and Wittman(1981), v. Randow(1992, S. 36ff.), Pitchford and Snyder(2003)도 참조.

그러나 이러한 논리를 현실에 적용하는 데는 한계가 있다. 먼저 건물을 신축하는 측에서 이후 인접 토지가 어떻게 이용될 것인지 예상하는 데도 비용이 든다. 복수의 토지 위에 3차원의 건물을 설계하고 배치하는 여러, 아마도 무수한 가능성을 예견하고 고려해야 하는 이상 그 비용은 종종 상당한 수준에 이를 것이다. 이때에는 먼저 신축된 건물에게 이러한 비용을 감수하게 하여 토지 이용의 효율을 약간 개선하기보다는, 오히려 뒤에 신축된 건물로 하여금 그 상황에 적응하게 하여 먼저 신축된 건물의 비용을 절약시켜 주는 것이 전체적으로 더 효율적인 경우가 많다. 이는 결국 가해건물이 먼저 신축된 경우 피해건물이 이에 적응하여야 한다는, 즉 토지 이용의 선후관계를 고려하여야 한다는 뜻이 된다(이동진, 2011, pp. 372-374).[36]

달리 설명하면 다음과 같다. 건물이 동시에 신축되는 경우, 가해건물과 피해건물의 소유자들이 교섭을 통하여 가장 효율적인 토지 이용의 조합에 합의할 수 있다. 그러나 건물이 순차로 신축되는 경우 먼저 신축된 건물의 소유자로서는 신축 전에 피해건물의 소유자와 교섭할 길이 없다. 이때 그는 피해건물의 소유자를 미리 알고 있어 교섭하였더라면 이르렀을 합의의 내용에 따라 자기의 건물 신축 계획을 조정하여야 한다. 일종의 가정적 교섭(hypothetical negotiation) 모형이라고 할 수 있다. 그러나 그가 이러한 가정적 합의를 합리적인 비용으로 인식할 수 없었을 때에는, 그에게 책임을 묻더라도 어차피 그는 가정적 합의를 이행하지(즉, 그 내용에 따라 건물을 신축하지) 아니할 것이다(Pitchford and Snyder, 2003). 이때에는 나중에 지어지는 건물 소유자로 하여금 적응하게 하는 것이 차선책이 될 수 있다.

(2) 소유권의 보호 방식

가. 사실적 방해: 경계침범과 일조방해를 중심으로

가) 경계침범

일반 토지 경계를 침범당한 경우, 토지 소유자는 누구에게 그 토지가 더 큰 가치를 갖고 있는지를 묻지 아니하고 점유자 등을 상대로 방해배제를 구할 수 있다.

36) Cordato(1998)는 오스트리아학파의 관점에서 이러한 동태적 측면을 강조하여 coming to a nuisance 법리를 뒷받침한다.

토지 소유자보다 그 토지에 더 높은 가치를 부여하고 있는 제3자로 하여금 토지 소유자와 직접 교섭하여 그의 동의를 받아 양수 또는 임차하도록 한다는 점에서, 이를 동의규칙(property rule)이라고 부를 수 있다.

만일 동의규칙을 취하지 아니하고 보상규칙(liability rule)으로만 보호한다면, 즉 점유를 침탈당한 소유자에게 손해배상청구권만 인정한다면, 손해배상액을 산정하는 데 비용이 소요될 뿐 아니라, 일반적으로 과소보상(undercompensation)의 위험이 생긴다. 법원은 소유자가 그 토지에 행해 온 투자와 그 토지의 현재 소유자에 대한 특유가치(idiosyncratic value)를 정확히 확인하고 평가할 수 없으므로, 시장가격 등을 기준으로 손해배상액을 정하게 된다. 소유자와 제3자 모두 당해 토지에 시장가격 이상의 가치를 부여하고 있으나, 소유자가 그 토지에 부여하는 가치가 제3자가 그 토지에 부여하는 가치보다 높은 경우, 이러한 보상규칙에 의한 보호는 비효율적인 침탈, 즉 교환을 초래한다. 물론, 소유자로서는 점유를 침탈한 제3자에게 자신이 토지에 부여하는 가치와 그 제3자가 그 토지에 부여하는 가치의 차이의 일부 또는 전부를 제공하고(bribing), 제3자로부터 그 토지를 반환받을 수 있을 것이다. 그러나 그렇게 하면 점유를 침탈하는 제3자가 늘어날 수 있다. 이는 그 자체 거래비용을 유발할 뿐 아니라, 소유자는 언젠가는 그 토지를 반환받는 것을 포기할 수밖에 없게 된다(허성욱, 2006, pp. 226-236). 이를 예상한 토지 소유자는 법원에서 배상받기 어려운 투자는, 효율적이라 하더라도, 꺼리게 된다.

가령 X토지의 시장가격이 80이고, 그 소유자 V가 부여하는 가치가 100이며, 이 토지에 90의 가치를 부여하는 L1, L2, L3이 있다고 하자. V가 보상규칙으로만 보호받는다면, L1이 X토지의 점유를 침탈하였을 때 V가 받을 수 있는 배상액은 80이지만, V가 잃는 가치는 100이므로, V로서는 그 차이인 20의 범위에서 L1에게 보상하고라도 X토지를 찾아오는 것이 이익이다. L1도 X토지를 차지하더라도 V에게 80을 배상하고 남을 이익은 10이므로, V가 10 이상을 제공하면 X토지를 반환하는 것이 이익이다. 그러므로 둘 사이에는 교섭이 가능하다. 그러나 V가 최소한의 수준인 10만 보상한다 하더라도, L2도 다시 점유를 침탈할 유인이 있고, V가 L2에게 10을 더 보상하면 V가 X토지와 관련하여 지출한 비용이 20이 되어 남은 이익은 80에 그치게 된다. V가 사전에 이러한 전개를 예상한다면, V로서는 처음부터 투자를 할 때 X토지의 가치가 시장가격과 차이가 생기지 아니하도록 유의하고, 점유침탈이 있으면, 그리고 X토지를 반환받기 위하여 침탈자에게 보상을 하는 경우 후속 점유침탈이 예상된다면, 처음부터 X토지를 포기하고 침탈자로부터 손해배상을 받는 것이 더 나은 방법이 된다. 그 이외에 처음부터 점유침탈이 일어나지 아니하도록 많은 비용을 들어 경비하는 방법도 있다. 어느 쪽이든 투자를 왜곡하거나 거래비용을 증가시키는 문제가 있다.

다른 한편, 이때 제3자가 경계를 침범하지 아니하기 위하여 주의하거나, 자신이 그 토지에 현재의 소유자보다 더 높은 가치를 부여하고 있다고 여겨 소유자와 교섭하는 데 소요되는 거래비용이 늘 높으리라고 볼 만한 근거도 없다. 즉, 보상규칙만으로 보호하는 경우 비효율적일 위험이 큰 반면, 동의규칙으로 보호하는 것이 비효율적이라고 보기는 어렵다는 것이다.

나아가 적어도 부동산의 경우, 원칙적으로 단순한 점유침탈은 동의규칙'만'으로 보호하는 것이 효율적이라고 보인다. 동의규칙 이외에 보상규칙에 의한 보호를 인정하는 것은, 점유침탈을 당한 소유자가 토지 인도 및 방해배제 대신에 영구적 손해배상(permanent damages)을 청구할 수 있음을 뜻한다.[37] 영구적 손해배상을 받은 소유자는 더는 인도 및 방해배제를 구할 수 없고, 그 토지의 소유권은 상대방에게 이전되어야 할 것이다. 이러한 제도는 소유자에게 매도 옵션(put option)을 부여하는 것과 같은 결과가 된다. 옵션은 교섭비용이 높은 경우에도 교환을 가능하게 한다. 예컨대, 보상규칙은 일종의 사적 수용(私的 收用; private taking)을 가능케 하는 매수 옵션(call option)이라고 이해된다. 이때 가급적 피해자가 부여하는 가치와 동일한 수준으로 옵션 행사가격(option exercise price), 즉 보상액을 정하면 효율적인 교환(의 강제)이 이루어질 수 있다. 이는 가해자가 자신이 그 토지에 부여하는 가치가 피해자가 그 토지에 부여하는 가치보다 높을 때, 즉 교환이 효율적일 때 옵션을 행사, 즉 침탈을 행하기 때문이다.[38] 그리고 이는 가해자의 주관적 가치에 대한 정보

37) 인도청구와 함께 일시적 손해배상(temporary damages), 즉 목적물을 반환할 때까지 사용이익 상당의 지급을 구할 수 있다는 점에 대하여는 별다른 의문이 없다.

취득을 당사자의 행위에 맡기는 결과를 가져온다. 문제는 이와 같은 설명이 가해자의 침탈이 자신의 주관적 가치의 반영이라는 점을 전제하고 있는데, 이러한 전제가 언제나 타당한 것은 아니라는 점이다. 점유침탈만으로 늘 침탈자에게 그 토지를 취득하기 위해 보상액을 기꺼이 지출할 용의가 있었다고 단정하기는 어려울 것이다. 그럼에도 불구하고 점유침탈에 대하여 보상규칙에 의한 보호를 (선택적으로) 인정한다면 침탈자로서는, 자칫 토지를 강매(强買)당하지 아니하도록 조사비용을 지출하게 될 것이다.[39] 이는 침탈자가 당해 토지의 소유를 원하여 점유침탈을 한 것인지를 따지지 아니하고 소유자에게 매도 옵션을 인정함으로써 생긴 비효율이다. 이때 특별히 교섭에 소요되는 거래비용이 높아 옵션을 부여해야만 하는 것도 아니다. 이러한 경우에 소유자에게 보상규칙에 의한 보호를 선택할 수 있게 해주는 것은 기회주의적 강매를 가능케 하고, 잠재적 침탈자로 하여금 이를 피하기 위하여 과도한 주의비용을 지출케 하여 바람직하지 아니하다.

동산에 관한 예이지만, 대법원 2003. 11. 14. 선고 2000므1257, 1264 판결(공2003, 2355)은, 원 · 피고 사이의 사실혼관계가 1개월여 만에 파탄된 사안에서, 혼인공동생활에 사용하기 위하여 결혼 전후에 원고 자신의 비용으로 구입한 가재도구 등을 피고가 점유하고 있다고 하더라도 이는 여전히 원고의 소유에 속한다는 이유로, 원고가 소유권에 기하여 그 반환을 구하거나 원상회복으로 반환을 구하는 것은 별론으로 하고, 이로 인하여 원고에게 손해가 발생하였다고 할 수 없다면서 구입비용 상당액의 손해배상청구를 배척한 바 있다. 이러한 경우 피고는 혼인공동생활의 틀 안에서 가재도구 등을 점유하게 되었을 뿐, 그 물건을 자신의 (단독)소유로 하겠다는 의사가 있었다고 볼 수는 없을 것이다. 그럼에도 불구하고 손해배상청구를 인정한다면 원고에게 매도 옵션을 부여하는 것과 같게 된다.

---

38) 따라서 보상규칙은 피해자의 주관적 가치는 (어느 정도) 관찰 및 검증 가능함을 전제하나, 보상규칙하에서 가해자의 주관적 가치는 그의 행위에 의하여 드러나므로, 이를 관찰 및 검증할 필요가 없다.

39) 즉, 동의규칙 이외에 보상규칙에 의한 보호를 인정한다면, 침탈자는 점유를 침탈함으로써 그 토지에 대하여 매수 옵션을 행사함과 동시에, 피해자에게 다시 매수 옵션을 주는 셈이다(Ayres, 2005). 이미 침탈자가 점유를 침탈하였을 당시 그 토지에 대하여 매수 옵션을 행사하였다고, 즉 그 토지에 대하여 보상액 이상의 가치를 부여하고 있다고 해석할 근거가 없다면, 이는 당사자의 (가정적) 의사에 반하는 계약을 의제한 것과 같은 결과가 된다. 이것이 비효율적이라는 말이다.

취득시효와 권리남용 지금까지의 논의는 모두 경계를 확정하는 비용이 충분히 낮다고 전제하였다. 그러나 현실은 꼭 그렇지는 아니하다. 경계를 확정하는 데도 비용이 들고, 그 비용이 제법 높을 때도 있다. 이때 늘 동의규칙에 의하여서만 보호한다면, 자기 토지의 경계에 이르기까지 토지를 최대한 이용하고자 하는 토지 소유자는 자칫 인접한 토지의 경계를 침범하여 나중에 인도 및 방해배제청구를 당할 위험에 노출된다. 만약에 경계를 침범한 부분에 이미 많은 투자를 하였고, 그 투자가 당해 토지에 부착되어 제3자에게 이전하기 어려워진 후에 인도 및 방해배제청구를 당한다면, 그는 인도 및 방해배제청구에 응함으로써 입을 손해가 매우 커져 교섭 범위가 불리한 방향으로 크게 확장된다. 인접지의 소유자는 이를 기화로 자신에게 그 토지가 갖고 있는 가치보다 훨씬 높은 대가를 요구할 수 있게 된다. 이러한 기회는 토지 소유자가 경계침범을 미리 알아, 미리 교섭하였거나 별 차이 없는 대체적 투자 방법을 강구하였더라면 생기지 아니하였을 기회이고, 부의 (재)분배에만 기여할 뿐 효율을 개선하지는 아니한다. 그럼에도 토지 소유자에게는 고스란히 손해가 되므로, 그에게는 비효율적인 수준으로 경계 확정에 많은 비용을 지출하거나, 투자 수준을 낮출 유인이 있다(Merrill, 1985; Miceli and Sirmans, 2005).

이에 대한 대응으로 이해될 수 있는 현행법상의 법리로는 다음 두 가지가 있다.

첫째, 일반적으로 토지에 대한 투자 수준이 시간이 경과함에 따라 증가하고, 당해 토지에 부착된 특유가치도 점유기간에 따라 증가할 것이라는 전제하에, 일률적으로 경계침범 후 일정한 시간이 경과하면 더는 동의규칙에 의한 보호를 인정하지 아니하는 것이다. 이는 상당한 투자가 이루어진 후 인도 및 방해배제청구를 당할 가능성을 줄임으로써, 장기간에 걸친 투자를 어느 정도 촉진할 뿐 아니라, 그 전제로 과도한 경계확정비용을 지출할 유인도 감소시킨다. 민법은 "20년 간 소유의 의사로 평온, 공연하게 부동산을 점유하는 자는 등기함으로써 그 소유권을 취득한다."고 규정하여 그러한 방법을 인정하고 있다(이른바 점유취득시효. 민법 제245조 제1항, 김일중, 2008, pp. 67f.; Miceli, 1985 참조). 이러한 관점에서 점유자의 과실수취권(민법 제201조 제1항)과 비용상환청구권(민법 제203조)은 시효 완성 전에 반환청구를 당하게 된 점유자의 투자를 보호하는 기능을 한다고 할 수 있다.

이러한 경제적 설명은 단지 제도의 근거(rationale)를 설명하는 데 그치는 것이 아니라, 그 해석에도 영향을 준다. 예컨대, 판례[40)]는 명문의 규정이 없음에도 불구하고, 악의의 무단점유자는 자주점유자(自主占有者)로 추정되지 아니한다는 입장을 취한다. 이는 경제적으로 효율적이라고 보인다. 먼저 악의의 무단점유자는 경계확정비용이 0인 사람이고, 따라서 사전에(ex ante) 교섭이 가능하였던 사람이다. 그에게 시효취득을 인정한다 하더라도 경계확정비용을 절약하는 효과가 생기지 아니할 뿐만 아니라, 오히려 뒤에 보듯 시효취득이 무상취득으로 이해되는 이상, 그에게는 교환이 비효율적인 경우에도 악의적으로 무단침탈을 할 유인이 있고, 이는 무단침탈을 위한 자원 낭비라는 또 다른 비효율을 초래할 위험이 있다.[41)] 그리고 그는 시효기간이 도과하기 전에 인도 및 방해배제청구를 당할 것임을 충분히 잘 알고 있으므로, 효율적 수준의 투자를 하기보다는 오로지 시효취득의 요건으로서 '점유'를 충족시키기 위한 비용지출만을 할 가능성이 높다. 어느 모로 보아도 그에게 시효취득을 인정하는 것은 비효율적일 가능성이 높다.

한편, 통설은 이때 본래의 토지 소유자에게 보상규칙에 의한 보호, 가령 부당이득반환청구도 인정하지 아니한다. 악의의 무단점유자에 대하여 시효취득을 부정하는 이상, 나머지 경우에 대하여 보상규칙에 의하여 보호하는지 여부는 침탈자의 경계확정비용 및 투자유인에 별다른 영향을 주지 아니할 것이다. 이때 보상을 하지 않는 것은 일종의 과실책임주의의 발현으로 볼 수도 있다(Merrill, 1985 참조).[42)] 이는 판례가 제3자가 위법한 보존등기를 마쳐 -그러므로 과실이 인정된다- 다른 자로 하여금 그 부동산을 시효취득하게 한 경우 그 제3자에 대한 손해배상청구는 인정한다는 점으로부터도[43)] 확인된다.

둘째, 특정한 종류의 투자에 대하여 20년과 같이 장기간이 경과하지 아니하더

40) 대법원 1997. 8. 21. 선고 95다28625 전원합의체 판결(집45(3), 민84).

41) 윤진수(1997, pp. 377ff.)도 참조. 한편, Fennell(2006)은, 악의의 점유자야말로 의식적으로 그 토지를 선택한 자로서 당해 토지를 효율적으로 이용할 수 있는 자이고, 따라서 그에게 취득시효를 인정하여야 한다는 취지의 주장을 한다. 이러한 주장 자체에는 공감하기 어렵지만, 시효취득의 요건으로서 '자주'점유의 개념, 특히 어느 정도여야 '자주'(自主)라고 할 수 있는가 하는 점에 대하여는 시사하는 바가 있다고 생각된다.

42) 물론 반드시 보상을 하지 않아야 하는 것은 아니다. 그러나 건물이 신축된 경우 토지 소유자가 토지를 방치한 기간이 짧을 수 있으므로, 토지 소유자에게 전혀 보상하지 아니하는 것은 형평에 크게 반하지만, 시효취득의 경우 20년이나 방치된 토지이므로 형평에 크게 반하지는 아니하고, 오히려 분쟁을 줄일 수도 있다.

43) 등기부취득시효에 관한 것이지만, 대법원 2008. 6. 12. 선고 2007다36445 판결(미간행) 참조.

라도 곧바로 인도 및 철거청구를 배제하고 보상규칙으로 보호하는 것이다. 이는 특히 투자 규모가 시간이 경과함에 따라 증가하기보다는 초기에 집중되고 또 상당히 큰, 건물 신축의 경우에 문제된다. 판례는 일정한 경우 타인 토지 위에 신축된 건물의 철거 및 대지 인도청구를 권리남용(민법 제2조 제2항)으로 배척하고 있는데, 이 법리가 이에 해당한다고 할 수 있다.[44] 건물 철거 및 대지 인도청구가 권리남용으로 배척되더라도, 토지 소유자는 건물 소유자에 대하여 차임 상당의 부당이득반환청구를 할 수 있으므로, 결국 동의규칙 대신에 보상규칙에 의하여 보호하는 셈이다.[45]

어려운 문제는 어떠한 경우에 동의규칙 대신 보상규칙에 의하여 보호하여야 하는가 하는 점이다. 당해 건물을 건물 소유자가 사용하는 것이 토지 소유자가 사용하는 것보다 더 효율적이어야 함(이익과 손해의 현저한 불균형)은 물론이고, 거래비용도 높아야 한다. 건물이 세워진 경우에는 거래비용이 높기가 쉽다. 건물 소유자와 토지 소유자는 건물 철거 또는 토지 양도 내지 용익권 설정에 관하여 서로 상대방과만 교섭할 수 있는 쌍방독점(bilateral monopoly) 상황에 있기 때문이다(높은 사후적(ex post) 거래비용).[46] 그러나 그러한 사정만으로 동의규칙에 의한 보호를 배제하여서는 아니 된다. 침탈자로서는 법원이 토지 소유자가 그 토지에 대하여 부여하는 (주관적) 가치를 과소평가할 가능성을 악용하여 비효율적인 침탈을 할 유인이 있기 때문이다. 따라서 앞서 취득시효에서와 마찬가지로, 경계침범 사실을 알고 있었거나 조금만 주의하였더라면 알 수 있었음에도 이를 게을리한 채 건물을 신축한 경우에 한하여 동의규칙에 의하여 보호함이 옳다(높은 사전적(ex ante) 거래비용,

---

44) 대법원 1993. 5. 11. 선고 93다3264 판결(공1993, 1687).

45) 비슷한 문제는 특허권에 대하여도 생길 수 있다. 물권에 관하여 경계확정비용이 문제되듯이, 특허권의 존재와 그 효력 범위의 확정에도 상당한 비용이 소요되고, 일반적으로 이 문제는 특허권의 경우가 훨씬 더 심각하다. 특허청구항의 해석도 어렵지만, 눈에 보이는 물건 하나하나에 대하여 배타적으로 설정되는 물권과 달리, 특허권은 그 성질상으로는 비배제적 · 비경합적인 (이용) 방법에 대하여 설정되므로, 어떤 제조 · 사용 방법과 관련된 특허가 존재하는지 여부가 이미 불분명하다. 이는 특허권의 존부와 범위의 조사비용이 상당할 수 있고, 충분한 조사에도 불구하고 여전히 특허침해가 인정될 가능성이 있음을 뜻한다. 이는 연구 · 개발에의 투자유인에 부정적인 영향을 미칠 수 있다. 특허법은 원칙적으로 특허권을 동의규칙에 의하여 보호하고 있는데(특허법 제126조), 이것이 언제나 효율적인지는 좀더 따져 보아야 할 문제이다(Merrill, 1985; Sterk, 2008). 물론, 개개의 경제 주체들은 스스로 이러한 문제에 대처하기 마련이다. 특허풀(Patent Pool)을 그 예로 들 수 있다.

46) 쌍방독점이 있을 때에는 참조가격을 제시하여 교섭 가능 구간을 좁혀 줄 수 있는 대체재 시장이 존재하지 아니하여, 각자가 부여하는 가치만이 교섭 가능 구간을 결정하는데, 이는 내심의 사정이므로 관찰할 수 없고, 따라서 쌍방 모두에게 자신이 그 토지에 대하여 부여하는 가치를 숨기고, 상대방으로부터 최대한의 양보를 받아내려는 전략적 행동(strategic behavior)의 유인이 생겨 교섭 과정에 소요되는 쌍방의 비용이 증가하기 쉽다.

윤진수, 2007a).[47)]

또 하나의 문제는 이때 보상규칙의 내용이 어떠해야 하는가 하는 점이다. 판례는 오직 차임 상당의 부당이득 또는 손해배상청구, 즉 일시적 보상(temporary damages)만 가능하다고 한다.[48)] 현행법의 해석으로는 어쩔 수 없는 결론이라고 생각된다. 그러나 건물 신축의 성격에 비추어 볼 때 건물 소유자는 단순한 용익이 아닌 부지 소유를 선호하였을 가능성이 충분하다.[49)] 토지 소유자도 용익권을 설정해 줄 바에는 아예 해당 부분 토지를 양도하는 쪽을 선호하는 경우가 있을 수 있다. 입법론적으로는, 토지 소유자에게 영구적 보상을 받고 토지 소유권을 이전하는 옵션을 부여함이 바람직할 것이다.[50)]

나) 일조방해

이상과 같은 고려는 일조방해로부터의 보호 방식에 대하여도 대체로 타당하다.

먼저, 아직 가해건물이 신축되기 전이거나, 적어도 위법한 정도로 신축되기 전에는 일반적으로 동의규칙에 의하여 보호함이 상당하다(민법 제214조). 그리고 그

47) 캘러브레시(G. Calabresi)와 멜러메드(D. A. Melamed)의 동의규칙 · 보상규칙에 관한 근래의 논의는 이러한 두 책임규칙이 사후적 (재)교섭뿐 아니라, 사전적 교섭에 미치는 효과에 주목하고 있다. 조금 다른 분석으로, 허성욱(2006) 참조.

48) 대법원 2003. 9. 26. 선고 2003다4068 판결(미간행): "타인 소유의 토지를 법률상 권원 없이 점유함으로 인하여 그 토지 소유자가 입은 통상의 손해는 특별한 사정이 없는 한 그 점유 토지의 임료 상당액이고, 토지에 대한 불법점유의 태양이 지하구조물의 설치, 운용 등과 같이 반영구적으로 계속될 것이라고 예상되는 경우라고 하더라도 특별한 사정이 없는 한 그 손해의 일시배상을 청구하는 것은 허용되지 아니하므로(대법원 1994. 6. 28. 선고 93다51539 판결 참조) 위 암거가 설치된 부지의 시가나 위 암거가 설치된 서산시 대산읍 운산리 198-53 전 34,948㎡ 중 위 암거의 부지를 제외한 나머지 토지의 교환가치 감소분에 상당하는 손해의 일시 배상을 구할 수는 없다고 할 것이고, 또한 원고는 이 사건 암거와 그 유지 · 관리에 필요한 부지에 관하여 피고를 상대로 부당이득반환청구권을 행사하여 임료 상당액을 지급받는 것으로 확정되었음이 기록상 명백하므로 이와 중첩적으로 이 사건 암거의 불법설치로 인한 임료 상당액의 손해배상을 구할 수도 없다고 할 것이다."

49) 이 점에서 가령 타인 소유의 토지 위에 전신주를 세운 경우와는 다르다. 이때에는 권리남용 법리에 의지하는 것이 옳다. 대법원 1999. 9. 7. 선고 99다27613 판결(공1999, 2084).

50) 2004년 민법개정안 제242조의2(경계를 침범한 건축)는 다음과 같이 규정하고 있었다: "① 건축된 건물이 그 건축 시행자 또는 그 건물의 소유권을 취득하는 자의 고의 또는 과실 없이 이웃 토지의 경계를 침범한 경우에 이웃 토지의 소유자 그 밖의 권리자는 경계가 침범된 사실을 안 날로부터 3년 또는 그 침범된 날로부터 10년 내에 그에 대하여 이의를 제기하지 아니한 때에는 이를 인용하여야 한다. 그러나 그 건물의 완성 후 제280조 제1항에서 정한 기간이 경과한 때에는 그러하지 아니하다. ② 제1항 본문의 경우에 이웃 토지의 소유자는 건물의 소유자에게 경계가 침범된 토지 부분에 대하여 지료 상당의 보상 또는 그 매수를 청구할 수 있다." 제2항은 매도 옵션을 부여함으로써 토지 소유자의 선호를 드러냄과 동시에 거래비용을 절약할 수 있도록 하고 있다. 한편, 위 개정안은 건물 소유자에게 악의 또는 과실이 없을 것만을 요구하고, 건물 존속이 그 철거보다 효율적일 것을 요구하지 아니한다. 대신 위 안은 토지 소유자에게 안 날로부터 3년 또는 침범된 날로부터 10년 동안 건물 철거를 구할 수 있도록 하고 있다. 대체로 납득할 만하나, 토지 소유자가 건물 철거를 청구하지 아니하는 동안 건물 소유자의 투자가 계속 증가할 수 있고, 토지 소유자가 이를 이용하여 뒤늦게 건물 철거를 청구함으로써 지대(rent)를 추구할 수 있다는 점에 비추어 보면, 위 기간은 지나치게 긴 감이 있다. 정병호(2005, pp. 57ff.)도 비슷한 취지이다. 일본을 제외한 다수의 법제가 채택하고 있는 바와 같이 지상건물이 차지(借地)물권 내지 부지소유권에 부합(附合)하도록 하고(sperficio solo cedit), 대신 부지 소유자에게 일정한 요건하에 철거청구권을 인정해도 비슷한 결과가 된다. 이에 관한 비교법적 · 경제적 분석으로는 Rizzolli(2009) 참조.

기준은 앞서 본 바와 같이 다소간 일률적인 수인한도가 되어야 한다. 이 기준은 대체로 보상규칙에 의한 보호의 수인한도 기준과 차이가 없다.[51] 아직 일반적으로 쌍방독점에 이르렀다고 보기 어렵고, 거래비용이 높다고 볼 만한 근거도 없기 때문이다(상대방은 건물 신축을 중단 또는 포기하고 다른 장소를 찾을 수 있다). 일응 인접지 소유자 사이에 교섭에 의하여 분쟁을 해결하도록 하면 족하다. 학설상으로는 수인한도를 2분하여, 공사금지청구를 하려면 보다 중대한 침해가 있어야 한다고 하는 견해가 있으나(이른바 위법성 단계설),[52] 자칫 가해건물 건축주가 과소보상을 기대하고 비효율적으로 과도한 일조방해로 나아가게 할 우려가 있다. 특히, 일조의 이익이 상당히 주관적인 성격을 갖고 있어 객관적인 시장가격의 하락과 주관적인 효용 감소 사이의 차이가 클 가능성이 상당하다는 점에 비추어 보면, 과소보상의 위험은 가볍게 여길 일이 아니다.

봉은사 사건 서울 강남구 삼성동에 있는 사찰 봉은사는, 높이 87.5m의 19층 빌딩이 약 6m의 거리를 두고 건축허가를 받아 공사에 착수하자, 건축주 등을 상대로 공사 중지 가처분을 신청하였다. 대법원 1997. 7. 22. 선고 96다56153 판결(공1997, 2636)은, 쌍방의 이익을 구체적으로 형량하여 15층 이상의 신축만을 금지하였다. 이러한 기준은 일조방해 일반에 관한 다소간 일률적인 기준과는 다른 것이다. 이는 봉은사 사건의 경우 일조이익만 문제된 것이 아니라, 경관 기타 사찰로서의 문화적 · 사회적 기능까지 함께 문제되었고, 그러한 분쟁의 성격상, 아직 건물이 신축되기 전이었음에도, 거래비용이 매우 높아 사실상 자발적 교섭이 거의 불가능할 것으로 예상되었다는 점과 관련되어 있지 않을까 생각된다. 즉, 이때에는 법관이 재판 후 재교섭의 가능성을 고려하지 아니한 채, 효율적인 자원 배분의 지점을 종국적으로 정하여야 하고, 따라서 가급적 개별 사안의 모든 사정을 살펴 허용 가능한 건물의 규모를 직접적 · 종국적으로 결정하여야 한다는 것이다.[53]

51) 실무상으로도 대체로 그와 같이 인식되고 있다고 한다(이동진, 2011).
52) 이러한 학설의 소개는 이동진(2011), 조홍식(2000, pp. 69ff.) 등 참조.
53) 한편, 조홍식(2000, pp. 76ff.)은 위 판결이 한계효용과 한계비용을 비교하지 아니하고, 총효용과 총비용을 비교하고 있다고 주장하며 이를 비판하나, 반드시 그러한 취지인지는 의문이다.

그러나 반대로 이미 건물이 신축된 이후에는 함부로 철거청구를 허용할 수 없다. 판례도 그 법리상 근거는 다소 분명하지 아니하나, 일찍부터 건물이 완공된 이후의 철거청구를 원칙적으로 허용하지 아니하고 있다.[54] 그 이유는 피해자의 전략적 행동의 가능성 때문이라고 생각된다. 건물이 완성되어 감에 따라 투자가 증가하고, 그로 인한 이익이 생기기 마련인데, 만일 건물이 완공된 후 일조방해로 피해를 입은 인접지 소유자가 철거를 고집하고 나온다면, 이미 투자를 마친 가해건물 소유자로서는 그 이익의 전부 또는 대부분을 제공하지 아니할 수 없게 된다. 이러한 전개를 예상한 피해자는 일조방해를 감수하거나 상당한 보상으로 만족할 생각이 없으면서 건물이 완공될 때까지 기다렸다가 그 후 철거를 고집하게 될 수 있다. 이는 거래비용을 증가시킨다. 따라서 이때에는 원칙적으로 보상규칙에 의하여서만 보호함이 옳다(민법 제750조).[55] 보상액보다 더 큰 손해를 입은 피해건물 소유자는 적시(適時)에 공사금지청구에 나서게 될 것이다.[56]

그러나 이러한 규칙을 기계적으로 적용한다면, 이번에는 가해건물 신축자가 과소보상을 기대하고 피해건물 소유자의 공사금지청구에도 불구하고 공사를 강행하여 일단 완공하려는 또 다른 전략적 행동을 할 가능성이 있다. 실제로 일조방해를 이유로 공사 금지 가처분 신청을 하는 경우, 담당 재판부가 가처분사건의 결정시까지 일단 공사를 중단해 줄 것을 요청하였음에도[57] 이를 무시하고 공사를 진행하는 예가 종종 있다고 알려져 있는데, 이와 같은 전략적 행동에 어떤 보상이 있음을 시사한다고 생각된다. 이러한 전략적 행동의 유인을 차단하기 위해서는, 예컨대 담당 재판부의 공사 금지 요청에도 불구하고 공사를 강행한 경우에는 완공 후

54) 대법원 2008. 4. 17. 선고 2006다35865 전원합의체 판결(공2008상, 680) 등; 서울고등법원 2004. 12. 2. 선고 2003나65669 판결(미공간, 대법원 2005. 4. 29. 선고 2005다1315 판결로 상고 기각).

55) 미국법에서 nuisance는 tort의 일종이고, 그에 대한 remedy로 injunction과 damages가 인정된다. 우리 민법의 경우 소유권의 (현재의) 방해는 일단 물권법상 방해배제청구권(민법 제214조)으로, 이미 이루어진 침해는 불법행위법상 손해배상청구권(민법 제750조)으로 구제되므로, 두 권리 내지 구제 수단은 서로 다른 법영역에 속한다. 그러나 그 위법성 판단의 기준은 서로 일정한 관련성을 갖고 있다.

56) 이와 달리 원칙적으로 동의규칙으로 보호하고, 예외적으로 피해자가 기회주의적 행동을 한다고 보이는 경우에 한하여 보상규칙으로 보호하면 어떨까? 이미 언급한 바와 같이 법리상으로는 이것이 더 자연스러워 보이기도 한다. 그러나 이는 결과적으로 건물이 철거될 가능성을 높여, 건물을 신축하는 사람으로 하여금 광범위하게 사전 교섭을 하게 할 것이다. 실제로 다소간의 일조방해가 있더라도 별 이의를 제기하지 아니하는 경우가 제법 많다는 점을 생각하면, 이는 거래비용의 증가를 가져올 가능성이 있다. 주저되는 바가 없지 아니하나, 피해자 측에서는 언제든 가해건물이 신축되어 가는 것을 관찰하고 대응할 수 있으므로, 피해자 측에 적극적으로 공사 금지 가처분 신청을 하도록 한다 해도 그리 부당하지는 않을 것이다.

57) 이러한 요청은 재판의 형식을 취한 것이 아니므로, 법적인 구속력은 없다.

에도 철거를 인정하여야 한다. 위 대법원 2008. 4. 17. 선고 2006다35865 전원합의체 판결도 "극히 예외적으로" 이미 완공된 건물에 대한 철거청구도 허용될 수 있다고 한다.

또 하나 흥미를 끄는 문제는, 피해건물 소유자가 예외적으로 완공된 건물에 대하여 철거청구를 할 수 있을 때에 선택적으로 손해배상청구를 인정할 것인가 하는 점이다. 이는 피해건물 소유자에게 매도 옵션을 인정할 것인가 하는 문제로 나타난다. 위 대법원 2008. 4. 17. 선고 2006다35865 전원합의체 판결의 다수의견은 사실상 이를 인정함을 전제로, "이러한 철거 의무를 계속적으로 이행하지 않는 부작위는 새로운 불법행위가 되고 그 손해는 날마다 새로운 불법행위에 기하여 발생하는 것이므로 피해자가 그 각 손해를 안 때로부터 각별로 소멸시효가 진행한다"고 한다. 이는 무엇보다도 피해건물 소유자가 일조에 대하여 부여하는 주관적 가치가 사적 정보(private information)에 해당하여, 가해건물 소유자가 이를 알기도, 제3자인 법관이 이를 검증하기도 어렵다는 점과 관계되어 있다. 피해건물 소유자가 여전히 금전적 보상보다 낮은 수준의 주관적 가치만을 부여하고 있는 경우, 이러한 매도 옵션은 그의 가치를 드러냄과 동시에 교섭을 강제하여 건물의 존속이라는 효율적인 결과에 이르게 한다. 이를 부정할 까닭이 없을 것이다. 위 판결이 손해배상청구권의 시효가 매일 새로 진행한다고 하여 사실상 철거의무와의 병존을 허용한 것에는 이러한 측면에서 수긍할 만한 점이 있다.

나. 법적 방해

가) 등기의 공신력(公信力) 부정

소유권 보호가 문제되는 또 다른 경우로 이른바 법적 방해를 들 수 있다. 소유자 아닌 사람이 소유자로 등기한 경우가 그 대표적인 예이다.

판례 · 통설은 이때에도 부동산등기법상 그 등기를 말소할 수 있는 절차적 지위에 있는 자에 대하여 방해배제청구권(민법 제214조)의 일환으로 말소등기 내지 그에의 동의를 구함으로써 등기를 말소시킬 수 있다고 한다. 이는 이른바 등기의 공신력을 부정함을 전제한다. 등기부에 등기되어 있다 하더라도, 또 그가 등기부를 믿었다 하더라도 당해 부동산의 소유권을 취득할 수 없고, 적법한 양수인만 소유권을 취득한다는 것이다. 이것이 바람직한가에 관하여는 -법학적으로는- 예전부터 논란이 많았다.

먼저 정태적 효율성의 관점에서 본다. 당해 부동산을 소유하고 있는 사람은 그 부동산에 투자를 행하고, 그 부동산과 관련하여 일정한 관계의 망(網)을 형성해 감으로써 특유가치를 갖게 된다. 반면, 당해 부동산을 취득하려 하는 사람이 그 부동산에 부여하는 가치는 아직 그 정도에는 이르지 못하고, 그 부동산의 객관적 가치를 다소 상회하는 정도인 경우가 많을 것이다(허성욱, 2006; Miceli, 1997). 그러나 이러한 점은 결정적인 고려요소는 아니다. 자발적 양도가 가능한 한 어떤 제도도 정태적 효율은 달성할 수 있는 것이다(김정호, 2003a, pp. 65ff.).

문제는 동태적 효율성이다. 거래비용부터 본다. 등기의 공신력을 인정하면, 부동산의 현재 소유자는 계속적으로 불실등기가 발생하지 아니하는지 감시하여야 하고, 이를 위하여 감시비용을 지출하여야 한다. 반면, 등기의 공신력을 인정하지 아니하는 경우 당해 부동산을 취득하려 하는 사람이 양도인의 등기가 불실등기인지 여부를 조사하여야 하고, 이에도 비용이 든다. 전자는 비용이 시간의 경과에 따라 계속 들고, 후자는 당해 부동산에 관하여 거래가 많이 누적되어 있을수록 조사대상이 많아진다. 실제로 어느 쪽이 더 비용이 많이 들지 예상하기는 쉽지 아니하다. 다만, 적어도 등기부가 전산화된 이후 현재의 등기를 감시하는 것이 더 쉬워졌다고 볼 여지가 있고,[58] 시간이 지날수록 전체 사회의 누적거래는 많아질 것이므로(김정호, 2003a, pp. 67ff.), 거래비용의 측면에서는 시간이 지남에 따라 등기의 공신력의 효율이 증가하고 비효율은 감소할 가능성이 있다.

그러나 투자의 유인을 고려하면 반드시 그렇지는 아니하다. 현재의 소유자가 부여하는 주관적 가치는 이미 행해진 투자 내지 당해 부동산에 고착된 관계에서 오는 것인 반면, 그 부동산을 취득하려 하는 사람이 부여하는 주관적 가치는 대개 변경 가능한 그의 계획에서 오는 것이다. 그 부동산에 이미 많은 투자를 한 것은 현재의 소유자이므로, 등기의 공신력을 인정하는 경우 그에게는 상당한 감시비용을 지출하거나, 그 비용이 과도할 경우 투자 수준을 낮출 유인이 있다. 이는 등기의 공신력을 인정할 때 생기는 비효율이다.

58) 등기신청이 있으면 현재의 등기명의인에게 지정된 번호로 문자 메시지를 보내는 서비스를 생각할 수 있다.

동산의 경우 비록 무권리자로부터 양수하였다 하더라도 양수인이 그 인도를 받을 당시 선의이고 과실이 없으면 그 소유권을 취득한다(선의취득. 민법 제249조). 동산 소유자는 그 동산을 점유하는 경우가 많으므로 감시비용이 낮고, 자주 거래되며 등기부에 의하여 그 소유권 변동에 관한 정보가 공시(公示)되지 아니하므로 이를 취득하려 하는 자로서는 현재 점유자가 소유자인지 추적하여 조사하는 데 많은 비용이 든다. 동산의 현재 소유자가, 특히 그 동산을 점유하지 아니한 채, 그 동산에 대하여 하는 투자는 상대적으로 그다지 중요하지 아니한 수준일 가능성이 높다. 동산에 대하여 선의취득을 인정하는 법제가 보편적인 까닭이다. 한편, 우리 법은 소유자의 의사에 의하지 아니한 채 소유권을 빼앗긴 점유이탈물의 경우 선의취득을 제한한다(민법 제250조 · 제251조). 그러나 제3취득자와 소유자 중 누가 최소비용회피자(the cheapest avoider)인지는 좀더 따져 보아야 할 것이다(김일중, 2008, pp. 63ff. 참조).

나) 취득시효

한편, 당해 부동산의 소유권을 취득하려 한 자가 등기를 마치고 이미 점유를 개시하였다면 사정이 달라진다. 이때에는 시간이 경과할수록 현재의 점유자가 부동산에 더 많은 투자를 하고 더 높은 가치를 부여하게 된다. 반면 오랜 기간 등기와 점유를 배제당하고도 이를 방치한 소유자에게 당해 부동산이 큰 가치를 갖는 경우란 많지 않고, 투자도 별로 없을 것이다(김일중, 2008, p. 67). 그럼에도 소유자로부터 추탈당할 수 있다면 현재의 등기명의인 겸 점유자의 투자가 효율적인 수준 이하로 감소하고, 과도한 조사비용을 지출하게 될 수 있다. 그리하여 민법은 10년간 선의로 과실 없이 등기하고 자주점유한 사람에게 그 부동산의 시효취득을 인정하고 있다(등기부취득시효. 민법 제245조 제2항). 이는 이러한 비효율을 어느 정도 감소시키는 데 기여할 수 있다.[59)]

다. 소결

이상에서 본 바와 같이 점유이용의 보호, 상호명의신탁, 일조방해, 이른바 공신(公信)의 원칙, 시효, 권리남용 등 소유권법의 많은 부분이 거래비용의 절약과 효

59) 이러한 점은 이미 법학적 논의에서도 지적되어 왔다. 가령 Finkernaue(2000, S. 105).

율적인 교환 및 투자의 유인에 기여하고 있다. 그리고 이들은 그렇게 해석되거나 – 해석으로 해결할 수 없다면 – 개정되어야 한다.

3. 담보물권법의 경제학

1) 기본적 고려요소

(1) 담보거래의 존재 이유

가. 담보거래에 관한 재산권 이론

어떤 자원에는 그것을 사용 · 수익함으로써 얻을 수 있는 가치(사용가치) 이외에 교환가치가 있다. 어떤 자원에 대한 선호가 그 사용가치에 향할 수도 있고, 교환가치에 향할 수도 있듯이,[60] 그 이용도 주로 그 사용가치를 지향할 수도 있고, 교환가치에 한할 수도 있다. 양자는 서로 관련을 맺고 있는 경우가 많지만, 분리되기도 한다. 부동산을 매수하는 대신 임차하는 사람은 그 교환가치는 원하지 않고 사용가치만 원한다고 할 수 있다.

채권 담보로서의 이용은 교환가치를 이용하는 대표적인 장치이다. 일반적으로 채무자의 재산은, 법령이 정하는 일정한 예외를 제외하면, 채권자의 책임재산으로 채무불이행이 있을 때 그의 채권 만족을 위한 집행의 대상이 된다. 채무자의 재산은 강제집행 절차를 통하여 그 교환가치를 실현하여 채권자의 채권을 만족시킨다. 담보거래도 이와 비슷하다.

채무자에게 책임재산이 없다거나 담보 설정이 금지되어 있다 하더라도, 신용제공, 즉 여신(與信)이 이루어지지 아니하는 것은 아니다. 신용 제공이 효율적인 이상, 그 강제집행 등이 법 · 제도적으로 뒷받침되지 아니하더라도 당사자들은 신용

60) 두 가치에 대하여 분리되어 선호가 형성될 수 있다는 점에 관하여는, 윤진수 · 이동진(2011, pp. 231, 241f.) 참조. 하나의 자산의 두 가치에 대한 선호가 서로 일치하지 아니하고, 그것이 거래비용을 감수할 정도로 중요한 경우에는 옵션 계약 등을 체결함으로써 이를 분리할 수 있다.

을 제공하고 제공받기 마련이다.

> 신용을 제공받는 자가 신용을 제공하는 자와 사이에 계속적으로 신용을 갱신 내지 확대해 가는 관계에 있는 경우, 신용을 제공받는 자가 기회주의적 행태를 보이면 이후 신용을 갱신 또는 확대받기 어려워진다. 기회주의적 행태는 시장에서의 명성(reputation)에 나쁜 영향을 주어 다른 사람으로부터 신용을 제공받을 기회도 차단한다. 때문에 신용의 갱신 또는 확대 가능성의 상실로 인한 손해보다 기회주의적 행태로 인한 이득이 큰 경우가 아닌 한, 자발적으로 채무를 상환할 유인이 있게 된다(self-enforcing contract).

그러나 강제집행 등이 법 · 제도적으로 충분히 뒷받침되면, 신용의 갱신 또는 확대가 효율적이기는 하나 기회주의적인 행태로 인한 보상을 상쇄하고도 남을 만큼 효율적이지는 아니한 한계적인 경우까지 신용 제공이 확대될 수 있다(Schäfer und Ott, 2005, S. 589 f.).

문제는, 이미 책임재산에 대한 공취 가능성이 확보되어 있음에도, 일정한 거래비용을 지출하면서까지 담보권을 설정하는 까닭이 무엇인가 하는 점이다.

일단 담보거래의 당사자만 생각해 보자. 한 채무자에게 단 한 명의 신용제공자, 즉 채권자만이 있는 경우를 상정해도 좋다. 이때에는 담보를 설정하지 아니하더라도, 채무자가 채무를 이행하지 아니하면 채권자는 그의 전 (책임)재산에 대하여 공취(攻取)함으로써 그 교환가치를 파악하고 만족을 꾀할 수 있다. 실제로 채무자에게 중요한 채권자가 한 명만 존재하는 경우도 적지 아니하다. 그럼에도 불구하고 담보는 설정된다. 왜 그러할까?

균형 상태에서 신용 제공의 대가, 즉 이자(율)는 무위험 차입이자(율)와 위험 프리미엄의 합이다. 이때 위험은 주로 도산위험을 말하고, 여기에는 채무자의 기회주의적 행태로 인하여 증가하는 도산위험도 포함된다. 즉, 채무자는 자신의 사적 이익을 추구하기 위하여 재산권을 채권자의 공취에서 벗어나게 할 수 있고, 이러한 가능성 자체가 감시비용 또는 도산위험을 증가시켜 이자(율)를 인상시킨다. 그러나 이러한 가능성은 담보를 설정하면, 극단적으로 채무자가 자신의 재산권(의 교환가치)을 미리 채권자에게 이전하여 주면 상당한 정도 차단될 수 있다. 따라서 채권자는 담보권을 설정받고 이자(율)를 낮추어 주거나 신용 규모를 확대시켜 줄 수 있다. 이는 (특히, 기회주의적 형태를 할 생각이 없는) 채무자에게도 이익이 된다.[61)]

담보 설정은 채권자와 채무자 모두에게 이익이 되므로, 재산권 내지 물권이 개개인에게 부여되어 있고 그 처분이 자유로운 이상, 법 · 제도적 뒷받침이 없이도 그 담보로서의 활용이 이루어지기 마련이다(Harris and Mooney, 1994). 이러한 한도에서 담보거래는 재산(권)의 자유로운 활용의 한 양태에 불과하다.

나. 담보거래의 무담보채권자에 대한 외부효과

문제는 담보 설정이 갖는 외부효과이다. 이는 주로 한 채무자에 대하여 복수의 채권자가 있을 때에 담보 설정이 다른 (무담보)채권자들에 대하여 갖는 부정적 외부효과의 문제로 나타난다.

> 참고로, 모두가 무담보채권자인 경우를 보자. 문제되는 것은 무자력(無資力), 즉 책임재산이 모든 채무를 만족시키기에 부족하였을 때이다. 모든 채권자들이 무담보채권자라면, 생각할 수 있는 만족 방법으로는 채권액에 따라 안분하여 변제받는 방법(이른바 채권자 평등(par condicio creditorum)의 원칙)과 집행에 착수한 순서대로 변제받는 방법(이른바 우선주의), 채권이 성립한, 즉 신용 제공이 이루어진 순으로 변제받는 방법 정도이다. 마지막의 방법은 이론상으로는 문제가 없으나(Schäfer und Ott, 2005), 우선순위를 증명하는 데도 비용이 소요되고, 채권이 가시적(可視的)이지 아니하여, 사실상 그 순위를 채무자의 인식에 의존할 수밖에 없는 이상, 특정 채권자와 채무자가 공모하여 순위를 변경할 유인이 너무 크다. 이는 그 자체 불필요한 자원 낭비를 초래할 뿐 아니라 채권자의 비용을 증가시켜,[62)] 일반적으로 취할 수 없다. 두 번째 방법도 마찬가지이다. 이때 문제되는 것은 오직 남은 책임재산의 배분에 불과하므로, 가능한 한 적은 비용으로 마무리하는 것이 효율적일 텐데, 집행에 착수한 순으로 변제받게 하면 채권자들 사이에 낭비적인 선점경쟁이 벌어질

61) Jackson and Kronmann(1979, pp. 1149ff.), Bebchuk and Fried(1996). 채무자는 담보를 제공함으로써 자신이 신용 있는 채무자라는 신호를 보낸다는(signaling) 설명(Triantis, 1992)도 결국은 비슷하다.

62) 채권양도에 관하여도 비슷한 문제가 있다. 민법은 확정일자를 받아야 제3자에게 대항할 수 있다고 하여 이러한 가능성을 통제한다(민법 제450조).

것이다.[63] 다수의 법질서가 채권자 평등의 원칙을 취하는 것은 여기에 어떤 선험적인 근거가 있어서라기보다는, 이처럼 대안으로 생각할 수 있는 우선순위 규칙에 모두 문제가 있기 때문이라고 생각된다.

예컨대, 제1채권자가 채무자의 재산에 담보를 설정하고 신용을 제공하였다고 하자. 그 후 무담보 신용을 제공하려 하는 제2채권자는 제1채권자에게 담보로 제공된 만큼 채무자의 책임재산에서 제외하고, 그 나머지만을 책임재산으로 간주하여 도산위험을 계산할 것이고, 이에 따른 위험 프리미엄을 가산하여 그만큼 높은 이자를 받을 것이다. 그러나 일정한 조건이 갖추어진다면 이로 인한 이자(율)의 인상 등 금융비용의 증가는 담보 설정으로 인한 그 감소와 일치하여 상쇄되므로 채무자의 전체 금융비용에는 아무 차이도 없다.[64] 즉, 담보거래는 영합(零合)게임(zero-sum game)이라는 것이다. 이로부터 몇 가지 문제가 제기된다. 어떤 사람은 담보물권을 설정받고, 다른 사람은 무담보채권자가 되는 까닭은 무엇인가, 담보제도를 인정하는 것이 효율적인가 하는 의문이 그것이다.

이에 관하여는 여러 논의가 있고,[65] 여전히 의견의 일치를 보지 못하고 있다. 그러나 지금까지의 논의는 크게 두 가지로 나누어 볼 수 있으리라고 생각된다. 하나는 담보 설정이 당사자에게는 물론, 사회적으로도 효율적인 경우가 있고, 때문에 담보거래가 행해진다는 것이다. 가령 두 채권자 중 하나가 다른 하나보다 채무자와의 개인적 · 지속적 관계 등으로 말미암아 채무자의 기회주의적 행태 등을 더 적은 비용으로 감시할 수 있다면, 모든 채권자가 무담보채무자로 남고 각자 채무자를 감시하는 것보다 더 효율적인 채무자 한 사람만이 채무자를 감시하고, 다른

---

63) 채권자들이, 도산 절차가 없더라도, 종종 사적인, 즉 계약에 의한 도산 내지 청산 절차를 마련하고 운영하는 것도 이 때문이다. 그러나 여러 사정으로 언제나 사적 도산 절차가 잘 작동하는 것은 아니므로, 법은 도산 절차를 마련하고 있다(김성용 · 오수근, 2011, pp. 575-591). 다만, 이와 같은 설명은 도산 절차에 대하여 타당한 것이고, 개별 집행 절차에 대하여는 반드시 타당하다고 할 수 없다. 채무자의 무자력이 반드시 전제되어 있지는 아니한 개별 집행 절차에서, 평등주의를 취하는 경우, 무임승차자(無賃乘車者; free rider) 문제와 절차의 지연으로 인한 비용이, 우선주의를 취하는 경우 도산 절차는 개시되지 아니하였으나 사실상 무자력일 때 선점경쟁으로 인한 비효율이 생길 수 있고, 개별 집행 절차에서 어떤 태도를 취하여야 하는지는 이들 사이의 상충(trade-off)을 어떻게 해결할 것인지의 문제로 귀착된다.

64) Jackson and Kronmann(1979, pp. 1154f.). 이는 Miller-Modigliani(1958)의 기업 자본구조 이론(MM 이론)의 시사를 받은 것이다. 밀러와 모딜리아니는 완전자본시장과 완전정보하에서 기업의 가치는 그 자본구조와 무관하게 동일하다는, 즉 100% 자기자본으로 하든, 100% 타인자본으로 하든, 이를 혼합하든, 기업가치 자체에는 아무런 영향도 주지 못함을 보였다.

65) 학설사의 개관은, Shupack(1989) 및 LoPucki(1994) 참조.

채무자는 아예 감시하지 아니하는 것이 전체 감시비용을 줄여 채무자, 두 채권자 모두에게 이익이 된다. 즉, 덜 효율적인 감시자인 채권자는 담보를 설정받고, 더 효율적인 감시자인 채권자는 무담보채권자로 남되, 그 대신 더 높은 이자(율)를 받게 된다는 것이다. 그럼에도 불구하고 감시비용이 감소하였으므로, 전체 금융비용이 감소할 수 있고, 따라서 무담보채권자의 높은 이자(율)조차도 채무자에게는 여전히 낮은, 즉 이익이 되는 것일 수 있다(Jackson and Kronmann, 1979).

그러나 다른 견해는,[66] 이러한 설명은 결국 채무자와 제1채권자, 제2채권자 사이의 가상적 교섭(hypothetical bargain)에 터잡고 있는 셈인데, 실제와 부합하지 아니한다고 비판한다. 오히려 담보가 이용되는 주된 이유는 담보채권자와 채무자가 공모하여 비용을 무담보채권자에게 전가할 수 있기 때문이라는 것이다. 채무자가 제1채권자로부터 무담보로, 현재의 책임재산에 기초하여 신용을 제공받은 후, 제2채권자로부터 다시 담보부로, 낮은 이자(율)로 신용을 제공받는 경우, 결과적으로 금융비용이 낮아질 것이다. 그러나 이는 제1채권자가 채무자의 기회주의적 담보 설정으로 인하여 받아야 할 이자를 받지 못하였기 때문이고, 그만큼 제1채권자의 도산위험, 즉 비용이 증가하였으므로, 그에게 개인적으로 효율적이라고 할 수 없다고 한다. 이는 한편으로는 제1채권자의 정보 부족 내지 제한적 합리성(bounded rationality)에, 다른 한편으로는 제1채권자가 불법행위 피해자와 같이 비자발적 채권자여서 (가상적) 교섭 자체가 불가능하다는 점에 기인한다. 이처럼 (가상적) 교섭 자체가 왜곡되어 있다면, 사회적으로도 그 결과가 비효율적일 수 있다.[67]

다. 소결

담보거래는 채무자와 당해 채권자 사이에서는 그 자체로 효율적일 수 있다. 이는 재산권의 경제이론 일반과 전적으로 일치한다. 그러나 담보거래가 다른 채권자에 대하여 음의 외부효과를 가질 수도 있다. 담보거래가 행해지는 것은 위 두 측면 중 어느 하나 또는 둘 다 때문이다.

한 가지 유의하여야 할 점은, 이미 무담보채권자가 존재함에도, 심지어 채권자

66) 담보거래의 효율성에 대하여 MM 이론 내지 영합게임이라는 관점에서 끈질기게 의문을 제기하는 대표적인 학자로 Alan Schwartz(1981)를 들 수 있다. 또한 LoPucki(1994)도 참조.

67) 예를 들어, 담보 설정으로 채무자가 무자력 상태에 있다면, 불법행위 피해자와 같이 비자발적 채권의 비용이 그 피해자에게 전가되고, 불법행위의 억지적 기능이 발휘될 수 없게 된다(LoPucki, 1994).

의 자력이 충분하지 아니할 때에도, 담보가 설정되는 까닭이 주로 무담보채권자에게 비용을 전가할 수 있기 때문이라고 추정하는 것은 아무래도 지나치다는 점이다. 담보를 설정해서까지 자본을 조달하는 것은, 그 투자가 효율적이리라고 기대하기 때문이다. 많은 경우 차입은 양(陽)의 (기대)수익률을 갖는다. 이는 책임재산(또는 장래의 현금흐름)을 증가시키고, 채무자의 도산위험을 감소시킨다. 이러한 효과가 담보 설정으로 인한 책임재산의 감소를 상쇄하는 경우도 많을 것이다. 담보 설정이 항상 무담보채권자에 대하여 부정적 외부효과만 갖는 것은 아니다. 오히려 그 반대일수도 있는 것이다(Harris and Mooney, 1994).

(2) 담보거래가 소유권의 효율적 이용에 미치는 영향

물적 담보권자는 담보권을 실행하여 일방적으로 담보 목적물의 소유권을 이전받거나 제3자에게 이전시킬 수 있다. 현재의 소유자로서는 담보 목적물에 특유가치를 창출할 수 있는 투자를 하였다 하더라도 담보권이 실행되는 경우 그 투자의 결과를 빼앗길 가능성이 있다. 현재의 소유자로부터 담보 목적물을 양수한 자도 마찬가지이다. 물론 채무자는 채무를 상환함으로써 이를 저지할 수 있지만, 채무를 상환하지 못할 위험이 있고, 그 위험이 소유자의 현재의 투자가치를 감소시키게 된다. 담보거래는 소유권의 효율적 이용에 일정한 영향을 미치게 된다. 그러므로 앞 절에서 본 소유권법의 고려요소, 즉 자산의 효율적 배분과 투자의 유인 및 거래비용의 절감은 담보제도의 설계와 관련하여서도 중요하게 고려되어야 한다.

2) 개별 제도에의 응용

(1) 담보물권과 용익 가능성의 확보

가. 동산질권에 있어서 점유질의 원칙과 동산 양도담보 · 동산 등기담보권

우리 법에서 인정하는 동산 담보물권은 질권이다. 질권은 채무가 변제될 때까지 동산을 유치하고(민법 제335조), 채무가 변제되지 아니하면 그 동산을 처분하여 그 대가로부터 만족을 얻을 권리이다(민법 제338조). 질권이 성립하기 위해서는 질권자가 질물(質物)을 점유하여야 하고(민법 제330조), 특히 질권 설정자가 질물을 직접 점유하여서는 아니 된다(민법 제332조). 이를 점유질(占有質)의 원칙이라고 한다.

점유질의 원칙은 두 가지 기능을 한다. 첫째, 채무자가 이 동산을 임의 처분하는 등 기회주의적으로 담보물권을 무력화시키는 것을 막고,[68] 둘째 다른 채권자가 이 동산을 채무자의 책임재산으로 착각하여, 도산위험을 잘못 산정하는 것을 막는 것이다.[69] 이는 앞서 본 담보거래의 효율성 · 위험의 두 측면에 각각 대응한다.

그런데, 이후 많은 나라에서 담보를 위하여 동산 소유권을 채권자에게 아예 이전해 주는 이른바 양도담보가 발전하였다. 이는 우리나라의 경우도 마찬가지이다.[70] 양도담보는 담보 목적물을 채무자의 점유(때로는 처분)하에 둔다는 점을 제외하면 대체로 질권과 같은 내용이 담보이다. 즉, 채무불이행이 있으면 채권자는 담보 목적물을 직접 처분하여 자기 채권의 우선 만족에 충당할 수 있다. 이는 명백히 점유질 원칙을 잠탈하는 것이다. 이는 점유질의 원칙의 두 번째 기능, 즉 다른 채권자에 대한 사해행위를 막는 기능이 양도담보의 경우 유지되지 아니한다는 사정만으로도 이미 분명하다.

이러한, 어떤 의미에서는 법률에 반하는 법형성(Rechtsfortbildung)이 일어난 까닭은 어디에 있을까? 점유질 원칙에는 비용이 있다. 질권자는 질물을 점유할 수 있을 뿐, 이를 이용할 수는 없다. 그렇다 하여 질권 설정자가 이를 이용할 수 있는 것도 아니다. 질물을 점유할 수 없기 때문이다. 결국 당해 동산의 사용가치는 사장(死藏)될 수밖에 없다. 먼 옛날 농경사회에서는 그 비용이 그리 중요하지 않았을 수 있다. 그러나 오늘날 생산수단 또는 원료 · 반가공품 등 동산을 생산 과정에서 사용하지 못하여 생기는 비용, 수시로 거래되면서 증감 변동하는 재고상품을 담보로 이용하지 못함으로 인한 비용은 예전과는 비교할 수 없이 크다. 이는 담보 목적물을 채무

68) 역사적으로, 선의취득이 인정되기 전까지는 점유질의 원칙에 그 동산을 취득하려 하는 제3자의 정보비용을 절약하는 기능이 중요하였으나, 이때에도 채무자가 사실상 담보물을 빼돌릴 위험은 여전히 존재하므로, 담보부채권자의 보호 장치로도 기능하였다고 볼 수 있다. 그러나 선의취득이 인정된 이후에는 오히려 담보부채권자의 보호 기능이 중심적인 위치를 차지하게 되었다(Hromadka, 1971).

69) 역사적으로 각국에서 비점유담보권 등을 부정하는 근거로 드는 것 중 하나가, 그것이 "(다른) 채권자에 대한 사해(詐害)"라는 점인데, 이는 대체로 본문과 같은 취지이다(제철웅, 2003 등).

70) 대법원 2008. 11. 27. 선고 2006도4263 판결(공2008하, 1824): "금전채무를 담보하기 위하여 채무자가 그 소유의 동산을 채권자에게 양도하되 점유개정에 의하여 채무자가 이를 계속 점유하기로 한 경우, 특별한 사정이 없는 한 동산의 소유권은 신탁적으로 이전되고, 채권자와 채무자 사이의 대내적 관계에서 채무자는 의연히 소유권을 보유하나 대외적인 관계에 있어서 채무자는 동산의 소유권을 이미 채권자에게 양도한 무권리자가 된다. 따라서 동산에 관하여 양도담보계약이 이루어지고 채권자가 점유 개정의 방법으로 인도를 받았다면, 그 정산 절차를 마치기 전이라도 양도담보권자인 채권자는 제3자에 대한 관계에 있어서는 담보 목적물의 소유자로서 그 권리를 행사할 수 있다."

자 손에 맡겨 둘 때 생기는 채무자의 기회주의의 위험으로 인한 비용보다 훨씬 더 클 수 있다. 특히, 점차로 저량(貯量, stock)으로서 (현재의) 책임재산보다 유량(流量, flow)으로서 미래의 현금흐름이 신용 제공의 주된 고려요소가 되면서,[71] 채무자가 '현재' 점유하고 있는 재산이 신용 제공에 관하여 갖는 의미가 감소하고 있다(LoPucki, 1994). 이러한 사정이 결합하여 점유질 원칙을 포기하고, 담보부채권자와 무담보채권자 사이의 감시비용 등의 비교우위로 인한 효율만을 누리는 것[72]이 더 효과적인 경우가 증가하게 된 것이다(Adams, 1980도 참조).

그렇다면, 그것이 충분히 효율적인 이상, 점유질의 원칙을 고수하고, 양도담보를 이에 반하는 것으로 무효로 한다 하더라도(실제로 그러한 입장을 취하는 나라도 제법 있다), 비점유 동산 담보거래는 어떻게든 일어나게 된다. 우리 법이 점유질의 원칙에도 불구하고 (비점유) 동산 양도담보의 효력을 인정하는 것은 효율성의 요청에 법이 적응한 것으로 볼 수 있다.[73][74]

나아가, 점유질의 원칙의 두 기능, 즉 채무자의 기회주의적 처분 방지와 다른 채권자에 대한 사해행위의 위험의 방지를, 점유가 아닌 다른 방법으로 추구할 수도 있다. 담보등기가 그것이다. 근래 제정된 동산 · 채권 등의 담보에 관한 법률은, 점유에 의한 동산 물권 변동을 그대로 두면서 이와 병존적으로 동산 담보권을 등기로 공시할 수단을 제공하고 있는데, 이는 비교적 적은 비용으로 위 두 기능을 개선시켜 준다(이미, Adams, 1980). 등기가 완전하지 아니하고, 점유와 배치될 때에는 점유가 우선한다 하더라도, 채무자의 기회주의적 처분과 다른 채권자에 대한 사해행위의 위험을 다소나마 감소시킬 수 있고, 그 이익이 이러한 제도를 운영하는 데 드는 비용보다 큰 이상, 이러한 개선은 바람직하다고 평가할 수 있다.

나. 저당권과 법정지상권

저당권은 부동산에 관하여 설정될 수 있는 담보권이다. 질권과의 가장 큰 차이는 점유를 요하지 아니하고, 따라서 유치적 효력도 없다는 점에 있다. 저당 목적 부

71) 이는 금융투자의 규모가 커지면서 더 많은 경제적 가치를 담보로 활용할 필요가 있게 되었고, 그에 따라서 점차 다양한 재산 형태에 대하여 담보 설정 및 집행이 가능해졌다는 사정과도 관련이 있다고 생각된다.
72) 이른바 집합동산 양도담보의 경우가 대체로 그러하다. 이때에는 채무자에게 담보 목적물의 처분권까지 주어져 있으므로, 담보권의 이익은 주로 채무불이행시 다른 (무담보)채권자에 대한 배당상의 우선권으로 국한된다.
73) 한편, 판례는 사실상 후순위 양도담보권을 인정하지 아니하고 있다. 대법원 2004. 12. 24. 선고 2004다45943 판결(공2004, 1942). 그러나 그 효율성은 의문이다.
74) 이러한 사정은 점유를 필수적 요건으로 하고 있는 유치권(留置權)에 대하여도 타당하다(이동진, 2010 참조).

동산의 점유 · 사용은 원칙적으로 소유자에게 유보되어 있다. 이는 부동산의 경우 그 사용가치를 사장(死藏)시키는 비효율이 너무 크기 때문으로 설명될 수 있다. 대신 채무자의 기회주의와 제3자에 대한 사해위험을 통제하기 위하여 저당권을 등기하도록 하고 있다. 부동산의 사용가치를 사장시키는 비용보다는 등기제도를 운영하는 비용이 훨씬 작다는 것이다.[75)]

그러나 채무가 변제되지 아니하여 저당권이 실행될 때(이는 원칙적으로 (법원)경매에 의한다. 민법 제363조)에는 저당권자 또는 낙찰자가 점유 · 사용권을 다시 회복하게 된다. 만일 그렇게 하지 아니하면, 채무자의 기회주의, 즉 저당권자가 파악한 교환가치를 잠식할 수 있는 방법으로 목적물을 사용 · 수익할 유인이 있게 된다.

물론, 여기에도 비용이 있다. 채무자는 가급적 저당권이 실행되는 경우 자신의 투자로 인한 수익이 저당권자에 의하여 탈취되지 아니하도록 비효율적인 방법과 수준의 투자를 할 유인이 있게 된다. 특히, 장기간에 걸친 대규모의 투자를 할 유인이 감소할 수 있다. 이러한 경우, 채무자와 저당권자가 교섭을 통하여 스스로 비용과 편익을 비교하여 가장 나은 안을 정하는 것이 바람직하다. 우선 소유자는 향후 대규모의 투자를 하는 것이 효율적일 때에는 그 부동산에 제3자를 위한 용익물권을 설정한 뒤 저당권을 설정함으로써 이를 도모할 수 있다.

문제는 소유자 자신이 목적물에 장기간에 걸친 투자를 하고자 하는 경우이다. 그 대표적인 예로 토지에 저당권을 설정해 주었거나 주려는 소유자가 그 지상에 건물을 신축하는 경우를 들 수 있다. 우리 법에서는 "저당물의 경매로 인하여 토지와 그 지상건물이 다른 소유자에 속한 경우에는 토지 소유자는 건물 소유자에 대하여 지상권을 설정한 것으로" 봄으로써 이러한 이해를 조정한다(법정지상권. 민법 제366조). 저당권 설정시 건물이 존재하였고, 건물에 대하여도 공동저당권을 설정할 수 있었음에도 토지에 대하여만 저당권을 설정하였다면, 토지 소유자의 전형적인 의사는 건물에 대한 장기간의 투자를 고려하여, 건물을 유지하고 나머지만을 담보로 제공하려는 것이고, 저당권자도 이를 용인한 것이라고 생각된다. 그러므로 저당권이 실행되더라도 건물부지로서의 사용 · 수익에는 별 영향이 없어야 한다.

75) 부동산등기제도는 저당권이 발전하면서 – 어느 정도는 자생적으로 – 발생하였는데, 이 또한 특히 부동산의 비점유담보권과 관련하여 등기제도가 효율적임을 시사한다.

만일 이러한 가능성이 배제된다면 담보 설정자로서는 그 토지 위에 효율적인 투자를 하는 것을 꺼리게 될 것이다.

이처럼 법정지상권은 담보 설정자와 담보권자 사이의 묵시적 내지 가상적 교섭 결과를 법률상 부여하는 기능을 한다. 이는 위 법률 규정만으로는 곧바로 읽어낼 수 없는, 법정지상권의 요건에 관한 몇몇 판례를 보면 잘 드러난다. 판례는[76] "토지에 관하여 저당권이 설정될 당시 토지 소유자에 의하여 그 지상에 건물이 건축 중이었던 경우 그것이 사회관념상 독립된 건물로 볼 수 있는 정도에 이르지 않았다 하더라도 건물의 규모, 종류가 외형상 예상할 수 있는 정도까지 건축이 진전되어 있었고, 그 후 경매절차에서 매수인이 매각대금을 다 낸 때까지 최소한의 기둥과 지붕 그리고 주벽이 이루어지는 등 독립된 부동산으로서 건물의 요건을 갖춘 경우에는 법정지상권이 성립한다"고 한다. 앞부분, 즉 토지에 관하여 저당권이 설정될 당시 토지 소유자에 의하여 그 지상에 건물이 건축 중이었던 경우 건물의 규모, 종류가 외형상 예상할 수 있는 정도까지 건축이 진전되어 있었다면 이후 저당권 실행시 법정지상권이 인정된다는 판시는, 건물의 규모, 종류가 외형상 예상될 수 있을 정도였다면 저당권자로서는 이미 이를 용인하는 경우 남는 담보가치를 미리 예상할 수 있는 상황이므로, 토지 소유자의 기회주의를 염려하지 아니하고 이를 용인하기로 합의할 수 있다는 취지이다. 또 판례는,[77] "동일인의 소유에 속하는 토지 및 그 지상건물에 관하여 공동저당권이 설정된 후 그 지상건물이 철거되고 새로 건물이 신축된 경우에는, 그 신축 건물의 소유자가 토지의 소유자와 동일하고, 토지의 저당권자에게 신축 건물에 관하여 토지의 저당권과 동일한 순위의 공동저당권을 설정해 주는 등 특별한 사정이 없는 한, 저당물의 경매로 인하여 토지와 그 신축 건물이 다른 소유자에 속하게 되더라도 그 신축 건물을 위한 법정지상권은 성립하지 않는다"고 한다. 이는 토지와 건물에 대하여 공동저당권을 설정해 준 토지 소유자와 건물 소유자의 의사는 대체로 건물에 대한 투자까지도 담보 목적으로 삼겠다는, 즉 당사자들 사이의 교섭의 결과가 건물투자를 따로 보호하지 아니하겠다는 취지임을 고려한 것이다(윤진수, 2011, pp. 22ff.도 참조).

76) 가장 최근의 것으로, 대법원 2011. 1. 13. 선고 2010다67159 판결(공2011상, 334).
77) 대법원 2003. 12. 18. 선고 98다43602 전원합의체 판결(집51(2)민, 315).

문제는 왜 이러한 것을 약정물권에 의하지 아니하고, 법정물권으로 보호하는가 하는 점이다. 확실히 몇몇 경우에는 법정물권으로 보호하는 것이 보다 바람직할 수 있다. 예컨대, 판례는 법정지상권이 성립한 건물을 철거하고 재축(再築)한 경우, 앞서와 같이 건물과 토지에 공동지상권이 설정되어 있었다는 등 특별한 사정이 없는 한, 새로운 건물을 위하여도 법정지상권이 성립하며, 이 경우의 법정지상권 내용인 존속기간, 범위 등은 구 건물을 기준으로 하여 그 이용에 일반적으로 필요한 범위 내로 제한된다고 한다.[78] 원칙적으로 건물이 신축 또는 재축되는 때에는 새로운 건물을 위한 약정지상권을 설정하여야 한다. 그러나 건물 신축 당시의 토지 소유자와 달리 낙찰자는 건물 신축이 자신에게 유리하다고 여기고 이를 용인한 사람이 아니므로, 건물 소유자와 낙찰자 사이의 지상권 갱신 내지 변경을 위한 교섭이 낮은 거래비용으로 이루어지리라고 볼 근거가 없다. 낙찰자는 이를 기화로 더 높은 이익을 취하려 할 것이고, 이러한 지대추구행위는 그 자체 비용을 유발한다. 그 부담이 상당히 클 때에는 건물 소유자가 효율적인 신축 · 재축과 같은 투자를 포기하게 될 수 있다. 그런데 사전적으로는, 저당권자에게는 담보가치만 확보되면 되고, 신축 · 재축이 반드시 이를 침해한다고 할 수 없으므로, 법정지상권을 인정하는 것이 효율적이다. 그러므로 종래의 지상권을 신건물에 연장하여, 사후에 낙찰자 등이 재교섭을 통하여 부를 재분배하려는 유인을 차단함이 바람직하다.[79] [80]

그러나 항상 그렇다고 할 수는 없다. 당사자들로 하여금 명시적으로 의사를 밝히도록 하면 분명할 것을, 건물의 규모, 종류가 외형상 예상 가능한지, 건물과 토지에 공동저당권이 설정되었는지, 신축 건물에 대하여 같은 순위의 공동저당권을 설정해 주기로 하였는지와 같은 행태로부터 '추단'하는 것은 제3자, 가령 낙찰자 등의 거래비용을 증가시킬 수 있다.[81] 나아가 당사자들이 위와 같은 일률적인 규율

---

78) 대법원 1991. 4. 26. 선고 90다19985 판결(공1991, 1495) 등.

79) 한편, 이러한 관점에서 보면, '범위'까지 구 건물에 준하도록 한 판례 법리에는 다소 문제가 있다. 저당권자가 파악한 담보가치가 유지되는 한, 건물의 위치와 형태는 문제되지 아니하고, 이를 제약하는 경우 오히려 최적의 투자를 제약할 수 있기 때문이다(양창수, 1992). 그러나 구 건물의 부지로 이용되고 있던 부분 이외에 나머지 부분이 이미 토지 소유자 등에 의하여 이용되고 있었다면, 신건물도 이를 존중하여야 할 것이다.

80) 우리 법은 담보 목적물이 멸실되거나 기타 담보물권이 소멸하고 그에 갈음하여 다른 권리가 생긴 경우 담보물권의 효력을 그 대위물로, 그 순위를 유지한 채 이전하는 이른바 물상대위(物上代位, 민법 제342조)를 인정한다. 이러한 물상대위도 기본적으로 비슷한 고려, 즉 부(富)의 기회주의적 재분배 가능성을 차단하는 기능을 한다고 할 수 있다.

81) 실제로 법정지상권이 성립하는지 여부를 둘러싸고, 건물 소유자와 낙찰자 사이에 빈번하게 제기되는 소송은, 적어도 부분적으로는, 이러한 법적 규율의 불명확성과 관계가 있다고 생각된다.

에서 벗어나는 것이 더 효율적이라고 판단하는 경우에도 법정물권은 그러한 이탈을 허용하지 아니한다. 가령, 예외적으로 토지 소유자와 담보권자가 건물 신축은 허용하되, 저당권이 실행되는 경우 신축 건물을 따로 보호하지 아니하는 것이 그들에게 가장 이익이 된다고 판단하였다고 하자. 현행법은 그와 같은 담보권의 설정을 허용하지 아니한다.[82] 또 위 법정지상권의 요건에 관한 판례(주 77)에도 나타나 있듯이, "매수인이 매각대금을 다 낸 때까지 최소한의 기둥과 지붕 그리고 주벽이 이루어지는 등 독립된 부동산으로서 건물의 요건을 갖"추지 못하면 법정지상권을 취득하지 못하고, 오히려 낙찰자가 미완성 건물 부분까지 취득하게 된다. 투자 수준이 낮은 공사 초기 단계에서는 이러한 규율도 반드시 비효율적이라고 할 수는 없을지 모른다. 그러나 판례가 요구하는 수준은 상당히 높은 것이다. 이미 상당한 정도의 투자를 하였으나, 아직 위 수준에 이르지 못한 미완성 건물의 건축주로서는, 낙찰을 방해하면서 서둘러 공사를 진행시킬 유인이 있게 된다. 이로 인한 비효율은 미완성 건물을 위한 법정지상권이 인정되지 아니하여 생긴 것이다.

돌이켜보면 이러한 문제는 대부분, 토지 소유자가 자기 소유의 (현재 또는 장래의) 건물을 위한 지상권을 설정하는 것을 허용하여, 명시적으로 이용권을 설정할 수 있게 함으로써 피할 수 있었던 것들이다. 이는 법이 특정 재산권의 설정을 허용하지 아니하는 결과 거래가 불가능해져 생기는 비효율이라고 할 수 있다.

한편, 법정지상권이 인정되지 아니하는 경우 낙찰자로서는 건물 소유자 등에게 건물 철거를 구할 수 있다. 이때 건물 철거를 구할 수 없고, 건물부지로서의 이용을 감수하여야 한다면 저당권자로서는 채무자 기회주의의 위험이 커지므로 대출조건을 불리하게 변경하지 않을 수 없다. 이 점에서 건물부지로서의 이용을 감수할 필요가 없게 한 점 자체는 효율적이다. 문제는 이에 대하여 어떠한 구제를 부여할 것인가 하는 점이다. 철거청구를 허용하는 것은 말하자면 동의규칙에 의하여 보호하는 것과 같다. 그러나 저당권자의 입장에서는 건물 철거보다 그 존속이 더 유리한 경우도 적지 아니하다. 저당권자는 담보 목적물의 객관적 가치, 즉 교환가치에만 관심이

82) 물론, 저당권자에게 이른바 담보지상권을 설정해 줌으로써 건물 소유자의 법정지상권을 배제할 수는 있다.

있는데, 건물이 있는 쪽이 없는 쪽보다 가치가 높을 수 있기 때문이다. 이로 인한 잉여를 건물 신축에 투자한 사람과 나눈다면, 철거가 아닌 그 매수가 저당권자와 건물 소유자 모두에게 이익이 되는 경우도 생각할 수 있다. 그리고 이때 당사자가 쌍방독점에 있고, 어차피 건물 소유자로서는 철거까지도 감수하는 수밖에 없다는 점을 고려한다면, 저당권자에게 둘 중 어느 하나를 선택할 수 있도록 옵션을 부여하여도 좋을 것이다. 일괄경매청구권이 그러한 취지의 제도이다(민법 제365조).

한편, 판례는 일괄경매청구권이 인정되려면 저당권 설정자와 건물 신축자가 동일인이어야 한다고 한다.[83] 그러나 저당권 설정자와 건물 신축자가 다른 사람이라고 하여 일괄경매청구권을 부여하는 것이 효율적이라는 사정이 달라지지는 아니한다. 입법론으로는 양자가 다른 경우에도 이를 인정하여야 한다.[84]

(2) 담보물권의 순위

가. 담보 설정과 사해행위 취소

일반적으로 채무자는 특정 채권자를 위하여 자기 소유의 재산에 관하여 담보를 설정해 줄 수 있다. 이는 앞서도 설명한 바와 같이, 당해 채권자와 채무자 사이에서 그것이 효율적이고, 또 다른 채권자에 대한 관계에서도 적어도 부정적인 외부효과가 늘 발생하는 것은 아니라는 점에서 일응 정당화될 수 있다. 채무자와 채권자 사이에서 이러한 거래가 이익이 되는 한, 이러한 거래를 금지하는 법 정책은 그 집행이 매우 어려운 것이기도 하다.

그러나 담보 설정이 다른 채권자에게 명백히 부정적인 외부효과를 가하는 경우가 있다. 그 대표적인 예가 기존의 무담보채무에 대하여 별다른 대가 없이 나중에 새삼 담보를 설정해 주는 행위이다. 채무자에게 책임재산이 충분할 때에는 별 문제가 없다. 물론, 책임재산이 충분할 때에도 도산위험이 있을 수 있으므로, 이러한 담보 설정도 나머지 채권자들로부터 한 채권자로 재산(권)을 이전하는 효과를 가져오기는 한다. 그러나 이를 무효로 할 수 있게 할 때 드는 거래비용(담보거래를

83) 대법원 1999. 4. 20.자 99마146 결정(공1999, 1235).

84) 이것이 경제적으로는 앞서 본 타인 토지 위에 신축된 건물에 대하여 철거청구권 이외에 매수 옵션을 부여할 것인지의 문제의 연장선상에 있음은 어렵지 않게 간취할 수 있다. 이러한 개정은 이전에도 논의된 바 있으나, 2004년 민법개정안에는 채택되지 못하였다(법무부, 2004, pp. 518ff.).

하려는 자의 주의비용)에 비하여 얻을 편익은 크지 아니하다. 그러나 채무자가 무자력에 이르렀을 때에는 외부효과가 분명해진다. 반면, 이미 이루어진 대출에 추가로 담보를 제공한다 하여 책임재산이나 장래의 현금흐름의 기댓값이 증가하는 것은 아니므로, 이는 효율을 증진시키지 아니하고 재분배만 노리는 담보거래가 분명하다. 우리 법은 이러한 담보 설정을 사해행위로 취소할 수 있도록 하고 있다(채권자취소권. 민법 제406조). 이는 사실상 비효율적인 담보거래를 금지하는 기능을 한다 (Adams, 1980; Harris and Mooney, 1994).[85]

그러나 기존 채무에 대하여 뒤늦게 담보를 설정해 주는 경우라 하더라도 그것이 새로운 차입을 위한 것일 때에는 예외적으로 담보거래를 허용함이 모든 채권자에게 더 유리하고, 따라서 효율적일 수도 있다. 판례는[86] "자금난으로 사업을 계속 추진하기 어려운 상황에 처한 채무자가 자금을 융통하여 사업을 계속 추진하는 것이 채무 변제력을 갖게 되는 최선의 방법이라고 생각하고 자금을 융통하기 위하여 부득이 부동산을 특정 채권자에게 담보로 제공하고 그로부터 신규 자금을 추가로 융통받았다면 특별한 사정이 없는 한 채무자의 담보권 설정 행위는 사해행위에 해당하지 않"는다 하여 이러한 담보거래를 취소의 대상에서 제외한다.

이처럼 담보거래의 효율성, 특히 무담보채권자에 대한 부정적인 외부효과의 문제는, 사해행위 취소 제도를 함께 고려하여야 비로소 제대로 평가될 수 있다.

나. 담보 목적물의 확장, 사전적 · 포괄적 양도담보와 소유권 유보의 우열

담보거래가 당사자에게 효율적인 이상, 채권자와 채무자는 그 가능성을 최대한 확장하려 하기 마련이다. 이는 법 · 제도가 특정 담보거래의 가능성을 명시적으로 인정하지 아니하는 경우에도 그러하다. 이와 관련하여 특히 장래 취득할 동산(및 채권)에 대한 담보가 주목된다.[87]

---

85) 대법원 2011. 12. 22. 선고 2011다84298 판결(공2012상, 168)은, 채무자가 채무 초과의 상태에 이미 빠졌거나 그러한 상태가 임박함으로써 채권자가 원래라면 자기 채권이 충분한 만족을 얻을 가능성이 현저히 낮아진 상태에서 이미 채무자 소유의 목적물에 저당권 기타 담보물권이 설정되어 있어 유치권의 성립에 의하여 저당권자 등이 그 채권 만족상의 불이익을 입을 것을 잘 알면서 자기 채권의 우선적 만족을 위하여 의도적으로 유치권을 성립시킨 경우 유치권자가 그 유치권을 저당권자 등에 대하여 주장하는 것은 신의칙에 반하여 허용되지 아니한다고 하는데, 이 또한 같은 취지라고 할 수 있다."

86) 대법원 2002. 3. 29. 선고 2000다25842 판결(공2002상, 981).

87) 부동산에 관하여도 이러한 제도가 필요할 수 있다. 그러나 현행법상 약정 부동산 물권은 오로지 등기로 공시되고, 등기부는 현존하는 부동산에 한하여 개설되므로, 이러한 담보는 설정될 수 없다. 그럼에도 불구하고 거래실무상으로는 이른바 후취담보(後取擔保) 약정이 흔히 행해지고 있고, 이 약정에 따른 순위를 확보하기 위하여 종종 가

물권은 현재 존재하는 물건에 대한 권리이므로, 장래 취득할 권리에 대한 담보물권은 이론적으로 문제가 없다고 할 수 없다. 그러나 장래 취득할 권리에 대한 물권이 인정되지 아니한다 하더라도, 거래 당사자는 이를 대체할 수단을 개발해 내곤 한다. 특히, 채무자의 기회주의를 방지하기 위하여 장래 영업상 취득할 모든 재산에 대하여 포괄적으로 담보를 설정하는 예가 종종 보인다. 이러한 거래가 상당히 자주 행해진다면 아예 금지하기보다는 정면에서 이를 규율하는 것이 오히려 거래비용을 줄이는 길일 수 있다.[88)]

가령 개업자금을 대출받으면서 장래 영업상 취득할 모든 동산 및 채권에 대하여 포괄적으로 담보를 설정해 준 경우, 원료 내지 상품을 공급받는 과정에서 소유권유보부 매도인의 권리와의 사이에 어느 것이 우선하는가가, 각국에서 입법론 또는 해석론으로 다투어지고 있다. 나라마다 그 태도가 같지는 아니하지만, 장래 취득할 재산의 담보를 인정하는 한, 소유권유보부 매도인의 권리를 소유권유보매매보다 먼저 행해진 영업자금 신용제공자의 권리보다 우선하거나, 적어도 포괄적 · 사전적 담보의 범위를 제한하는 경향이 간취된다(제철웅, 2003 참조).

이 점은 다음과 같이 설명할 수 있다. 원료 내지 상품을 공급받으면서 그 대금을 지급할 때까지 공급물품의 소유권을 유보하는 경우, 채무자의 기회주의의 가능성은 생각하기 어렵다. 반면, 영업자금을 대출한 자로서는, 이러한 원료 내지 상품에 대해서까지 포괄적 담보물권이 미치는 경우, 채무자에게 추가로 신용을 제공할 수 있는 지위를 자신이 독점하게 된다. 그는 이를 이용하여 채무자에게 불리한 조건을 강제할 수 있다. 그러나 적어도 이 단계에서 그의 신용 제공이 가장 효율적이라고 볼 근거는 없다. 오히려 사회적으로는 비효율적일 수도 있다. 따라서 소유권유보를 우선하거나, 적어도 포괄적 담보를 제한함으로써 채무자에게 원료 등 매도인의 신용과 비교하여 보다 나은 쪽으로부터 신용을 제공받을 수 있게 하는 것이 더 나을 수 있다는 것이다(Jackson and Kronman, 1979).[89)]

처분 등기를 통한 보존등기 등의 경쟁이 이루어지기도 한다.

88) 장래 취득할 권리에 대한 담보와 관련하여 특정성을 유지하고, 특정 가능성만으로 성립을 인정하여서는 아니 된다는 견해가 있다(제철웅, 2003). 이 견해의 핵심적인 논거는 특정 가능성만으로 성립을 인정하는 경우 복잡한 조정 문제가 생긴다는 것이다. 이는 법 · 제도의 설계와 운용에 드는 비용을 중시한 것이다. 그러나 권리금의 예에서 보듯, 법 · 제도적인 뒷받침을 거부한다 하더라도 거래상 필요가 있으면 거래는 –더러는 매우 빈번하게– 행해진다.

89) 이러한 설명은 법정담보물권으로서 사실상 최우선순위를 보장받는 유치권에 대하여도 타당할 수 있다. 담보 목적

(3) 소결

담보거래는 당사자들 사이에서는 기회주의의 위험 내지 비용, 사용가치의 사장으로 인한 비용, 등기 등 제도 운영 비용의 총합을 최소화하고, 무담보채권자에 대하여는 부정적인 외부효과가 지나치게 크게 발생하지 아니하도록 함으로써 효율적이 될 수 있다. 담보법의 여러 제도가 그러한 목적하에 설계되고, 운영되어 왔으나, 여전히 개선이 필요한 부분도 있다.

4. 결론

재산권 경제학은 재산권을 잘 설정하는 것이 경제 주체로 하여금 더 효율적으로 행동하게 하는 데 중요하다고 주장한다. 이는 거시적인 차원에서 가령 법치주의가 확립되어 있을 때 한 나라의 경제적 성과가 개선되고 경제성장도 가능하다는 등의 논의로 이어질 수도 있지만, 미시적인 차원에서 개별 실정법의 제도가 당사자의 전형적인 또는 개별적인 상황에 따라 적절한 유인 체계를 제공할 때 당해 제도에 관한 사회적 비용이 감소하고 효율적인 투자와 거래가 촉진된다는 논의로 이어질 수도 있다. 이 글에서는 우리 물권법(property law)의 몇몇 제도 내지 법리, 가령 점유침탈과 일조방해, 취득시효, 권리남용, 등기의 공신력, 점유질의 원칙과 동산양도담보, 저당권과 법정지상권, 담보거래와 사해행위 취소 제도, 사전적 · 포괄적 담보 설정의 한계 내지 소유권 유보와의 우열 등을 이러한 관점에서 분석해 보았다. 특히, 소유권법에 관하여는 효율적인 투자의 유인과 거래비용의 절약에, 담보법에 관하여는 주로 채무자의 기회주의의 방지 및 당해 자원의 효율적 사용과 관계되어 있는 담보설정자와 담보권자 사이의 효율성(재산권적 접근)과 그것이 무담

물의 가치를 증가시키는 투자를 행한 사람에게 최우선순위의 담보물권을 부여함으로써 먼저 신용을 제공한 사람의 추가 신용 제공에 관한 독점적 지위를 어느 정도 배제할 수 있고, 이를 통하여 효율적인 추가 투자가 가능해진다는 것이다(이동진, 2010 참조).

보채권자에게 미치는 외부효과에 주목하였다.

효율성만이 지고(至高)의 가치는 아니다. 그러나 다른 사정이 같다면 보다 효율적인 제도가 바람직하다는 데에도 이론(異論)의 여지가 없다. 또한, 이 글에서도 몇 차례 확인한 바와 같이, 특히 사적 자치가 지배하는 사법(私法)과 사적 거래에서 경제 주체는 법이 비효율적일 때에도 스스로 보다 효율적인 길을 찾아가기 마련이다. 법 · 제도도 이에 응하여 발전하곤 한다. 적어도 사법질서와 사법관계에서는 이러한 점이 매우 두드러져, 생각보다 많은 부분이 효율성의 관점에서 설명될 수 있다고 여겨진다. 이러한 관점에서 경제(학)적 사고는 물권법과 그 발전을 깊이 이해하는 데에도, 이를 분석하고 평가하며 그 대안을 모색하는 데에도 매우 유용한 방법 중 하나라고 할 수 있다. 이 글에서는 이러한 점을 가급적 법률가가 관심을 가질 만한 소재와 수준으로 보이고자 하였다.

이 글에는 여러 한계가 있다. 개개의 제도를 둘러싼 논쟁을 소개하고 분석하는 일이, 지면(紙面)의 제약과 우리 법과 판례를 대상으로 한 연구의 부족, 필자의 능력의 한계로 말미암아 일찌감치 배제되었다. 보다 아쉬운 점은 실증연구가 전혀 다루어지지 아니한 것이다. 어떤 제도와 어떠한 운용 방식이 나은 것인지를 직관적인 모형으로 확인할 수 있는 경우도 많겠지만, 실증연구를 통하여 뒷받침하거나 결론을 내리는 것이 바람직한 경우도 적지 아니하다. 그럼에도 실증연구 내지 그 소개가 제외된 것은, 본래 제도 일반도 그러하지만, 개별적인 사법(私法)제도, 특히 개개의 물권법 법리의 효율성을 평가하기는 매우 어려운 일이어서(Kessler and Rubinfeld, 2004), 아직까지 참고할 만한 선행연구가 많지 않았기 때문이다. 충분한 토론과 검증을 거치지 못하여 오류도 없지 않을 것이다. 많은 관심과 비판을 기대한다.

참고문헌

김성용 · 오수근, 「도산법의 법경제학」, 김일중 · 김두얼 편, 『법경제학 –이론과 응용』, 법경제학연구총서 II, 도서출판 해남, 2011, pp. 573-627.

김일중, 『법경제학연구 –핵심이론과 사례분석』, 입법평가 보고서 08-07, 한국법제연구원, 2008.

______, 「재산권의 법경제학」, 김일중 · 김두얼 편, 『법경제학 –이론과 응용』, 법경제학연구총서 II, 도서출판 해남, 2011, pp. 93-160.

김정호, 「공시 및 공신의 원칙에 대한 경제학적 분석」, 『한국민법의 경제분석(I)』, 규제연구시리즈 41, 한국경제연구원, 2003a, pp. 43-74

______, 「물권법정주의에 대한 경제학적 해석」, 『한국민법의 경제분석(I)』, 규제연구시리즈 41, 한국경제연구원, 2003b, pp. 11-42

박세일, 『법경제학』(개정판), 박영사, 2000.

박홍래, 『미국 재산법』, 전남대학교 출판부, 2004.

법무부 편, 『2004년도 민법(재산편) 개정 자료집 I』, 법무부, 2004.

손윤하, 「환경침해를 원인으로 한 민사소송에 관한 문제 –일조, 조망 및 생활소음 중심으로–」, 『저스티스』, 제81호, 한국법학원, 2004, pp. 120-152.

양창수, 「지상건물의 재건축과 법정지상권」, 『민사판례연구』, 제14권, 민사판례연구회, 1992, pp. 17-45.

윤진수, 「'악의의 무단점유와 자주점유'에 대한 소견」, 비교법실무연구회 편, 『판례실무연구[I]』, 박영사, 1997, pp. 377-382.

______, 「권리남용 금지의 경제적 분석 –토지 소유자의 지상물 철거 청구를 중심으로–」, 『민법논고 I』, 박영사, 2007a, pp. 84-123.

______, 「재산법과 비교한 가족법의 특성: 가족법의 이타성과 합리성」, 『민사법학』, 제36호, 한국민사법학회, 2007b, pp. 579-612.

______, 「법의 해석과 적용에서 경제적 효율의 고려는 가능한가」, 김일중 · 김두얼 편, 『법경제학 –이론과 응용』, 법경제학연구총서 II, 도서출판 해남, 2011,

pp. 1-44.

______,「혼인과 이혼의 경제학」,『법경제학연구』, 제9권 제1호, 한국법경제학회, 2012, pp. 35-69.

윤진수 · 이동진,「계약법의 법경제학」, 김일중 · 김두얼 편,『법경제학 -이론과 응용』, 법경제학연구총서 II, 도서출판 해남, 2011, pp. 189-251.

이동진,「'물권적 유치권'의 정당성과 그 한계」,『민사법학』, 제49-1호, 한국민사법학회, 2010, pp. 49-88.

______,「복합일영(複合日影)에 의한 일조방해(日照妨害)의 책임 -대법원 2010. 6. 24. 선고 2008다23729 판결(공2010하, 1420)-」,『민사재판의 제문제』, 제20권, 민사실무연구회, 2011, pp. 334-377.

정병호,「민법 개정안 제242조의 2(경계를 침범한 건축)에 관한 연구」,『재산법연구』, 제22권 1호, 法文社, 2005, pp. 37-88.

정형근,「교통방해와 영조물책임」,『인권과 정의』, 제380호, 대한변호사협회, 2008, pp. 144-162.

제철웅,「동산 및 채권 담보 제도의 개선방향: 특정성 또는 특정가능성 원칙의 선택」,『인권과 정의』, 제392호, 대한변호사협회, 2003, pp. 6-36.

조홍식,「상린관계의 법정책 -항공기소음을 글감으로 하여-」,『법학』, 제50권 3호, 서울대학교 법학연구소, 2009, pp. 285-335.

______,「유지청구 허용 여부에 관한 소고」,『민사판례연구』, 제22권, 민사판례연구회, 2000, pp. 29-88.

하양명,「임차권의 승계에 따른 권리금의 지급실태 -상가의 실태조사를 중심으로-」,『재판자료』, 제7집, 법원도서관, 1980, pp. 8-33.

허성욱,「권리남용법리에 관한 법경제학적 고찰(하)」,『법조』, 제55권 1호, 법조협회, 2006, pp. 206-244.

Adams, Michael, *Ökonomische Analyse der Sicherungsrechte: Ein Beitrag zur Reform der Mobiliarsicherheiten*, Königstein: Athenäum Verlag, 1980.

Anderson, Terry L. and Peter J. Hill, "The Race for Property Rights," *The Journal of Law and Economics*, Vol. 33, 1990, pp. 177-197.

Ayres, Ian, *Optional Law: the structure of legal entitlements*, Chicago: University of Chicago Press, 2005.

Baird, Douglas and Thomas Jackson, "Information, Uncertainty, and the Transfer of Property," *Journal of Legal Studies*, Vol. 8, 1984, pp. 299-320.

Barzel, Yoram, *Economic Analysis of Property Rights: Political Economy of Institutions and Decisions*, Cambridge: Cambridge University Press, 1989.

Bebchuk, Lucian Arye and Jesse M. Fried, "The Uneasy Case for the Priority of Secured Claims in Bankruptcy," *The Yale Law Review*, Vol. 105, 1996, pp. 857-933.

Calabresi, Guido and Douglas Melamed, "Property Rules, Liability Rules, and Inalienability: One View of the Cathedral," *Harvard Law Review*, Vol. 85, 1972, pp. 1089-1128.

Coase, Ronald H., "The Federal Communications Commission," *The Journal of Law and Economics*, Vol. 2, 1959, pp. 1-40.

______, "The Problem of Social Cost," *The Journal of Law and Economics*, Vol. 3, 1960, pp. 1-44.

Cooter, Robert D. and Thomas Ulen, *Law & Economics* (5th ed.), Boston: Pearson, 2008 (= 한순구 역 · 한성수 감수, 『법경제학』, 경문사, 2009).

Cordato, Roy E., "Time Passage and the Economics of Coming to the Nuisance: Reassessing the Coasean Perspective," *Campbell Law Review*, Vol. 20, 1998, pp. 273-292.

Demsetz, Harold, "Toward a Theory of Property Rights," *American Economic Review*, Vol. 57, 1967, pp. 347-359.

Fennell, Lee Anne, "Efficient Trespass: The Case for 'Bad Faith' Adverse Possession," *Northwestern University Law Review*, Vol. 100, 2006, 1037-1096.

Finkenauer, Thomas, *Eigentum und Zeitablauf –das dominium sine re im Grundstücksrecht*, Zugleich ein Beitrag zur Entstehungsgeschichte des BGB, Berlin: Dunker & Humblot, 2000.

Hansmann, Henry and Reinier Kraakman, "Property, Contracts, and Verification: The

Numerus Clausus Problem and the Divisibility of Rights," *Journal of Legal Studies*, Vol. 31, 2002, pp. 373-420.

Harris, Steven L. and Charles W. Mooney, Jr., "A Property-Based Theory of Security Interests: Taking Debtor's Choices Seriously," *Virginia Law Review*, Vol. 80, 1994, pp. 2021-2072.

Hromadka, Wolfgang, Die Entwicklung des Faustpfandprinzips im 18. und 19. Jahrhundert, Forschungen zur neueren Privatrechtsgeschichte, Köln · Wien: Böhlau Verlag, 1971.

Jackson, Thomas H. and Anthony T. Kronman, "Secured Financing and Priorities Among Creditors," *The Yale Law Journal*, Vol. 88, 1979, pp. 1143-1182.

Kessler, Daniel P. and Daniel L. Rubinfeld, "Empirical Study of the Civil Justice System," NBER Working Paper No. 10825, 2004.

Klöhn, Lars, "Private versus Public Enforcement of Laws – A Law & Economics Perspective," in Reiner Schulze (Hrsg.), *Compensation of Private Losses. The Evolution of Torts in European Business Law*, selier european law publishers, 2011, S. 179-198.

LoPucki, Lynn M., "The Unsecured Creditor's Bargain," *Virginia Law Review*, Vol. 80, 1994, pp. 1887-1965.

Merrill, Thomas W., "Trespass, Nuisance, and the Costs of Determining Property Rights," *Journal of Legal Studies*, Vol. 14, 1985, pp. 13-48.

Merrill, Thomas W. and Henry E. Smith, "What Happened to Property in Law and Ecnomics?," *The Yale Law Journal*, Vol. 111, 2001, pp. 357-398.

Miceli, Thomas J., "An Economic Theory of Adverse Possession," *International Review of Law and Economics*, Vol. 15, 1995, pp. 161-173.

______, *Economics of the Law: Torts, Contracts, Property, Litigation*, New York: Oxford, 1997.

Miceli, Thomas J. and C. F. Sirmans, "Time-Limited Property Rights and Investment Incentives," *The Journal of Real Estate Finance and Economics*, Vol. 31, 2005, pp. 405-412.

Modigliani, Franco and Merton H. Miller, "The Cost of Capital, Corporation Finance and the Theory of Investment," *American Economic Review*, Vol. 48, 1958, pp. 261-280.

Pitchford, Rohan and Christopher M. Snyder, "Coming to the Nuisance: An Economic Analysis from an Incomplete Contracts Perspective," *The Journal of Law, Economics, & Organization*, Vol. 19, 2003, pp. 491-516.

Polinsky, A. Mitchell, *An Introduction to law and economics*, Boston: Little Brown, 1983 (=송상현 · 정상조 공역, 『법경제학입문』, 경문사, 1984).

Posner, Richard A., *Economic Analysis of Law* (5th ed.), Gaithersburg, Maryland: Aspen Publishers, 1998(=정기화 역, 『법경제학(상)』, 자유기업원, 2004; 정기화 역, 『법경제학(하)』, 자유기업원, 2004).

Rizzolli, Matteo, "Building Encroachment," *Review of Law and Economics*, Vol. 5, 2009, pp. 661-700.

Schäfer, Hans-Bernd und Claus Ott, *Lehrbuch der ökonomischen Analyse des Zivilrechts* (4. Aufl.), Berlin · Heidelberg: Springer Verlag, 2005.

Schwartz, Alan, "Security Interests and Bankruptcy Priorities: A Review of Current Theories," *Journal of Legal Studies*, Vol. 10, 1981, pp. 1-37.

Shupack, Paul M., "Solving the Puzzle of Secured Transactions," *Rutgers Law Review*, Vol. 41, 1989, pp. 1067-1129.

Smith, Henry E., "Exclusion and Property Rules in the Law for Nuisance," *Virginia Law Review*, Vol. 90, 2004, pp. 965-1048.

Sterk, Stewart E., "Property Rules, Liability Rules, and Uncertainty about Property Rights," *Michigan Law Review*, Vol. 106, 2008, pp. 1285-1335.

Triantis, George G., "Secured Debt Under Conditions of Imperfect Information," *Journal of Legal Studies*, Vol. 21, 1992, pp. 225-258.

White, Michelle J. and Donald Wittman, "Optimal Spatial Location under Pollution: Liability Rules and Zoning," *Journal of Legal Studies*, Vol. 10, 1981, pp. 249-268.

von Randow, Philipp, Anpassugnslasten -Zugleich ein Beitrag zur ökonomischen Analyse des § 906 BGB, 1992 (Diss.).

Wittman, Donald, "First Come, First Served: An Economic Analysis of 'Coming to the Nuisance'," *Journal of Legal Studies*, Vol. 9, 1980, pp. 557-568.

______, "Optimal Pricing of Sequential Inputs: Last Clear Chance, Mitigation of Damages, and Related Doctrines in the Law," *Journal of Legal Studies*, Vol. 10, 1981, pp. 65-91.

제2부 법경제학의 주요 문제

Chapter 8 가족법의 법경제학

윤진수

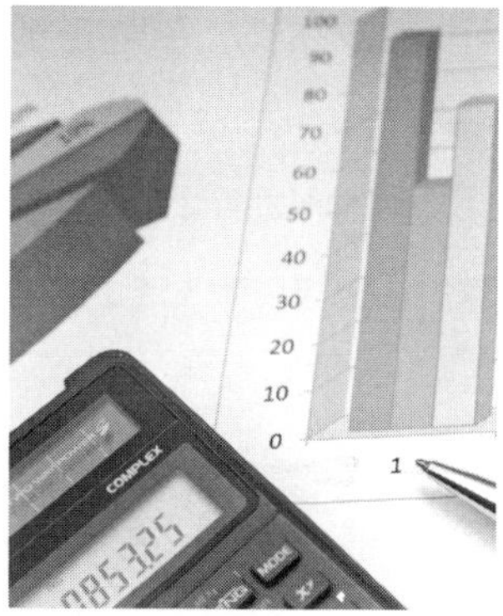

Chapter 8

가족법의 법경제학

1. 서론

다른 법분야에 비하여 가족법(Family Law)에 대한 법경제학적 연구는 많지 않은 편이다. 필자가 확인한 범위 내에서는 법경제학 개설서 가운데 가족법에 대하여 간략하게나마 다루고 있는 것이 3개 정도 있을 뿐이다.[1] 2000년에 나온 *Encyclopedia of Law and Economics*에는 혼인계약에 관한 글이 2편 실려 있고,[2] 비교적 최근의 문헌인 *Handbook of Law and Economics*는 가족법을 다루지 않고 있다.[3]

사실 종래에는 혼인이나 가족제도 그 자체에 대한 경제학적 연구 자체가 별로 없었고, 이 문제에 대한 관심은 베커(Becker)에 의하여 비로소 촉발되었다고 하여도 과언이 아니다.[4] 그럼에도 불구하고 외국에서는 그 동안 가족법에 대한 법경제학적 연구 성과가 어느 정도 축적되었다.[5] 그러나 아직도 이 문제에 관하여 다수의 지지를 받는 지배적인 의견이 확립되었다고 하기는 어렵고, 서로 상반되는 주장들

1) Posner(2003), pp. 145ff.; Dnes(2005), pp. 189ff.; Wittman(2006), pp. 218ff.
2) Brinig(2000b), Dnes(2000). Dnes(2011a)은 Dnes(2000)이 업데이트된 것이다.
3) Polinsky and Shavell, Eds.(2007).
4) Becker(1991).
5) 논문집으로서 Dnes and Rowthorn, Eds.(2002); Cohen and Wright, Eds.(2011)가 있다. Brinig, Ed.(2007)은 기존에 발표되었던 논문들을 모은 것이다. 그리고 법경제학적 방법론을 가족법에 응용하고 있는 연구서로는 Brinig (2000a), Carbone(2000) 등이 있다.

이 대립하고 있다. 특히, 뒤에서 보는 것처럼 이 문제에 관하여는 실증적인 조사 연구가 필요한데, 그 결과에 대하여도 서로 다른 해석이 존재한다. 그러나 경제학적으로 볼 때 가족법의 어떤 부분에 대하여 연구가 필요한지에 관하여는 대체로 의견이 모아진 것으로 보인다. 다른 한편, 국내에서는 이에 관한 그 동안의 연구는 거의 없다고 하여도 과언이 아니다.[6] 더군다나 실증적인 연구는 거의 찾아볼 수 없었다.

이하에서는 이러한 그 동안의 연구를 바탕으로 하여, 혼인과 이혼에 대하여 법경제학적으로 분석하여 보고자 한다. 그러나 현실적으로는 국내의 연구가 부족한 상황에서 주로 영미에서의 논의에만 의존할 수밖에 없었다. 뒤에서 보는 것처럼 현재 영미법상의 이혼제도는 유책주의에서 파탄주의로 바뀌었고, 가족법에 대한 경제학적인 연구도 이러한 변화 때문에 활성화된 측면이 있다. 그런데 우리나라에서는 아직도 유책주의가 유지되고 있으므로 영미의 경우와는 차이가 있다. 그러나 필자의 견해로는 우리나라에서도 유책주의에서 파탄주의로의 변화는 필요하기 때문에 영미에서의 논의를 소개하는 것도 많은 도움이 되리라고 생각한다. 이 밖에 부분적으로는 프랑스와 독일의 자료도 참고로 하였다. 그리고 우리나라의 제도를 법경제학적인 관점에서 어떻게 이해해야 할 것인가에 대하여도 언급하였다.

이 글의 구성은 다음과 같다. 우선 제도로서의 가족의 기능과 가족에 관한 법률 문제를 규율하는 가족법의 기능에 대하여 살펴본다. 이러한 기능에 대한 이해가 전제되어야만 혼인과 이혼제도의 법경제학적 의미를 제대로 파악할 수 있다. 그리고 혼인을 계약, 그 중에서도 계속적 · 관계적 계약으로 파악하고, 이러한 관점에서 당사자 사이의 기회주의적인 행동을 어떻게 방지할 것인가, 혼인계약 위반에 대하여 어떠한 구제수단이 적합한가 하는 점을 생각하여 본다. 그리고 혼인의 해소수단으로서의 이혼법을 어떻게 구성하는 것이 경제적인 관점에서 효율적인가를 따져 본다.

6) 강신일(2010) 정도가 눈에 뜨일 뿐이다. 또한 안태현(2008)도 이에 관한 미국의 실증연구를 간략하게 소개하고 있다.

2. 가족의 기능과 가족법의 기능

1) 가족의 기능

(1) 가족의 순기능과 역기능

이른바 구조기능주의의 관점에서는 제도로서의 가족은 일반적으로 다음과 같은 기능을 가진다고 보고 있다. 즉, 성행위의 규제, 사회 구성원의 재생산, 자녀의 양육과 사회화, 사회적 보호와 정서적 지원, 사회적 정체 부여와 지위 귀속, 경제적 기능 등이다.[7] 이를 좀더 자세히 살펴본다. 우선 종래 성행위는 부부 사이에서만 허용되는 것으로 보았고, 부부 이외의 사람이 성행위를 하는 것은 허용되지 않거나 또는 제재를 받았다. 그리고 출산에 의하여 자녀를 재생산하고 양육하며 사회화하는 것은 예나 지금이나 가족의 핵심적인 기능이라고 할 수 있다. 가족의 사회적 보호 기능은 가족의 구성원이 병이나 장애 또는 고령 등의 사유로 스스로 자신의 문제를 해결할 수 없을 때 다른 가족이 이러한 사람을 보호하는 기능을 한다는 것을 말한다. 다른 한편, 어떤 사람이 어떤 가족에 속하였는가는 그 사람의 사회적 정체 부여와 지위 귀속에서 중요한 의미를 가진다. 그리고 경제적 기능으로서는 우선 가족들이 함께 협력하여 농업에 종사하거나 또는 가게를 경영하는 것과 같은 생산적 기능을 들 수 있다. 뿐만 아니라 가족들의 경제적 필요를 충족시킴에 있어서 가족 구성원들이 가사를 분업한다는 것도 중요한 기능이다. 종래 많이 예로 들었던 것은 가령 남편이 돈을 벌어 오는 대신 아내는 전업주부로서 자녀를 양육하고 가사노동을 전담한다는 것이다.

그런데 근래에는 이른바 갈등이론 또는 여성주의(feminism)적인 관점에서 이러한 구조기능주의적인 설명을 비판하는 주장이 늘어 가고 있다. 이에 따르면 가족관계에서는 남녀가 불평등하고, 남편이 아내를 억압한다는 것이다.[8]

7) 김경동(1997), pp. 217-218 참조.
8) Abbott, Wallace, and Tyler(2005), pp. 147f.; Giddens, Duneier, Appelbaum, and Carr(2009), pp. 464f. 등 참조.

그러나 이러한 두 가지 관점 중 어느 한 가지가 맞고 다른 한 가지는 틀리다고 이분법적으로 생각할 필요는 없다. 가족제도가 이제까지 존속하여 온 것은 앞에서 열거한 순기능을 수행하고 있기 때문이라고 할 수 있다. 그러나 그렇다고 하여 가족이 이러한 순기능만을 수행하는 것은 아니고, 가족 구성원들 사이에서는 한 사람의 행동으로 인하여 다른 사람이 고통을 겪는 일도 자주 발생한다. 가정폭력(domestic violence)과 같은 것은 그 극단적인 예라고 할 수 있다. 그러므로 가족법의 목적은 가족의 순기능을 조장하고, 역기능을 억제하며, 불가피한 경우에는 가족관계를 해소시키는 데 있다고 할 수 있다.

(2) 가족의 기능 변화

그런데 이러한 가족의 기능도 시대에 따라 변화하여 왔다. 특히, 현대에 이르러서는 가족의 기능 내지 순기능이 점차 약화되는 경향이 있다. 먼저 성행위는 더 이상 부부 사이에서만 이루어져야 한다고 보지 않게 되었다. 이는 피임 기술의 발달로 인하여 성관계가 반드시 출산으로 이어지지 않는다는 점과도 관계가 있다고 생각된다. 그리고 자녀의 출산과 양육이 가족의 핵심적인 기능이라는 것은 예전과 마찬가지이지만, 여기에도 변화가 없지 않다. 오늘날에는 어린이집이나 유치원과 같이 부모의 양육을 도와 주는 시설도 늘어나고 있고, 사회화의 기능도 학교와 같은 교육기관이 상당 부분을 담당한다. 또한 가족의 사회적 보호 기능 내지 부양적 기능은 오늘날 국가의 사회보장 기능이 증대함에 따라 상대적으로 줄어들게 되었다. 가족의 생산적 기능도 가정과 일터가 분리됨에 따라 오늘날은 그다지 의미를 가지지 못한다. 다른 한편, 남편과 아내의 역할 분담도 이전처럼 현저하지는 않다. 현대에는 여성도 직업을 가지고 가사노동 외의 다른 일을 맡는 것이 흔하기 때문이다.

이처럼 가족의 기능이 약화됨에 따라 가족제도가 각 개인에게 가지는 중요성도 줄어들게 되었다. 현재 혼인이 줄어들고, 이혼이 늘어나는 현상이 나타나게 된 것도 이처럼 가족제도의 중요성이 줄어든 때문이라고 설명할 수도 있다. 그리하여 과거에는 가족 구성원보다는 가족 그 자체의 성립과 유지가 더 중요하다고 하는 인식이 지배적이었던 반면, 근래에는 가족 구성원 개개인의 행복 내지 복리를 더 중요시하는 경향이 늘어나고 있다.

2) 가족법의 기능

그러면 가족법은 어떠한 기능을 하는가? 아주 단순화시켜서 말한다면, 가족법의 기능은 가족관계의 승인 기능과 분쟁 해결 기능 두 가지로 나누어 볼 수 있다.[9] 첫째, 가족법은 다양한 생활관계 가운데 특정한 것만을 법률적으로 보호받을 수 있는 가족관계로 승인하고, 나아가 그 가족관계의 내용도 결정한다. 이러한 승인 기능은 법이 어떠한 관계를 가족관계로서 보호할 것인가의 전제가 될 뿐만 아니라, 사회적 승인의 전제가 되어, 일반인에게도 행동규범의 기초가 된다.

가족법의 분쟁 해결 기능은 가족 구성원들 사이에 분쟁이 생긴 경우에 이를 해결하는 기능이다. 이혼, 가정폭력 또는 파양과 같은 것이 그 주된 예라고 할 수 있다. 그런데 가족 사이의 분쟁 해결은 그 방법에서 그렇지 않은 사람들 사이의 분쟁 해결과는 차이가 있다. 이에 대하여는 뒤에서 다시 언급한다.

이 글에서 다루고자 하는 것은 주로 가족법의 분쟁 해결(또는 그 예방) 기능에 관한 것이다. 이는 앞에서 언급한 가족의 기능 변화와도 관련이 있다. 종전에는 가족의 기능이 개인에게 매우 중요하였고, 따라서 국가나 사회에서도 가족 그 자체의 유지에 주로 관심을 기울였고, 가족 구성원들 사이의 분쟁 해결은 부차적인 문제였다고 할 수 있다. 그러나 현대에 이르러서는 가족의 기능이 약화됨에 따라 가족 구성원들의 행복 내지 복리가 보다 중요한 문제로 떠올랐고, 따라서 가족법에서도 이러한 관점에서 사전에 가족 구성원들 사이에 분쟁이 생기지 않도록 하고, 생긴 경우에는 구성원들의 복리가 최대화되거나 아니면 그에 대한 피해가 최소화될 수 있는 방향으로 해결하여야 한다는 것이다.

9) 이는 회사법의 기능과 비교할 수 있다. Armour, Hansmann, and Kraakman(2009), p. 35는 회사법의 기능으로 회사 형태의 구조와 이를 유지하는 데 필요한 관리 규칙을 설정하는 것과, 회사 구성원, 즉 지배주주나 경영자 등 내부인(insiders)과 소수 주주 및 채권자 등 외부인(outsiders) 간의 이익충돌(conflict of interests)을 조정하는 것의 두 가지를 들고 있다.

3. 혼인

1) 계약으로서의 혼인

우선 혼인(법률혼)의 개념을 정의할 필요가 있다. 일반적으로는 혼인이란 법률적으로 승인된 남녀의 생활공동체적 결합관계라고 정의된다.[10] 그러나 여기서 법률적으로 승인되었다는 말의 의미는 다소 모호하다. 논자에 따라서는 법률뿐만 아니라 도덕 또는 관습에 의하여 정당한 남녀의 결합관계이어야 한다고 하나, 이는 혼인의 자유라는 측면에서는 받아들이기 어렵다. 실제적인 문제는 혼인과 사실혼을 개념적으로 어떻게 구별할 것인가 하는 점이다. 법적인 의미에서의 혼인, 즉 법률혼 아닌 사실혼도 오늘날에는 법적으로 승인되어 있다고 말할 수 있다. 그러므로 여기서는 혼인을 당사자 일방의 의사표시만으로는 해소될 수 없는, 법률적으로 승인된 남녀의 생활공동체적 결합관계라고 정의하고자 한다.[11] 이러한 정의의 의미에 대하여는 아래에서 다시 살펴본다.

혼인은 양 당사자 사이의 의사의 합치에 이루어진다. 민법 제815조 제1호는 당사자 간에 혼인의 합의가 없는 때에는 혼인은 무효로 한다고 규정하여 이 점을 명백히 하고 있다. 따라서 혼인은 계약으로서의 성질을 가진다.[12] 그런데 미국에서는 혼인에 계약으로서의 성질을 인정할 것인가에 관하여 논쟁이 있다.[13] 전통적인 견해는 혼인에 따른 권리와 의무 등은 국가의 법률에 의하여 규정되고 당사자들에 의하여 발생하는 것은 아니므로 혼인은 계약(contract)이라기보다는 신분(status)이라고 한다. 이 견해는 혼인으로 인한 당사자의 의무를 특정할 수 없다는 점을 강조한

10) 김용한(2003), p. 98; 신영호(2010), p. 82 등.
11) 이른바 동성혼인(same sex marriage) 또는 동성결합(same sex partnership)에 대하여도 경제적으로 분석할 필요가 있으나, 이 글에서는 다루지 않는다. 이에 대하여는 Rowthorn(2002), pp. 149-153 참조. 그는 결론적으로 이성애자에 대하여는 혼인을 인정하는 한편 동성애자에 대하여는 등록된 파트너십(registered partnership)이라는 별개의 제도를 인정하는 것이 바람직하다고 보고 있다.
12) 이경희(2008), pp. 41-42.
13) Hillman(1997), pp. 79ff.가 이에 대한 논의를 비교적 상세하게 소개하고 있다. 또한 Katz(2003), pp. 35ff. 참조.

다. 최근에는 혼인을 계약으로 파악하는 것은 혼인 당사자, 특히 여성의 보호에 불충분하다거나, 자녀에게 불리한 결과가 생길 수 있다는 점을 주장한다.[14)]

그러나 이러한 점이 혼인을 계약으로 파악하는 데 장애가 되는 것은 아니다. 계약의 당사자가 구체적으로 어떠한 행동을 해야 할 의무가 있는지를 사전에 확정하지 못한다는 점은 근로계약이나 조합계약과 같은 다른 계약에서도 찾아볼 수 있는 것으로서, 이는 아래에서 보는 것처럼 혼인이 계속적 · 관계적 계약의 성질을 가진다는 점에서 충분히 설명할 수 있다.[15)] 그리고 계약이 당사자 일방에게 지나치게 부당하거나, 또는 제3자에게 부정적인 외부효과(negative externalities)를 미칠 때에는 계약의 자유는 제한될 수 있고, 이 점에 관하여는 혼인도 예외가 아니다. 혼인관계가 제3자에게 부정적 외부효과를 미치는 대표적인 예로서는 이혼으로 말미암아 자녀들이 피해를 입게 되는 것을 들 수 있다.[16)]

독일에서도 1900년에 시행된 독일 민법에서는 혼인을 당사자의 의사와는 독립된 강행적 도덕질서(zwingende sittliche Ordnung)라고 파악하였으나, 몇 차례의 법 개정을 거치면서 현재에는 이를 계약으로 파악하는 데 별다른 논란이 없다고 한다.[17)]

2) 혼인계약의 계속적 · 관계적 성격

혼인계약은 계속적 계약(long-term contract; dauerndes Vertragsverhältnis) 또는 관계적 계약(relational contract)으로서의 성격을 가지고 있다. 우선 계속적 계약 내지 계속적 계약관계란 일시적 계약과 대비되는 것이다. 일시적 계약은 급부의 실현(계약의 이행)이 어느 시점에서 단번에 행해지는 것인 데 반하여, 계속적 계약은 급부의 실현이 어느 기간 동안 계속해서 행해지는 것으로서 급부의 실현이 '시간적인 계속성'을 가진다고 한다. 임대차, 고용, 위임, 조합 계약 등이 계속적 계약의 전형적인 예이다. 이러한 계속적 계약에 기한 계속적 채권관계의 특질로서는 시간적인 한계

14) Brinig(2000a), pp. 130f. 등. Brinig는 혼인은 계약이라기보다는 법 아닌 개인과 사회 조직에 의하여 집행되는 서약(誓約, covenant)이라고 한다.
15) Cohen(1987), pp. 56ff.; Scott and Scott(1998), pp. 1233ff. 등. 또한 Cohen(2002), pp. 10-11 참조.
16) 이 문제에 대하여는 제4절 3)항 참조.
17) Hofer(2005), pp. 1ff. 참조.

가 존재하고, 당사자 간의 상호 신뢰성이 강하게 요구되며, 장기간의 계약기간 동안에 사정이 변동되므로 사정변경의 원칙이 적용될 필요성이 크다는 점[18] 및 경제적 약자를 보호할 필요성이 있다는 점 등을 든다. 그리고 일방에 의한 계약의 종료사유로는 일반적으로 계약관계를 소급적으로 소멸시키는 해제(Rücktritt)가 아닌 장래에 향하여서만 계약의 효력을 상실시키는 해지(Kündigung)가 인정된다.[19]

다른 한편, 최근 미국에서는 이러한 장기계약과 유사하지만 다소 구별되는 것으로서 관계적 계약(relational contract)이라는 개념이 주장되고 있다. 이 개념을 간단히 설명하기는 쉽지 않지만, 대체로 계약에서 교환되는 재화 외에 계약 당사자들 사이의 관계도 중요하다는 것이 핵심적인 내용으로 보인다. 이 개념의 주창자인 맥네일(MacNeil)에 따르면, 고립된 계약(discrete contract)[20]의 경우에는 당사자들 사이에 하나의 재화 교환 외에는 아무런 관계가 존재하지 않는 데 반하여, 관계적 계약의 경우에는 재화의 교환 외에도 관계가 포함된다고 한다. 그는 예를 들어 이를 설명하고 있는데, 가령 고속도로 옆의 주유소에서 기름을 구입하는 경우에는 당사자들 사이에 과거의 관계도 없고, 미래의 관계도 없을 것이며, 현재의 관계는 그 기간이 짧고, 범위도 제한되어 있다고 한다. 반면, 혼인관계는 고립된 거래의 연속이 아니라 과거에 일어났던 것과, 현재 벌어지고 있는 것 및 앞으로 일어날 것으로 예상되는 것으로 이루어져 있다고 한다.[21]

맥네일은 관계적 계약의 특징을 여러 가지 열거하고 있는데, 특히 이 글의 주제와 관련하여 중요하다고 생각되는 것들로는 다음과 같은 것이 있다. 즉, 인격적 개입의 면에서는 전인격적이고, 무제한적이며, 독특하고, 양도될 수 없다; 만족의 대상 면에서는 경제적인 것과 함께 복잡한 인간관계도 대상이 되고, 비경제적인 만족도 매우 중요하다; 교환 및 기타의 요소는 금전으로 환산하거나 측정하기가 어렵다; 사회경제적 지원은 외재적인 것뿐만 아니라 관계 내재적인 것도 포함된다; 시간적인 지속의 면에서는 장기간이고, 확정적인 시기(始期)도 없고, 당사자의

18) 민법 제286조와 제628조는 지상권의 지료와 임차권의 차임에 관하여 경제사정이 변동된 때에는 그 증감을 청구할 수 있다고 규정하고 있다.

19) 김증한 · 김학동(2006), pp. 17-19; 김대정(2007), pp. 18-21 등.

20) 일본과 우리나라에서는 이를 단발적(單發的) 계약이라고 번역하기도 한다. 內田 貴(1990), pp. 150-151; 김재완(2011), p. 154 등.

21) MacNeil(1974), pp. 720-721. 또한 Campbell, Ed.(2001), pp. 134-135 참조. 관계적 계약이론을 비교적 자세히 언급하고 있는 국내의 문헌으로는 김재완(2011)이 있다.

사망 외에는 종기(終期)도 없다; 관계의 출발과 종료는 점진적인 경우가 많고, 개별적인 관계에의 진입은 출생에 의하여, 관계의 종료는 사망에 의하여 이루어질 수도 있다; 계획의 제1차적 초점은 교환 대상 그 자체보다는 관계의 구조와 과정에 있다; 계획은 구속력을 가질 수도 있지만, 어느 정도는 잠정적이다; 계약의 성립 후에는 관계의 성공은 전적으로 이행과 장래의 계획에 있어서의 협력에 전적으로 의존한다; 이익과 부담은 분할하지 않고 공유한다; 의무와 제재는 특정되지 않고, 측정할 수 없으며 위반이 종료를 가져오지 않는 한 복구적이고, 다만 종료시에는 본질적으로 거래적(transactional)[22]이다; 이타적인 행동이 기대된다.[23]

이러한 관계적 계약은 반드시 계속적 계약(long-term contract)과 일치하는 것은 아니지만,[24] 많은 경우에는 양자가 겹친다. 다만 계속적 계약 개념은 주로 시간적인 지속을 중요시하는 반면, 관계적 계약 개념은 당사자들 사이의 관계를 중요시한다는 점에서 관점의 차이가 있다고 할 수 있다. 다른 한편, 관계적 계약의 개념을 당사자들이 중요한 계약의 내용을 잘 정의된 의무로 환원할 수 없다는 것으로 정의하는 경우도 있다. 이 견해에서도 관계적 계약과 계속적 계약은 구별된다고 한다.[25]

어쨌든 관계적 계약의 개념을 어떻게 정의하든지, 계속적 계약과의 관계를 어떻게 구별하는지 여부에 관계 없이 혼인계약은 계속적 계약과 관계적 계약의 특성을 모두 갖추었다고 할 수 있다.[26] 즉, 혼인은 원칙적으로 당사자 일방이 사망할 때까지 계속되는 것을 목적하고 있고, 인격적 개입의 면에서는 전인격적이고, 무제한적이다. 또한 혼인은 경제적인 것보다는 매우 복잡한 인간관계가 주된 내용이 된다. 그리고 혼인관계의 유지를 위하여는 외재적인 제재보다는 관계 자체에서 나오는 것이 중요하다. 나아가 혼인에서의 제1차적인 초점은 혼인관계를 어떻게 맺고 유지하는가에 달려 있다. 다른 한편, 혼인관계의 유지를 위하여는 부부의 협력이 필수적이고, 혼인의 이익과 부담은 공유하여야 한다. 마지막으로 혼인계약에서

22) 맥네일은 많은 경우 '거래적'(transactional)이라는 용어를 고립된 계약의 특성을 가리키는 것으로 사용한다.
23) MacNeil(1974), pp. 738-740. 또한 Campbell, Ed.(2001), pp. 196-199.
24) Eisenberg(2000), p. 814는 기간이 장기간이라는 것만으로 계속적인 계약이라고는 할 수 없고, 반대로 2주간의 방리모델 계약이나 하루 동안의 사진사와 사진 모델 간의 계약도 관계적 계약일 수 있다고 한다. 또한 內田 貴(1990), pp. 162ff. 참조.
25) Goetz and Scott(1981), p. 1091.
26) Scott and Scott(1998) 참조. 앞에서 본 것처럼 맥네일도 관계적 계약의 전형적인 예로서 혼인을 들고 있다.

발생하는 의무는 구체적으로 특정하기 어렵고, 의무와 제재는 이혼하게 되는 상태에 이르지 않는 한 별다른 의미가 없으며, 부부 상호간에는 이타적인 행동이 기대된다.

3) 혼인에서의 기회주의

그런데 이러한 혼인계약의 특성 때문에 혼인관계에서는 기회주의의 문제가 심각하다. 즉, 혼인계약은 장기간에 걸친 계속적 · 관계적인 계약으로서, 부부 사이의 협력 내지 신뢰가 매우 중요하다. 여기서 부부 사이의 협력과 신뢰는 보통 말하는 애정에 기반을 둔 것이라고 할 수도 있고, 다른 말로는 이른바 호혜적 이타주의(reciprocal altruism)의 발로라고 할 수 있을 것이다. 호혜적 이타주의란 한 사람이 다른 사람을 도우면, 나중에 도움을 받은 사람이 도움을 준 사람을 도울 수 있고, 따라서 처음에 도움을 준 사람도 나중에 도움을 받은 사람으로부터 도움을 받을 수 있다는 것을 예상하면서 도움을 준다는 것이다. 부부 간의 관계는 이러한 호혜적 이타주의가 지배하는 전형적인 사례라고 할 수 있다. 부부가 서로 도와야 하는 협조 의무를 부담한다는 것은 당연한 것으로 받아들여진다. 민법 제826조 제1항은 부부는 동거하며 서로 부양하고 협조하여야 한다고 규정하고 있다. 그런데 이 경우에 부부 일방이 다른 사람을 부양하고 협조할 때 상대방이 그에 직접적으로 상응하는 부양과 협조를 하여야 할 의무가 있는 것은 아니지만, 적어도 일방은 상대방이 그와 같이 행동할 것을 기대한다고 할 수 있다.[27)]

그런데 이처럼 신뢰와 협조가 필요한 혼인관계에서는 일방이 이타주의적으로 행동하는 데 반하여 다른 일방은 기회주의적으로 행동할 가능성이 항상 존재한다. 가령 남편이 변호사(또는 의사)가 되기 위하여 공부를 하는 동안 아내가 직장생활을 하면서 뒷바라지를 하였는데, 그 후 변호사(또는 의사)가 된 남편이 아내를 버리고 다른 여자와 혼인하는 경우를 생각해 볼 수 있다.

이러한 당사자의 기회주의적 행동을 억제하는 것은 혼인과 이혼법에서 가장

27) 부부 사이의 호혜적 이타주의에 대하여는 윤진수(2007a), pp. 587-589 참조.

중요한 문제라고 할 수 있다. 바로 아래에서 살펴보는 것처럼 혼인제도 자체가 이러한 기회주의적 행동을 억제하기 위하여 성립하였다고 할 수 있다.[28)]

4) 혼인의 구속력과 사실혼의 법적 취급

앞에서 혼인을 당사자 일방의 의사표시만으로는 해소될 수 없는, 법률적으로 승인된 남녀의 생활공동체적 결합관계라고 정의하였다. 여기서 중요한 것은 당사자 일방의 의사표시만으로는 해소될 수 없다는 것이다. 다시 말해, 혼인에는 당사자가 혼인관계에서 일방적으로 벗어날 수 없는 구속력이 인정된다는 것이다. 그런데 이처럼 구속력 있는 혼인은 왜 인정되어야 하는가? 앞에서 본 것처럼 혼인 및 가족제도의 기능으로는 성행위의 규제, 사회 성원의 재생산, 자녀의 양육과 사회화, 사회적 보호와 정서적 지원, 경제적 기능 등이 있다.[29)] 그러나 이러한 기능은 혼인 아닌 사실혼[30)]에서도 찾아볼 수 있다. 그런데 이러한 사실혼은 당사자 일방의 의사에 의하여 해소될 수 있고, 다만 정당한 사유 없이 해소된 때에는 유책자가 상대방에 대하여 손해배상의 책임을 지는 데 지나지 않는다.[31)] 그렇다면 당사자가 일방적으로 해소할 수 없는 혼인이라는 제도를 인정할 필요가 있는 것인가라는 의문이 제기될 수 있다. 나아가 일부 논자는 법적인 범주로서의 혼인을 인정할 필요가 없고, 남녀의 공동생활에서 생기는 문제는 계약, 소유권, 불법행위 및 형법에 의하여 규율되면 충분하다고 주장한다.[32)]

이에 대한 해답은 법적인 구속력을 가지는 혼인이 당사자의 기회주의적인 행동을 억제한다는 데서 찾아야 할 것이다. 혼인을 위하여는 부부 쌍방이 이를 위한 투자를 하여야 하는데, 당사자 일방이 임의로 혼인관계에서 빠져나갈 수 있다면, 다른 일방은 혼인을 위한 투자를 하는 데 주저하게 될 것이고, 따라서 혼인관계는

28) 가령 Cohen(1987), pp. 268-271; Brinig and Crafton(1994); Cohen(2002), pp. 12-17; Rowthorn(2002), pp. 132-133; Dnes(2011b), pp. 123ff. 등.
29) 위 제2절 1)항 (1) 참조.
30) 사실혼이라는 명칭은 일본과 한국에서 쓰이는 것으로, 이 자체가 남녀 사이의 혼인이 아닌 동거관계는 혼인에 준하여 보호되어야 한다는 것을 암시하는 명칭이다. 독일에서는 혼인 외의 생활공동체(nichtehelicher Lebensgemeinschaft)라고 부르고, 영미에서는 cohabitation이라는 용어를 사용하며, 프랑스에서는 concubinage라고 한다.
31) 대법원 2009. 2. 9.자 2008스105 결정(판례공보 2009상, 333) 참조.
32) Fineman(1995), pp. 228-229; 오정진(2009), pp. 207-209.

불안정하게 될 것이다. 이것이 법경제학자들로부터 보통 듣게 되는 설명이다.[33] 이와 비슷한 것으로 혼인이 신호(signal)의 기능을 한다는 설명도 있다. 즉, 쉽게 빠져나갈 수 있는 사실혼이 아닌, 쉽게 빠져나가기 어려운 혼인을 할 의사가 있다는 것을 보여 줌으로써, 상대방으로 하여금 자신이 믿을 수 있는 사람이라는 것을 알린다는 것이다.[34]

그러면 사실혼의 경우에는 법률혼에 비하여 당사자들의 기회주의적인 행동이 더 많은가? 이 점에 관하여는 단언하기 어렵다. 미국이나 유럽에서의 실증적인 조사에 의하면, 사실혼 당사자들의 관계가 깨어지는 비율은 법률혼보다도 높고, 사실혼 기간을 거친 법률혼의 경우에도 파탄이 일어나는 비율이 그렇지 않은 법률혼보다 높으며, 사실혼 내에서의 가정폭력이 벌어지는 비율도 높다고 한다.[35] 그러나 이러한 현상이 당사자들이 법률혼 아닌 사실혼을 택하였기 때문에 일어난 것인지, 아니면 이렇게 될 가능성이 높은 사람들이 사실혼을 택하는 것이기 때문인지[36]에 관하여는 반드시 의견이 일치하지 않는다. 그렇지만 적어도 법률혼이 헌신과 안정성의 신호 역할을 할 수 있다는 점은 인정될 수 있을 것이다.[37]

좀더 어려운 문제는 법적으로 법률혼과 사실혼을 어느 정도 다르게 취급할 것인가 하는 점이다. 우리나라에서는 사실혼 배우자에게는 법률혼 배우자와는 달리 상속권이 인정되지 않고, 소득세법상의 배우자공제도 인정되지 않는다. 다만 각종 사회보장 관련 입법에서는 사실혼 배우자에게도 유족으로서의 권리를 인정하고,[38] 주택임대차보호법에서도 사망한 임차인이 가지고 있던 주택 임차권을 사실혼 배우자가 승계하는 것을 인정하고 있다(제9조). 나아가 판례는 사실혼이 부당파기된 경우에 손해배상청구권도 인정하고,[39] 사실혼이 사실혼 당사자 쌍방이 생존하고 있는 동안에 해소된 경우에는 재산분할청구권을 인정한다.[40]

---

33) 위 주 27)의 문헌 참조.
34) Trebilcock(1999), pp. 248-255; Rowthorn(2002), pp. 132-140.
35) Rowthorn(2002), pp. 144-145; Brinig and Nock(2004), pp. 408-422 등. 이러한 조사는 우리나라에서도 해볼 필요가 있다. 그러나 우리나라에서는 사실혼이 행해지는 빈도나 숫자 등에 대한 기본적인 자료도 찾기 어렵다.
36) 이른바 selection effect 또는 selection bias.
37) Rowthorn(2002), p. 147.
38) 예컨대, 공무원연금법 제3조 제1항 제3호 가. 등.
39) 대법원 1989. 2. 14. 선고 88므146 판결(법원공보 1989, 425) 등.
40) 대법원 1995. 3. 10. 선고 94므1379, 1386 판결(법원공보 1995, 1612) 등. 다만 판례는 사실혼관계가 일방 당사자의 사망으로 인하여 종료된 경우에는 그 상대방에게 재산분할청구권을 인정할 수 없다고 한다. 대법원 2006. 3. 24. 선고 2005두15595 판결(『대법원 판례집』 제54권 1집 특 642면).

일부 논자들은 사실혼과 법률혼은 기능적으로 동일하고, 사실혼을 법률혼과 달리 취급하면 사실혼 부부 가운데 약한 사람이 보호되지 못한다고 주장한다. 반면, 사실혼 당사자들은 그 의사에 따라 법률혼을 선택하지 않았고, 법률관계의 명확성을 위하여는 법률혼제도가 필요하므로 사실혼에 법률혼과 같은 보호를 줄 필요는 없다는 주장도 유력하다.[41] 법경제학적으로는 사실혼이 법률혼보다 훨씬 불안정하므로 정책적으로 사실혼을 맺는 것을 조장할 이유가 없고, 대부분의 사람들이 사전에 합의하리라고 생각되는 것과는 다른 초기 설정규칙(default rule)을 당사자에게 강요할 이유가 없다는 설명도 있다.[42]

앞에서 살펴본 것처럼 사실혼이 법률혼보다 불안정한 것이 현실이고, 또 법률혼이 사실혼에 비하여 당사자의 기회주의적 행동을 억제하는 기능이 더 크다면, 국가가 사실혼을 법률혼과 같이 취급하지 않는 것이 불합리하다고는 할 수 없을 것이다. 당사자들이 법률혼과 같은 혜택을 받기를 원한다면 법률혼 성립을 위한 절차를 밟으면 된다. 다만 구체적인 상황에 따라서는 사실혼에 법률혼에 준하는 효과를 인정할 필요가 있을 수 있다. 가령 사실혼 해소의 경우에 재산분할을 인정하지 않는다면, 사실혼 배우자의 기여에 의한 재산 형성을 무시하는 것이고, 다른 당사자가 사실혼을 일방적으로 파기하고도 상대방의 재산 형성의 기여로 인한 이익을 독점하는 것이 되어, 기회주의적인 행동을 조장하는 것이 될 수 있는 것이다.

그러나 사실혼을 어느 정도 법률혼과 유사하게 보호할 필요가 있는가 하는 점은 법률혼의 기회주의 억제 기능과 관련하여 생각할 때 반드시 쉽지 않은 문제이다. 사실혼을 법률혼과 유사하게 보호할수록 '법률혼'은 그 해소를 위해 '양 당사자의 합의' 내지 '재판'을 필요로 한다는 '절차적 불편함'을 제외하고는 그 '구속력'의 측면에서 '사실혼'과 별다른 차이가 없게 되므로 당사자로서는 굳이 법률혼을 선택할 유인이 약해질 것이다. 실제로 사실혼이 해소되는 경우에 재산분할까지 인정하는 나라는 그다지 많지 않은데, 이 점도 이와 같은 법률혼의 기회주의 억제 기능과 관련된 것이라고 생각할 수도 있다.

그리고 법적인 범주로서의 혼인을 인정할 필요가 없고, 남녀의 공동생활에서

41) 이 점에 대한 논의의 소개는 윤진수(2007b), pp. 27-31 참조.
42) Brinig and Nock(2004), pp. 106-112. 또한 Rowthorn(2002), pp. 145-149 참조.

생기는 문제는 계약, 소유권, 불법행위 및 형법에 의하여 규율되면 충분하다는 주장은 비현실적이다. 당사자 사이의 계약에 의하여 남녀관계에서 생기는 모든 문제를 규율한다는 것은, 거래비용 때문에라도 가능하지 않다.[43] 그리고 소유권법, 불법행위법 및 형법 등에 의하여 남녀 사이의 문제를 규율하더라도 이것만으로는 충분하지 않고, 남녀 간의 특수한 관계에 부합하는 규율을 필요로 할 것인데, 이는 결국 현재의 혼인법과 별로 다르지 않을 것이다.

5) 법에 의한 구제의 한계와 보상규칙의 적용

그러나 법이 혼인 당사자의 기회주의적인 행동을 억제하기 위하여 개입하는 데에는 내재적인 한계가 있다. 우선 혼인 당사자 사이에 비록 약간의 갈등이 있다고 하더라도 그런대로 유지되고 있을 때에는 법이 개입하는 것 자체가 혼인관계의 유지에 지장을 주게 된다. 혼인관계는 당사자 사이에 신뢰와 협조가 있어야만 원만하게 유지될 수 있는데, 부부 중 일방이 법에 호소한다는 것 자체가 상대방을 신뢰하지 못한다는 것을 나타내는 것이 되어, 혼인관계를 유지하는 데 장애요인이 된다. 그리하여 혼인이 유지되고 있을 때에는 부부관계에 법이 개입하는 것을 꺼리게 되고, 따라서 부부 사이의 분쟁은 자연히 법 아닌 사회규범과 같은 비공식적 메커니즘에 의하여 해결되게 된다.[44]

가령 민법은 부부 사이의 동거 의무를 규정하면서, 부부의 동거 의무는 부부의 협의에 따라 정하고, 협의가 이루어지지 아니하는 경우에는 당사자의 청구에 의하여 가정법원이 이를 정한다고 규정하고 있다(제826조 제1, 2항). 이처럼 부부 사이의 동거 장소에 관하여 법원이 개입하도록 한다는 것 자체가 이례적이라고 할 수 있다. 설령 법원이 개입하여 동거 장소를 정하였다고 하더라도, 그 강제이행은 인정

43) 우리나라에서는 부부 사이에 혼인 전에 법정재산제인 부부별산제와는 달리 부부재산계약을 체결할 수 있으나(민법 제829조), 그 적용 범위가 제한되어 있고, 실제로도 거의 이용되지 않는다. 미국에서는 혼인 전 합의(prenuptial agreement, premarital agreement, antenuptial agreement) 제도가 있는데, 전통적으로 혼인 전 합의가 부유한 사람들이 자신의 재산을 보호하거나, 나이 들어서 재혼하는 사람들이 전혼(前婚)에서 출생한 자녀들의 경제적 이익을 보호하기 위하여, 사망시의 상속관계를 규율하는 것을 내용으로 하여 체결되었지만, 1970년 이후부터는 이 제도가 이혼시의 재산 문제를 규율하기 위하여도 이용된다. Katz(2003), pp. 30-34 참조. 그러나 이에 의하여 특히 혼인 해소시의 재산분할과 같은 문제를 규율하기는 쉽지 않다. 구체적인 액수 등은 혼인 해소시의 사정에 영향을 받기 때문이다. Cohen(1987), pp. 82-84 참조. 그는 장래에 대한 불완전한 지식은 극복될 수 없다고 한다.
44) 윤진수(2007a), pp. 599-601 참조. 또한 Scott and Scott(1998), pp. 1285ff.; Posner(1999); Brinig(2010) 등.

되지 않는다. 판례[45]는 부부의 일방이 상대방에 대하여 동거에 관한 심판을 청구한 결과로 그 심판절차에서 동거 의무의 이행을 위한 구체적인 조치에 관하여 조정이 성립한 경우에 관하여, 부부의 동거 의무는 인격 존중의 귀중한 이념이나 부부관계의 본질 등에 비추어 일반적으로 그 실현에 관하여 간접강제를 포함하여 강제집행을 행하여서는 안 된다고 하였다. 다만 이 판결은 동거 의무를 상대방이 유책하게 위반하였다면 그에 대하여 비재산적 손해의 배상을 청구할 수 있다고 하였다. 이는 바로 아래에서 언급하는 것처럼 부부관계상의 의무 위반에 대하여 동의규칙 아닌 보상규칙에 의한 구제만을 허용하는 한 예라고 할 수 있다.[46]

법이 부부관계에 개입할 필요성이 있는 것은 주로 부부관계가 파탄되었을 때이다. 그런데 이때에도 법이 제공할 수 있는 구제수단은 제한되어 있다. 다시 말하여 동의규칙에 의한 구제는 배제되고, 보상규칙에 의한 구제만이 고려될 수 있는 것이다. 동의규칙(property rule)과 보상규칙(liability rule)[47]의 구별은 캘러브레시(Calabresi)와 멜러메드(Melamed)가 1972년에 발표한 유명한 논문에서 처음 주장한 것이다.[48] 여기서 동의규칙이라 함은, 그 권리를 권리자로부터 취득하고자 하는 자는 그 권리의 가치가 당사자 사이의 합의에 의하여 결정되는 자발적인 거래에 의하여서만 권리를 취득할 수 있는, 그러한 권리의 보호 방법을 말한다. 따라서 권리자의 동의를 받지 않고 권리를 침해하는 경우에는 권리자는 그 침해행위 자체를 막을 수 있다. 가령 토지 소유자의 동의를 받지 않고 타인이 그 지상에 건립한 물건에 대하여 토지 소유자가 그 철거를 청구할 수 있을 때에는 토지 소유자는 동의규칙에 의하여 보호되는 셈이다. 특히, 염두에 두어야 할 것은, 계약 위반에 대하여 계약상 의무 자체의 이행을 명하는 것(특정이행, specific performance)은 결과적으로 상대방의 동의가 없으면 채무를 이행하지 않는 것이 불가능하다는 점에서 위와 같

45) 대법원 2009. 7. 23. 선고 2009다32454 판결(판례공보 2009하, 1437).

46) 이 사건에서는 부부가 서로 상대방을 상대로 하여 이혼을 청구하였으나 기각된 경우였으므로 부부관계는 사실상 파탄된 경우였다고 보인다.

47) property rule과 liability rule을 우리나라에서 어떻게 번역하여야 하는지에 관하여는 용례가 통일되어 있지 않으나, 전자를 물권적 보호 원칙, 후자를 손해배상 원칙이라고 부르는 경우가 많다. 그러나 강제이행(specific performance)과 같이 물권 아닌 채권의 경우에도 property rule이 적용될 수 있고, 또 손해배상은 위법한 행위를 전제로 한다는 점에서 반드시 정확하지 않다. 필자는 property rule의 경우에는 권리자의 동의가 요구된다는 점에서 동의규칙이라고 부르고, liability rule에서는 권리자에 대한 보상이 필요하다는 점에서 보상규칙이라고 번역하는 것이 정확하다고 생각한다.

48) Calabresi and Melamed(1972).

은 동의규칙이 적용되는 한 예이다.

반면, 보상규칙이란 권리자 아닌 타인이 그 권리에 대하여 객관적으로 결정되는 가격만을 지급하면 그 권리를 침해할 수 있는, 그러한 권리의 보호 방법을 말한다. 여기서는 권리의 가격은 당사자에 의하여 결정되는 것이 아니라 법원 등 제3자에 의하여 결정되며, 권리의 침해가 있는 경우에 권리자는 그 침해행위 자체를 막을 수는 없고, 다만 그 권리의 객관적인 가액만을 청구할 수 있을 뿐이다. 예컨대, 정부가 개인의 토지를 공원으로 사용하기 위하여 수용하면, 소유자는 그 수용 자체를 막을 수는 없고, 다만 그에 대한 보상만을 청구할 수 있다.

앞에서 살펴본 동거 의무 불이행에 대한 구제 수단으로서 동거 의무 그 자체를 강제하는 것은 허용되지 않지만, 손해배상을 청구할 수는 있다고 하는 것은 전형적으로 동의규칙을 배제하고 대신 보상규칙을 적용하는 것이라고 할 수 있다.

이처럼 부부관계에서는 동의규칙 아닌 보상규칙에 의한 구제만이 인정되어야 한다는 점은 제III절에서 살펴보는 것처럼 이혼법에서 특히 중요한 의미를 가지지만, 그 외의 경우에도 여전히 의미를 가진다.

왜 부부관계에서는 동의규칙 아닌 보상규칙이 적용되어야 하는가? 이 점에 대하여는 다음과 같이 설명할 수 있을 것이다. 즉, 부부관계가 원만히 유지되려면 협조와 신뢰가 중요한데, 이는 자발적인 의사에 기하여서만 가능하고, 강제이행에 의하여는 그러한 협조와 신뢰를 얻는 것이 불가능하다. 그러므로 강제이행의 결과는 권리자에게도 만족스러운 것이 되지 못한다. 다른 한편 부부관계에서는 상대방이 부담하여야 할 의무를 구체적으로 특정하기 어려우므로, 그 의무를 제대로 이행하였는가를 제3자가 판정하는 것도 쉽지 않다.[49]

아래에서는 이혼의 경우 외에도 혼인관계에서 동의규칙 아닌 보상규칙이 적용되는 사례를 살펴본다.

49) Dnes(2011b), p. 124 참조.

6) 보상규칙에 의한 구제의 실례

(1) 약혼, 혼인빙자간음죄

이처럼 부부관계에서는 동의규칙 아닌 보상규칙이 적용되어야 한다는 것은 혼인 성립의 전단계인 약혼 단계에서도 적용된다. 민법은 약혼은 강제이행을 청구하지 못한다고 하면서(제803조), 다른 한편 당사자가 정당한 이유 없이 약혼을 해제하였다면 손해배상 의무는 부담하여야 한다고 규정한다(민법 제806조). 이는 약혼에서 발생하는 혼인하여야 할 의무에 관하여는 동의규칙은 적용되지 않고, 보상규칙만이 적용된다고 하는 전형적인 사례이다. 이러한 규정들의 존재이유를 이해하기란 어렵지 않다. 강제에 의하여 성립한 혼인이 행복을 가져오리라고 기대할 수는 없다. 민법은 강박으로 인하여 혼인의 의사표시를 한 것을 혼인의 취소 사유로 규정하고 있다(제816조 제3호). 그러나 혼인하여야 할 의무의 강제이행을 청구할 수는 없다고 하더라도, 그 의무의 위반으로 인한 손해의 배상은 인정하는 것이 당사자의 기회주의적인 행동을 예방하는 데에는 도움이 될 것이다. 그렇지만 아래 이혼에 관하여 보듯이, 과연 법원이 약혼의 해제에 대하여 누가 책임이 있는가를 가릴 수 있는 능력을 가지는가는 다시 생각하여 볼 문제이다.

이와 관련하여 흥미 있는 것이, 왜 미국에서 약혼 예물로 다이아몬드 반지를 주게 되었는가 하는 점에 관한 브리니그의 분석이다. 이에 따르면 전통적으로 미국에서는 약혼한 사람이 혼인하겠다는 약속을 지키지 않은 경우에 상대방에게 약속 위반 소송(breach of promise action)을 제기할 수 있는 권리가 인정되었다. 그런데 점차 이러한 소송은 스캔들을 불러일으키고 협박수단으로 악용된다는 비판이 제기되어, 1935년 인디애나주를 시작으로 하여 각 주에서 이러한 소송을 금지하는 법률[50)]이 제정되기에 이르렀다고 한다. 그러자 이에 대한 대응책으로 다이아몬드 반지를 받음으로써 파혼된 경우에 입게 될 손해를 보상받으려고 하게 되었다는 것이다.[51)]

과연 이러한 분석이 얼마나 정확한 것인지는 좀더 검토할 필요가 있지만, 우리

50) 이른바 "heart balm act".
51) Brinig(1990).

나라에서도 약혼 예물의 교환은 어느 정도 이러한 의미를 가진다고 생각된다. 판례는 약혼 예물의 수수는 혼인 불성립을 해제 조건으로 하는 증여와 유사한 성질의 것이므로, 혼인이 성립되지 않으면 그 반환을 청구할 수 있지만,[52] 약혼의 해제에 관하여 과실이 있는 유책자로서는 그가 제공한 약혼 예물을 적극적으로 반환청구할 권리가 없다고 한다.[53] 즉, 우리나라의 경우에도 약혼 예물을 주는 것은 약혼이 해제된 경우에 약혼 해제에 책임이 있는 당사자가 보상을 하는 기능을 하고 있는 것이다.

또한 위와 같은 맥락에서 헌법재판소의 혼인빙자간음죄에 관한 위헌 결정을 살펴볼 필요가 있다. 형법 제304조는 "혼인을 빙자하거나 기타 위계로써 음행의 상습 없는 부녀를 기망하여 간음한 자는 2년 이하의 징역 또는 500만 원 이하의 벌금에 처한다"라고 규정하고 있다. 그런데 이 규정에 대하여는 위헌이라는 논란이 많았고, 드디어 헌법재판소 2009. 11. 26. 선고 2008헌바58, 2009헌바191 결정[54]은 위 규정 중 "혼인을 빙자하여 음행의 상습 없는 부녀를 기망하여 간음한 자" 부분이 남성의 성적 자기결정권 및 사생활의 비밀과 자유를 침해하므로 위헌이라고 하였다.[55] 이 결정의 다수의견은 헌법상 과잉금지의 원칙 내지 비례의 원칙을 적용하여, 위 처벌 규정은 목적의 정당성도 인정되지 않고, 수단의 적절성 및 피해최소성도 갖추지 못하였으며, 법익의 균형성도 상실하였다고 보았다. 헌법적으로는 위 결정이 과잉금지 원칙을 적용한 것이 타당한가 하는 점이 중요한 문제이지만,[56] 경제학적으로는 이러한 행위에 대하여 민사적 제재 외에 형사적 제재가 필요한가 하는 점이 관심의 대상이 된다. 일반적으로 민사상의 불법행위에 해당하는 것을 범죄로 정하여 처벌하는 것이 경제학적으로 정당화되기 위하여는, 민사상의 구제 수단만으로는 그러한 행위를 억제하기에 부족한 경우라야 한다.[57] 그러한 경우가 아님에도 불구하고 국가가 개입하여 형사처벌한다는 것은 그 자체 비효율적이

52) 대법원 1994. 12. 27. 선고 94므895 판결(『대법원 판례집』 42권 2호 특 468); 1996. 5. 14. 선고 96다5506 판결(판례공보 1996, 1858).
53) 대법원 1976. 12. 28. 선고 76므41, 42 판결(『대법원 판례집』 24권 3집 행 86).
54) 『헌법재판소 판례집』 제21권 2집 하, 520.
55) 이 결정은 위 조문이 위헌이 아니라고 하였던 종전의 헌법재판소 2002. 10. 31. 선고 99헌바40 결정(『헌법재판소 판례집』 제14권 2집 390)을 변경한 것이다.
56) 윤진수(2011), pp. 35-39는 과잉금지의 원칙 내지 비례의 원칙을 법경제학적으로 분석하였다.
57) 신도철(2011), pp. 314-316 참조.

다.[58] 그런데 혼인빙자간음의 경우가 민사상의 구제수단만으로 불충분한지는 반드시 명확하지 않다. 또한 이 사건의 다수 의견은, 장차 결혼생활의 불행이 예상됨에도 불구하고 남성이 혼인빙자간음죄에 의한 처벌이 두려워 혼인한다면, 결국 형법이 파탄이 자명한 혼인을 강요하는 것과 다름이 없으므로 이를 법률로 강제하는 것은 부당하다고 판시하고 있는데, 이는 앞에서 언급한 것처럼 부부관계에서 동의 규칙을 적용하면 불합리한 결과를 낳는다는 것을 보여 주는 것이다.

다른 한편, 민사상의 구제수단만으로는 충분하지 않은가 하는 것이 형벌 법규의 위헌 여부를 판단하는 유일한 기준이 될 수는 없고, 그 형벌 법규가 보호하려고 하는 법익이 얼마나 중요한 것인가도 고려할 필요가 있다. 그런데 위 결정은 과거 우리 사회에서 혼인빙자간음죄의 존재가 여성을 보호하는 역할을 수행하였지만, 오늘날 여성의 사회적 · 경제적 활동이 활발하여짐에 따라 여성의 생활 능력과 경제적 능력이 향상됨으로써 여성이 사회적 · 경제적 약자라는 전제가 모든 남녀관계에 적용되지는 않게 되었다고 보고 있다. 다시 말하여, 이 결정은 여성의 경제적 지위가 향상되었기 때문에 더 이상 혼인빙자간음죄의 존재 이유가 없게 되었다고 보고 있는 것이다.

(2) 간통죄의 위헌 여부

형법 제241조 제1항은 배우자 있는 자가 간통한 때에는 2년 이하의 징역에 처하고, 그와 상간(相姦)한 자도 같다고 규정하고 있다. 이 간통죄가 위헌인가에 관하여는 종래부터 많은 논란이 있었다. 헌법재판소는 4차례에 걸쳐 간통죄가 위헌이 아니라고 하였으나, 모두 반대 의견이 있었다.[59] 특히, 가장 최근에 선고된 2007헌가17 결정에서는 위헌 의견이 4인, 헌법불합치 의견이 1인으로서 합헌을 주장한 4인의 재판관보다 많았으나, 위헌 결정의 정족수인 6인에 미치지 못하여 위헌 선고가 내려지지 않았다.

이 문제에 관하여는 종래 많은 논의가 있었다.[60] 여기서는 과연 간통죄를 유지

58) 이러한 점에서 우리나라에서 많이 일어나고 있는 민사사건의 형사화는 바람직스럽지 못하다.
59) 헌법재판소 1990. 9. 10. 선고 89헌마82 결정(『헌법재판소 판례집』 제2권, 306); 1993. 3. 11. 선고 90헌가70 결정(『판례집』 제5권 1집, 18); 2001. 10. 25. 선고 2000헌바60 결정(『판례집』 제13권 2집, 480); 2008. 10. 30. 선고 2007헌가17 결정(『판례집』 제20권 2집 상, 696).

하는 것이 경제적인 관점에서 효율적인가를 따져 본다. 우선 간통을 한 사람을 처벌하는 것은 혼인생활의 유지에는 전혀 도움을 주지 못한다. 간통죄는 친고죄로서 상대방 배우자의 고소가 있어야 할 뿐만 아니라, 간통에 대하여 고소를 하려면 혼인이 해소되거나 이혼소송을 제기하여야 하기 때문이다(형법 제241조 제2항, 형사소송법 제229조 제1항).[61] 다른 한편, 간통죄를 두지 않으면 피해자의 보호에 충분하지 못한가도 의문이다. 간통은 민사상 불법행위에 해당하고, 그 손해배상청구권을 행사하는 데 특별한 어려움이 있다고 보이지는 않는다. 그런데 이 점에 대하여 위 2000헌바60 결정의 합헌 의견은, 간통을 굳이 형사처벌의 방법에 의하여 해결하기보다는 민사상의 손해배상 · 이혼 등의 방법에 의하여 처리하는 것이 보다 합리적이라고 볼 여지가 없지도 않다고 하였고, 2007헌가17 결정의 합헌 의견은 간통죄에 대하여 비형벌적 제재나 가족법적 규율이 아닌 '형벌'의 제재를 규정한 것이 지나친 것인지 문제될 수 있으나, 어떠한 행위를 불법이며 범죄라 하여 국가가 형벌권을 행사하여 이를 규제할 것인지의 문제는 그 사회의 시대적인 상황 · 사회구성원들의 의식 등에 의하여 결정될 수밖에 없으며, 기본적으로 입법권자의 의지, 즉 입법정책의 문제로서 입법권자의 입법 형성의 자유에 속한다고 하였다.

다른 한편 간통죄를 두는 것이 간통행위의 억지 기능이 있는가도 문제되는데, 이 점에 관하여 위 2007헌가17 결정의 위헌 의견은, 간통의 유형 가운데 애정에서 비롯된 경우에는 어떤 의미에서 확신범 내지 양심범적인 측면이 없지 않아서 통제가 어려운 성격을 가지고 있고, 애정에서 비롯된 경우가 아닌 때에는 온갖 형태로 무수히 저질러지고 있는 남성들의 성매수에서 보듯이 그 역시 현실적으로 범죄의식이 크지 아니하므로, 이를 형사적으로 처벌한다고 하여 간통을 억지하는 효과를 기대하기 어렵다고 보고 있다.

이러한 이론적인 논쟁을 떠나서, 간통죄가 실제로 어떠한 기능을 해왔고, 현재는 어떠한 기능을 하고 있는가를 따져 볼 필요가 있다. 원래 간통죄는 역사적으로 배우자 있는 남자가 간통을 하는 것을 처벌하기보다는 배우자 있는 여자가 다른 남자와 간통을 하는 것을 처벌하는 것이 일반적이었다. 다른 말로 한다면 남자의

60) 예컨대, 허일태(2008).
61) 위 2007헌가17 결정에서의 재판관 김종대, 재판관 이동흡, 재판관 목영준의 위헌 의견도 이 점을 지적하고 있다.

배우자에 대한 권리를 다른 남자가 침해하는 것을 방지하기 위한 것이었다고 할 수 있다.[62] 우리나라도 1953. 10. 3. 형법이 시행되기 전까지는 배우자 있는 여자가 다른 남자와 간통한 경우에 두 사람이 간통죄로 처벌되었을 뿐, 배우자 있는 남자가 배우자 없는 여자와 간통하는 것은 처벌 대상이 아니었다. 그런데 형법 제정 과정에서 간통죄를 규정할 것인가에 관하여 논란이 많다가, 결국 배우자 있는 남자와 여자 모두의 간통을 처벌하는 것으로 규정되었다.[63]

다른 한편, 간통죄는 현실적으로 민사적 구제에 의하여 받을 수 있는 것보다도 많은 금액을 간통한 배우자나 그 상간자로부터 받아 내는 기능을 하고 있다.[64] 위 2007헌가17 결정의 위헌 의견은, 간통죄가 건전한 혼인제도 및 부부 간 성적 성실의무 보호와는 다른 목적을 위하여 악용될 가능성도 배제할 수 없다고 하면서, 간통 고소 및 그 취소가 사실상 파탄 상태에 있는 부부 간에 이혼을 용이하게 하려는 수단으로, 사회적으로 명망 있는 사람이나 일시적으로 탈선한 가정주부를 공갈하는 수단으로, 상간자로부터 재산을 편취하는 수단으로 악용되는 폐해도 종종 발생한다고 지적하고 있다.

4. 이혼

1) 이혼제도의 유형

이혼을 인정할 것인가, 인정한다면 어떤 경우에 인정할 것인가에 관하여는 나라에 따라, 또 시대에 따라 많은 변화를 거쳤다. 머릿속에서 단순하게 생각하여 본다면 대체로 다음과 같은 5가지로 분류할 수 있을 것으로 보인다.

62) 2000헌바60 결정에서의 권성 재판관의 위헌 의견 참조.
63) 허일태(2008), pp. 121-125 참조.
64) 대법원 1997. 3. 25. 선고 96다47951 판결(판례공보 1997, 1179)은 유부녀와의 간통죄로 피소될 처지에 놓인 사람이 유부녀의 배우자에게 고소를 하지 않는 조건으로 금 170,000,000원의 약속어음공정증서를 작성한 행위가 불공정한 법률행위에 해당한다고 볼 수 없다고 하였다.

첫째, 이혼 자체를 허용하지 않는 경우.

둘째, 부부 중 어느 일방이라도 아무런 제약 없이 이혼을 선언할 수 있는 경우.

셋째, 부부의 합의에 의하여서만 이혼할 수 있는 경우.

넷째, 부부 중 일방에게 잘못이 있을 때에만 이혼할 수 있는 경우(유책주의).

다섯째, 혼인관계가 파탄되면 이혼할 수 있으나 보상이 따르는 경우(파탄주의).

첫째, 과거 가톨릭 국가에서는 이혼 자체를 허용하지 않았다. 그러나 이는 명백히 불합리하다. 쌍방이 모두 이혼을 원함에도 이혼을 허용하지 않을 이유가 없기 때문이다. 이는 말하자면 캘러브레시와 멜러메드가 말하는 양도불능(inalienability)에 해당할 것인데,[65] 충분한 판단 능력을 가진 성인이 이혼하겠다는 것을 금지할 이유가 없다. 이혼이 제3자, 특히 자녀에게 부정적인 외부효과를 미칠 수도 있지만, 그것만으로 이혼 자체를 허용하지 않을 이유는 되지 못한다. 실제로 과거 가톨릭에서도 혼인의 무효가 부분적으로는 이혼을 대신하는 수단으로 쓰였고, 가톨릭이 국민의 다수를 차지하는 스페인, 이탈리아, 아일랜드 같은 나라들에서도 1980년대 이후에는 모두 이혼을 허용하기에 이르렀다. 유럽에서 가장 최근까지 이혼을 허용하지 않고 있던 나라는 지중해의 몰타가 유일하였는데, 몰타도 지난 2011. 5. 국민투표에 의하여 이혼을 허용하기로 하였다.

둘째, 부부의 일방이 아무런 제약 없이 이혼을 선언할 수 있는 경우. 이 글에서의 개념 정의에 의하면 이러한 경우에는 혼인이 성립하였다고 할 수 없을 것이고, 따라서 따로 다룰 필요는 없다. 가령 얼핏 보기에는 부부의 일방이 아무런 제약 없이 이혼할 수 있는 것처럼 보이는 경우에도, 실제로는 이혼을 제약하는 메커니즘이 존재한다고 보인다.[66]

셋째, 부부의 합의에 의해서만 이혼할 수 있는 경우.[67] 이는 당사자의 혼인관

65) Calabresi and Melamed(1972), pp. 1092-1093, 1111-1115.

66) 흔히 이슬람 국가에서는 남자가 세 번 이혼을 선언하면 이혼할 수 있다고 설명하고 있으나, 실제로는 그보다 더 복잡하다. 부부 간에 갈등이 생길 경우 남편과 아내는 집안에서 한 명씩 중재인을 지명하고, 중재인은 쌍방을 화해시키려고 노력하는데, 이는 남편이 마음대로 이혼제기를 할 수 있는 것이 아님을 시사한다고 한다. 그리고 부부가 의견차를 극복하지 못해 결국 이혼을 선택하게 되더라도, 이슬람 율법에 따르면, 이혼은 일정한 유예기간이 지나야만 그 효력이 발생한다고 한다. 반면, 여자가 남자에게 이혼을 청구하려면 남편으로부터 부당한 대우를 받고 있다는 사실을 증명해야 한다고 한다. 김정명(2004), pp. 120-122.

67) 강신일(2010), pp. 55-57이 이러한 취지로 보이나 명백하지는 않다.

계를 엄격한 의미의 동의규칙에 의하여 보호하는 것이 된다. 그러나 실제 이러한 경우가 있는지는 알 수 없다. 당사자가 이혼을 합의한 경우에는 다른 특별한 사정이 없는 한 이혼을 허용하여야 하지만, 이혼이 허용되는 경우를 그와 같이 한정할 이유는 없다. 그렇지 않으면 가정폭력으로 피해를 입고 있는 부부 일방도 상대방이 원하지 않으면 이혼을 할 수 없게 될 뿐만 아니라, 상대방이 원하는 경우에도 두 사람은 일종의 쌍방독점(bilateral monopoly) 상태에 있게 되어 이혼의 조건에 관하여 버티기(hold out)를 하게 될 가능성이 높아진다.[68)]

넷째, 이혼을 청구하는 상대방에게 혼인이 파탄에 이르게 된 데 책임 있는 사유가 있는 경우에만 이혼이 허용되는 유책주의(fault divorce). 기독교 국가에서 이혼이 허용되게 된 이후에는 근래에 이르기까지 이러한 입법례가 지배적이었다. 우리나라의 경우에는 다음에서 살펴보는 것처럼 협의이혼이 인정되고, 또 예외적으로는 파탄주의가 적용되기도 하지만, 기본적으로는 유책주의를 택하고 있다.

다섯째, 부부관계가 파탄되면 그것이 누구의 잘못 때문인지를 가리지 않고 이혼을 허용하되, 이혼에 따른 보상적 급부(재산분할, 이혼 후 부양) 등을 하여야 하는 파탄주의(no fault divorce). 서구에서는 1970년대 이래 거의 대부분 종전의 유책주의를 버리고 파탄주의로 전환하였다.[69)]

현재 우리나라에서 중요한 문제는 입법적으로 유책주의를 택할 것인가, 아니면 파탄주의를 택할 것인가 하는 점이다. 이하에서 자세히 살펴본다.

2) 유책주의와 파탄주의의 비교

(1) 유책주의

서구에서는 종래 당사자 의사의 합치만에 의한 이혼을 허용하지 않았고, 재판에 의한 이혼만이 인정되었으며, 이혼이 허용되는 사유도 상대방에게 학대, 유기, 간통 등의 사유가 있어야만 하였다. 그리하여 당사자 사이의 이혼 합의가 있음에

68) Parkman(2002), pp. 63ff.는 상호 합의에 의한 이혼이 1차적인 이혼 사유가 되어야 하지만, 파탄주의에 의한 이혼은 혼인이 오래 지속되지 않은 경우에 허용되어야 하며, 그 외에 유책을 이유로 한 혼인도 인정되어야 한다고 주장한다.

69) 이에 대하여는 Glendon(1989), pp. 148-196 참조.

도 이혼이 허용되지 않는 경우에는 당사자가 간통이 있었다고 조작하여 이혼 판결을 받는 일까지 있었다.[70)]

우리나라에서는 재판상 이혼 외에도 협의상 이혼이 인정되고 있고(민법 제834조), 실제 이혼에서는 협의상 이혼이 대다수를 차지한다.[71)] 그러나 당사자 사이에 이혼에 관한 합의가 이루어지지 않는 경우에는 재판상 이혼에 의할 수밖에 없고, 재판상 이혼이 인정되려면 민법이 규정하는 이혼 원인이 있어야 한다. 민법 제840조는 재판상 이혼 원인으로서 부정한 행위(제1호), 악의의 유기(제2호), 배우자 또는 그 직계존속의 심히 부당한 대우(제3호), 자기의 직계존속에 대한 심히 부당한 대우(제4호), 배우자의 3년 이상 생사 불명(제5호) 및 기타 혼인을 계속하기 어려운 중대한 사유(제6호)를 들고 있다. 이 중 제1호에서 제4호까지의 원인은 상대방에게 책임이 있는 경우이므로 유책주의에 기초한 것이고, 제5호와 제6호는 상대방에게 책임이 있는지 여부를 묻지 않으므로 파탄주의에 기초한 것이라고 할 수 있다.[72)]

가장 문제가 되는 것은 스스로 부정행위를 한 것과 같이 혼인 파탄에 책임이 있는 유책배우자가 이혼을 청구할 수 있는가 하는 점인데, 판례는 원칙적으로 이를 허용하지 않는다. 즉, 혼인생활의 파탄에 대하여 주된 책임이 있는 배우자는 원칙적으로 그 파탄을 사유로 하여 이혼을 청구할 수 없고, 다만 상대방도 그 파탄 이후 혼인을 계속할 의사가 없음이 객관적으로 명백한데도 오기나 보복적 감정에서 이혼에 응하지 아니하고 있을 뿐이라는 등 특별한 사정이 있는 경우에만 예외적으로 유책배우자의 이혼청구가 허용된다고 보고 있다.[73)]

다른 한편, 우리 민법은 협의상 이혼과 재판상 이혼 모두에 관하여 이혼에 따르는 재산분할을 인정하고 있는데(제839조의2, 제843조), 판례는 혼인관계의 파탄에 대하여 책임이 있는 배우자라도 재산의 분할을 청구할 수 있다고 보고 있다.[74)]

우리나라에서 인정하고 있는 이러한 유책주의는 기본적으로 동의규칙을 따르

70) Katz(2003), p. 79 참조.
71) 2010년에는 협의상 이혼이 92,394건, 재판상 이혼이 24,994건이었다. 법원행정처(2011), p. 983.
72) 그러나 학설상으로는 제1호에서 제5호까지의 이혼 원인은 유책주의에 기초하고 있고, 제6호도 불치의 정신병과 같은 예외를 제외하고는 실질적으로 유책주의의 기조에 서 있다고 하는 설명도 있다. 김주수 · 김상용(2011), p. 179.
73) 대법원 1987. 4. 14. 선고 86므28 판결(법원공보 1987, 810) 등. 다만 근래에는 부부 사이의 별거기간이 긴 경우에는 다소 너그럽게 이혼청구를 인용하는 경향이 있다. 대법원 2009. 12. 24. 선고 2009므2130 판결(판례공보 2010상, 248); 2010. 6. 24. 선고 2010므1256 판결(판례공보 2010하, 1456) 등.
74) 대법원 1993. 5. 11자 93스6 결정(법원공보 1993, 1400).

면서, 상대방이 동의하지 않는데도 일방만이 이혼을 청구하는 것은 기회주의적 행동이 아닌 때에 한하여 예외적으로 허용하는 것으로 이해해야 할 것이다. 즉, 원칙적으로 양 당사자의 합의가 있으면 이혼을 허용하기 때문에 동의규칙이 적용되는 것이지만, 예외적으로 상대방에게 혼인 파탄에 책임이 있으면 이혼을 청구하는 자의 행동은 기회주의적인 것은 아니기 때문에 허용되어야 하고, 혼인 파탄에 책임 있는 당사자가 이혼을 청구하는 것은 기회주의적인 행동으로서 허용되어서는 안 된다고 보는 것이다. 그리고 혼인을 계속하기 어려운 중대한 사유가 있는가 하는 점도 이처럼 당사자가 기회주의적으로 행동하는가 아닌가에 따라서 결정된다고 볼 수 있다.

그러나 이처럼 유책주의가 당사자들의 기회주의적인 행동을 억제하는 효과가 있다고 하더라도, 앞에서 살펴본 것처럼 부부관계에 동의규칙을 적용함으로써 생기는 문제가 있다. 즉, 혼인 파탄에 책임이 있는 부부의 이혼 청구를 기각한다고 하여도 일단 파탄되었던 부부관계가 회복될 수는 없는 것이다. 부부 사이의 협력 내지 이타주의는 법에 의하여 강제될 수 없기 때문이다.

(2) 파탄주의

반면, 파탄주의는 보상규칙을 따르는 것으로 이해되어야 한다. 파탄주의가 구체적으로 어떻게 실현되는가는 나라에 따라 다르지만,[75] 미국의 경우를 본다면 대체로 다음과 같다.[76] 즉, 부부관계에 파탄이 있으면 부부 일방이 이혼을 청구할 수 있다. 따라서 오늘날에는 이혼에 관하여 누구에게 책임이 있는가 하는 것은 더 이상 문제되지 않고, 이혼재판에서는 재산분할과 이혼 후 부양 그리고 미성년 자녀의 양육자 지정이 주로 문제된다. 여기서는 재산분할과 이혼 후 부양(alimony)에 대하여 살펴본다.

재산분할은 원칙적으로 부부의 공동재산[77] 또는 특유재산(separate property) 아닌 혼인재산(marital property)[78]을 대상으로 하며, 그 비율에 관하여는 일반적으로 균

75) 한복룡(2006)은 영국, 프랑스, 독일, 스웨덴, 미국의 예를 소개하고 있다.
76) 간단한 소개로는 윤진수(2008), pp. 154ff. 참조.
77) 혼인 중에 취득한 재산은 부부의 공동소유로 하는 공동재산제를 채택하고 있는 주의 경우.
78) 보통법상의 재산제도(부부별산제)를 택하고 있는 주의 경우.

등분할을 적정한 출발점으로 보고, 재산 형성에 대한 기여, 각 배우자가 별도로 가지고 있는 재산, 혼인기간, 재산분할 후의 각 배우자의 경제적 상황 등을 고려한다. 상당수의 주에서는 혼인 중의 잘못된 행동(marital misconduct)을 재산분할에서 고려하고 있다.

다른 한편, 미국에서는 전통적으로 이혼하면 혼인 파탄에 책임이 있는 남편이 아내에게 부양료를 지급하였으나, 현재에는 누구에게 책임이 있는지와는 관계없이, 또 처뿐만 아니라 남편도 부양을 청구할 수 있게 되었으며, 용어상으로도 alimony 대신 support 또는 maintenance라는 용어가 더 많이 쓰이게 되었다.

그러나 이러한 파탄주의는 실질적으로 자유로운 해소 가능성을 혼인의 속성으로 만드는 결과를 가져왔다고 지적되었고,[79] 또 당사자의 기회주의적인 행동을 조장한다는 비판도 많다.[80] 실제에 있어서도 미국에서는 파탄주의 이혼이 도입된 후에 이혼율이 늘어났다. 이것이 파탄주의 때문인지에 관하여는 논란이 있으나, 이를 긍정하는 연구가 많다.[81] 그리고 파탄주의 이혼에 의하여 여성의 이혼 후 경제적 상황이 열악해졌다는 유력한 비판이 있다.[82]

이러한 파탄주의 이혼법에 대한 대응으로서, 미국의 일부 주[83]에서는 이른바 서약혼인(covenant marriage)을 도입하였다.[84] 이 제도는 혼인 전에 당사자가 이혼 방법에 관하여 유책주의에 따를 것인지 아니면 파탄주의를 따를 것인지를 선택할 수 있게 하는 것이다. 전자의 경우가 서약혼인이다. 미국의 학자 가운데에는 이를 긍정적으로 평가하는 사람도 있다.[85] 그러나 이미 서약혼인을 도입한 3개 주 외에 다른 주에서 이를 도입하려는 노력은 성공하지 못하였고, 실제로 서약혼인의 이용률도 높지 않으며, 이를 이용하는 사람들은 주로 개신교 신자들이라고 한다. 이는 서약혼인제도 자체를 잘 몰라서이기도 하지만, 이른바 낙관편향(optimism bias) 때문일

79) Glendon(1989), pp. 191ff.
80) 예컨대, Brinig and Crafton(1994); Dnes(2011b), pp. 122-124 등.
81) Friedberg(1998), pp. 608-627. 그런데 Mechoulan(2006), pp. 143-174는 파탄주의 이혼법은 파탄주의 이혼법이 도입되기 전에 혼인한 사람들의 이혼율은 높였지만, 그 후 혼인한 사람들은 배우자를 찾는 데 신중해졌기 때문에 파탄주의 이혼법이 이혼율을 높이지는 않았고, 대신 여자의 혼인연령이 늦어졌다고 주장한다.
82) Clark(1988), pp. 621f. 또한 Weitzman(1985), pp. 143ff. 참조.
83) 루이지애나, 애리조나, 아칸소 주.
84) 이에 관한 국내 문헌으로는 김수정(2003)이 있다. Nock, Sanchez, and Wright(2008)는 이 제도의 시행 성과에 대한 미국 사회학자들의 연구이다.
85) Margaret F. Brinig(1999), pp. 275-279.

수도 있다. 즉, 혼인하는 사람들은 거의 자신들의 혼인이 행복하게 유지되리라고 생각하기 때문에, 이러한 서약혼인을 택할 필요를 느끼지 못한다고 생각해 볼 수 있다.

(3) 파탄주의의 경제적 분석

이처럼 파탄주의에 대하여는 비판이 있으나, 경제적인 관점에서는 파탄주의의 채택을 검토할 충분한 가치가 있다. 앞에서 살펴본 대로 유책주의는 혼인에서의 기회주의를 억제하는 효과는 있을 수 있으나, 이미 파탄된 혼인을 되살리지는 못하기 때문이다. 유책주의는 동의규칙에 따르는 것인데, 일반적으로 동의규칙은 거래비용이 작은 경우에 효율적이고, 거래비용이 큰 경우에는 그렇지 못하다. 유책주의에 의하더라도 거래비용이 낮다면, 이혼을 원하는 당사자는 자신이 이혼으로 인하여 얻게 되는 이익이 상대방이 이혼으로 인하여 입게 되는 손실보다 큰 때에는 그러한 손실을 보상하고서라도 상대방의 동의를 얻어 이혼하려고 할 것이다. 그러나 혼인이 파탄된 경우는 전형적으로 거래비용이 큰 경우라고 할 수 있다. 이익과 손실, 특히 상대방의 손실은 객관적으로 판정하기 어렵고, 따라서 상대방은 자신의 손실을 과장하기 쉬우며, 경우에 따라서는 보상 여부에 관계 없이 이혼을 거부하는 전략적 행동을 할 가능성이 많다.

그러므로 경제적인 측면에서는 상대방에게 법원과 같은 객관적인 제3자가 정하는 충분한 보상이 이루어진다면 파탄주의를 택하는 것이 효율적이다. 문제는 어떻게 하는 것이 충분한 보상이 될 것인가 하는 점인데, 이에 관하여는 재산분할, 이혼 후 부양 및 손해배상의 세 가지를 생각할 수 있다. 이 중 앞의 두 가지는 파탄주의를 취하는 입법례에서는 거의 채택되고 있으나, 손해배상을 인정하는 나라는 많지 않다.

가. 재산분할

혼인 후 부부가 취득한 재산은 그것이 한 배우자의 명의로 되어 있더라도 그 재산 형성에 다른 배우자의 기여가 있는 경우가 많을 것이다. 따라서 이혼으로 인한 혼인의 해소시에는 그러한 기여를 재산분할의 형태로 청산하는 것이 타당하다. 그렇지 않으면 다른 배우자는 기여를 하는 것을 꺼리게 될 것이고, 반대로 재산 명의인은 이혼을 하더라도 부담이 크지 않으므로 기회주의적인 이혼을 선택할 가능성이 많아지게 된다.

우리나라의 판례[86)]도 이혼에 따른 재산분할은 혼인 중 쌍방의 협력으로 형성된 공동재산의 청산이라는 성격에 상대방에 대한 부양적 성격이 가미된 제도라고 보고 있다. 그러나 실제로 법원이 재산분할을 결정함에 있어서 부양적 요소를 얼마나 고려하고 있는지는 명확하지 않다.

그런데 현실적으로는 일방 배우자의 재산 형성에 상대방 배우자가 얼마나 기여하였는지를 양적으로 측정한다는 것은 쉽지 않다. 우리나라의 종래 실무상으로는 처의 경우에 전업주부였는지, 맞벌이를 하였는지 등에 따라 전자의 경우에는 처가 취득하는 비율을 낮게 책정하는 경우가 많았는데, 현재에는 전업주부의 경우에도 균등분할을 하는 예가 과거보다 늘어나고 있는 것으로 보인다.[87)] 이 점에 관하여 미국에서는, 당사자가 사전에 재산분할에 관하여 약정하였더라면 균등한 분할을 약정하였을 것이라고 하면서, 다만 법원에 상당한 정도의 재량을 인정하여야 한다는 주장이 있다.[88)] 국내에도 이처럼 균등분할을 원칙으로 하여야 한다는 주장이 있고,[89)] 2006년에 국회에 제출되었던 법무부의 민법개정안 제839조의2 제2항에서도 "당사자 쌍방의 협력으로 이룩한 재산은 균등하게 분할함을 원칙으로 한다"는 규정이 들어 있었으나, 입법화되지는 못하였다.[90)]

또 다른 어려운 문제는 앞에서 예로 들었던, 부부 일방이 의사나 변호사 등과 같은 전문적인 자격증을 취득한 경우에 이를 재산분할으로 대상으로 할 것인가 하는 점이다. 이 점에서는 미국에서 비교적 많은 논의가 있으나, 실제로 인정하고 있는 주는 많지 않다.[91)] 우리나라의 판례는 이 점에 대하여 소극적이어서, 박사학위를 소지한 경제학 교수로서의 재산취득 능력은 청산의 대상이 되는 재산에 포함시킬 수는 없고, 다만 재산분할의 액수와 방법을 정함에 있어서 '기타의 사정'으로 참작하면 된다고 한다.[92)]

86) 대법원 2000. 9. 29. 선고 2000다25569 판결(판례공보 2000하, 2207) 등.
87) 재산분할 비율의 실태에 관한 조사로는 김용원(2009), pp. 143-150이 있다.
88) Scott and Scott(1998), pp. 1308-1309.
89) 예컨대, 김상용(2002), p. 152 등. 민유숙(2001a)은 이에 관한 일본 및 미국의 실태를 비교적 상세하게 소개하고 있다.
90) 국회 홈페이지 의안정보(http://likms.assembly.go.kr/bms_svc/bill/doc_10/17/pdf/175283_100.HWP.PDF) 참조(최종방문 2011. 10. 10).
91) 이에 대하여는 민유숙(2001c), pp. 140-148 참조.

경제적인 관점에서는 이러한 전문적인 자격증도 재산분할의 대상으로 삼아야 할 필요가 있겠지만,[93] 현실적으로는 이를 어떻게 평가할 것인지가 문제된다. 향후에 자격증 소지자가 얼마만큼의 수입을 얻게 될 것인지, 얻게 될 수입 중 어느 정도가 자격증 소지자의 노력에 기한 것이고, 어느 만큼이 배우자의 기여에 의한 것인가를 미리 알기 어렵기 때문이다. 이러한 현실적인 어려움 때문에 미국에서도 대부분의 주는 전문적인 자격증을 재산분할의 대상으로 인정하지 않고 있다.

한 가지 대안은 이러한 자격증 취득에 의하여 얻게 되는 수입을 이혼시에 일괄하여 평가할 것이 아니라, 이혼 후 현실적으로 수입을 얻게 될 때 구체적으로 평가하여 정기적으로 지급하게 하는 것이지만, 이 또한 현실적으로는 상당한 어려움이 있을 것이다.

이와 유사한 문제가 퇴직금이나 연금 등 상대방 배우자가 앞으로 받을 수 있지만 현재는 받지 않은 재산적 이익도 분할 대상이 되는가가 문제된다. 이러한 퇴직금이나 연금을 받을 수 있게 된 데 상대방 배우자가 기여하였다면 이는 분할 대상으로 되어야 할 것이다. 그러나 현재 대법원의 판례는, 부부 중 일방이 이혼 당시에 이미 퇴직금 등의 금원을 수령하여 소지하고 있는 경우에는 이를 청산의 대상으로 삼을 수 있지만, 부부 일방이 아직 퇴직하지 아니한 채 직장에 근무하고 있을 때에는 그의 퇴직일과 수령할 퇴직금이 확정되었다는 등의 특별한 사정이 없다면, 그가 장차 퇴직금을 받을 개연성이 있다는 사정만으로 그 장래의 퇴직금을 청산의 대상이 되는 재산에 포함시킬 수 없고, 다만 기타 사정으로 참작하면 족하다고 한다.[94] 그러나 이러한 경우에는 퇴직금이나 연금 등의 현가(現價)를 이혼 당시를 기준으로 하여 환산하는 등의 방법으로 이를 재산분할의 대상으로 포함시키는 방법을 모색할 필요가 있다.[95] 국민연금법 제64조 제1항 제2호는 혼인기간이 5년 이상인 자가 60세가 된 이후에 노령연금 수급권자인 배우자와 이혼한 때에는 배우자였던 자의 노령연금액을 전 배우자와 균등하게 받을 수 있다고 규정하고 있다.

---

92) 대법원 1998. 06. 12. 선고 98므213 판결(판례공보 1998, 1888).
93) Scott and Scott(1998), pp. 1318ff. 참조.
94) 대법원 1995. 3. 28. 선고 94므1584 판결(법원공보 1995, 1752); 대법원 1995. 5. 23. 선고 94므1713, 1720 판결(법원공보 1995, 2265) 등.
95) 이 문제에 대한 미국 및 일본의 상황을 포함한 연구로는 민유숙(2001b, 2001c), 배인구(2010)이 있다. 또한 차선자(2011) 참조.

그리고 대법원 2006. 7. 13. 선고 2005므1243, 1252 판결은 일방 배우자가 그 퇴직 다음 달부터 원심 변론종결일까지 수령한 퇴직연금은 그 합계액을 분할 대상에 포함시킨 반면, 향후 수령할 퇴직연금에 대해서는 그 배우자의 여명을 확정할 수 없다는 이유로 재산분할 대상에 포함시키지 않은 원심 판결을 받아들였다고 한다.[96] 그러나 서울가정법원 2011. 8. 25. 선고 2010드합10979, 2010드합10986 판결(미공간)은 이혼 당시 일방 배우자가 받고 있던 공무원 퇴직연금은 분할 대상이 된다고 보아, 매월 지급받는 퇴직연금액 중 40%의 비율에 의한 돈을 매달 말일에 지급하라고 명하였다.

나. 이혼 후 부양

현재 파탄주의를 채택하고 있는 국가에서는 거의 이혼 후 부양이 인정되고 있다.[97] 다만 역사적으로는 유책주의하에서도 파탄에 책임 있는 배우자가 상대방에게 부양의무를 부담하기도 하였다.

경제적인 관점에서 본다면, 이혼 후 부양은 일방 배우자(주로 처)가 혼인하지 않았으면 얻을 수 있었을 지위 내지 수입을 혼인에 의하여 포기하였다는 점에서 그 근거를 찾을 수 있을 것이다. 말하자면, 이는 배우자가 혼인에 대하여 투자하는 기회비용에 대한 보상 또는 보험(insurance)이라고 말할 수 있다.[98] 그러한 보장이 없다면 혼인에 대한 투자가 줄어들 것으로 예측할 수 있다.

이혼 후 부양을 어떤 기준에서 책정할 것인가에 관하여는 이를 기대이익(expectation interest), 즉 혼인을 계속하였더라면 유지할 수 있었을 생활 수준을 확보할 수 있는 이익이 아닌 신뢰이익(reliance interest), 즉 혼인 때문에 포기한, 혼인하지 않았더라면 얻었을 이익을 보상하는 방향으로 운용하여야 한다는 주장이 있다. 이에 따르면 기대이익을 보상하게 된다면 배우자는 이혼하는 것과 이혼하지 않는 것 사이에 차이가 없기 때문에 쉽게 이혼을 선택하게 되고, 이혼 후 스스로 취업하여 수입을 얻으려는 노력을 방해하게 된다고 한다.[99]

실제로 파탄주의를 택하고 있는 나라들도 이혼 후 부양을 축소하려고 하는 움

96) 배인구(2010), pp. 234-235에서 재인용.
97) Glendon(1989), pp. 197ff. 참조.
98) Scott and Scott(1998), pp. 1272-1274.
99) Scott and Scott(1998), pp. 1273, 1312ff. Trebilcock(1999), pp. 246-247도 이러한 견해를 지지한다.

직임을 보이고 있다. 미국에서는 과거에 일방 배우자가 사망하거나 또는 부양청구권자가 재혼할 때까지 부양료를 지급하는 항구적 부양(permanent alimony, permanent support)이 많았으나, 오늘날은 항구적 부양은 일방 배우자가 나이가 많거나 기타 독립적으로 생계를 유지할 능력이 없는 경우, 특히 혼인기간이 긴 경우에 한하여 예외적으로 인정된다. 그 대신 부양료 지급이 인정되는 경우는 대부분 일시적 부양(temporary support) 내지 재활적 부양(rehabilitative support)으로서, 이혼 후 한시적으로만 부양을 명하고 있다. 이처럼 이혼 후 부양의 의미가 감퇴된 것은 과거에는 여성이 혼인하면 따로 수입을 얻는 활동을 하지 않았으나, 근래에 이르러서는 여성의 경제활동에 참여하는 비율이 높아졌다는 것이 중요한 이유이고, 또 일시적 부양만을 제공함으로써 여성이 스스로 생계를 꾸려나가게 하는 동기를 제공한다고 하는 이유도 작용한다.[100)]

이러한 경향은 2007년 개정된 독일 민법(부양법)에서도 나타났다. 여기서는 이혼 후에 각각의 배우자는 스스로 자신의 생계를 돌볼 의무가 있다는 것을 명문으로 규정하고(제1569조), 부양의 범위도 전체적으로 낮추려고 하고 있다.[101)]

다. 손해배상과 유책사유의 고려

우리 민법은 당사자가 이혼한 경우에 배우자 일방이 과실 있는 상대방 배우자에 대하여 이혼으로 인한 손해배상을 청구할 수 있도록 규정하고 있다(민법 제843조에 의한 제806조의 준용). 그러나 파탄주의를 채택하고 있는 나라들은 거의 이혼으로 인한 손해배상을 인정하지 않고 있다.[102)] 또한 재산분할과 이혼 후 부양에서도 배우자의 유책 여부는 고려되지 않는 것이 일반적인 경향이다. 미국에서는 재산분할과 이혼 후 부양에 관하여는 유책(fault) 여부를 고려하는 주도 있다.[103)] 그러나 모범혼인 및 이혼법(Uniform Marriage and Divorce Act, UMDA)[104)]은 재산분할에서 혼인 중의 잘못(marital misconduct)을 고려하지 말도록 규정하고 있고,[105)] 2000년에 발표된 미

100) 윤진수(2008), pp. 158-160 참조.
101) 안경희(2008), pp. 149-156 참조.
102) 예외적으로 프랑스 민법 제266조는 이혼으로 인한 손해배상을 인정한다. 그러나 프랑스 민법은 파탄주의 이혼 외에도 유책으로 인한 이혼도 아울러 인정하고 있음을 유의하여야 한다. 프랑스의 이혼법에 대하여는 한복룡(2006), p. 92 참조.
103) American Law Institute(2002), pp. 42ff. 참조.
104) 이는 통일주법을 위한 위원들의 전국 회의(National Conference of Commissioners on Uniform State Laws)가 만든 모범법안(Uniform Acts)의 일종으로서, 각 주가 이를 채택할 수 있고, 실제로도 많이 채택되었다.
105) 윤진수(2008), p. 158 참조.

국법학원(American Law Institute)의 가정 해소에 관한 원칙(Principles of the Law of Family Dissolution: Analysis and Recommendations)도 이러한 사유를 고려하지 말도록 권유하고 있다.[106)]

이처럼 파탄주의 이혼법에서는 어느 배우자가 파탄에 관하여 책임이 있는가 하는 문제는 더 이상 고려되지 않고 있다. 그 이유는 과실(fault)의 개념은 인위적인 조작물로서, 누구의 행동이 나빴는가를 법원에서 가리는 것은 매우 어렵고, 혼인이 파탄에 이르는 것은 어느 일방의 잘못 때문만은 아니라고 하는 현대의 인식 때문이라고 한다.[107)]

이와 같이 이혼의 효과에서 당사자의 책임 여부를 고려하지 않는 것은 어떻게 본다면 파탄주의 이혼제도를 따름으로써 도출되는 자연스러운 결과일 수도 있고, 다른 한편으로는 부부 당사자 일방의 책임을 따짐으로써 기회주의적인 행동을 방지할 수 있다는 이익이 그에 따르는 비용보다 크지 않다는 판단에 근거한 것일 수도 있다.

3) 이혼과 자녀

이혼이 많은 경우에 자녀들, 그 중에서도 특히 미성년 자녀들에게 부정적인 영향을 미친다는 것은 일반적으로 알려진 사실이다. 이는 부부의 이혼이 자녀들에게 부정적인 외부효과(negative externalities)를 미친다는 것을 의미한다. 이러한 부정적인 효과는 경제적인 것일 수도 있고, 심리적인 것일 수도 있다. 이러한 부정적인 외부효과를 방지하기 위하여는 이혼을 고려하는 부모들이 이러한 외부효과를 내부화(internalization)하는 것이 필요하다. 즉, 이혼 여부의 결정에 있어서도 자녀들이 입게 될 피해를 고려하여야 하고, 이혼하더라도 자녀들이 입게 되는 피해를 보상하

106) American Law Institute(2002), pp. 50ff. 미국법학원은 각종의 Restatement나 모범상법전(UCC) 등을 제정하는 권위 있는 기관이다. 이 Principles는 Restatement와 유사한 것이기는 하지만 법조문의 형식을 취하지는 않고 있는데, 그 이유는 이 문제에 관하여는 각 주에서 제정법을 가지고 있기 때문이다.

107) Scott and Scott(1998), pp. 1304-1305. American Law Institute(2002), pp. 50ff.도 어느 배우자가 혼인의 파탄을 가져왔는가 하는 것은 '원인'(cause)이라고 하는 객관적인 평가로 보이는 단어로 도덕적 심문을 감추는 것이고, 법원이 인과관계(causation)라고 하는 중립적인 용어를 써서 더 비난받아야 하는 배우자에게 혼인 해소의 비용을 전가시키는 것이며, 비난 가능성(blameworthiness)이라고 하는 불명확한 기준을 가지고 불법행위에 해당하지 않는 행위에 책임을 돌림으로써 많은 문제가 생길 수 있다고 한다.

여야 하는 것이다.

우리나라의 법은 어느 정도 이 문제에 대하여 배려를 하고 있다. 즉, 민법은 협의상 이혼을 하려는 사람들이 이를 위하여 필요한 가정법원의 이혼의사 확인을 받기 위하여는 확인 신청 후 어느 정도의 기간(이른바 숙려기간)을 기다려야 하는데, 양육하여야 할 자녀가 없는 경우에는 1개월을 기다리면 되지만, 그러한 자녀가 있는 경우에는 3개월을 기다려야 한다(제836조의2). 이는 양육하여야 할 자녀를 가진 부부의 경우에는 좀더 신중히 하여야 한다는 것을 의미한다. 또한 2007년과 2009년 개정된 민법과 가사소송법은 이혼한 부부의 일방이 자녀에게 지급하여야 할 양육비를 제대로 지급받을 수 있도록 몇 가지의 개선 조치를 취하였다. 즉, 부모가 협의상 이혼을 할 때에는 양육비용의 부담 등을 포함하는 사항을 협의하여야 하고, 이러한 협의를 확인하는 가정법원의 조서는 집행권원이 되어, 별도의 재판을 거치지 않아도 바로 강제집행을 할 수 있다(민법 제836조의2). 또 가정법원은 양육비 채무자가 정당한 사유 없이 2회 이상 양육비를 지급하지 아니한 경우 양육비 채권자의 신청에 의하여 양육비 채무자에 대하여 정기적 급여채무를 부담하는 소득세원천징수 의무자에게 양육비 채무자의 급여에서 정기적으로 양육비를 공제한 다음 양육비 채권자에게 직접 지급하도록 명할 수 있고, 이 명령은 압류명령 및 전부명령을 동시에 명한 것과 같은 효력이 있다(가사소송법 제63조의2). 자녀들에 대한 부정적인 효과를 최소화하기 위한 또 다른 방법은 이혼 문제, 특히 이혼에 따르는 양육자 지정과 같은 문제에 관하여 자녀의 의사를 묻고, 그 의견을 재판에 반영하는 것이다.[108]

그러나 이러한 것만으로는 자녀의 피해를 방지하기에 충분하지 못하다. 기본적으로 부모가 이혼으로 인하여 자녀가 입게 될 부정적 외부효과를 내부화한다는 것은 일종의 이타주의의 발로라고 할 수 있다. 부모와 자녀 사이에는 이른바 혈족선택(kin selection) 내지 혈연주의(nepotism)가 강력하게 작용한다. 혈족선택이라는 개념은 혈족관계에 있는 사람들의 이타주의적 행동을 설명하기 위한 것으로서 자신과 공통의 유전자를 가진 사람(혈족)에 대하여 도움을 주면 그 유전자가 후대에

108) 윤진수(2009), pp. 349ff. 참조.

전해질 확률이 높아지기 때문에 그처럼 도움을 주게 되는 이타적 성향이 진화하게 되었다고 설명한다.[109] 그러나 이러한 혈족선택이 작용한다고 하여 부모가 항상 자녀에게 이익이 되도록 행동하는 것은 아니다. 이혼으로 말미암아 자녀가 피해를 입는 것은 말하자면 부모와 자녀 사이의 갈등(parent-offspring conflict)의 한 예이다. 이 경우에도 법이 개입할 수 있는 것은 제한된 범위에 한정될 수밖에 없고, 그 실효성도 크지 않다.[110] 가령 이혼한 부부 중 자녀를 양육하지 않고 있는 사람은 자녀의 양육비를 지급하여야 하는데, 현실적인 지급 비율은 상당히 낮다고 한다.[111]

5. 결론

이 글에서는 혼인과 이혼의 법을 경제학적인 시각에서 분석하여 보고자 하였다. 그 주된 내용을 요약한다면 다음과 같다.

혼인은 계속적 · 관계적 계약의 성격을 가지고 있어서, 당사자 사이의 복잡한 인간관계를 다루고 있고, 혼인관계의 유지를 위하여는 부부 사이의 협력 내지 이타적 행동이 필수적이며, 혼인계약에서 나오는 의무는 구체적으로 사전에 특정하기 어렵다는 특질을 가지고 있다. 혼인의 이러한 특질 때문에 당사자들이 기회주의적으로 행동할 가능성이 많고, 이를 방지하는 것이 혼인법에서 중요한 과제이지만, 이에 법이 관여하는 데에는 한계가 있고, 법이 관여하더라도 동의규칙에 의하기보다는 보상규칙에 의할 수밖에 없는 경우가 많다. 이혼에 관하여는 현재의 추세는 유책주의에서 파탄주의로 넘어가고 있는데, 유책주의는 동의규칙에 바탕을 두고 있는 반면, 파탄주의는 보상규칙에 근거한 것이라고 설명할 수 있다. 유책주의는 당사자들의 기회주의적인 행동을 방지하는 측면은 있지만, 그에 의하여 일단 파탄되었던 부부관계가 회복될 수는 없다는 문제점이 있다. 반면, 파탄주의는 혼

109) 윤진수(2007c), pp. 168ff. 참조.
110) Brinig(2000b), pp. 258-259 참조.
111) 정현수(2005), p. 261; Weiss and Willis(1985), p. 269 등 참조.

인의 구속력을 약화시킨다는 비판을 받기는 하지만, 그에 따른 경제적 보상을 잘 설계한다면 효율적인 제도가 될 수 있으나, 경제적 보상을 잘 설계하는 것이 쉽지만은 않다.

그러나 실제로 이 문제에 관하여는 다른 분야에 비하여 법경제학적인 연구가 많이 축적되어 있지 않고, 국내에서의 연구는 거의 없다시피 하기 때문에 주로 미국에서의 논의를 소개하는 정도에 머무르고 말았다. 그렇지만 이 글이 법경제학적인 관점에서 볼 때 중요한 문제점이 무엇이 문제인가 하는 점은 어느 정도 밝혔다고 생각된다.

참고문헌

강신일,「결혼 · 이혼에 대한 법 · 경제 시각」,『시장경제연구』, 제39권 1호, 2010, pp. 37-68.

김경동,『현대의 사회학』, 신정판, 서울: 박영사, 1997.

김대정,『계약법(상)』, 서울: Fides, 2007.

김상용,「부부재산 개정을 위한 하나의 대안」,『법조』, 2002. 11, pp. 131-172.

김수정,「미국 혼인법상의 Covenant Marriage」, 서울대학교 대학원 석사학위논문, 2003.

김용원,「판례에 나타난 부부재산 분할제도의 운용실태 분석」,『가족법연구』, 제23권 2호, 2009, pp. 127-156.

김용한,『친족상속법』, 보정판, 서울: 박영사, 2003.

김재완,「현대 계약법상 신의칙의 법규범성과 그 적용의 확장에 관한 고찰」,『외법논집』, 제35권 2호, 2011, pp. 139-163.

김정명,「아랍인의 혼례 풍습」,『중동연구』, 제22권 2호, 2004, pp. 107-128.

김주수 · 김상용,『친족 · 상속법』, 제10판, 서울: 법문사, 2011.

김증한 · 김학동,『채권각론』, 제7판, 서울: 박영사, 2006.

민유숙,「재산분할에 있어서 분할비율산정–비교법적 고찰」,『저스티스』, 제34권 2호, 2001a, pp. 47-85.

______,「재산분할 대상이 되는 재산의 확정에 관한 몇 가지 문제점 (1)」,『법조』, 50권 3호, 2001b. 3, pp. 103-126.

______,「재산분할 대상이 되는 재산의 확정에 관한 몇 가지 문제점 (2)」,『법조』, 50권 4호, 2001c. 4, pp. 125-152.

배인구,「연금의 재산분할 대상성에 대한 검토」,『사법논집』, 제50집, 2010, pp. 225-269.

법원행정처,『2011 사법연감』, 서울; 법원행정처, 2011.

신도철,「범죄와 형벌의 법경제학」, 김일중 · 김두얼 편,『법경제학 이론과 응용』, 서울: 해남, 2011, pp. 311-346.

신영호, 『로스쿨 가족법강의』, 서울: 세창출판사, 2010.

안경희, 「2007년 개정 독일부양법의 주요내용」, 『국민대학교 법학논총』, 제20권 2호, 2008, pp. 120-165.

안태현, 「결혼과 이혼의 경제학: 미국의 실증연구를 중심으로」, 『국제노동브리프』, 제6권 11호, 2008, pp. 52-58.

오정진, 「동성혼으로 말해 온 것과 말해야 할 것」, 『가족법연구』, 제23권 1호, 2009, pp. 187-212, 207-209.

윤진수, 「재산법과 비교한 가족법의 특성—가족법의 이타성과 합리성」, 『민사법학』, 특별호(제36호), 2007a, pp. 579-612.

______, 「사실혼배우자 일방이 사망한 경우의 재산문제: 해석론 및 입법론」, 『저스티스』, 100호, 2007b. 10, pp. 5-39.

______, 「진화심리학과 가족법」, 서울대학교 기술과법 센터, 『과학기술과 법』, 서울: 박영사, 2007c.

______, 「미국 가정법원의 현황과 개선 논의」, 『가족법연구』, 제22권 3호, 2008, pp. 151-204.

______, 「아동의 사법절차상 청문」, 『민법논고 Ⅳ』, 서울: 박영사, 2009, pp. 315-348(초출 2003).

______, 「법의 해석과 적용에서 경제적 효율의 고려는 가능한가?」, 김일중 · 김두얼 편, 『법경제학 이론과 응용』, 서울: 해남, 2011, pp. 3-44.

이경희, 『가족법』, 전정판, 서울: 법원사, 2008.

정현수, 「이혼시 자녀양육비 확보방안에 관한 연구」, 『가족법연구』, 제19권 1호, 2005, pp. 255-308.

차선자, 「재산분할 대상으로서 연금에 관한 고찰」, 한국가정법률상담소 세미나 발표 원고(미공간), 2011. 10. 5.

한복룡, 「구미이혼법 비교연구」, 『충남대학교 법학연구』, 제17권 1호, 2006, pp. 77-101.

허일태, 「간통죄의 위헌성」, 『저스티스』, 제104호, 2008. 6, pp. 118-135.

内田 貴, 『契約の再生』, 東京: 弘文堂, 1990.

Abbott, Pamela, Claire Wallace, and Melissa Tyler, *An Introduction to Sociology, Feminist*

Perspective (3rd ed.), London and New York: Routledge, 2005.

American Law Institute, *Principles of the Law of Family Dissolution: Analysis and Recommendations*, Philadelphia: American Law Institute, 2002.

Armour, John, Henry Hansmann, and Reinier Kraakman, "Agency Problems and Legal Strategies," in Reinier Kraakman et al., *The Anatomy of Corporate Law* (2nd ed.), Oxford: Oxford University Press, 2009.

Becker, Gary S., *A Treatise on the Family*, enlarged edition, Cambridge: Harvard University Press, 1991.

Brinig, Margaret F., "Rings and Promises," *Journal of Law, Economics, and Organization*, 6(1), 1990, pp. 203-215.

______, "Contracting around No-Fault Divorce," in F. H. Buckley, Ed., *The Fall and Rise of Freedom of Contract*, Durham and London: Duke University Press, 1999, pp. 275-279.

______, *From Contract to Covenant, Beyond the Law and Economics of the Family*, Cambridge: Harvard University Press, 2000a.

______, "Parent and Child," in Bouckaert, Boudewijn and Gerrit De Geest, Eds., *Encyclopedia of Law and Economics*, Vol. 2, Cheltenham: Edward Elgar, 2000b, pp. 230-273.

______, *Family, Law, and Community*, Chicago and London: The University of Chicago Press, 2010.

Brinig, Margaret F. and Steve M. Crafton, "Marriage and Opportunism," *The Journal of Legal Studies*, Vol. 23, 1994, pp. 869-894.

______, Ed., *Economics of Family Law*, Vol. 1, 2, Cheltenham: Edward Elgar, 2007.

Brinig, Margaret F. and Steven L. Nock, "Marry Me, Bill: Should Cohabitation Be the (Legal) Default Option?," *Louisiana Law Review*, 64(3), 2004, pp. 403-442.

Calabresi, Guido and A. Douglas Melamed, "Property Rules, Liability Rules, and Inalienability: One View of Cathedral," *Harvard Law Review*, Vol. 85, 1972, pp. 1089-1128.

Campbell, David, Ed., *The Relational Theory of Contract: Selected Works of Ian MacNeil*, London: Sweet and Maxwell, 2001.

Carbone, June, *From Partners to Parents*, New York: Columbia University, 2000.

Clark, Homer H. Jr., *The Law of Domestic Relations in the United States* (2nd ed.), 1988, St. Paul, Minn: West Group.

Cohen, Lloyd, "Marriage, Divorce, and Quasi Rents; Or, "I Gave Him the Best Years of My Life," *Journal of Legal Studies*, Vol. 16, 1987, pp. 267-303.

______, "Marriage: the Long-term Contract," in Anthony W. Dnes and Robert Rowthorn, Eds., *The Law and Economics of Marriage & Divorce*, Cambridge: Cambridge University, 2002, pp. 10-34.

Cohen, Lloyd R. and Joshua D. Wright, Eds., *Research Handbook on the Economics of Family Law*, Cheltenham: Edward Elgar, 2011.

Dnes, Anthony W., "Marriage Contracts," in Boudewijn Bouckaert and Gerrit De Geest, Eds., *Encyclopedia of Law and Economics*, Vol. 3, Cheltenham: Edward Elgar, 2000, pp. 864-886.

______, *The Economics of Law*, Mason, Ohio: Thompson South-Western, 2005.

______, "Marriage Contracts," in Gerrit De Geest (Ed.), *Contract Law and Economics*, Cheltenham: Edward Elgar, 2011a, pp. 360-383.

______, "Partnering and incentive structures," in Lloyd R. Cohen and Joshua D. Wright, Eds., *Research Handbook on the Economics of Family Law*, Cheltenham: Edward Elgar, 2011b, pp. 122-131.

Dnes, Anthony W. and Robert Rowthorn, Eds., *The Law and Economics of Marriage & Divorce*, Cambridge: Cambridge University, 2002.

Eisenberg, Melvin A., "Why there is No Law of Relational Contracts," *Northwestern University Law Review*, 94(3), 2000, pp. 805-821.

Fineman, Martha Albertson, *The Neutured Mother, the Sexual Family and Other Twentieth Century Tragedies*, New York London: Routledge, 1995.

Friedberg, Leora, "Did Unilateral Divorce Raise Rates? Evidence from Panel Data,"

American Economic Review, 88(3), 1998, pp. 608-627.

Giddens, Anthony, Mitchell Duneier, Richard P. Appelbaum, and Deborah Carr, *Introduction to Sociology* (7th ed.), New York and London: Norton and Company, 2009.

Glendon, Mary Ann, *The Transformation of Family Law*, Chicago and London: Chicago University Press, 1989.

Goetz, Charles J. and Robert E. Scott, "Principles of Relational Contracts," *Virginia Law Review*, 67(6), 1981, pp. 1089-1150.

Hillman, Robert A., *The Richness of Contract Law*, Dordrecht, The Netherlands: Kluwer Academic Publishers, 1997.

Hofer, Sibylle, "Privatautonomie als Prinzip für Vereinbarungen zwischen Ehegatten," in Sibylle Hofer, Dieter Schwab, Dieter Henrich (Hrsg.), *From Status to Contract? - Die Bedeutung des Vertrages im europäischen Familienrecht*, Bielefeld: Verlag Ernst und Werner Gieseking, 2005, pp. 1-16.

Katz, Sanford N., *Family Law in America*, Oxford: Oxford University Press, 2003.

MacNeil, Ian R., "The Many Futures of Contracts," *Southern california law review*, Vol. 47, 1974, pp. 691-816.

Mechoulan, Stephane, "Divorce Laws and the Structure of the Family," *Journal of Legal Studies*, Vol. 35, 2006, pp. 143-174.

Nock, Steven L., Laura Ann Sanchez, and James D. Wright, *Covenant marriage: the movement to reclaim tradition in America*, New Brunswick and London: Rutgers University Press, 2008.

Parkman, Allen M., "Mutual consent divorce," in Anthony W. Dnes and Robert Rowthorn, Eds., *The Law and Economics of Marriage & Divorce*, Cambridge: Cambridge University, 2002, pp. 57-69.

Polinsky, A. Mitchell and Steven Shavell, Eds., *Handbook of Law and Economics*, Vol. 1 & 2, 2007, Amsterdam et al.: North Holland.

Posner, Eric, "Family Law and Social Norms," in F. H. Buckley, Ed., *The Fall and Rise of*

Freedom of Contract, Durham and London: Duke University Press, 1999, pp. 256-274.

Posner, Richard A., *Economic Analysis of Law* (6th ed.), New York: Aspen Publishers, 2003.

Rowthorn, Robert, "Marriage as a signal," in Anthony W. Dnes, and Robert Rowthorn, Eds., *The Law and Economics of Marriage & Divorce*, Cambridge: Cambridge University, 2002, pp. 132-156.

Scott, Elizabeth S. and Robert E. Scott, "Marriage as Relational Contract," *Virginia Law Review*, 84(7), 1998, pp. 1225-1334.

Trebilcock, Michael J., "Marriage as s Signal," in F. H. Buckley, Ed., *The Fall and Rise of Freedom of Contract*, Durham and London: Duke University Press, 1999, pp. 245-255.

Weiss, Yoram and Robert J. Willis, "Children as Collective Goods and Divorce Settlements," *Journal of Labor Economics*, 3(3), 1985, pp. 629-679.

Weitzman, *The Divorce Revolution*, New York: Free Press, 1985.

Wittman, Donald, *Economic Foundations of Law and Organization*, New York: Cambridge University Press, 2006.

Chapter 9 회사법의 법경제학

송옥렬

Chapter 9

회사법의 법경제학

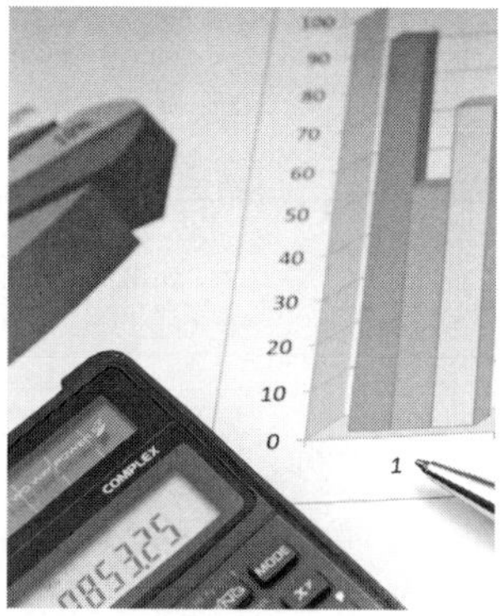

1. 서론

회사법을 경제학의 관점에서 본다면 회사를 둘러싼 이해관계의 조정을 통하여 사회적 효율성을 달성하기 위한 법제라고 할 수 있다. 회사법에서 다루는 이해관계의 상충은 전통적인 주주 대 경영진의 관계를 비롯하여, 지배주주 대 소액주주, 주주 대 채권자, 기존 투자자 대 새로운 투자자 등으로 구분할 수 있으며, 국면에 따라서 중요하게 등장하는 이해상충이 다르다. 이 글에서는 이러한 이해상충과 그 분쟁을 해결하는 법리를 전통적인 법경제학적 사고방식을 가지고 설명한다. 회사법의 법리가 본래 정치한 경제학적 논거에서 정립된 것은 아니었지만, 입법 당시에도 입법 취지가 직관적인 수준의 경제학에 기초하고 있는 경우가 많았을 뿐만 아니라, 최근의 경제학이나 재무이론의 발전으로 새롭게 조명할 수 있는 부분도 많아, 미국에서는 실제로 경제학적 접근 방법이 주류 법학으로서의 위상을 차지하고 있다.

회사법 분야의 법경제학은 소유권, 계약, 불법행위 등을 중심으로 한 초기 법경제학의 전통에서 논의가 전개되었다기보다는, 재무이론이나 정보경제학 등의 토대에서 1980년대 이후 급격하게 발전을 이룬 분야이다. 여러 이유가 있겠으나,

회사법의 경제학이란 결국 대리비용, 즉 비대칭정보 가운데 도덕적 해이 모형이라는 점과 무관하지 않다고 본다. 경제학계에서 도덕적 해이를 다룰 수 있게 된 것이 게임 이론과 계약이론 이후이기 때문이다. 회사법은 주로 응용되는 경제학 분야나 주된 이해상충의 양상을 중심으로 하여 다음 네 분야로 구분할 수 있다.

① 먼저 전통적인 기업이론(firm theory) 분야가 있다. 코즈로부터 시작된 기업이론은 최근 계약이론(contract theory)과 접목되고 있는데, 회사 조직의 비용과 편익을 경제학적으로 설명하고 있다는 점에서 회사법의 이론적 기초가 된다. 특히, 법적 관점에서 본다면, 기업이론은 기업집단의 계열사 간 내부거래에 대한 정책적 접근에 이론적 단초를 제공할 수 있다는 점에서 의미가 크다고 하겠다. 기업집단을 경제학적으로 하나의 기업으로 이해할 것인지와 관련된 문제이기 때문이다.

② 회사법의 주된 연구 분야로 기업지배구조가 있다. 기업지배구조는 주주와 경영진, 지배주주와 소액주주 사이에 발생하는 전통적인 대리비용을 규제함으로써 기업을 이용하는 비용을 줄이고자 하는 것인데, 주로 기업의 소유구조와 지배구조를 연구 대상으로 한다. 최근 법과 재무이론(law and finance)이라는 접근 방법이 각광을 받고 있는 분야이기도 하다. 대리비용이라는 개념은 회사 계약 이후의 정보비대칭 현상이므로 전통적인 도덕적 해이(moral hazard)를 다르게 표현한 것에 불과하다. 최근 경제학의 주된 패러다임인 계약이론은 이러한 도덕적 해이 상황에서 적절한 인센티브를 제공하는 보수 체계가 무엇인지 연구하고 있으나, 이것을 회사법에서 직접 응용하는 것은 대단히 제한적이다. 회사법은 대리비용을 규제하기 위해서, 이사회의 승인과 같은 사전적인 규제와 이사에 대한 책임 추궁과 같은 사후적인 책임 두 가지 방법을 채택하고 있기 때문이다. 이러한 법적 규제는 보수나 주가를 통한 시장적 통제와 비교하여, 명확하지 않은 위법행위는 통제하기 힘들고, 지배주주나 경영진의 무능은 처벌할 수 없다는 점에서 제한적인 측면이 있다.

③ 자금 조달과 재산 반환을 다루는 기업재무는 재무이론(corporate finance)이라고 하는 발달된 경제학을 가지고 있다. 재무이론은 20세기 중후반 정보의 비대칭성을 성공적으로 모형화함으로써 급격한 발전을 이루었으며, 경제학에서도 최근 가장 활발한 연구가 이루어지는 분야이기도 하다. 그러나 이러한 분석틀이 아직 회

사법에서 본격적으로 응용되고 있는 것으로는 보이지 않는다. 예를 들어, 자본구조이론의 다양한 논점이 회사법에서 어떻게 응용될 수 있는지, 다양한 맥락에서의 신호모형을 회사법에서 어떻게 고려할 수 있는지 등 경제학이 회사법에 미치는 영향은 계속적인 연구과제이다.

④ 회사법의 경제학적 접근에서 마지막으로 언급해야 할 분야는 적대적 기업인수와 경영권 방어에 관한 것이다. 실제로 이 분야는 미국에서 1980년대 및 1990년대 초반 회사법의 경제학이 비약적으로 발전할 수 있는 계기가 되었다. 당시 발전된 경제학은 주로 공개매수 규제나 경영권 방어에 관한 이론적인 논거를 제공하는 것이었으나, 이미 1980년대 초에 경제학 분야에서도 적대적 기업 인수의 이론적 근거에 대한 논의가 이루어지고 있었다. 적대적 기업 인수 분야는 미국과 유럽의 법리가 극단적으로 차이가 나는 부분이기도 한데, 2000년대에는 이러한 측면이 부각되어 그 차이를 가져오는 근거가 무엇인지 연구가 이루어지고 있다. 기업지배구조와 함께 회사법의 비교법적 연구가 실제로 큰 역할을 하는 분야이기도 하다.

이러한 내용을 표준적인 경제모형으로 본격적으로 다루는 것은 다른 책으로 미루고, 이 글에서는 ②-④분야에서 회사법의 경제학에 흥미를 이끌어 낼 수 있는 몇 가지 쟁점을 잡아 간략히 소개하고자 한다. 먼저 ②분야에서는 주로 지배주주와 소액주주 사이의 이해상충을 분석하는 방법을 살펴본다. 반면 ③분야에서 전통적인 대리비용, 즉 외부투자자에게 어떻게 자금 회수의 확신을 제공할 것인지에 대하여 살펴본다. 마지막으로 ④분야는 회사법의 특수한 영역인 적대적 M&A에서 전통적인 주주와 경영진 사이의 대리 문제를 어떻게 해결할 것인지 살펴본다. 경제학적 분석에서는 이러한 모든 쟁점이 결국 대리비용(agency cost) 또는 이해상충의 다양한 국면임을 이해하는 것이 중요하다.

2. 기업소유구조

1) 사적 이익과 기업소유구조

(1) 개관

기업소유구조에 관한 논의는 최근 법과 재무이론(law and finance) 분야의 핵심적인 이론이다. 여기서의 문제는 투자자의 보호 수준이 기업의 소유구조에 어떠한 영향을 주는가 하는 것이다. 사실 어떤 소유구조가 사회적으로 효율적인지에 대해서는 아직 해답이 없다. 주식 소유가 분산된 분산소유체제든 주식 소유가 특정인에게 집중되어 있는 지배주주체제든, 각 소유구조는 사회적 효율성의 관점에서 장단점이 있기 때문이다. 지배주주체제에서는 주식의 유동성이 떨어진다거나 지배주주의 전문성이 떨어지는 등의 문제가 있고, 반면 분산소유체제에서는 경영진의 기회주의적 행동의 가능성이나 경영진의 단기실적주의 등이 사회적 비효율을 야기하게 된다. 우리나라의 재벌은 흔히 소수주주지배(controlling minority)구조라고 알려져 있는데, 그 사회적 평가에 대해서도 많은 논의가 이루어지고 있다.

기업의 소유구조 이론에서는 이렇게 비효율성을 야기하는 요소에 대해서는 크게 관심을 기울이지 않는다. 대신 기업이 산출한 몫의 분배에 많은 관심을 기울인다. 분배에 관한 문제가 논의되는 이유는 사후적으로 어떻게 분배가 이루어지는가에 따라 당사자의 사전적 인센티브가 달라지기 때문이다. 기업이 산출한 부 가운데 지배주주 또는 경영진이 다른 소액주주를 배제하고 누리는 부분을 흔히 '사적 이익'(private benefit)이라고 하는데, 이러한 사적 이익의 크기에 따라 기업의 소유구조를 선택하는 사전적 인센티브가 왜곡된다는 것이다. 일반적으로 이러한 부의 유출은 지배주주가 존재하는 경우에 더 크겠지만 반드시 그렇게 가정할 필요는 없다. 최근 Rafael La Porta, Florencio Lopez-de-Silanes, Andrei Shleifer, Robert Vishny(LLSV)의 연구와 그 후속 연구를 보면 영미식 분산소유체제가 지배주주체제보다 더 효율적이라는 인상을 받기 쉬운데, 반드시 그렇지는 않다는 점을 주의해야 한다. 투자자 보호를 강조하는 연구들이 그러한 인상을 주는 이유는 그 경제학적 모형들이 주로 지배주주의 사적 이익에 주목하고 있기 때문이다. 오히려 소유구조 이론에서 얻을 수 있는 시사점은 투자자 보호 법제가 단순히 분배적 차원에서, 즉 투자자의 이익을 보호하기 위해서 존재하는 것이 아니라, 사회적 효율성을 추구하는 측면에서도 정당화될 수 있다는 점이 중요하다.

(2) 모형

먼저 기업의 소유구조가 분산소유체제이든 아니면 지배주주체제이든 각각의 비효율이 존재한다고 하자. 주어진 사회적 여건에 따라 어느 경우에는 분산소유체제가 더 효율적일 수도 있지만, 또 어떤 사회에서는 지배주주체제가 더 효율적일 수도 있다. 예를 들어, 현재 100주의 주식 중에서 50주를 지배주주가 소유하고 있고 나머지 50주는 분산되어 있는 회사를 생각해 보자. 먼저 현재의 기업가치가 100원인데, 지배주주가 지배권을 포기하고 주식을 완전히 분산시켜서 분산소유체제로 전환하면 기업가치가 110원으로 증가하는 경우를 생각해 보자. 그리고 현재 기업가치는 지배주주 60원, 소액주주 40원으로 나누어 가지고 있다고 하자. 여기서 지배주주가 추가적으로 가지는 20원을, 소액주주를 배제하고 지배주주만 누리고 있다는 의미에서 '사적 이익'이라고 부른다. 여기서 질문은 이러한 상황에서 위 기업이 분산된 소유구조로 이행하겠는가 하는 것이다.

사회적인 관점에서 본다면 그렇게 되는 것이 효율적이다. 10원의 가치 증가가 있기 때문이다. 그러나 이러한 상황에서 50% 지배주주는 자신의 주식을 팔 인센티브를 가지지 않는다. 왜냐하면 시장에서 자신의 주식을 매각하는 경우, 완전정보시장을 가정하더라도, 110원의 50%인 55원밖에 받지 못하기 때문이다. 현재 60원의 가치를 누리고 있는 지배주주가 그렇게 할 인센티브가 없다. 지배주주가 자신의 주식을 팔면서 60원 이상 받기 위해서는 기업가치가 120원 이상으로 상승되어야 하는데, 결국 기업의 가치 증가가 100원에서 120원 사이에서 생기는 경우, 이러한 변화는 비록 사회적으로 효율적임에도 불구하고 일어나지 않는다. 지배주주는 소유구조 선택에 관해서 왜곡된 인센티브를 가지게 되는 것이다. 개인의 인센티브와 사회적 효율성의 괴리라는 법경제학의 기본적인 직관이 이 모형에서도 유효하다.

이러한 계산 과정을 잘 보면, 지배주주의 인센티브가 왜곡되는 이유는 지배주주가 사적 이익을 누리고 있기 때문임을 알 수 있다. 소유구조 이론에서는 이렇게 지배권에 따르는 사적 이익을 투자자에 대한 보호 법제가 미흡하기 때문에 발생하는 것으로 본다. 만일 투자자 보호 법제가 잘 강제되고 있어서 지배주주가 함부로 자신의 이익을 추구할 수 없게 된다면, 사적 이익이 0원으로 가깝게 되고, 그렇게 되면 분산소유구조하에서 기업의 가치가 100원보다 커지는 경우 지배주주는 주식을 팔고 분산된 소유구조로 이행할 인센티브를 가질 수 있다. 사적 이익을 통제하는 것이 회사법의 역할이라고 한다면, 회사법은 이를 통하여 사회적 효율성에 봉사하는 것으로 볼 수 있다.

(3) 논의

[그림 9-1]은 일부의 변수만을 고려한 간단한 모형이지만, 이것만 가지고도 기업의 소유구조의 몇 가지 쟁점에 대한 시사점을 얻을 수 있다. ① 지배권을 행사하는 데 필요한 현금흐름에 대한 권리가 적어지면 소유구조 선택에 왜곡이 발생할 가능성이 더 높아진다. 예를 들어, 현재 지배주주가 50주가 아니라 20주를 보유하면서 기업을 지배하고 있다고 하자. 그 의미는 지배주주가 기업이 창출하는 현금흐름의 20%만을 보유한다는 것이다. 지배권 프리미엄을 여전히 20원이라고 하고 위 계산을 다시 하면, 지배주주는 회사의 가치가 얼마로 커져야 분산된 소유구조로 이행하려고 할까? 현재 지배주주의 몫은 80원×20%+20원=36원이므로, 지배주주는 기업가치가 180원 이상이 되어야 시장에 자신의 지배주식을 매각할 인센티브를 가진다. 지배주주의 인센티브가 사회적 효율성으로부터 이탈하는 범위가 100원에서 180원 사이로 넓어진 것이다. 물론 수식을 사용하면 보다 정확하게 표현할 수 있으나, 간단한 직관으로도 지배에 필요한 지분이 적어질수록 현재의 지배주주가 존재하는 소유구조가 비효율적일 확률이 더 커짐을 짐작할 수 있다. 2000년대 이후 우리나라에서 기업집단에 대한 출자총액 규제의 근거로 소유와 지배의 괴리가 등장한 것도 이러한 직관으로 쉽게 설명할 수 있다.

② 이 모형은 소액주주를 왜 보호하여야 하는지에 관해서 시사하는 바가 크다. 기업지배구조 이론에서 소액주주의 보호를 강조하는 것은 소액주주가 보호받을

그림 9-1 소유구조의 사전적 인센티브

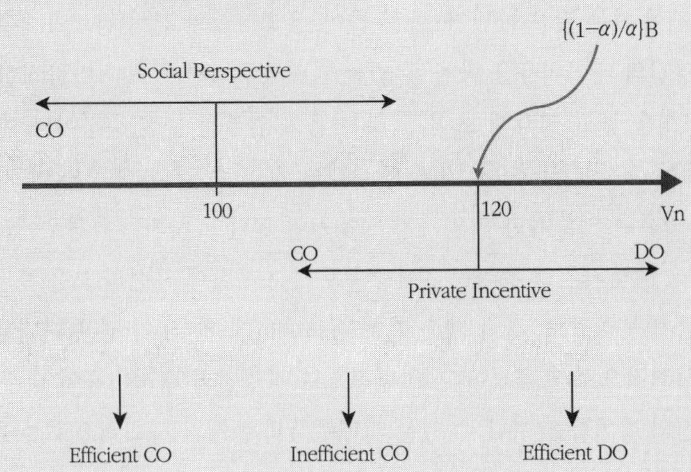

만한 이유가 있거나 그렇게 보호하는 것이 정의롭기 때문이 아니다. 흔히 '개미' 투자자라고 하면서 소액투자자들을 마치 생활보호 대상자처럼 생각하는 것은 문제의 본질을 흐릴 따름이다. 소액투자자 가운데는 국제적인 헤지펀드도 있고 투자회사와 같은 기관투자자도 있다. 나아가 위 숫자 예에서 소액주주는 주당 0.8원, 지배주주는 주당 1.2원으로, 소액주주는 지배주주보다 주당 0.4원 적게 가치를 배분받고 있지만, 그렇다고 소액주주가 손해를 보고 있는 것은 아니다. 어차피 시장이 효율적이었다면 소액주주는 그 주식을 주당 0.8원을 주고 매입하였을 것이기 때문이다. 따라서 설사 기업지배구조가 좋지 않아서 주가가 낮다고 하더라도, 소액주주가 이러한 정보가 반영된 가격에 주식을 매입하였다면 나쁜 기업지배구조로 인한 피해자는 아니다. 그런데 왜 소액주주를 보호하여야 하는가? 이 모형에서 말하고자 하는 바는, 소액주주를 보호하지 않으면 지배주주의 인센티브가 왜곡되어 결국 사회적 효율성을 달성하지 못하기 때문이다. 소액주주의 보호는 분배의 차원이 아니라 사전적 인센티브라는 효율의 차원에서 이해할 수 있다.

③ 우리나라 재벌의 소유구조에 대해서는 이 간단한 모형이 시사점을 가진다. 재벌 그룹 전체를 하나의 회사로 보면, 재벌 그룹은 지배주주가 존재하고 있기 때

문이다. 현실에서 나타나는 지배주주체제는 사회적으로 바람직하지 않은 것인가? 또는 소유구조를 지배주주체제로 갈지 전문경영인체제로 갈지는 시장에서 선택할 수 있도록 해야 하는 것은 아닌가? 예를 들어, 우리나라와 같이 신뢰가 부족한 사회에서는 경영진의 대리비용을 막을 수 있는 지배주주체제가 보다 바람직한 것은 아닌가? 위 모형을 놓고 생각해 보면, 일부는 옳고 일부는 틀린 주장이다. 현실의 지배주주체제는 그것이 더 효율적이라서 나타난 것일 수 있다. 예를 들어, 위 사례에서 분산된 소유구조로 가면 기업가치가 90원이 된다고 하자. 이 경우에도 계산해 보면, 현재 60원의 가치를 누리는 지배주주로서는 시장에 자신의 보유 주식을 팔면 45원밖에 받지 못하므로, 결국 계속 지분을 보유하게 된다. 이 경우 나타난 지배주주체제는 사회적으로 효율적이다. 일반적으로 경영진의 대리비용이 너무 큰 경우에는 경영진의 행위를 감시할 수 있는 지배주주의 존재가 사회적으로 효율적일 수 있으며, 따라서 일방적으로 지배주주의 존재와 투자자 보호의 미비를 연결시킬 이유는 없다. 현실적으로 지배주주체제가 존재하는 것이, 지배주주가 사적 이익을 추구하기 쉬워서 존재하는 것인지, 아니면 전문경영인의 대리비용이 워낙 높기 때문에 그쪽으로 이행하지 못하는 것인지는 더 따져 보아야 하는 것이다. 이 모형은 특정한 지배주주체제의 효율성을 단언할 수는 없으나, 만일 법이 투자자의 보호를 강하게 하여 지배주주가 누릴 수 있는 사적 이익을 매우 낮은 수준으로 만들 수 있다면, 사회적으로 비효율적임에도 불구하고 지배주주체제가 나타날 '확률'이 줄어든다는 것은 말할 수 있다.

④ 위 모형에서는 사회적으로 분산된 소유구조가 효율적임에도 불구하고 개인적으로는 지배주주체제를 택할 인센티브가 있음을 보이고 있다. 그 반대의 가능성은 없는가? 예를 들어, 미국에서는 분산된 소유구조가 대부분인데, 이것이 반드시 그 사회에서 효율적이어서 그렇게 된 것인가? 아니면 사회적으로는 지배주주체제가 효율적임에도 불구하고 분산된 소유구조가 나타난 것은 아닌가? 투자자 보호만을 고려하는 모델에서는 그럴 수 있는 가능성이 없다. 다시 말해서, 위 사례에서 분산된 소유구조로 가면 기업가치가 90원이 됨에도 불구하고 지배주주가 비효율적으로 주식을 파는 경우는 만들어 낼 수 없다. 일반적으로 '투자자 보호 수준'이라는 변수의 효과는 위에서 설명한 방식으로밖에는 작동하지 않는다. 투자자 보호가 잘

이루어지지 않으면 분산소유가 효율적임에도 불구하고 지배주주체제가 왜곡되어 나타날 수 있으나, 투자자 보호가 완벽하게 된다고 해서, 그 반대의 현상, 즉 지배주주체제가 효율적임에도 불구하고 분산소유가 나타나는 것은 아니다. 투자자 보호라는 이러한 편향성을 가지고 있기 때문에 그 한계를 정확히 인식할 필요가 있다. 흔히 미국의 논문을 읽다 보면 분산된 소유구조의 우월성을 전제하고 있는 듯 보이는 것도, 그러한 전제를 명시적으로 하고 있다기보다는 투자자 보호를 강조하다 보니 저절로 그렇게 되었다는 것으로 이해하는 것이 옳다.

2) 지배주식의 매매

(1) 문제의 제기

사적 이익의 개념은 지배주식을 매각에 대한 경제학적 분석에 응용할 수 있다. 실제로 우리나라에서 이루어지는 대부분의 기업 인수는 지배주식을 지배주주로부터 매수하는 형태이기 때문에, 이 문제는 논의의 실익도 크다. 경제학적으로 이 문제는 지배주주에게만 지배권 프리미엄을 지불하는 것을 허용하는 제도(이를 '시장원칙'이라고 하자)와 소액주주에게 동일한 조건으로 매각할 권리를 부여하는 제도(이를 '주주평등원칙'이라고 하자) 가운데 어느 것이 사회적으로 효율적인 지배권의 이전을 가능하게 하는가의 문제라고 할 수 있다. 우리나라나 미국에서는 지배주식이라고 하여 그 매매에 특별한 의무가 부과되거나 소액주주와 지배권 프리미엄을 공유해야 한다는 규정이 없지만, 유럽에는 이러한 규제를 하는 경우도 많다. 이 논의는 나중에서 설명하게 될 기업인수법과 연결되는데, 특히 경우에 따라서는 비효율적인 변화를 억지하는 것과 효율적인 변화를 장려하는 것 사이에서의 선택이 중요하다는 것을 시사한다는 점에서 법경제학적 사고방식에 중요한 의미를 가진다.

(2) 모형

이 모형은 수식으로 쉽게 유도할 수 있으므로 수식을 통하여 분석하기로 한다. 먼저 기업의 가치 V 중에서 전체 주주에게 지분 비율에 따라 비례적으로 귀속되는 부분을 S, 기업의 가치 중에서 지배주주가 사적 이익으로 유용할 수 있는 부분을 B

라고 하자. 따라서 $V=S+B$식이 성립한다. 사회적 효율성의 판단은 V의 크기를 기준으로 하고, 지배주주가 지배하고 있는 지분율을 $\alpha>0.5$라고 하자. 현재의 지배주주는 절대적 지배권을 누리기 때문에 경영권 방어는 문제가 되지 않는다.

시장원칙

먼저 시장원칙에서 지배권의 이전이 일어날 수 있는 충분조건은 다음과 같다. 현재 지배주주가 누리는 가치를 아래첨자를 이용하여, αS_1+B_1이라고 한다. 시장원칙에서 새로운 투자자 N이 지배주식을 매수하기 위해서는 그 이상을 지불해야 한다. 그런데 이 투자자가 지배권을 취득하게 되면 누릴 수 있는 가치는 αS_N+B_N이므로 시장원칙에서 지배권 이전의 필요조건은 $\alpha S_N+B_N>\alpha S_1+B_1$이 된다. 이 식을 $S=V-B$ 관계를 이용하여 정리하면 다음과 같은 필요조건을 얻을 수 있다.

$$V_N-V_1>\frac{1-\alpha}{\alpha}(B_1-B_N). \qquad \text{[시장원칙]}$$

평등기회의 원칙에서 지배권의 이전이 일어날 필요조건을 구하기 위해서는 다소 복잡한데, 우선 이 경우에도 지배주주의 자발적 동의가 있어야 하기 때문에 새로운 투자자는 현재의 지배주주에게 αS_1+B_1 이상을 지급해야 한다는 점은 분명하다. 그렇다면 나머지 주주에게는 얼마를 지급하여야 하는가? 평등기회의 원칙에서는 나머지 소액주주에게도 지배주주에게 지급한 만큼을 지급하고 주식을 매수하여야 하므로, 이 경우 나머지 주식에 대해서 $\frac{1-\alpha}{\alpha}(\alpha S_1+B_1)$을 지급해야 한다. 결국 새로운 투자자는 $\alpha S_1+B_1+\frac{1-\alpha}{\alpha}(\alpha S_1+B_1)$을 지급하고 대상 회사의 지분 100%를 취득하였는데, 여기서 얻을 수 있는 가치는 V_N이다. 따라서 지배권 이전의 필요조건은 $\alpha S_1+B_1+\frac{1-\alpha}{\alpha}(\alpha S_1+B_1)<V_N$, 정리하면 $\alpha S_1+B_1<\alpha V_N$이 된다. $S=V-B$ 관계를 이용하여 정리하면 필요조건은 다음과 같다.

$$V_N-V_1>\frac{1-\alpha}{\alpha}B_1. \qquad \text{[주주평등원칙]}$$

이상의 식을 그래프로 나타내면 [그림 9-2]와 같다. 사회적 효율성은 $V_N>V_1$ 영역임을 염두에 두면, ① 주주평등원칙은 사회적으로 바람직하지 않은 지배권의 이

그림 9-2 두 법원칙의 비교

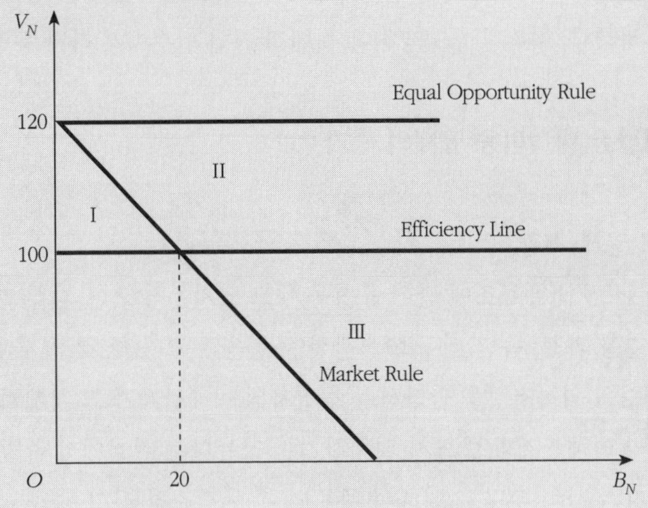

전, 즉 기업가치를 줄이는 지배권의 이전을 억지하는 효과를 가진다. 그러나 사회적으로 바람직한 지배권의 이전, 즉 I, II영역의 경우에는 지배권의 이전이 일어나지 않기 때문에 효율적인 지배권의 이전도 발생하지 않는다. ② 반면, 시장원칙에서 사회적인 효율성과 배치되는 부분은 I, III영역이다. 사회적으로 바람직한 지배권의 이전을 억지하는 부작용은 다만 I의 영역에만 나타나기 때문에 주주평등원칙보다 이러한 측면에서의 비효율은 줄어드는 효과가 있다. 그러나 III영역을 보면, 시장원칙은 바람직한 지배권의 이전을 장려하는 결과 사회적으로 바람직하지 않은 지배권의 이전도 일어나는 효과를 가져옴을 알 수 있다.

두 원칙을 비교해 보면, 결국 I영역에서 비효율이 발생하는 것은 동일하기 때문에, II영역이 더 문제가 되는지 아니면 III영역이 더 문제가 되는지가 제도 선택의 기준이 될 것이다. 다시 말해서, 비효율적인 변화를 억지하는 것과 효율적인 변화를 장려하는 것 가운데 어느 것이 현재 더 중요한 정책적 요소인지가 선택의 기준이 되는 것이다. 이처럼 어느 제도의 효율성을 일률적으로 말할 수 없는 경우도 있다. 당연한 이야기지만, 어떤 정책을 수립할 것인가 하는 문제는 정책의 목적이 무엇인가에 따라 달라진다. 이 모형은 그 정책목표가 단순히 분배 대 효율의 차원이 아니라 효율로 국한되는 경우에도 나타날 수 있음을 보인다는 점에서 의미 있는 사례라고 하겠다. 이러한 사고방식은 적대적 기업 인수에서 다시 등장한다.

3) 회사법상 대리비용 규제의 평가

(1) 대리 문제 개관

회사법은 직접 소유구조에 관한 규정을 두고 있지는 않으며, 대부분 그 기업의 내부적 의사결정 과정, 즉 지배구조에 관한 규정을 두고 있다. 기업지배구조의 문제는 실제 회사의 의사결정을 담당하는 경영자의 이해관계가 그 경제적 효과가 귀속되는 주주의 이해관계와 반드시 일치하지는 않는다는 현실에서 출발한다. 일반적으로 경영자의 사익 추구로 인하여 주주의 부가 감소하고 그 결과 사회적 효율성이 저해되는 것을 경제학에서는 '본인-대리인 문제'(principal-agent problem) 또는 '대리비용'(agency cost)이라고 부르고, 회사법에서는 흔히 '경영자와 주주 사이의 이해상충'이라고 표현한다.

대리비용을 규제하는 방법은 다양하게 분류할 수 있으나, 크게 사전적(事前的) 방법과 사후적(事後的) 방법으로 나눌 수 있다. 사전적 방법이란 경영자의 판단 자체를 규제하는 것이다. 그런데 사전적으로 그 판단의 실체적 내용에 관한 지침을 주는 것은 거의 불가능하기 때문에 사전적 방법이란 결국 절차적 규제를 의미하게 된다. 상법은 주주의 이익에 중요한 영향을 미치는 사항에 대하여 사전에 주주총회나 이사회의 승인을 얻도록 하고 있고, 주주총회나 이사회에서 적절한 판단이 이루어질 수 있도록 그 회의 절차에 대하여도 상세한 규정을 두고 있다.

사후적 방법이란, 경영자의 노력을 관찰할 수 없는 현실에서, 경영자의 노력과 연동될 것으로 생각되는 결과를 가지고 경영자에게 보상을 하거나 처벌을 하는 것을 말한다. 사후적 방법으로 먼저 시장에 의한 접근 방법을 생각해 볼 수 있다. 상장회사와 같이 경영자의 판단 결과가 주가에 반영되는 회사에 있어서는 경영자는 주가에 신경을 쓸 수밖에 없다. 주가가 낮아지면, ① 자금 조달에 소요되는 자본금 비용이 높아지고(market for capital), ② 경영자의 보수가 주가와 연계된 경우에는 직접적인 보수의 감소를 가져오고(managerial compensation), ③ 기존 주주가 경영자를 해임할 수 있으며(market for office), ④ 적대적 기업 인수로 회사를 인수한 자가 경영자를 해임할 수 있기(market for corporate control) 때문이다. 이러한 시장 메커니즘이 작동하는 상황에서는 경영자가 주주의 이익을 생각하지 않을 수 없다. 다만 이 방법은 경영 판단의 효율성이 적절하게 주가에 반영될 수 있음을 전제로 하는 것임을 유의해야 한다.

사후적 방법 가운데 법적 접근 방법은 경영자의 판단이 잘못된 경우 그 책임을 묻는 것이다. 다만 이 방법은 그 잘못의 정도가 심하여 위법한 수준까지 이르러야 작동된다는 점에서 경영자의 무능까지도 처벌이 가능한 시장적 접근 방법과 차이가 있다. 상법 제399조가 그 핵심으로서 제403조에서는 책임 추궁의 방법으로 대표소송 절차를 마련하고 있다. IMF 금융위기 이전만 하더라도 우리나라에서는 대표소송이 한 건도 없었기 때문에 제399조를 중심으로 한 법적 접근 방법은 유명무실한 상황이었다. 그러다가 IMF 금융위기로 여러 재벌이 도산하면서 그 경영자의 책임을 묻기 위한 대표소송이 제기되고, 참여연대에서 소액주주운동의 하나로써 활발하게 대표소송을 제기하면서 회사법상의 책임 추궁이 현실적인 의미를 가지게 되었다. 실제로 IMF 이전과 이후의 회사법은 그 규범력에 있어서 현저하게 다르다.

다른 국가와 마찬가지로 우리나라 회사법도 이러한 전통적인 경영자 대 주주의 이해상충이라는 틀을 채택하고 있다. 그런데 이러한 틀은 다수의 분산된 소액주주, 소유와 경영의 분리, 전문경영인에 의한 경영 등을 전제로 하고 있어서, 그러한 전제가 충족되지 못하는 우리나라의 현실에서도 유용한지는 의문이다. 우리나라의 현실은 ① 많은 회사에서 지배주주가 존재하여 중요한 의사결정을 내리고 있고, ② 회사가 단독으로 존재하는 것이 아니라 순환출자구조를 통하여 기업집단을 형성하고 있다는 점에서 이러한 전제와 괴리가 있다. 그 결과 사실상 우리나라에서 주로 문제되는 것은 경영자 대 주주의 이해상충이 아니라 지배주주 대 소액주주의 이해상충이다. 다시 말해서, 기업집단을 사실상 지배하고 있는 지배주주가 다른 소액주주의 이익에 부합하지 않는 기회주의적 행동을 통하여 사익을 추구함으로써 사회적 비효율을 야기할 수 있다는 것이다. 대리 문제의 틀에서 보면 지배주주가 대리인이고 소액주주가 본인이 된다. 최근 기업지배구조에 관한 이론적 논의에서는 오히려 지배주주 대 소액주주의 문제를 더 중시하는 경향이 있으나 아직 상법상 제도로 정착되고 있지는 못한 상황이다. 2011년 상법 개정은 이러한 경향을 수정하여 지배주주의 자기거래도 규제하는 등 진보를 보이고 있다.

(2) 기업지배구조와 주주

회사법은 주주가 회사 경영에 직접적 이해관계를 가진다는 근거에서 주주총회를 회사의 최고의사결정 기관으로 하고 있으나, 대규모 공개회사에서 주주가 기업지배구조에서 중요한 역할을 할 수 있는지에 대해서는 회의적인 견해가 많다. 주주가 직접적인 이해관계를 가짐에도 불구하고 경영을 잘하도록 감시하거나 유능한 경영자를 선임하는 것에 소극적이기 때문이다. 주주가 경영자의 감시에 아무런 인센티브가 없는 이유는 크게 두 가지이다. ① 주주는 회사에 관한 정보가 부족하고 설사 그 정보가 있다고 하더라도 그 의미를 분석할 수 있는 능력이 없다. 따라서 그러한 정보와 능력을 가지고 있는 경영자의 결정에 주주가 이의를 제기하는 것은 거의 불가능하다. ② 경영자에 대한 감시를 통하여 기업가치가 증가되더라도 그 증가된 가치는 모든 주주에게 귀속되는 것에 비하여 그에 따르는 비용은 감시를 하는 주주가 모두 부담하게 된다. 경제학에서 말하는 전형적인 무임승차의 논리로서 회사법에서는 '집단행동의 문제'(collective action problem)라고 부르기도 한다.

이러한 주주의 소극성을 극복하지 못한다면 주주총회의 권한을 확대하자는 논리는 설득력을 잃을 수밖에 없다. 주주의 인센티브를 교정하는 한 가지 유력한 방법은 지배주주가 등장하는 것이다. 주주는 일반적으로 회사의 경영에 불만이 있는 경우 이를 교정하려고 시도하기보다는 그냥 시장에서 주식을 매각하는 경향이 있는데, 지배주주는 시장에서 그 주식을 전부 매각하기 어렵기 때문에 회사의 경영을 교정하는 길을 택한다는 것이다. 지배주주는 정보의 측면에서도 경영자에게 뒤지지 않는 경우가 많고, 감시를 통한 기업가치 증가의 대부분을 누리게 되므로 무임승차의 문제도 거의 발생하지 않는다. 실제로 우리나라에서도 '은행의 주인 찾아주기'라는 논리가 등장한 바 있다. 그러나 이러한 해법은 지배주주의 사익 추구라는 문제가 늘 수반되기 때문에, 대리비용의 해법이라기보다는 새로운 대리비용의 원인이 될 가능성이 높다.

기업지배구조에서 주주의 역할과 관련하여 미국에서 1990년대 초반부터 주목을 받았던 것은 바로 기관투자자(institutional investor)의 등장이었다. 미국에서는 당시 은행, 증권회사, 보험회사, 퇴직연금 등이 주식시장에서 차지하는 비중이 50%를 넘고 있었는데, 이러한 기관투자자는 투자 대상인 회사에 대한 정보가 풍부하고 그 분석 능력을 가지고 있다는 점에서, 무임승차 문제로 인한 인센티브의 문제만 해결된다면 매우 유력한 감시자의 역할을 할 수 있을 것으로 기대되었다. 기관투자자에게 감시의 인센티브를 제공할 수 있다는 유력한 논거 가운데 하나는 기관투자자는 시장 전체에 대한 투자 규모가 크기 때문에 시장 전체에 영향을 줄 수 있는 사안에 대해서 적극적인 자세를 취할 수밖에 없다는 것이다. 예를 들어, A회사에서 경영자의 이익을 위해서 기업가치를 감소시키는 의안이 주주총회에 상정되는 경우, 그 결의 여부는 A회사의 주주인 기관투자자 갑(甲), 을(乙), 병(丙)의 전체 투자자산 가치에 별 영향을 주지 않는다. 기관투자자는 일반적으로 극단적인 분산투자를 하기 때문이다. 그러나 만일 그러한 의안이 A회사에서 통과되는 것을 보고, 갑이 주식을 보유하는 다른 B, C, D 회사에서도 같은 의안을 상정하게 된다면 문제가 달라진다. 의안이 시장 전체에 큰 파급효과를 가지는 경우에는 갑의 전체 투자자산의 가치에도 영향을 줄 수 있기 때문이다. 따라서 갑으로서는 A회사의 다른 기관투자자와 협조하여 그 의안을 처음부터 부결시키는 노력을 하게 된다.

그러나 기관투자자라는 아이디어는 성공하지 못한 것으로 보인다. 미국에서도 당초의 기대만큼 큰 역할을 하지 못하고 있다는 평가가 많은데 결국 인센티브의 문제를 쉽게 극복하기 어려운 것으로 보인다. 우리나라에서는 아직 기관투자자의 주식 보유 비중이 2010년 현재 10% 남짓에 불과하여 큰 기대를 하기 어렵다. 오히려 우리나라 주식시장에서는 외국인 투자자가 차지하는 비중이 30% 내외로 더 높은 실정이어서 오히려 외국계 기관투자자의 행태에 더 주목할 필요도 있다.

(3) 기업지배구조와 이사회

주주가 경영자를 통제하는 것이 쉽지 않다면 다른 방법은 그러한 감시자를 따로 선임하는 것이다. 독일의 감사회나 미국의 이사회가 바로 그러한 기능을 한다고 볼 수 있다. 우리나라에서 소액주주운동의 결과 주주의 권한이 강화된 것이 아니라 이사회의 권한과 독립성이 강화된 것도, 결국 소액주주의 이익을 보호할 감시자로 주주 자체보다는 이사회가 더 적합하다는 측면에서 이해할 수 있다. 문제는 지배주주가 존재하는 상황에서 이사회가 그 감시 기능을 할 수 있도록 구성되는가 하는 점이다. 특히, IMF 금융위기 이후 도입된 사외이사제도가 우리나라 현실에서 얼마나 기능할 수 있는지에 대한 논의가 많다.

본래 미국에서 사외이사가 정착한 배경에는 경영자의 책임을 묻는 소송이 활발하였다는 점이 중요한 요소로 작용하였다. 독립적인 사외이사가 결정하였다는 항변을 가지고 경영자가 책임을 면할 수 있었기 때문이다. 경영자로서도 만일의 경우 법원을 설득하기 위해서는 사외이사가 진정으로 독립적일 필요가 있었기 때문에 독립적인 사외이사의 선임이 널리 이루어졌다. 그런데 우리나라는 아직도 경영자 또는 지배주주의 책임을 묻는 대표소송이 활발하지 못하다. 경영자 또는 지배주주의 입장에서 본다면 어차피 책임을 추궁당하지 않을 마당에 굳이 평상시에 독립적인 제3자의 감시를 받아야 할 이유가 없다. 따라서 상장회사의 경우 상법 제542조의8에 의하여 강제되기 때문에 어쩔 수 없이 선임하기는 하지만 실제로는 경영자 또는 지배주주의 의사결정에 간섭하지 않을 사외이사를 선임할 인센티브를 가지는 것은 당연하다. 미국과 같이 사외이사의 독립성이 문제되는 상황은 사실상 오지 않을 것이기 때문이다. 결국 경영자의 책임을 묻는 대표소송이 활성화되지 않는다면 사전적인 사외이사에 의한 감시도 대단히 제한적으로 기능할 수밖에 없다.

독립성의 결여가 가장 핵심적이기는 하지만, 그 밖에도 사외이사의 감시 기능이 효과적으로 이루어질 수 없는 이유는 여러 가지가 있다. ① 사외이사 가운데는 회사의 사정이나 당해 산업의 현황을 잘 알지 못하거나, 아예 경영적 사고방식이 부족한 경우도 많다. ② 사외이사로 적합한 능력을 가진 자는 대부분 너무 바쁘기 때문에 회사의 의사결정에 많은 시간을 쓰지 못한다. ③ 회사에서 사외이사에게 제공하는 정보도 형식적인 경우가 많다. 그렇다고 정보의 생산에 너무 많은 비용을 쓰는 것은 사외이사가 그 정보를 활용하지 않는 이상 낭비에 불과하다. ④ 사외이사 스스로도 계속적으로 사외이사를 하는 것이 여러 편익을 가져오기 때문에 이사회에서 불필요한 다툼을 하여 문제를 일으키고 싶은 생각이 없다.

그렇다면 사외이사는 기업지배구조와 관련하여 아무 의미가 없는가? 그렇다고 보는 비관적인 견해도 있다. 이러한 견해는 사외이사의 존재와 회사의 성과 사이에는 아무런 상관관계가 없다는 내용의 미국의 실증연구를 제시하기도 하고, 우리나라에서 사외이사가 이사회에서 반대 의견을 제출하는 경우가 거의 없다는 점을 논거로 들기도 한다. 그러나 이러한 논거는 그 의미를 다르게 해석할 수도 있다. 미국에서는 경영자에 대한 견제수단이 다양하므로 사외이사가 존재함으로써 생기는 추가적인 효과는 거의 없을 수 있으며, 이사회에서 거의 모든 안건이 통과되는 것도 사외이사가 반대할 만한 안건은 아예 상정되지 않거나 그 전에 수정되기 때문이라고 이해할 수 있기 때문이다. 사실 사외이사가 감독 기능을 가지는 것은 실제로 복잡한 서류를 분석하여 잘못을 지적하기 때문이 아니라 단순히 이사회에 존재하기 때문이라고 이해하는 것이 적절한 것으로 보인다. 사외이사가 실제로 독립적이라면 그 존재 자체로 경영진 또는 지배주주는 사외이사를 설득해야 하는 부담을 느낄 것이므로 노골적인 사익 추구를 자제하게 된다는 것이다. 이것은 사외이사가 실제로 그러한 사익 추구 행위를 지적하거나 반대하는지 여부와 상관이 없다. 물론 사외이사 스스로도 평판을 고려해야 하므로 부당한 것이 분명하게 드러나는 안건은 이사회를 통과하지 못할 가능성이 있고, 이를 예상한다면 경영자 또는 지배주주는 처음부터 이러한 안건을 올리지 않거나 다소 완화된 형태로 수정할 것이다. 현재 우리나라의 사외이사는 이 정도의 역할을 하고 있는 것으로 보인다.

3. 주주의 유한책임과 채권자 보호

1) 주주와 채권자 사이의 이해상충

(1) 의의

회사의 의사결정은 주주가 담당하지만, 그에 따른 결과는, 즉 사업의 성공과 실패는 채권자에게도 영향을 줄 수 있다. 이를 경제학적으로 말하면, 주주는 자신의 의사결정으로 인한 비용을 일부 채권자에게 전가할 수 있다는 것이다. 비용의 내부화가 완전히 이루어지지 않는다면, 주주가 사회적 최적으로부터 이탈하여 비효율적인 의사결정을 할 인센티브가 생긴다. 일반적으로 이렇게 주주와 채권자의 이해상충의 양상으로는 다음과 같이 네 가지를 생각해 볼 수 있다. ① 자산희석화(asset dilution), ② 청구권희석화(claim dilution), ③ 위험 증대(variance enhancement) 또는 과다투자(overinvestment), ④ 재무이론에서 흔히 'debt-overhang 문제'라고 부르는 과소투자(underinvestment). 재무이론에서는 ④의 문제와 관련하여 비대칭정보를 가지고 최적 자본구조를 설명하는 방법으로서 신호모형도 일찍부터 논의되었으나, 아직 법적인 측면과 어떻게 연결될 수 있는지는 확실하지 않다.

네 가지 문제는 모두 채권자는 고정지분청구권(fixed claim)을 주주에 우선하여 가진다는, 즉 부채의 본질적인 측면에서 발생하고 있는데, 그 결과 주주의 인센티브가 왜곡되고 사회적으로 비효율적인 선택이 이루어진다는 점을 보일 수 있다. 여기서 ①-③의 문제와 ④의 문제는 서로 분석 방식이 다르다는 점을 유의하자. 다시 말해서, ①-③의 문제는 주로 주주가 적극적으로 채권자의 이익을 침해하는 선택을 하는 작위가 문제가 되는 반면, ④의 문제는 효율적인 투자가 이루어지지 않는, 즉 부작위가 문제된다는 점이다. 따라서 ①-③의 문제는 주로 비효율적인 행위를 억지하면 문제가 간단히 해결되고, 이는 당사자 사이에 계약의 형태로 또는 국가에 의한 강제적 억지의 방식으로 이루어질 수 있다. 그러나 ④의 문제는 당사자들로 하여금 적극적으로 효율적인 행위를 하도록 유도해야 한다는 점에서 더 어려운 문제가 발생한다. 이하 두 가지 유형을 나누어 살펴보도록 하자.

(2) 모형

모든 이해관계자는 위험중립적이라고 가정한다. 회사가 현재 고려하는 투자안은 1년 수익률이 각각 절반의 확률로 70%와 −40%로 예측되고 있다. 회사는 주주 지분 100원으로 구성되어 있는데, 이제 회사가 100원의 자금을 사채 발행을 통하여 조달하고자 한다. 시장이자율 및 사채의 명목이자율은 모두 10%로 가정하자. 만일 200원 모두를 이 투자안에 투자한다면 주주는 주주 지분으로부터 15원, 부채로부터 5원, 합계 20원의 수익을 얻게 된다. 그러나 주주는 다음과 같이 채권자의 이익을 해할 수 있다면 20원보다 더 높은 수익을 올릴 인센티브를 가진다.

가. 자산희석화

주주는 회사의 의사결정을 지배할 수 있기 때문에, 여러 방법으로 채권자에 앞서 자신의 투하자본금을 회수할 수 있다. 배당이나 자기주식 취득 등 전형적인 방법도 있고, 이사로서의 보수를 높이거나 회사로부터 대출을 받는 등 편법적으로 회수하기도 한다. 이렇게 주주가 채권자보다 먼저 투하자본금을 회수하게 되면 책임재산이 부족하게 되어 채권자를 해할 수 있다. 사례에서 주주에게 ① 200원을 모두 투자하고 1년 후 회수하는 방안과, ② 먼저 40원을 배당으로 회수하고 160원만 투자하여 1년 후 회수하는 방안 두 가지가 있다고 하자. 그렇다면 주주는 어느 방안을 선택할까? [표 9-1]을 보자.

표 9-1

	200원 투자			160원 투자		
	회사	채권자	주주	회사	채권자	주주
50% 성공	340원	110원	230원	272원	110원	162원+40원
50% 실패	120원	110원	10원	96원	96원	0원+40원
기댓값	230원	110원	120원	184원	103원	81원+40원

이 표를 보면 두 가지 점을 알 수 있다. ① 먼저 채권자로부터 주주에게로 부의 이전이 발생하고 있다. 책임재산의 감소로 채권자에게 원리금이 모두 상환되지 못하여 사전적으로 7원의 손해가 발행하였고, 주주는 그에 상응하여 1원의 이익을 얻었다. 따라서 주주는 이러한 행동을 할 인센티브를 가진다. ② 그러나 이러한 자산희석화는 사회적으로 비효율적이다. 회사의 전체 재산이 230원에서 103원+121원=224원으로 6원만큼 줄었기 때문이다. 여기서 6원의 사회적 손실은 40원의 자금이 15%의 기대수익률을 가져오는 곳에 투자되지 못하였기 때문에 발생하고 있다. 따라서 주주에게 개인적으로 15%의 수익률을 제공하는 다른 투자기회가 없는 한, 자산희석화는 효율의 관점에서도 문제가 된다.

나. 청구권희석화

청구권희석화란 회사의 부채 수준을 증가시키는 것을 말한다. 사례에서 주주에게 ① 200원을 그대로 투자하는 방안과, ② 다시 100원의 선순위 부채를 조달하여 모두 300원을 투자하는 방안이 있다고 하자. 주주는 [표 9-2]에서 보는 바와 같이 후자를 선택할 인센티브를 가진다.

표 9-2

	200원 투자			160원 투자			
	회사	채권자	주주	회사	채권자	후순위	주주
50% 성공	340원	110원	230원	510원	110원	110원	290원
50% 실패	120원	110원	10원	180원	110원	70원	0원
기댓값	230원	110원	120원	345원	110원	90원	145원

주주가 300원을 투자함으로써 이익을 본 이유는 역시 후순위 채권자에게 사업의 위험을 이전시킬 수 있었기 때문이다. 위 표에서는 300원 투자가 비효율적이라는 점이 드러나지 않으나, 사례를 약간 수정하여 부채를 추가로 조달하게 되면 수익률이 감소한다거나 회사에 다른 비용이 증가한다고 가정하더라도 주주의 인센티브는 여전히 유지됨을 보일 수 있다. 따라서 주주는 추가적인 부채 조달이 사회적으로 비효율적이라고 하더라도 그러한 행위를 하게 된다.

다. 위험 증대 또는 과다투자

유한책임이 도산 상황에서 회사의 위험을 증대시킨다는 점은 재무이론에서는 상식으로 되어 있는 논리이다. 주주의 유한책임이란 결국 손실은 채권자와 함께 부담하고 이익은 주주가 모두 차지할 수 있게 되므로, 주주의 의사결정에 따른 비용의 내부화가 이루어지지 않아 사회적 관점에서 과도하게 비용을 발생하는, 즉 위험한 의사결정을 하게 된다는 것이다. 현재 회사의 자산을 채권자가 소유하고, 주주는 회사의 자산을 기초자산으로 하고 부채의 원리금을 그 행사가격으로 하는 콜옵션을 가지고 있다고 본다면, 콜옵션의 가치는 기초자산의 분산과 양의 상관관계를 가지고 있기 때문에, 결국 회사의 자산의 변동성이 커지면 주주가 가지는 콜

옵션의 가치가 증가하므로, 주주는 자산의 변동성을 키우려는 인센티브를 가진다고 설명하는 것도 가능하다. 간단히 계산해 보면, 주주에게 ① 수익률이 각각 절반의 확률로 70%와 -40%인 원래의 투자안과, ② 수익률이 역시 반반의 확률로 80%와 -60%인 더 위험한 투자안이 있다면 200원을 어디에 투자할까? [표 9-3]을 보자.

표 9-3

	안전한 투자안			위험한 투자안		
	회사	채권자	주주	회사	채권자	주주
50% 성공	340원	110원	230원	360원	110원	250원
50% 실패	120원	110원	10원	80원	80원	0원
기댓값	230원	110원	120원	220원	15원	125원

사회적 효율의 관점에서 보더라도, 안전한 투자안은 기대수익률이 15%이고 위험한 투자안은 기대수익률이 10%에 불과하기 때문에 안전한 투자안을 선택하는 것이 바람직하지만, 주주는 위험한 투자안을 선택할 인센티브를 가진다. 사회적 손실을 모두 채권자가 부담하기 때문이다.

라. 요약

주주가 채권자보다 먼저 회사 재산을 반환받고, 새로운 부채를 조달하고, 보다 위험한 투자안을 선호하는 인센티브를 가지는 것은 두 가지 측면에서 바람직하지 않다. ① 먼저 분배의 측면에서 채권자의 부를 주주에게 이전시킨다. 이것은 단순히 분배의 문제만은 아니고 동시에 효율의 문제이기도 하다. 채권자가 손해를 볼 것으로 예상한다면 당초에 회사에 투자하려고 하지 않을 것이기 때문이다. ② 효율의 측면에서 보면 부채가 조달된 이후 주주의 선택이 사회적으로 비효율인 방향으로 이루어지고 있다. 두 문제는 서로 밀접하게 연결되어 있는데, 결국 이러한 주주의 인센티브를 어떻게 교정할 것인지가 문제된다.

2) 채권자 이익의 보호와 경제적 효율성

(1) 이자율에 의한 보호의 한계

회사법은 채권자의 이익을 보호하기 위해서 개입해야 하는가? 채권자가 협상력이 있다면 이러한 도덕적 해이로 인한 사회적 비용은 모두 주주가 부담하게 된다는 것은 이미 젠슨(M. Jensen)과 메클링(W. H. Meckling) 교수가 40여 년 전에 밝힌 것이다. 채권자가 충분한 정보와 협상력을 가지고 있다면, 채권자는 주주가 기회주의적 행동을 할 인센티브가 있음을 알고 사전적으로 10%의 기대수익률을 얻기 위해서 더 높은 명목이자율을 요구한다는 것이다. 예를 들어, 첫 번째 재산희석화 사례에서 본다면, 채권자는 주주가 24%의 명목이자율을 지급하겠다고 하기 전에는 거래에 응하지 않을 것이다. 채권자의 입장에서 50% 확률로 사업이 실패할 경우 96원밖에 받을 수 없다면 50% 확률로 성공하는 경우 124원을 받아야 110원의 기댓값을 얻을 수 있기 때문이다. 두 번째, 세 번째 사례도 마찬가지로 적정 이자율을 계산할 수 있다.

신용이 좋지 않은 자에게 은행이 높은 대출이자율을 적용하는 것처럼, 법에서 채권자를 보호하지 않더라도 채권자는 높은 이자율을 요구함으로써 스스로를 보호할 수 있다. 그러나 이러한 방식은 두 가지 문제가 있다. ① 먼저 주주가 비효율적인 선택을 할 인센티브를 교정하지 못한다. 재산희석화 사례에서 명목이자율이 24%로 결정되었다고 하자. 채권자에 대한 보호는 충분히 이루어졌지만, 주주는 여전히 40원을 미리 회수할 인센티브를 가진다. [표 9-4]에서 주주가 200원을 모두 투자한 경우에는 108원을 얻지만, 160원을 모두 투자한 경우에는 114원을 얻기 때문이다. 실제로 주주는 명목이자율이 얼마인지와 상관없이 언제나 40원을 미리 회수하는 것이 이익이 됨을 보일 수 있다.

② 주주 입장에서는 24%의 높은 이자를 지급하면서 40원을 미리 회수하는 것보다 더 좋은 선택이 있다. 그것은 주주가 40원을 먼저 회수하지 않겠다고 채권자에게 약속하고 대신 이자율을 그대로 10%로 유지하는 것이다. 주주가 자신의 비효율적인 행동으로 인한 사회적 손실을 모두 부담해야 한다면, 스스로 비효율적인 행동을 하지 않을 인센티브가 생긴다는 것이다. 채권자가 이러한 약속을 받아들이

표 9-4

	200원 투자			160원 투자		
	회사	채권자	주주	회사	채권자	주주
50% 성공	340원	124원	216원	272원	124원	148원+40원
50% 실패	120원	120원	0원	96원	96원	0원+40원
기댓값	230원	122원	108원	184원	110원	74원+40원

고 주주도 그 약속을 지킨다면 주주의 이익도 120원이 되어 114원보다 높아지게 된다. 이러한 약속을 재무제한특약(restrictive covenant)이라고 하는데, 사채계약이나 대출계약에 전형적으로 등장한다.

(2) 재무제한특약

가. 의의

재무제한특약은 주주의 자산희석화, 청구권희석화, 위험 증대의 인센티브에 대응하여, 주주가 그러한 행위를 하지 않겠다고 하는 약정을 말한다. 과거 우리나라 사채는 대부분 보증사채였기 때문에 채권자가 주주의 기회주의적 행동을 염려할 이유가 없었으나, IMF 금융위기 이후 무보증사채가 일반화되면서 이러한 계약조항이 점차 일반화되고 있다. 현재 금융투자협회가 만든 표준수탁계약서 제2절에서는 단순한 형태의 재무제한특약이 규정되어 있으나, 점차 위험관리가 고도화될수록 그 내용도 복잡해질 것이 예상된다. 이하에서는 영미의 계약관행을 중심으로 설명한다.

나. 내용

재무제한특약의 내용은 주주의 행위유형에 따라 구분할 수 있다. ① 먼저 재산희석화 문제에 대하여 가장 전형적인 약정은 회사 재산의 유출을 제한하는 것이다(restricted payment). 이익 배당을 제한하는 것이 대표적이지만, 자기주식 취득도 배당과 동일한 경제적 효과를 가져오므로 마찬가지로 제한되는 것이 보통이다. 그러나 채권자의 이익을 해하지 않는 범위에서 재산의 유출을 허용하는 것이 일반적이다. 회사가 사채를 발행한 이후 수익이 발생하거나 신주를 발행한 경우에는 그 자금을 한도로 회사 재산의 유출을 허용하는 사례가 많다.

② 청구권희석화를 막기 위한 가장 전형적인 조항은 추가적인 부채 조달을 제한하는 것이다(restriction on additional debt). 기존 부채에 대하여 담보를 제공하는 것도 선순위 부채를 조달하는 것과 같으므로 제한된다(negative pledge). 자회사의 부채조달도 제한의 범위에 포함시키는 것이 일반적인데, 모회사의 채권자는 자회사의 자산에 대하여 자회사의 채권자보다 구조적으로 후순위에 있는 결과가 되기 때문이다(structurally subordinated). 그러나 추가적인 부채 조달은 회사가 투자할 수 있는 자금이 증가한다는 측면도 있기 때문에, 이를 무조건적으로 금지하는 것보다는 일정한 재무 비율을 유지할 것을 요구하는 경우가 일반적이다.

③ 재무제한특약 가운데 가장 다양하고 복잡한 것이 회사의 위험 증대를 제한하는 부분이다. 직접적으로 회사의 투자를 제한하는 것이기 때문에 일률적으로 금지할 수 없고 재무 비율의 유지나 투자조건의 설정 등의 방식을 취하는 것이 보통이다. 그러나 위험을 증대시키는 행위의 유형이 매우 다양하기 때문에 이를 모두 열거하다 보면 매우 복잡한 계약조항이 되는 경우가 많다. 자산의 처분 등 자산의 형태를 바꾸는 것도 그에 따른 위험 또한 변동시키기 때문에 일정한 한도에서 제한되는 것이 일반적이다. 인수합병을 통하여 다른 사업으로 진출하는 것도 회사의 위험이 변동된다는 점에서 재무제한특약에 자주 포함되는 내용이다. 이 계약조항을 이해함에 있어서는 회사의 분산투자가 채권자에게는 위험을 감소시키지 않는다는 점을 이해하는 것이 중요하다.

다. 특약의 강제

재무제한특약의 강제는 일반적인 계약법에 따른다. 먼저 특약을 위반하면 회사는 사채에 대한 기한의 이익을 상실한다는(acceleration) 약정을 두어, 바로 사채의 상환을 청구할 수 있도록 하는 것이 일반적이다. 그러나 재무제한특약은 일정한 재무비율의 유지 등 기술적인 사항도 많기 때문에, 그 위반이 항상 채권자를 해한다고 단정하기 힘들다. 따라서 보통은 이러한 위반이 있더라도 사채권자가 다수결 등으로 기한이익이 상실되지 않은 것으로 결정할 수 있도록 한다. 우리나라 금융투자협회에서 작성한 표준수탁계약서도 같은 내용을 두고 있다.

라. 재무제한특약의 효율성

재무제한특약은 계약이 본질적으로 피할 수 없는 몇 가지 비효율성을 내포하고 있다. ① 먼저 계약 자체가 불완전할 수밖에 없다. 미래에 예상되는 부의 이전행위를 모두 예측하는 것은 사실상 불가능하기 때문이다. 재무제한특약의 속성상 포괄적인 조항을 넣기는 쉽지 않기 때문에, 계약에 포함되지 않는 행위를 통하여 주주가 비효율적인 의사결정을 하는 것까지 막을 수 없다. ② 계약의 집행비용이 있다. 계약조항의 작성 및 그 위반 여부를 감시하고 적발하기 위한 거래비용이 있으며, 특히 사채와 같이 채권자가 분산되어 있는 경우에는 이러한 계약의 집행을 위하여 수탁회사 등 독립적인 주체가 필요하기 때문에 거래비용이 더욱 증가하게 된다. ③ 마지막으로 가장 중요한 요소는 재무제한특약이 회사의 효율적인 행위까지도 금지할 수 있다는 점이다. 재무제한특약이 행위유형에 주목할 뿐, 그 행위의 경제적 효과를 고려할 수 없기 때문이다. 예를 들어, 회사에 투자기회가 없거나 주주에게 좋은 투자기회가 있어서 주주에게 배당을 하는 것이 사회적으로 바람직한 경우, 추가적인 부채의 조달로 회사의 수익이 더 커질 수 있는 경우, 위험한 투자로의 전환이 기대수익의 증가를 가져오는 경우 등에도 재무제한특약이 기계적으로 작동될 수 있기 때문이다. 계약에 의하여 주주의 자유를 제약하는 것은 주주의 기회주의적 행위로 인한 비효율은 감소시킬 수 있으나, 반면 비탄력적인 운용으로 인한 비효율을 초래할 수 있다. 따라서 재무제한특약의 효율성을 일률적으로 말할 수 있는 것은 아니다.

이러한 관점에서 주주의 기회주의적 행동을 규제하는 다른 방법으로 생각해 볼 수 있는 것이 바로 주주 또는 계열사의 보증(guarantee)이다. 재무제한특약은 궁극적으로 채권자가 원금의 상환을 확보하기 위해서 체결하는 것이기 때문에, 이렇게 복잡한 계약을 체결할 필요가 없이 바로 주주 또는 계열사의 보증으로 문제를 해결할 수 있을 것으로 보인다. 실제로 IMF 금융위기 이전 우리나라에서 발행되는 사채는 대부분 은행의 보증채였기 때문에, 위와 같이 복잡한 재무제한특약을 두지 않았다. 보증채의 경우에는 회사의 사업 실패가 다른 계열사 또는 금융권으로 이전되어 연쇄적인 도산이 발생한다는 점에서 우리나라에서는 보증채를 좋지 않은 것으로 보는 경향이 있으나, 재무제한특약과 결합된 무보증채와 비교하여 효율성 측면에서 어떠한지는 경제학적으로 더 생각해 볼 문제이다.

3) 부채의 과소투자 문제와 기업구조조정촉진법

(1) 과소투자 문제의 의의

1977년 발표한 논문에서 마이어스(S. C. Myers) 교수는, 부채를 사용하는 기업은 만일 부채가 없었더라면 채택하였을 좋은 투자안을 폐기할 가능성이 있다는 점을 지적하였다. 좋은 투자안임에도 불구하고 실제로는 투자가 일어나지 않는다는 것이고, 그 원인이 부채, 즉 자본구조에 있다는 것이다. 이 주장은 종래의 M&M 이론에 도덕적 해이의 요소를 결합함으로써 최적 자본구조 이론의 흐름을 획기적으로 돌려놓은 역할을 한다. 예를 들어, 어느 제약회사가 신약 개발을 위해 10억 원을 무이자로 2년간 부채로 조달하였다고 하자. 1년간 연구한 끝에 신약을 개발하였다. 그런데 여기서 자금난이 생겨 다시 자금을 조달하여야 하는데, 만일 10억 원을 다시 조달할 수 있다면 1년 후에는 상품화를 통하여 100% 확실하게 15억 원의 수익을 올릴 수 있다고 하자. 제약회사의 다른 재산은 없다고 가정하고, 제약회사는 필요한 10억 원을 조달할 수 있을까? 우선 이 투자안은 양의 현재가치를 가지고 있음을 주의할 필요가 있다. 이미 소모한 연구비 10억 원은 매몰비용으로서 투자안의 평가에 고려되지 않고, 따라서 이 투자안은 10억 원을 들여 15억 원의 수익을 올리는 투자안이므로 사회적으로 바람직하다.

그러나 여기 자금 조달의 문제가 있다. 만일 제약회사가 처음에 10억 원을 자기자본으로 조달하였더라면, 1년 후 10억 원을 다시 조달하는 것은 쉬울 것이다. 신규 채권자로서는 확실하게 15억 원이 생기므로 1년 후 10억 원에 대한 원리금을 받을 수 있기 때문이다. 그러나 현재 10억 원의 부채가 이미 있는 상황이라면, 그 부채보다 선순위 증권을 발행하지 않는 한 10억 원을 조달할 수 없다. 왜냐하면 신규 투자자의 입장에서 본다면 회사가 15억 원을 벌더라도 그 중 10억 원은 기존의 채권자에게 우선하여 지급될 것이기 때문이다. 설사 순위가 같다고 하더라도 역시 투자원금조차 건지지 못하는 것은 마찬가지이다. 따라서 위 투자안에 자금을 투자할 신규 투자자는 없다. 그 결과 위 투자안은 자본 조달이 되지 않아 폐기된다는 것이다.

(2) 채권자 사이의 협상 문제

과소투자의 문제는 채권자 사이의 협상이 실패하는 데서 발생한다는 점을 이해하는 것이 중요하다. 이 문제는 결국 선순위자가 신규 투자의 과실을 가져가게 되어서 후순위자가 신규로 들어오지 않는다는 것이다. 그러나 신규 투자가 위 사례와 같이 사회적으로 바람직한 투자라고 한다면, 코즈 정리의 직관에 따라, 이러한 투자로 당사자들의 전체 몫이 증가하는 이상 당사자들은 그 몫의 배분을 적절히 정하여 이러한 신규 투자가 이루어지도록 협상할 유인이 있다. 위 사례에서 기존 채권자 역시 부채의 상환을 일부 포기하여 새로운 투자자가 들어올 수 있게끔 하는 것이 이익이 된다는 것이다. 도산절차 밖에서 이루어지는 이러한 협상 과정을 일반적으로 워크아웃(workout)이라고 한다. 따라서 워크아웃은 경제학적으로 코즈식 협상과 전혀 다르지 않다.

문제는 기업에 다수의 채권자들이 존재하는 경우 무임승차의 문제가 발생하여 이러한 협상이 이루어지지 않는다는 점에 있다. 것이다. 예를 들어, 재무적 위기에 처한 회사가 기존의 미지급이자를 전부 감면하거나 부채의 액면을 감액하는 재협상을 해온다면, 채권자는 어떻게 행동할 것인가? 예를 들어, 현재 10원의 액면인 사채가 시장에서 5원에 거래되고 있다고 하자. 그 이유는 아마도 시장이 판단하기에는 (미래의 상황까지 예측해 볼 때) 회사가 재무적인 곤경에 처해 있다고 생각하기 때문일 것이다. 이 경우 만일 주주가 이 사채의 부담을 없애기 위해, 즉 사채를 상환하기 위해 사채당 6원까지 지불할 용의가 있다고 하자. 이러한 상황이라면 사채권자들은 6원씩을 받고 주주의 제안을 받아들이는 것이 그대로 5원짜리 사채를 들고 있는 것보다는 낫다. 주주 입장에서도 이것이 부채의 부담을 털어버릴 수 있어 좋을 수 있고, 그렇다면 사회적으로 효율적인 협상이 된다. 그 협상의 한 방법으로서, 회사는 시장에서 사채를 6원에 매입하는 것을 생각해 보자. 그러나 사채권자들은 현재 시장가격이 5원임에도 불구하고 회사의 매입에 응하지 않을 것이다. 왜냐하면 다른 사채권자들은 6원에 사채를 매도하고 그 결과 회사가 재무적인 위기에서 탈출하게 되면 액면금액인 10원을 모두 받을 수 있을 것으로 생각하기 때문이다. 전형적인 무임승차 또는 버티기(hold-up) 문제이다.

그렇다면 집단적인 의사결정은 어떠한가? 미국의 Trust Indenture Act 규정을 보면, 회사는 사채의 핵심적인 조건, 즉 만기, 이자율, 원금 등의 조건은 개별 주주의 동의 없이는 변경할 수 없다고 하고 있다. 따라서 사채의 원금을 6원으로 변경하는 합의는 오직 만장일치의 방식으로만 가능하다. 99명의 사채권자가 그렇게 합의하더라도 1명의 사채권자를 구속할 수 없다면, 모든 사채권자가 그 1명이 되어 자신은 10원을 모두 반환받고자 하는 인센티브를 가지기 때문이다.

그렇다면 다수결을 요구하는 것은 어떠한가? 그 좋은 예가 우리나라의 기업구조조정촉진법이다. IMF 이후 부실기업의 정리를 촉진하기 위해서 한시법으로 제정된 것이지만, 도산절차 밖에서 채권금융기관이 주도권을 가지고 재무구조를 조정할 수 있다는 점에서 많이 활용되고 있다. 최근 시한 연장을 하지 못하여 폐지되었다가 다시 2011년 5월 제정되는 우여곡절을 겪기도 하였다. 기업구조조정촉진법을 보면 제18조 제1항에서 채권금융기관으로 구성된 협의회의 의사결정 방법을 정하고 있는데, 채권금융기관 총신용공여액 중 4분의 3 이상을 보유한 채권금융기관의 찬성으로 의결한다고 하는 특별한 내용을 두고 있다. 다만 의결에 반대하는 채권금융기관은 채권매수청구권을 행사할 수 있다(제20조). 본래 도산절차, 특히 회생절차가 바로 이러한 무임승차의 문제를 해결하고 채권자의 양보를 이끌어 내고자 다수결을 도입한 것이다. 채권자와 주주 사이에 협상이 잘 이루어지지 않으면 도산절차로 들어오라는 것이다. 이러한 측면에서 본다면 기업구조조정촉진법은 도산절차 밖에서 다수결을 만들어 내고 있다는 점에서 매우 독특하다고 하겠다.

4. 적대적 기업 인수

1) 무임승차 문제와 그 해결 방법

(1) 무임승차 문제

적대적 기업 인수는 그 규모뿐만 아니라 이해상충이 극적으로 드러난다는 점에서 경제적 분석 방법이 적용되기에 매우 적합한 소재이다. 미국에서 회사법의 경제학이 주로 적대적 기업 인수에 대한 논의를 중심으로 발전한 것도 이와 무관하지 않다. 적대적 기업 인수의 경제학은 기업지배권시장(market for corporate control) 개념으로부터 출발한다. 기업 인수, 특히 적대적 기업 인수가 일어나는 것은 사회적으로 바람직하다는 것이다. 첫 번째는 실제로 인수합병으로 인하여 경영진이 교체되고 전략이 바뀌면서 자산의 효율성이 증가하는 것이고(사후적 효율성), 두 번째는 그러한 과정에서 사전적으로 경영진에게 기업가치를 증대시키는 인센티브를 제공할 수 있다는 것이다(사전적 효율성). 그러나 이러한 효율적인 기업 인수가 일어나기 위해서는 인수회사에게 적절한 인센티브가 제공되어야 하는데, 여기에서 전통적인 적대적 기업 인수의 무임승차 문제가 발생한다.

그로스만-하트 무임승차 문제

대상 회사의 주식이 다수의 투자자에게 분산된 경우를 생각해 보자. 그리고 기업가치를 높이는 기업 인수가 있다고 생각해 보자. 기존의 대상 회사 주주들은 지배권이 이전되는 것이 바람직하겠지만, 아마도 다른 사람들이 공개매수 가격에 주식을 팔고 자신은 그대로 주식을 가지고 있기를 바랄 것이다. 이러한 경향은 아마도 자신의 매각이 공개매수의 전체적 성공과는 별 상관이 없는 경우(non-pivotal)에 더 심하게 나타날 것이다. 그런데 이러한 무임승차 문제가 나타나게 되면 공개매수는 성공하기 힘들어진다. 이러한 문제는 1980년에 처음 정식으로 모형화되었는데, 이하에서는 바로 그로스만-하트(Grossman-Hart) 무임승차 문제의 논리를 설명한다.

모든 주식이 동등한 의결권을 가지고 있으며, 기업의 지배권을 취득하기 위해서는 $k \in (0, 1)$만큼의 지분 비율이 필요하다고 하자. 그 이하로 취득한 경우에는 지배권을 취득하지 못하기 때문에, 인수회사는 주주가치를 $\hat{v}$으로 증가시킬 수도 없고, 사적 이익 $\hat{w}$도 누리지 못한다. 이제 가치증가형(value-increasing) 기업 인수를 고려해 보자. 여기서 가치 증가는 $\hat{w}$을 고려하지 않고 오직 $\hat{v} > v$ 경우만을 의미한다. 이처럼 기업가치가 증가하는 경우, 대상 회사의 주주가 공개매수에 응하여 주식을 매각하는 것은 일종의 공공재로서 자신은 하지 않지만 다른 사람은 해주기를 바라는 그러한 성질의 행동이라는 것이 핵심적 직관이다. 자신이 회사에 계속 주주로 남아 있으면 인수회사에 의하여 증가된 가치를 누릴 수 있게 되기 때문이다. 현재

주가가 100원인데 인수회사가 120원으로 주식 매수를 제안하더라도, 만일 주주가 인수 이후 대상 회사의 기업가치가 130원이 될 것으로 알고 있다면, 주주로서는 120원에 자신의 주식을 매각하지 않으리라는 것이다. 전형적인 무임승차의 논리이다. 그러나 모든 주주가 이러한 무임승차의 인센티브를 가진다면 기업가치를 증가시키는 기업 인수는 성공할 수 없게 된다. 이것이 그로스만-하트 모형의 무임승차 문제의 단순하고 직관적인 형태이다.

그러나 보다 세련된 형태도 생각할 수 있다. 이처럼 기업가치가 증가되는 경우 주주가 항상 공개매수에 응하지 않는다는 것은 다소 심한 결론이다. 따라서 공개매수가 성공할 수 있다는, 다시 말해서 충분한 주주가 공개매수에 응한다는 가정하에서 모형을 만들 수 있다. 그리고 이 경우에는 비록 공개매수가 성공하더라도, 인수회사가 얻는 기대이익은 0이 된다는 것을 보일 수 있다. 인수회사 입장에서는 여전이 공개매수를 시도할 인센티브가 없게 되는 것이다. 이를 보다 세련된 형태의 무임승차 문제라고 말할 수도 있겠다. 계산의 편의를 위하여 기업가치의 증가분을 $\hat{v}-v\equiv 1$식으로 정규화한다. 그리고 $P\in[0, 1]$을 현재의 기업가치 v를 초과하여 지급되는 공개매수 프리미엄으로 정의한다. 따라서 인수회사는 $v+P$ 가격을 제시하는 것이다. 주주를 연속적으로 존재한다고 가정하면, 그 가운데 일부 주주는 반드시 공개매수의 성공을 결정하는 이른바 'pivotal' 지위에 있게 될 것이다.

먼저 공개매수 수량을 지정하지 않고, 공개매수에 응하면 인수회사가 이를 매입하여야 하는 경우부터 생각해 보자(이를 'unconditional offer'라고 한다). 이 경우 공개매수가 성공할 확률, 다시 말해서 k 이상의 지분이 응모하는 조건은 무엇일까? 그 확률을 β라 하고, ① $\beta>P$라고 가정해 보자. 그렇다면 대상 회사의 주주는 응모하는 경우에는 $v+P$ 가격을 받을 것이고, 응모하지 않는 경우에는 공개매수가 성공하면 $\hat{v}$, 실패하면 v를 누리게 되므로 결국 $\beta\hat{v}+(1-\beta)v$만큼을 누리게 된다. 그런데 $\hat{v}-v\equiv 1$, $\beta>P$라고 가정하였으므로, $\beta\hat{v}+(1-\beta)v=v+\beta>v+P$. 결국 항상 응모하지 않게 되므로 공개매수는 확실하게 실패하게 된다. ② 반대로 $\beta<P$라고 가정하게 되면, 동일한 논리에 의하여 주주는 항상 공개매수에 응하게 될 것이므로 공개매수는 100% 확률로 성공하게 된다. 따라서 공개매수의 결과가 불확실하다는 것은 $\beta=P$ 상황을 의미하며, 이 경우에는 오직 k만큼의 지분만 공개매수에 응하는 균형

을 이루게 된다.

인수기업의 사적 이익 $\hat{w}$ 요소를 잠깐 배제하면, 이러한 균형에서 인수기업이 공개매수를 시도함으로부터 얻는 이익 $\pi=k[\beta(\hat{v}-v)-P]=0$이라는 결과가 된다. 공개매수에 성공을 해야 기업가치의 증가로 이익을 얻을 수 있지만, 프리미엄의 지불은 성공과 상관없이 비용으로 공제된다는 점을 주의하자. 그리고 취득하는 지분은 k임도 유의하라. 이처럼 인수회사는 공개매수를 통하여 기업가치를 증가시키더라도 사전적인 관점에서는 이익을 얻을 수 없게 된다. 대상 회사의 주주가 그 가치를 모두 가져가게 되는 것이다. 이러한 무임승차의 문제로 인하여 결국 기업가치를 증가시키는 기업 인수는 잘 일어나지 않게 된다. 여기서 주의할 것은, 무임승차로 인하여 아무도 공개매수에 응하지 않아서 공개매수가 실패할 것이기 때문에 이러한 결과가 나온 것이 아니라, 공개매수가 성공할 확률이 있는 경우에도 무임승차로 인하여 그 가치 증가로 인한 이익을 인수회사가 누릴 수 없기 때문에 이러한 결과가 된다는 것이다. 이 모형은 실제로 공개매수의 결과 인수회사의 이익은 거의 없다는 실증 결과를 뒷받침하기도 한다. 주가수익률로 보면 기업 인수로 인한 이익은 거의 대부분을 대상 회사가 차지한다는 실증 결과를 설명하는 이론이 많은데, 이러한 무임승차 문제도 하나의 요소가 될 수 있다.

(2) 무임승차의 극복 방법

이론적으로 이러한 무임승차 문제를 극복하고 인수회사에 적대적 기업 인수의 인센티브를 부여하기 위해서는 인수회사가 공개매수 시도로 인하여 일정한 이익을 기대할 수 있어야 한다. 그 방법은 무엇이 있는가?

① 먼저 가장 중요한 것은 인수회사의 사적 이익이다. 인수회사의 사적 이익을 모형에 도입하게 되면, P만큼의 프리미엄을 지불하면서 인수회사가 기대하는 이익 $\pi=k[\beta(\hat{v}-v)-P]+\beta\hat{w}=P\hat{w}$이므로, 인수회사로서는 $P=1$ 경우에 기대이익이 극대화된다. $\beta=P$ 상황임을 주의하자. 결과적으로 증가된 가치는 전부 대상 회사의 주주에게 귀속되고, 공개매수는 100% 확률로 성공하게 되며, 인수회사는 사적 이익을 챙기는 결과가 된다. ② 다른 한 가지 방법은 발판취득(toehold)이다. 5% 규칙 등에 의하여 인수회사가 미리 취득할 수 있는 주식에는 제한이 있기는 하지만, 그래

도 그 보고기간을 고려하면 보통 10% 가까운 주식을 미리 비밀리에 발판취득으로서 보유한 상태에서 공개매수를 할 수 있다. 이 경우 이미 보유하고 있는 주식은 어차피 이미 매몰된 비용이므로 추가로 고려될 이유가 없으므로, 이 주식이 누리는 가치의 증가 부분만큼은 대상 회사에 이익으로 인식되는 것이다. 구체적으로 발판취득을 $\theta<k$만큼 하고 공개매수를 시작하였다고 하면, 사적 이익을 무시하는 경우 인수회사의 $\pi=(k-\theta)[\beta(\hat{v}-v)-P]+\theta\beta(\hat{v}-v)=\theta P$. 여기서 앞부분과 달리 뒷부분에서 주식의 매입비용이 공제되지 않는 것은 공개매수의 의사결정 시점에서는 이미 매몰된 비용이기 때문임을 주의하라. 따라서 이 경우에도 역시 $P=1$, 즉 최대 프리미엄을 제공하는 공개매수가 되고, 인수회사는 발판취득 부분에서 기업가치 증가로 인한 이익을 누리게 된다.

인수회사가 이익을 얻는 한 가지 방법으로 실제로 그로스만-하트 교수가 지적하고 있는 것은 지배권을 취득한 다음 주주가치를 감소시키는 행동을 취하는 것이다. 이것은 기업인수법에서 2단계 공개매수나 매도 압력 등의 설명에서 자주 등장하는 방식이다. 다시 말해서, 대상 회사의 주주에게 지금 공개매수에 응하지 않고 계속 그 주식을 가지고 있으면, 나중에 기업 인수가 이루어지고 나면 그 주식이 휴지조각처럼 된다는 식으로 거래를 짜는 것이다. 그 방법은 2단계 공개매수와 같이 저가에 의한 축출합병(squeeze-out merger)을 하는 방법도 있고, 인수회사가 100% 보유한 자회사와의 내부거래 등을 통하여 기업가치를 감소시키는 방법도 있다. 구체적으로 보면, 인수회사가 지배권을 취득하면 공개매수에 응하지 않고 대상 회사에 남아 있는 주주들이 얻은 주주가치의 잉여분을 $\phi\in[0, 1]$만큼 희석시킬 수 있다고 하자. 따라서 주주가치 잉여분은 $(1-\phi)(\hat{v}-v)=1-\phi$임을 유의하자. 그러나 이제는 $\beta=P$ 상황이 균형이 되지 않는다. 왜냐하면, 주주들이 얻는 주주가치 잉여분이 달라졌기 때문이다. 따라서 앞에서 $\beta=P$ 조건을 구한 논리에 따라, 주주들이 응모하는 것과 가만히 있는 것 사이에 무차별한 조건을 구해 보자. 대상 회사의 주주는 응모하는 경우에는 $v+P$ 가격을 받을 것이고, 응모하지 않는 경우에는 공개매수가 성공하면 $v+(1-\phi)(\hat{v}-v)$, 실패하면 v를 누리게 된다. 따라서 결국 다음 식을 만족하는 프리미엄이 지불될 것이다.

$$v+P=\beta[v+(1-\phi)(\hat{v}-v)]+(1-\beta)v=\beta(1-\phi)(\hat{v}-v)+v.$$
$$\therefore\ P=\beta(1-\phi).$$

앞에서 $P=\beta$ 조건과 비교하여 공개매수 가격이 희석화 가능성으로 인하여 낮아지게 된다. 그 결과 인수회사가 사적 이익이 없다고 하더라도 기대이익을 얻을 수 있게 된다. 이 경우에도 취득하는 지분은 k만큼일 것이므로, 취득한 지분으로부터는 가치 증가분을, 취득하지 못한 지분으로부터는 희석화로 인한 이익을 얻는다는 점을 고려하면 $P=\beta(1-\phi)$이므로 기대이익은 다음과 같다.

$$\pi=\beta[k(\hat{v}-v)-(1-k)\phi(\hat{v}-v)]-kP=\beta\phi.$$

따라서 주어진 희석화 수준에서 인수회사는 $\beta=1$, 즉 공개매수의 성공을 확실하게 하는 전략을 구사하고, 이를 위하여 프리미엄을 $P=1-\phi$ 만큼 지불하며, 그 결과 기대이익은 $\phi=\phi(\hat{v}-v)$만큼 누리게 된다. 잘 보면 인수회사는 공개매수에 응하지 않고 남아 있는 주주들로부터만 희석화로 인한 이익을 가져오는 것이 아니라, 공개매수에 응한 주주를 포함한 모든 주주들로부터 희석화로 인한 이익을 가져옴을 알 수 있다. 그것은 희석화라는 협박을 통하여 공개매수 가격을 그만큼 낮추는 것으로부터 가능함을 알 수 있다.

그로스만-하트 교수가 지적하는 방식은 기업 인수의 관점에서는 효율성을 증진하는 것이지만, 반대로 기업지배구조의 측면에서 본다면 사회적으로 바람직하지 못하다는 비판을 받을 수 있다. 처음 지적한 인수회사의 사적 이익도 마찬가지이다. 모두 기업지배구조의 측면에서 본다면 전형적으로 금지되어야 하는 것이라고 할 수 있다. 그러나 이러한 지배주주의 전횡을 허용하지 않는다면 사회적으로 바람직한 기업 인수가 잘 일어나지 않는 딜레마가 있는 것이다. 효율의 측면만을 강조하더라도 역시 어떤 측면에서의 효율성을 더 중시할 것인지 선택의 문제가 되는 것이다.

2) 경영권 방어의 논리

(1) 기업지배권 시장과 경영권 방어

적대적 기업 인수의 효율성과 관련하여 항상 논의되는 것이 경영권 방어의 효율성이다. 일반적으로 인정되는 기업지배권 시장의 개념에 따르면 현재의 경영진에게 경영권을 상실할 수 있는 가능성을 제공하는 것은 그 회사의 주주에게 일반적으로 이익이 된다고 할 수 있다. 그리고 이러한 논리는 자연스럽게, 이러한 가능성을 제한하는 경영진의 방어 조치는 그 회사 주주의 입장에서는 찬성할 수 없다는 결론에 이르게 된다. 물론 사회적인 관점에서도 마찬가지이다. 이러한 주장을 옹호하는 대표적인 학자는 이스터브룩(F. H. Easterbrook)과 피셸(D. R. Fischel) 교수이다. 거의 30년 전에 이미 그들은 적대적 기업 인수 또는 그 가능성은 대부분의 경우 기업가치를 높임으로써 주주와 사회에 모두 바람직한 것이고, 따라서 이에 대한 방어행위는 대부분의 경우 대상 회사의 주주나 사회 어느 관점에서 보더라도 바람직하지 않다고 주장하였다. 비유적으로 보자면, 굳이 '하늘이 파랗다'는 것을 증명할 필요는 없다는 것이다. 긍정적인 기업 인수의 가능성을 제한하는 방어행위가 주주의 이익에 반한다는 사실은 너무나 자명하기 때문이다. 따라서 주주가치의 감소를 상쇄할 다른 사회적 이익이 있지 않는 한, 적대적 기업 인수에 대한 방어는 원칙적으로 금지되어야 한다는 것이다. 미국에서 1980년대의 실증연구는 이러한 결론을 지지하는 것들이 많았다.

(2) 주주에게 이익이 되는 경영권 방어?

그러나 과연 그럴까? 실제로 하늘이 파란지 아닌지는 어떤 방법으로든 확인을 해보아야 하는 것이 아닐까? 이론적으로 그리고 실제적으로도, 적대적 기업 인수에 대한 방어행위가 경영진의 지위 보전에 주된 목적이 있다는 일반적인 인식과 반대로, 실제로 경영진에게 일정 수준의 경영권 방어를 허용하는 것이 기업의 가치를 높여 결과적으로 주주에게도 이익이 된다는 논리도 많이 주장되고 있다.

① 협상가설(bargaining hypothesis)이라는 설명이 있다. 쉽게 말하자면, 대상 회사의 경영진이 인수회사로부터 더 많은 인수 대가를 받아 내기 위해서 또는 인수 대

가를 결정하는 협상에서 더 유리한 지위를 차지하기 위해서 방어수단을 사용한다는 것이다. 그러나 설사 대상 회사 주주에게 더 높은 프리미엄이 지불된다고 하더라도 그것이 사회적인 관점에서도 이익인지는 의문이다. 대상 회사 주주의 이익은 인수회사 주주의 불이익으로 상쇄될 것이므로 사회적으로는 단순히 분배의 문제에 지나지 않을 수도 있다. 나아가 이처럼 인수 프리미엄이 높아지게 되면, 인수회사가 대상 회사를 인수함으로부터 기대하는 기대수익이 낮아지기 때문에, 사전적으로 인수회사가 인수 시도 자체를 포기할 여지도 있다. 따라서 기업지배권 시장을 위축시킬 여지도 있다. 결국 협상가설은 대상 회사 주주의 입장에서는 어떨지 몰라도 사회적 관점에서 경영권 방어를 정당화하기는 힘들다.

② 일반적으로 경영진의 경영권 방어를 허용하는 가장 중요한 논리는, 경영진은 주주가 가지지 못한 정보를 가지고 있다는 것이다. 이러한 '정보의 우위' 형태의 논변은 경영진이 주주를 대신하여 하는 많은 의사결정을 정당화하는 기초적인 논리로 사용되곤 하는데, 기업 인수의 경우에도 예외가 아니다. 구체적인 적대적 기업 인수, 즉 경영진의 교체가 기업가치를 증대시킬 수 있는지에 관한 정보는 오직 현재의 경영진만 가지고 있고 주주에게는 없기 때문에, 기업가치를 파괴하는 비효율적인 기업 인수를 막기 위해서는 경영진에게 방어수단을 가동하도록 허용하는 수밖에 없다는 것이다. 특히, 기업가치를 감소시키는 인수임에도 불구하고, 거래의 구조에 따라서는 대상 회사 주주가 어쩔 수 없이 주식을 매도할 수도 있기 때문에, 이러한 상황에서 주주의 의사결정에 의존하는 것으로는 문제를 해결하기 힘들다. 이러한 경우 문제 해결의 한 가지 방법으로서 경영진이 주주를 대신하여 의사결정을 하는 것이다.

③ 일반적으로 경영진은 단기실적주의(myopia)의 성향을 보인다고 말한다. 그 이유는 주식 소유가 분산되어 있는 경우 기업의 장기적인 전망을 주주에게 전달할 수 있는 방법이 별로 없기 때문이다. 기업이 수익성 높은 장기적인 투자 기회가 있더라도 이러한 장기적인 투자에 대한 정보는 시장에 쉽게 전달되지 않기 때문에, 결국 장기적으로 좋은 투자 기회가 있고, 이러한 투자를 하는 기업의 경우에는 시장에서의 주가는 저평가되기 마련이다. 그리고 이러한 상황은 적대적 기업 인수의 가능성을 높인다. 따라서 적대적 기업 인수의 가능성이 높은 상황에서, 경영진은

시장에서의 저평가를 감수하면서까지 장기적인 투자를 하려고 하지 않는다. 이러한 이유에서 경영진은 일반적으로 단기실적주의의 성향을 보이는 것이다. 이러한 점을 강조하는 입장에서는, 현재의 경영진에게 적절한 방어수단을 제공하게 되면 경영진으로 하여금 주가의 저평가의 위험에도 불구하고 독자적 판단에 의하여 장기적인 투자를 하게 만든다는 것이다. 이러한 결과는 '장기적으로는' 주주에게 그리고 사회에 이익이 된다.

④ 경영진의 인적 투자를 장려하기 위해서는 일정한 경영권 방어를 허용하는 것이 필요하다는 논리도 생각해 볼 수 있다. 경영진의 투자는 주주와 달리 자신의 '인적 자본'을 투자하는 형태가 되는데, 이를 '관계적 투자'(relationship-specific investment)라고 하여 최근 많은 관심을 받고 있는 개념이다. 그 의미는 경영진의 투자는 특정 회사 또는 특정 산업과 관련하여 특화되는 성격을 가진다는 것이다. 경영진의 이러한 관계적 투자 역시 투자의 일반 원칙에 따라 투자에 들어가는 비용과 그로부터의 수익을 비교하여 이루어지게 되는데, 따라서 그 경영진이 당해 회사에 얼마나 오래 고용될 수 있을지에 따라 큰 영향을 받는다. 따라서 만일 적대적 기업 인수의 위협이 큰 경우에는 관계적 투자에 따른 기대수익이 작아지고, 그 결과 경영진이 감수할 수 있는 초기 비용 수준이 낮아질 수밖에 없다. 그 결과 경영진은 관계적 투자 수준을 줄이게 된다. 이것은 주주의 입장에서 그리고 사회의 입장에서 모두 바람직하지 않다. 관계적 투자의 논리는 비단 경영진의 경우에만 문제되는 것이 아니라 근로자들에게도 마찬가지로 나타나는 문제로서, 일본의 종신고용제를 이야기할 때 늘 등장하는 논리이다.

(3) 우리나라 기업집단의 경우

위와 같은 경영권 방어 이론이 우리나라에도 적용되는가? 특히, 우리나라 기업의 소유구조가 미국과 다르다는 점에서 경영권 방어의 필요성을 재검토할 필요가 있다. 먼저 우리나라 기업의 소유구조는 아직도 소수의 지분으로 기업집단을 지배하는 지배주주가 존재하고 있으며, 지배주식의 프리미엄도 세계에서 가장 높은 수준에 속한다. 이것은 달리 말해서, 아직도 지배주주의 대리비용이 높고, 이를 제어할 만한 마땅한 기제가 작동하지 않고 있다는 것으로 해석될 수 있다. 따라서 지배주주가 존재하는 경우에도 기업지배권 시장이 형성될 수 있다는 전제에서 본다면, 그 사익 추구, 즉 대리비용 억제를 위하여 기업지배권 시장의 활성화가 필요하다는 생각이 쉽게 정당화될 수 있다. 이러한 상황에서 현재보다 경영권 방어를 더 용이하게 하는 것은 “마치 하늘이 파랗다는 것은 증명할 필요가 없듯이” 소액주주의 이익에 반하는 정책이 된다고 주장할 수도 있다.

그러나 앞서 살펴본 바와 같이, 지배권자의 경영권을 더욱 공고히 하는 것이 소액주주의 이익에도 부합하는 경우가 있지 않을까? 앞서 설명한 다양한 논리를 하나씩 살펴보도록 하자. ① 비록 사회적 이익은 아니라고 하더라도, 소액주주가 기업 인수에서 더 많은 인수 대가를 받을 수 있다는 협상가설은 지배주주가 존재하는 경우에도 성립할 수 있을까? 여기서 지배주주가 소유가 분산된 경우의 경영진과 다른 결정적인 차이는 지배주주는 회사를 지배할 수 있을 정도의 주식을 보유하고 있다는 점이다. 따라서 이 경우 경영권을 가지고 있는 지배주주와 인수회사 간의 협상은, 결과적으로 소액주주에게 돌아가는 인수 대가를 높이기보다는 지배주주가 차지하는 인수 대가를 높이는 방향으로 이루어질 가능성이 높다. 예를 들어, 현재의 포이즌필이 있기 때문에 현재의 공개매수 가격보다 더 높은 가격을 제시해야 한다는 방식이 아니라, 지배주주가 보유하는 지분에 대해서는 이면에서 또는 공개매수 이후 더 큰 프리미엄을 지불하고 인수한다든가 하는 방식이 채택될 가능성이 높다는 것이다. 따라서 위 협상가설이 그대로 적용된다고 보기는 힘들다.

② 기업가치를 파괴하는 비효율적인 기업 인수를 막기 위해서는 경영진에게 방어수단을 허용하여야 한다는 논리는 어떠한가? 실제로 일본의 기업가치보고서나 이후 판례들을 살펴보면, 이러한 가치파괴적 기업 인수에 대한 대응을 위해서 경영권 방어가 허용되어야 한다는 논리가 자주 등장한다. 물론 소액주주 입장에서는 여전히 기업가치에 대한 정보가 부족하고, 그 결과 기업가치를 파괴하는 기업 인수에 대해서도 거래의 구조에 따라 매도 압력을 느낄 수 있다. 이 경우 지배주주는 정보의 우위를 이용하여 소액주주의 이익을 보호하게 된다. 그러나 이러한 논리는 두 가지 문제가 있다. 첫째, 지배주주가 존재하는 경우에는 위와 같이 기업가치를 파괴하는 기업 인수가 실제로 시도될 가능성이 크지 않다는 것이다. 왜냐하면 인수회사가 소액주주들로부터 주식을 취득하여 경영권을 취득한 다음에도 지

배주주를 축출하는 것이 쉽지 않기 때문이다. 이 점에서 인수회사가 기존의 경영진을 강제로 축출할 수 있는 분산소유의 경우와 차이가 있다. 따라서 지배권 취득 이후에도 자신의 사익 추구가 쉽지 않은 만큼, 이를 위하여 적대적 기업 인수를 시도할 가능성이 높지 않다. 둘째, 설사 인수회사가 소액주주에게 돌아가는 기업가치를 높일 수 있다고 하더라도, 기존 지배주주로서는 자신이 추구하던 사적 이익을 포기하여야 하기 때문에 이를 기업가치의 파괴라고 포장할 가능성이 있다. 다시 말해서, 소액주주 입장에서는 기업가치가 증가되지만, 기존의 지배주주는 자신이 누리던 경제적 이익에 대한 대가를 충분히 받을 수 없는 경우가 있다는 것이다. 이 경우에는 지배주주가 기업가치 파괴를 논리를 사용하는 것이 허용될 수 없다. 결론적으로 지배주주가 존재하는 경우에도 정보의 비대칭이 존재하기는 하지만, 그로 인해서 경제적 비효율이 발생할 소지는 크지 않기 때문에, 이러한 논거에 따라 경영권 방어를 허용하는 것은 타당하지 않다.

③ 경영진의 단기실적주의 문제를 보자. 경영진에게 경영권 방어를 허용하면 장기투자를 할 수 있게 된다는 것이다. 지배주주가 존재하더라도 여전히 소액주주에게 장기투자에 관한 정보가 전달되지 않으면 시장에서 기업가치가 저평가되는 문제가 있기 때문에 얼핏 생각하면 지배주주도 경영진과 비슷하게 단기실적을 중시하는 성향을 보인다고 단정하게 될지도 모른다. 그러나 과연 그러한가? 지배주주는 단기적인 투자수익을 목적으로 하지 않기 때문에 언제나 회사의 장기적인 수익성을 생각하게 된다. 실제로 미국에서도 경영진과 주주 사이에 존재하는 정보의 불균형을 극복하는 가장 유력한 메커니즘으로 지배주주가 존재하는 경우를 들고 있다. 따라서 위와 같은 단순한 모형을 떠난 현실에서는 지배주주의 등장으로 단기실적주의의 문제는 상당히 완화된다고 이해하는 것이 보통이다. 물론 지배주주로서도 자신의 경영권이 위협받게 되면 장기적 투자를 주저할 가능성이 있으나, 그럼에도 불구하고 자신의 투자가 장기적으로 이루어질 것을 항상 염두에 두기 때문에 단기실적주의의 경향이 완화된다는 것이다. 이처럼 지배주주가 존재하는 경우에는 일반적으로 단기실적주의 경향이 그렇게 높지 않은 상황이기 때문에, 단기실적주의를 극복하기 위해서 경영권 방어가 이루어져야 한다고 하는 주장은 크게 설득력이 없다.

④ 마지막으로 경영진이나 근로자의 인적 투자를 장려하기 위해서 일정 수준의 경영권 방어를 허용하는 것이 필요하다는 논리는 지배주주가 존재하는 경우에도 마찬가지라고 생각할 수 있다. 경영진이나 근로자가 쉽게 해임 또는 해고될 수 있다고 한다면 그들이 기업에 특화된 능력을 배양할 인센티브는 낮아지는 것이 당연하다. 그러나 적대적 기업 인수로 인하여 기업의 경영권이 교체되었다고 해서 반드시 그 기업에 오래 근무한 경영진이나 근로자가 기업에서 퇴출된다고 볼 수는 없다. 오히려 그 반대가 일반적이다. 경영권과 관련된 핵심적인 보직을 제외하면, 인수회사로서도 회사에 특화된 능력을 가지고 있는 경영진이나 근로자를 계속 유지하도록 하는 것이 이익이기 때문이다. 따라서 경영진이나 근로자의 관계적 투자를 중시하는 입장에서 본다고 하더라도, 적대적 기업 인수의 가능성으로 인하여 이러한 관계적 투자가 줄어들 것으로 예측하는 것은 다소 논리적 비약이 존재한다. 나아가 어떤 특정 기업의 업무와 관련된 전문성은 동일 업계에서 상당 부분 공통되는 것이라는 점까지 고려한다면 위와 같이 관계적 투자를 이유로 경영권 방어를 허용해야 한다는 논리도 역시 설득력이 떨어진다.

결론적으로 경영권 방어를 확대하지 않으면 기업의 장기적 투자가 감소하고, 관계적 투자도 일어나지 않아 생산성이 떨어지며, 기업가치를 파괴하는 기업사냥꾼도 나타날 수 있다고 하는 주장은 설득력이 높지 않다. 적대적 기업 인수가 일어났던 많은 사례에서 이러한 부작용이 크게 부각된 경우는 실제로 거의 없으며, 무엇보다도 적대적 기업 인수는 그 자체로 매우 성공하기 힘든 예외적 현상이다. 따라서 현재 지배주주가 존재하는 상황에서, 그 적대적 기업 인수의 위협이 존재한다는 이유만으로 위와 같은 비효율이 발생한다고 생각하기는 힘들다. 오히려 그러한 위협은 현재 우리나라 지배주주의 사익 추구 경향을 완화시켜 줄 중요한 메커니즘으로 작용할 수 있다. 이처럼 지배주주의 사적 편익이 높은 우리나라의 현재 기업소유구조를 고려하면, 경영권 방어가 용이하게 이루어지도록 특칙을 마련하는 것보다는 기업지배권 시장을 보다 활성화하는 것이 옳다.

5. 결론

지금까지 회사법의 주요 영역인 지배구조, 자본조달, M&A 등에서 경제학적인 분석이 기여할 수 있는 방법을 모색하였다. 제2절에서는 지배주주의 사적 이익이 사회적 비효율을 초래하는 과정을 설명하였고, 제3절에서는 주주의 유한책임으로 인한 비효율적 의사결정의 인센티브와 그 문제를 해결하기 위한 몇 가지 방법을 살펴보았다. 제4절에서는 마지막으로 특수한 거래인 M&A를 소재로 하여 사회적으로 가치 증가를 가져오는 M&A가 일어날 수 있도록 하는 조건을 살펴보았다.

미국에서 1980년대 이후 회사법의 부흥이라고 할 만한 현상이 나타난 것은 M&A 분야를 중심으로 법경제학적 분석 방법이 본격적으로 도입되면서 기존의 법학 논의에서는 찾지 못한 새로운 시각을 제공할 수 있었기 때문이다. 회사법은 그 태생 자체가 당사자들의 이해관계를 조정하는 법으로서, 경제학적 논리에 친숙할 수밖에 없다. 회사법의 대부분의 제도와 법리가 사실 경제학적 논리에 기초하여 만들어졌다고 해도 과언이 아니다. 특히, 회사법의 경제학적 분석이 기존의 설명을 다시 재해석하거나 확인하는 정도에 그치지 않고, 보다 새로운 시각과 정책적 접근을 가능하게 한다는 장점이 있다. 이 글은 그 세계로 향하는 도입으로서, 이미 진부해져 버리기는 하였지만, 몇 가지 재미있는 분석을 소개한 것이다. 아직도 이 글에 담지 못한 많은 훌륭한 연구들이 있고, 많은 연구주제가 새로운 연구자를 기다리고 있다. 이 분야에 흥미를 느낀 신진 연구인력들이 많이 배출되어 많은 논의가 이루어지기를 바란다.

참고문헌

Bebchuk, Lucian A., "Toward Undistorted Choice and Equal Treatment in Corporate Takeovers," *Harvard Law Review*, 98(8), 1985, pp. 1693-1808.

______, "Efficient and Inefficient Sales of Corporate Control," *Quarterly Journal of Economics*, 109(4), 1994, pp. 957-993.

Bebchuk, Lucian A. and Mark J. Roe, "A Theory of Path Dependence in Corporate Ownership and Governance," *Stanford Law Review*, 52(1), 1999, pp. 127-170.

Berkovitch, Elazar and E. Han Kim, "Financial Contracting and Leveraged Induced Over- and Under-Investment Incentives," *Journal of Finance*, 45(3), 1990, pp. 765-794.

Bhagat, Sanjai and Bernard Black, "The Uncertain Relationship between Board Composition and Firm Performance," *Business Lawyer*, 54(3), 1999, pp. 921-963.

Black, Bernard S., "Agents Watching Agents: The Promise of Institutional Investor Voice," *UCLA Law Review*, 39, 1992, pp. 811-893.

Easterbrook, Frank H. and Daniel R. Fischel, "Limited Liability and the Corporation," *University of Chicago Law Review*, 52(1), 1985, pp. 89-117.

Gilson, Ronald J. and Reinier Kraakman, "Reinventing the Outside Director: An Agenda for Institutional Investors," *Stanford Law Review*, 43(4), 1991, pp. 863-906.

Grossman, Sanford J. and Oliver D. Hart, "Takeover Bids, the Free Rider Problem, and the Theory of the Corporation," *Bell Journal of Economics*, 11(1), 1980, pp. 42-64.

______, "One Share-One Vote and the Market for Corporate Control," *Journal of Financial Economics*, 20(1), 1988, pp. 175-202.

Hansmann, Henry and Reinier Kraakman, "Toward Unlimited Shareholder Liability for Corporate Torts," *Yale Law Journal*, 100(7), 1991, pp. 1879-1934.

Harris, Milton and Artur Raviv, "The Theory of Capital Structure," *Journal of Finance*, 46(1), 1991, pp. 297-355.

Jensen, Michael C., "Agency Costs of Free Cash Flow, Corporate Finance, and

Takeovers," *American Economic Review*, 76(2), 1986, pp. 323-329.

Jensen, Michael C. and William H. Meckling, "Theory of the Firm: Managerial Behavior, Agency Costs and Ownership Structure," *Journal of Financial Economics*, 3(4), 1976, pp. 305-360.

Kahan, Marcel, "Sales of Corporate Control," *Journal of Law, Economics, and Organization*, 9(2), 1993, pp. 368-379.

La Porta, Rafael, Florencio Lopez-de-Silanes, Andrei Shleifer and Robert W. Vishny, "Law and Finance," *Journal of Political Economy*, 106(6), 1998, pp. 1113-1155.

La Porta, Rafael, Florencio Lopez-de-Silanes and Andrei Shleifer, "Corporate Ownership around the World," *Journal of Finance*, 54(2), 1999, pp. 471-517.

Myers, Stewart C., "The Determinants of Corporate Borrowing," *Journal of Financial Economics*, 5(2), 1977, pp. 147-175.

Myers, Stewart C. and Nicholas S. Majluf, "Corporate Financing and Investment Decision When Firms Have Information That Investors Do Not Have," *Journal of Financial Economics*, 13(2), 1984, pp. 187-221.

Roe, Mark J., "Rents and Their Corporate Consequences," *Stanford Law Review*, 53(6), 2001, pp. 1463-1494.

Smith, Jr., Clifford W. and Jerold B. Warner, "On Financial Contracting: An Analysis of Bond Covenants," *Journal of Financial Economics*, 7(2), 1979, pp. 117-161.

Tirol, Jean, *The Theory of Corporate Finance*, 2005.

Warner, Jerold B., "Bankruptcy Costs: Some Evidence," *Journal of Finance*, 32(2), 1977, pp. 337-347.

Chapter 10 정보통신 및 미디어 서비스 시장 법제에 관한 법경제학

이상규

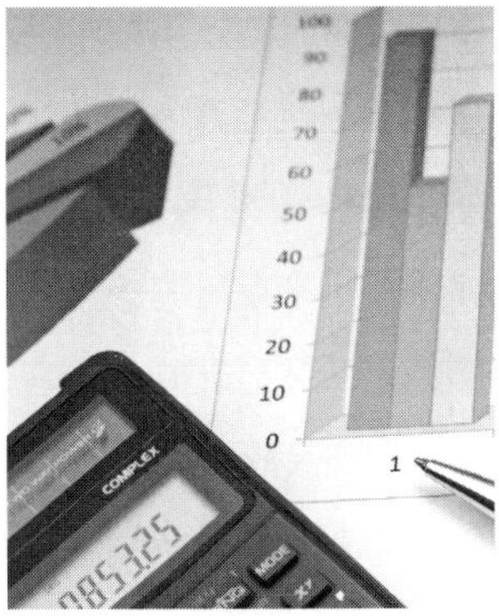

Chapter **10**

정보통신 및 미디어 서비스 시장 법제에 관한 법경제학

1. 서론

우리나라의 전기통신산업 및 서비스를 규제하는 주요 법은 전기통신기본법과 전기통신사업법이다. 전기통신기본법은 전기통신의 효율적 관리와 발전을 촉진하기 위한 기본적 사항을 정하여 공공복리 증진에 이바지하는 것을 목적으로 1983년 12월 30일에 제정, 공포된 법률이다. 전기통신사업법은 전기통신사업의 운영을 적정하게 하여 전기통신사업의 건전한 발전을 기하고 이용자의 편의를 도모함으로써 공공복리의 증진에 이바지하기 위해 1983년 12월 30일 공중전기통신사업법으로 제정된 뒤 1991년 8월 10일 현재의 명칭으로 전문 개정되었다.

전기통신기본법과 사업법은 제정 이후 수 차례 개정되어 오늘에 이르고 있지만 전기통신, 전기통신역무, 전기통신사업, 전기통신사업자, 이용자 등에 관한 정의 및 기본적 내용들은 제정 당시나 오늘날이나 큰 변화 없이 동일하게 사용되고 있다. 하지만 전기통신기본법과 사업법이 제정된 1980년대 초반의 상황과 2000년대 후반의 상황은 관련 기술 및 시장환경 등 모든 측면에서 상당한 차이를 나타내고 있다. 그 중에서 가장 두드러진 차이점은 다양한 경제 주체 또는 시장참여자들의 등장이다.

과거의 통신시장에서 서비스 공급자는 네트워크를 보유하고 서비스를 제공하는 수직적으로 통합된 사업자들이었으며, 이용자는 최종소비를 목적으로 서비스를 구매하고 사용하는 최종이용자(end-user)들이었다. 따라서 당시 상황에서는 관련 시장에서의 행위자를 '전기통신사업자'와 '이용자'로 명확히 양분할 수 있었다. 하지만 정보통신과 미디어 관련 기술이 발전하고, 네트워크의 IP화 및 초고속 인터넷의 보편화 등을 통해 네트워크와 콘텐츠 · 서비스가 분리됨에 따라 네트워크를 보유하지 않아도 플랫폼(콘텐츠의 집적과 전송 기능 제공)을 구축하고 커뮤니케이션, 방송, 정보 제공, 쇼핑, SNS 등 다양한 서비스를 제공하는 것이 가능해졌다. 대표적 예는 Google과 NHN 등으로 대표되는 인터넷 포털, 애플의 App Store, Facebook이나 Twitter, Kakao Talk과 같은 Social Network Services, P2P 방식의 파일 공유(file sharing) 서비스, 스마트 TV 등이다.

이처럼 플랫폼을 중심으로 하는 새로운 사업모형이 등장하고 새로운 산업생태계가 출현하고 있으며, 가치사슬도 네트워크 주도의 '네트워크 구축 → 단말기 제공 → 콘텐츠 제공' 가치사슬에서 플랫폼 중심의 '플랫폼 구축 → 콘텐츠 제공' 가치사슬로 변화하고 있다. 따라서 최근에는 방송 · 통신 시장에서 경쟁력의 원천이 네트워크가 아니라 각종 부가가치를 창출할 수 있는 플랫폼의 보유 여부로 바뀌고 있다.

이러한 신생 서비스들의 공통점은 서버나 저장장치(storage facilities), 인터넷 전용회선 등과 같이 해당 서비스 제공에 필요한 최소한의 장비만을 보유 또는 임차하고 네트워크 운영자(network operator: NO)의 전기통신 설비 및 서비스(전송 서비스)를 이용하여 자사의 서비스를 최종이용자에게 제공한다는 것이다.

하지만 이러한 새로운 형태의 시장행위자들은 기존의 전기통신사업법에 따르면 전기통신사업자에 속하지도 않고, 이용자에 속하지도 않을 수 있기 때문에 전기통신사업법이 규정하고 있는 사업자와 이용자의 권리나 의무에서 벗어나 있는 경우가 빈번히 발생하고 있다.

전기통신기본법과 사업법은 전기통신산업 및 시장에서 시장행위자들의 권리와 의무를 명확히 함으로써 시장경쟁을 활성화하고 자원을 효율적으로 배분하며, 당해 산업의 지속적 발전을 기하여 사회후생을 극대화하는 것을 목적으로 하고 있다. 하지만 새로이 등장한 시장행위자들에 대한 명확한 구분과 법적 정의(definition)의 부재는 이들 행위자들에 대한 권리와 의무의 공백을 야기하여 경제적 효율성과 지속적 성장을 저해하는 결과를 초래하고 있다.

한편, 최근 들어 동영상, 스트리밍 서비스와 같이 고용량 콘텐츠의 사용이 증가하면서 유무선 트래픽이 급격히 증가하고 있다. 전 세계의 IP 트래픽은 2009년도에 45% 증가하였으며, 2009-2014년 기간 동안 매년 약 34%씩 증가하여 5년 동안 약 4배 규모로 증가할 것으로 예측하고 있다. 트래픽이 급격히 증가하는 상황에서 네트워크의 품질을 일정한 수준으로 유지하기 위해서는 네트워크의 용량을 증설하는 투자가 필요하다. 하지만 통신시장이 포화기, 침체기로 이행함에 따라 네트워크 용량 증설이 가입자 증가로 연결되지 않기 때문에 사업자들이 투자비용을 회수하는 것이 예전보다 점점 더 어려워지고 있어서 투자의 유인이 떨어지고 있다.

이에 반해 전통적 기준으로는 전기통신역무로 분류되지 않던 새로운 사업모형이 등장하였고, 이들 트래픽이 전체 트래픽에서 차지하는 비중이 증가하여 기존 네트워크 사업자의 수익 · 비용에 상당한 영향을 미치고 있다. 이러한 예로 웹하드, P2P를 통한 파일 공유 서비스, IPTV 등을 들 수 있다. 웹하드와 P2P는 NO의 네트워크를 이용하여 부가가치를 창출하기 때문에 NO의 네트워크 부하를 가중시켜 네트워크 유지 · 보수 비용 및 용량 증설을 위한 투자비를 증가시키는 요인이 되고 있지만, NO에게 이용대가를 적절히 지불하지 않고 네트워크를 사용하는 무임승차(free riding)의 행태를 보이고 있다.

이러한 현상이 발생하는 이유는 현행 전기통신기본법과 사업법으로 새로이 출현한 시장행위자들에 대한 권리와 의무를 명확히 규정하지 못하고 있기 때문이다. 이에 따라 본장에서는 정보통신기술 발전 및 시장환경의 변화로 새로이 출현한 시장행위자들의 특성 및 법 규정의 미비로 인한 문제점을 살펴보고, 이를 해결하기 위한 방안을 살펴보고자 한다. 본장의 구성은 다음과 같다. 제2절에서는 정보통신 · 미디어 시장의 환경 변화에 대하여 소개한다. 제3절에서는 현행 전기통신사업법상의 전기통신사업, 전기통신사업자, 이용자의 분류, 정의 및 문제점에 대하여 살펴본다. 제4절에서는 시장행위자의 구분 및 개념 재정립의 필요성과 방안에 대하여 살펴본다. 제5절에서는 본장의 결론을 맺는다.

2. 정보통신 · 미디어 시장의 환경 변화

1) 네트워크와 서비스의 분리

1990년대 후반까지는 정보통신 서비스나 방송 서비스는 통신 네트워크나 방송 네트워크를 보유하거나 해당 설비를 임차하여 구축한 사업자만 제공할 수 있었다. 따라서 이 당시에는 CAS(content, application, service)와 네트워크를 수직적으로 통합하고 있는 사업자가 서비스를 제공하였다.[1] 이러한 환경에서는 통신시장에서 행위자를 서비스를 제공하는 '전기통신사업자'와 서비스를 이용하는 '이용자'로 양분할 수 있었다.

하지만 정보통신과 컴퓨터 관련 기술의 발달, 네트워크의 디지털화 · IP화 및 광대역화, 이종 네트워크의 융합화, 초고속 인터넷의 보편화 등을 통해 네트워크와 콘텐츠, 애플리케이션이 분리되기 시작하였고, 그 결과 네트워크를 보유하지 않아도 플랫폼을 구축하여 정보통신, 방송 서비스 등 다양한 서비스의 제공이 가능해지기 시작하였다.[2] 가장 대표적 예는 Google과 NHN 등으로 대표되는 인터넷 포털, 애플의 App Store, Facebook이나 Twitter, Kakao Talk과 같은 Social Network Services, 다양한 P2P 방식의 파일 공유 서비스, 스마트 TV 등이 이에 해당한다.

이러한 서비스들의 공통점은 서버나 저장장치(storage facilities), 인터넷 전용회선 등과 같이 해당 서비스 제공에 필요한 최소한의 장비만을 보유 또는 임차하고 네트워크 운영자(network operator: NO)의 전기통신 설비 및 서비스(전송 서비스)를 이

1) 과거와 같이 음성 · 데이터 통신 서비스가 주요 서비스일 때 전기통신사업자의 주된 기능은 가입자 간에 통신을 가능하게 하기 위해서 전기적 신호를 직접 전송하여 주는 것이었다.

2) 플랫폼은 다양한 의미로 사용되고 있다. 방송의 경우에는 플랫폼을 "자체 제작 또는 외부에서 (구입) 수신한 정보, 데이터를 편집 · 편성 · 구성하여 소비자에게 제공하는 기능"으로 정의하고 있다(방송위원회, 2006). 즉, 방송위원회는 '채널의 편성+전송'을 플랫폼으로 정의하고 있다고 할 수 있다. 따라서 지상파 방송, SO(system operator), 위성방송, IPTV, DMB(digital media broadcasting) 등이 플랫폼에 속하는 대표적 예이다. 통신의 경우에는 "네트워크에서 제공되는 전송 서비스를 이용하여 서로 다른 두 소비자 그룹을 연결해 주는 기능을 하는 가상적 공간"을 플랫폼이라 정의할 수 있다. 대표적 예로는 인터넷 포털을 들 수 있다. 2000년대 초반부터 활발히 논의되고 있는 양면시장이론에서는 플랫폼을 "서로 다른 이용자 그룹이 거래나 상호작용을 원활하게 할 수 있도록 제공된 물리적, 가상적 또는 제도적 환경"으로 정의한다(이상규, 2010).

그림 10-1 새로운 방송통신 서비스와 사업자

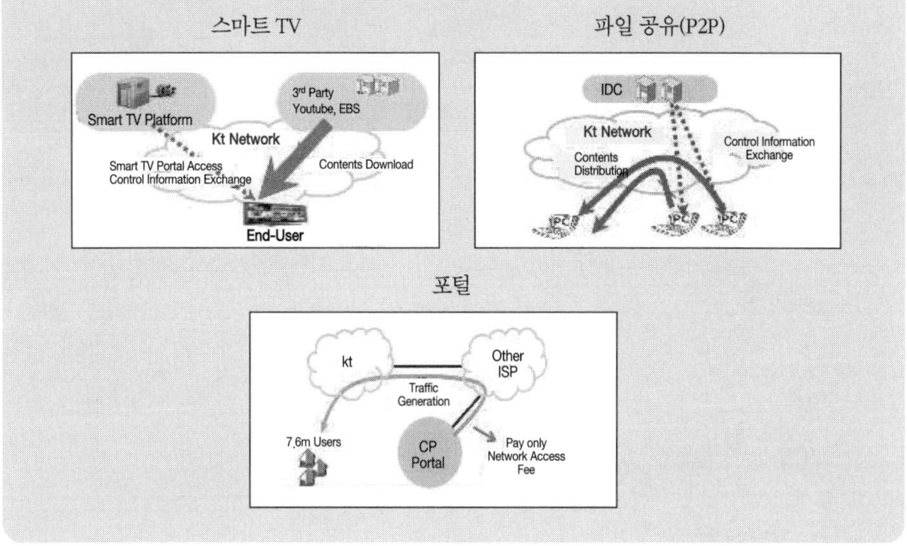

자료: 김희수(2011).

용하여 자사의 서비스를 최종이용자에게 제공한다는 것이다.

예를 들어, [그림 10-1]에서 P2P 방식의 파일 공유 서비스는 IDC(internet data center)의 서버를 임차한 후 서버에 각 PC들의 파일 저장 정보, IP 정보 등을 저장하고, PC들 간에 파일 공유 요청이 있을 경우 이에 필요한 IP 정보를 해당 PC에 제공한다. 그 후 해당 PC 간의 정보 공유는 기존 네트워크 사업자(network operator: NO)의 네트워크를 이용하여 이루어진다. 따라서 P2P 서비스를 제공하는 사업자는 서비스 제공에 필요한 최소한의 서버와 인터넷 전용회선만을 임차 또는 보유하고 기존 네트워크 운영자의 네트워크를 이용하여 자사의 파일 공유 서비스를 최종이용자에게 제공할 수 있는 것이다. 즉, 이용자 간 파일 공유에 필요한 모든 네트워크를 보유할 필요가 없는 것이다.

통신과 방송에서 전통적 규제 체계는 서비스와 네트워크를 하나의 단위로 묶어, 각각의 서비스별로 독립된 규제를 적용하는 '수직적 규제 체계'이다. 그러나 최근 들어 세계 각국은 통신과 방송 산업에서 서비스와 네트워크가 분리되고 있는 상기와 같은 환경 변화를 반영하여 '수평적 규제 체계'로 전환하여 왔다.[3] 수평적 규제는 서비스를 구성하는 요소 · 기능을 수평적으로 분리하여, 동일한 특성을 지니고 있는 요소 · 기능을 각기 하나의 계층으로 구분하고 ① 동일한 계층에 대해서는 동일한 규제 원칙을 적용하며, ② 서로 다른 계층 간에는 규제 간섭을 최소화하는 규제 체계이다.[4)5)] 따라서 이러한 수평 규제하에서는 네트워크와 서비스를 분리하여 규제할 수 있기 때문에 수직적 규제하에서 발생할 수 있는 '규제 공백'을 해소할 수 있게 된다.

수평계층을 구분하는 방법은 나라마다 다르다. EU의 '전송–콘텐츠'와 같이 2개의 수평계층으로 분류하는 방법부터 '단말–네트워크–플랫폼–콘텐츠/애플리케이션'과 같이 4개의 수평계층으로 분류하는 대만의 방법이 그러한 예이다.[6]

[표 10-1]은 정보통신, 방송 서비스가 제공되기 위해 필요한 하드웨어, 소프트웨어, 기능 등을 동일한 특성군으로 구분하고 각 레이어에 해당하는 사례와 대표적 사업자를 정리한 것이다. [표 10-1]에서는 콘텐츠와 애플리케이션을 시간별 · 공간별로 편성(packaging)하거나, 단순히 모아놓는(aggregate) 기능과 이를 전송하여 주는 기능을 합쳐서 플랫폼으로 정의하고 있다.[7]

중요한 점은 [표 10-1]에서와 같이 계층별로 독립된 사업 모형과 사업자들이 등장하고 있다는 것이다. 그 결과 통신 · 방송 시장에서 네트워크를 보유하지 않고, 사업자가 제공하는 (전송)서비스를 중간재로 투입하여 새로운 서비스를 만들고 이를 최종소비자에게 판매함으로써 부가가치를 창출하는 중간이용자가 새로이 등장

---

3) 수평적 규제 체계에 대해서는 이상규(2007) 참조.
4) Solum and Chung(2003)은 이를 '레이어 원칙'(layers principle)이라고 하였다. ① 레이어 분리 원칙(the principle of layers separation): 기능적 특성에 따라 레이어를 분리하고 레이어 내 경제적 · 사회적 필요에 따라 규제 여부 및 수단 강구, ② 레이어 교차 최소화의 원칙(the principle of minimizing layers crossing): 만약 여러 레이어를 교차, 중복하는 규제를 해야 한다면, 그 규제에 의해 영향을 미치고자 하는 레이어와 직접적으로 규제를 가하는 레이어 간의 교차를 가능한 한 최소화하여야 함.
5) 수평적 규제의 계층 간 규제 간섭 최소화를 위배한 대표적 사례로 미얀마의 'Cut the Wire' 정책을 들 수 있다. 인터넷이 시민들에게 부정적인 영향을 주는 원천이 될 것이라고 우려한 미얀마 군사정부(State Peace and Development Council)는 2002년 1월까지 일반 공중(public)의 인터넷 접근을 불허하고, 12개 회사의 접속만을 허용하였다. 1996년의 'Communications Computer Law'에 따르면 정부로부터의 사전 승인 없이 인터넷 사용을 시도하는 경우 최고 15년의 징역형에 처할 수 있다. 또한 모든 전화선에 표식을 달고 팩스, 모뎀, 컴퓨터와 위성 안테나를 정부에 등록하도록 규제하였다. 인터넷 접속을 원하는 개인은 미얀마 내에서 유일하게 인터넷 서버를 보유한 Ministry of Communications, Posts, and Telegraph(MPT)로부터 승인을 받아야 하며, 정치적 발언을 위한 인터넷 사용은 금지하고 있다. 따라서 미얀마의 'Cut the Wire' 정책은 국민들이 특정 콘텐츠에 접근하는 것을 막기 위해 네트워크 계층에 규제를 가한 정책이라고 할 수 있다(Whitt, 2004).
6) 대만의 수평계층 구분에 대해서는 Liu(2011) 참조.
7) 콘텐츠와 애플리케이션을 시간별로 편성하는 대표적 예는 PP(program provider)와 지상파 방송사이며, 공간별로 편성하는 대표적 예는 SO이다. 한편, 콘텐츠와 애플리케이션을 단순히 모아놓는 대표적 예는 인터넷 포털이다.

표 10-1 정보통신산업의 계층 및 사업자

레이어(layer)		예	대표적 기업
콘텐츠/애플리케이션		웹디자인, 온라인 정보 제공, 방송 콘텐츠 제작, 애플리케이션 제작 등	CP, 앱 제작사, Bloombergs, Reuters, Time Waner 등
플랫폼	Packaging and Aggregation	포털, 방송의 편성, 인터넷 쇼핑, 앱스토어	NHN, SO, 지상파, 애플, Google, 인터넷쇼핑몰, 인터넷 오픈 마켓 등
	전송	인터넷 접속, IDC 서비스	IAP, ISP, SO 등
네트워크		NO	KT, SKT, LGU+, AT&T, BT, NTT, SO, 지상파 방송사 등
장비와 소프트웨어		교환기, 전송장비, 기지국 장비, 라우터, 과금 소프트웨어 등	Nortel, Lucent, Cisco, Ericsson 등
단말		이동전화, pad, 노트북, 스마트 TV 등	삼성, LG전자, 애플, 구글 등

하게 되었다.

2) 온라인화 및 플랫폼화(양면화)

IT 기술의 발달 및 초고속 인터넷의 보편화에 따라 거래비용을 최소화하고 교차 네트워크 외부성(cross network externality)을 극대화함으로서 사회적 잉여를 증대하고자 하는 방편으로 기존의 오프라인 사업들이 온라인화되어 가고 있다. 온라인화와 더불어 나타나고 있는 특징은 플랫폼을 중심으로 한 양면시장화(또는 다면시장화) 현상이다. 양면시장이란 서로 다른 두 타입의 이용자 집단이 플랫폼을 통하여 상호작용을 하며, 이때 창출되는 가치는 교차 네트워크 외부성의 영향을 받는 시장을 말한다.[8)9)] 여기서 플랫폼이란 서로 다른 이용자 그룹이 거래나 상호작용

8) 한 소비자의 효용이 동일한 재화나 서비스를 사용하는 다른 소비자의 소비행위에 의해 시장을 통하지 않고(즉, 가격 변화 등을 통하지 않고) 직접적으로 영향을 받으면 '직접적 외부성'(direct externality)이 존재한다고 한다. 양면시장은 특수한 형태의 네트워크 외부성이 존재하는 시장이다. 양면시장에서의 외부성은 동일한 집단에 속한 이용자 간에 존재하는 외부성이 아니라 서로 다른 그룹에 속한 이용자 집단의 소비행위로 발생하는 외부성이다. 즉, 한 측면의 이용자가 얻는 효용은 다른 측면의 이용자의 수 또는 소비량의 직접적 영향을 받는다. 예를 들어, 온라인 오픈 마켓에서 구매자는 판매자의 수가 증가하면 다양한 상품을 구매할 가능성이 증가하기 때문에 판매자의 수가 많은 오픈 마켓을 방문할수록 효용이 증기하게 된다. 또한 판매자는 구매자의 방문 횟수가 많은 오픈 마켓일수록 자신의 제품을 판매할 가능성이 높기 때문에 판매자의 효용(매출액)이 증가하게 된다. 양면시장에서 이러한 효과를 '간접적 네트워크 외부성'(indirect network externality) 또는 '교차 네트워크 외부성'(cross network externality)이라

을 원활하게 할 수 있도록 제공된 물리적, 가상적 또는 제도적 환경을 일컫는다. 플랫폼을 제공하는 사업자는 양측 또는 어느 한쪽에 플랫폼 이용료를 부과함으로써 수익을 창출한다. 플랫폼 사업자가 양측에 책정하는 이용료의 수준(level)이나 구조(structure)는 플랫폼 이용자의 수와 거래 규모에 영향을 미친다.

이러한 특성을 보이는 가장 대표적인 예는 '신용카드 서비스'이다. 특정 카드에 가입할 것인지의 여부를 결정할 때, 소비자는 그 카드를 받는 가맹점의 수를 고려할 것이며, 반면 상인은 그 카드로 결제하고자 하는 소비자의 수를 고려할 것이다. 즉, 특정 카드의 플랫폼에 참여할 때 발생하는 가치는 상대편 이용자 집단의 규모에 의존한다.

음원시장에서 '음악가(음악 콘텐츠 제작)와 청취자(audience)' 도 한 예이다. 음악가와 청취자가 서로 직접적으로 거래를 하기 위해서는 탐색비용, 이동비용 등 많은 비용이 소요된다. 하지만 이들은 거래를 하기 위하여 반드시 플랫폼을 매개로 하는 양면시장을 형성할 필요는 없다. 음악가는 자신이 만든 음악 콘텐츠를 모든 재생기(player)에서 재생이 가능한 표준화 · 규격화된 CD의 형태로 저장 · 판매하고 청취자는 이를 구매하여 청취함으로써 음악 콘텐츠에 대한 소비가 가능하다. 반면 최근에는 CD 대신 MP3의 형태로 인터넷 음악 다운로드 사이트를 통해서 음악 콘텐츠의 판매와 구매가 이루어지고 있다. 즉, 음악가는 자신의 음악을 인터넷 음악 다운로드 사이트(플랫폼)에 올려놓고 청취자는 이를 구매하는 양면시장의 형태가 음악 유통의 새로운 비즈니스 모형으로 보편화되고 있다.

상품구매의 유형이 '매장 구매(오프라인 구매) →인터넷 쇼핑몰→인터넷 오픈 마켓'의 형태로 급속히 변화하는 것도 IT 기술 진보에 따라 거래비용을 최소화하고

고 한다. 이를 '간접적 네트워크 외부성'(indirect network externality) 또는 '교차 네트워크 외부성'(cross network externality)이라고 한다. 양면시장에서 한 면의 이용자는 자신이 속해 있는 측면의 규모가 커지면 효용이 증가하는 직접적 네트워크 외부성이 반드시 존재할 필요는 없다. 양면시장에서 만약 플랫폼 사업자가 판매자의 플랫폼 이용료(merchant fee)를 인상하면 그 오픈 마켓을 이용하는 상인의 수가 감소하게 된다. 따라서 양면시장의 특성인 교차 네트워크 외부성에 따르면, 구매자의 효용이 감소하므로 해당 오픈 마켓을 이용하는 구매자의 수도 감소하게 된다. 이와 같이 양면시장에서 한 측면의 이용자 그룹은 다른 측면의 이용자 그룹에게 보완재로서의 역할을 하게 된다.

9) 일반적으로 시장이란 수요자와 공급자가 재화(또는 서비스)를 거래하는 물리적, 개념적 공간을 말한다. 반면, 양면시장에서 '시장'이라는 용어는 서로 다른 이용자 집단이 상호작용하는 물리적, 가상적 플랫폼을 제공하는 재화(또는 서비스)를 지칭하는 것이다. 양면시장의 대표적 예인 인터넷 포털은 포털이라는 플랫폼을 서로 다른 이용자 집단에게 제공하는 서비스이다. 그러므로 보다 정확한 용어는 '양면 플랫폼 시장'이라고 할 수 있다. 이 경우 만약 시장에 양면 플랫폼을 제공하는 사업자가 하나만 존재하는 경우에는 '독점 양면 플랫폼 시장', 양면 플랫폼을 제공하는 사업자가 다수인 경우에는 '경쟁 양면 플랫폼 시장'이라고 지칭할 수 있다. Rysman(2009) 참조.

그림 10-2 양면시장(신용카드 서비스 시장)의 도해

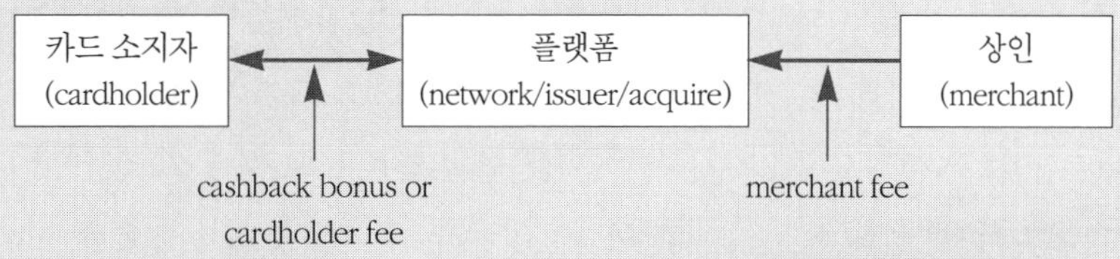

표 10-2 인터넷 쇼핑의 매출액 및 성장률

(단위: %)

	2011년(예측)		2010년(추정)		2009년	
	매출액	성장률	매출액	성장률	매출액	성장률
백화점	26.8	10.9	24.2	12.1	21.6	9.0
대형 마트	35.8	6.2	33.7	7.6	31.3	3.9
슈퍼	24.3	3.4	23.5	4.8	22.4	4.1
편의점	7.8	11.3	7.0	12.3	6.2	13.3
인터넷 쇼핑몰	29.6	19.4	24.8	20.4	20.6	13.8
TV 홈쇼핑	5.9	13.0	5.2	18.4	4.4	22.7
재래시장	79.0	0.5	78.6	1.0	77.8	2.2
합계	209.2	6.2	197.0	6.8	184.3	5.5

자료: 롯데백화점 유통전략연구소.

간접 네트워크 외부성을 극대화하고자 하는 것으로 이해할 수 있다.[10)11)12)] 위의

10) 인터넷 쇼핑이란 쇼핑몰 운영자가 인터넷상에 웹사이트를 개설하고 소비자들이 그 웹사이트를 방문하여 판매자 또는 쇼핑몰 운영자가 게시한 상품 또는 서비스를 구매하고 대금 결제를 하면 상품이 소비자에게 배송되는 형태의 상거래를 의미한다. 인터넷 쇼핑은 쇼핑몰 운영자가 자신이 직접 상품을 선정하여 쇼핑몰에 등록하고 자신의 책임하에 소비자에게 판매하는 '인터넷 쇼핑몰'과 특별한 선발 과정이나 복잡한 절차 없이도 약간의 수수료만 지불하고 판매자가 직접 판매 상품을 등록하면 소비자가 마음에 드는 상품을 구매할 수 있도록 하는 '인터넷 오픈 마켓'으로 구분할 수 있다. 인터넷 쇼핑은 쇼핑몰 운영자가 자신이 직접 상품을 선정하고 자신의 책임하에 소비자에게 판매하기 때문에 서로 상호작용을 하는 상이한 그룹이 존재하지 않는 온라인 단면시장에 해당하는 반면, 인터넷 오픈 마켓은 구매자와 판매자가 플랫폼을 통해 상호작용하는 온라인 양면시장에 해당한다.

11) 2010년도 온라인 쇼핑의 상품별 거래액과 비중을 살펴보면 의류 · 패션 및 관련 상품 4조 2,480억 원(16.9%), 여행 및 예약 서비스 3조 3,970억 원(13.5%), 가전 · 전자 · 통신기기 3조 1,170억 원(12.4%), 생활 · 자동차용품 2조 5,720억 원(10.2%), 컴퓨터 및 주변기기 2조 3,880억 원(9.5%), 음식료품 1조 6,420억 원(6.5%), 아동 · 유아용품 1조 5,120억 원(6.0%), 화장품 1조 4,140억 원(5.6%), 서적 1조 1,690억 원(4.6%), 스포츠 · 레저용품 1조 760억 원(4.3%) 등의 순서를 나타내고 있다.

12) 이와 같이 기술 발전에 따라 향후에는 많은 유통 채널들이 오프라인에서 온라인으로, 온라인 단면시장에서 온라인 양면시장의 형태로 변화할 전망이다.

[표 10-2]와 같이 온라인 쇼핑의 대표적 형태인 인터넷 쇼핑의 매출액이 급속도로 증가하여 2010년도부터는 백화점 매출액을 초과하기 시작하였다.

이외에도 양면시장의 예는 매우 다양하다. Wright(2003)는 양면시장의 다양한 예들로 다음과 같은 사례를 나열하고 있다. 학술지(저자와 독자)나 공항(항공사와 승객), 경매(공급자와 입찰자), B2B시장(기업공급자와 기업수요자), 자동차시장 · 벼룩시장 · 쇼핑몰(구매자와 판매자), chatline[13](chatting 참여자), 결혼중매소(남자와 여자), 컨퍼런스(발표자와 청취자), 상업용 전화번호부 · 박람회장(잠재적 구매자와 판매자), 직업소개소(직업탐색자와 고용주), 출판사(독자와 저자), 품질인증 제공자[14](학생과 대학, 투자자와 기업 등), 부동산중개소(구매자와 판매자), 주식시장(투자자와 기업) 등과 같이 중개 역할을 하는 플랫폼, 잡지 · 신문 · 지상파 TV · SO · IPTV · 웹포털 등(정보/오락 이용자와 광고주), 탐색 엔진(탐색자와 웹사이트) 등과 같이 광고와 관련된 플랫폼, 앱스토어 · 오락(entertainment) 플랫폼[15](사용자와 콘텐츠 제공자) 등이 모두 양면시장에 해당하는 예이다.

상기에서 서술한 바와 같이 과거에는 네트워크 보유 사업자만이 정보통신, 미디어 서비스를 제공할 수 있는 네트워크 중심의 산업구조였다. 하지만 네트워크와 콘텐츠 · 서비스가 분리됨에 따라 네트워크를 보유하지 않아도 플랫폼(콘텐츠의 집적과 전송 기능 제공)을 구축하고 커뮤니케이션, 방송, 정보 제공, 쇼핑, SNS 등 다양한 서비스를 제공하는 것이 가능해졌다. 이에 따라 플랫폼을 중심으로 하는 새로운 사업모형이 등장하고 새로운 산업생태계가 출현하고 있으며, 가치사슬도 네트워크 주도의 '네트워크 구축→단말기 제공→콘텐츠 제공' 가치사슬에서 플랫폼 중심의 '플랫폼 구축→콘텐츠 제공' 가치사슬로 변화하고 있다. 따라서 최근에는 방송, 통신 시장에서 경쟁력의 원천이 네트워크가 아니라 각종 부가가치를 창출할 수 있는 플랫폼의 보유 여부로 바뀌고 있다.[16][17]

13) 예를 들어, 메신저, chatting portal 등이 이에 해당한다. 하지만 이는 서로 상이한 두 개의 이용자 집단이 명확히 구분되지 않는다는 측면에서 양면시장이라 판단하기 어렵다. 이는 직접적 네트워크 외부성이 존재하는 단면시장이라고 분류하는 것이 타당하다고 판단된다. 전화 서비스도 일반적으로는 직접적 네트워크 외부성이 존재하는 단면시장이라 분류할 수 있다. 하지만 chatline이나 전화 서비스를 발신과 착신 서비스로 분류할 경우 착신 서비스는 양면시장의 특성을 보인다고 할 수 있다.

14) ETS(GRE, TOEFL), S&P 등이 이에 해당한다.

15) TV, Cable TV, 비디오 게임 플랫폼, 컴퓨터 OS 등이 이에 해당한다.

16) Apple, Google, NHN 등은 과거에는 단순히 단말기와 콘텐츠를 제공하는 사업자였으나, 최근에는 플랫폼을 기반으로 통신 및 다양한 영역의 시장에서 주도권을 확보하고 있다. 2011년 1월 Apple의 시가총액은 3,000억 달러를

Apple과 Google

■ Apple은 자사 제품군에서만 공유 가능한 폐쇄형 플랫폼으로 시장을 확장
- 애플 제품에만 탑재되는 '앱스토어'는 전 세계 52억 달러 규모의 앱스토어 시장 90% 차지
- '앱스토어' 35만 개, '안드로이드 마켓' 10만 개로 애플 제품에 앱 개발 쏠림현상 발생
- 콘텐츠 유통 플랫폼 장악을 통해 통신시장의 영향력 확대 및 수익 창출

■ Google은 검색 서비스로 시작, 2007년 발표한 개방형 안드로이드 OS를 통해 유무선 플랫폼 사업자로 변모
- 2008년에는 700MHz 주파수 경매에도 참여해 직접 이동통신시장 참여도 시도한 바 있음.
- 최근에는 자체 스마트폰 Nexus One, 모토롤라 인수를 통해 직접 단말시장에도 참여
- 새로운 이용자의 행동 패턴 및 소셜 네트워킹을 지원하기 위해 클라우드 컴퓨팅 및 저장, 모바일 광고 및 위치 기반 서비스 등을 제공하고 있음.

이러한 플랫폼 중심의 시장 주도는 앞으로 더욱더 가속될 전망이며, 특히 스마트 TV의 출현은 방송통신시장에서 중요한 변수로 등장하고 있다.

스마트 TV는 기존 방송 프로그램 시청은 물론 인터넷을 통한 웹 콘텐츠(동영상, 플래시, 전자책 등) 이용, 양방향 인터넷 서비스(검색, 인터넷 전화, 웹 쇼핑, VoD, 게임, 이메일, SNS, 위치정보 등) 이용, 각종 애플리케이션의 이용이 가능하다. 스마트 TV를 출시 중인 Apple, 삼성과 같은 글로벌 및 대형 사업자는 스마트 TV를 단지 가전제품이나 단말기가 아니라 다양한 서비스를 제공하는 플랫폼으로 활용하여 소비자(또는 이용자)와 접할 수 있는 새로운 단말, 접점, 창구(window)를 구축하고, 이를 통

돌파하였으며, 이는 전 세계 기업 중 2위에 해당한다.

17) 이러한 사실을 반영하여 방송통신위원회는 플랫폼 사업자에 대한 사전 · 사후 규제를 강화할 방침이다. 방송통신위원회는 2011년 11월 30일 그 동안 KT · SK텔레콤 등 기간통신 사업자를 대상으로 적용해 온 '통신시장 경쟁 상황 평가' 제도를 부가통신 사업자(포털 등)에도 확대 도입하는 방안을 추진한다고 밝혔다(조선일보 12월 1일).

그림 10-3 스마트 TV의 개요

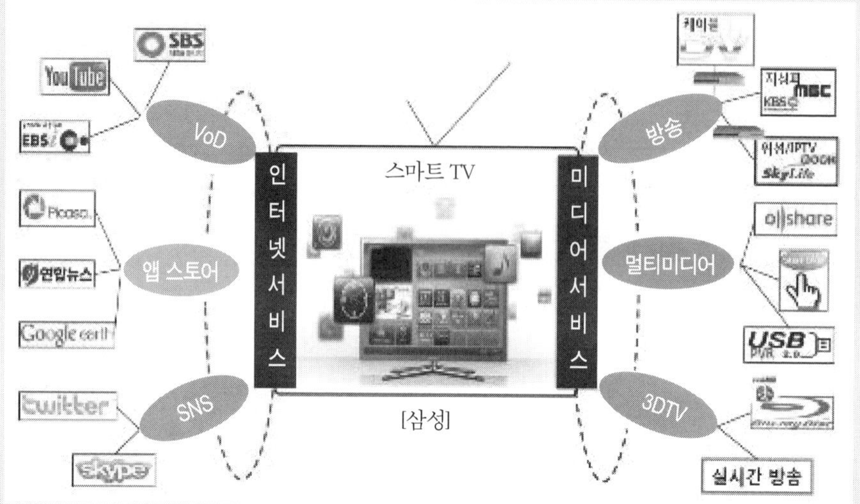

해 다양한 부가가치를 창출하고자 할 것이다.[18)]

3) 트래픽 폭증

1990년대 후반까지의 주요 통신 서비스는 음성통화 서비스였다. 하지만 초고속 인터넷이 보편화되고 이동전화의 보급이 급격히 증가한 2000년대 중후반에 들어와서 소비자들은 대용량 파일의 고속 전송(P2P를 통한 동영상 파일의 up/down load), 스트리밍의 끊김 없는 이용(n-screen에 의한 seamless 연동), 언제 어디서나 항시 사용할 수 있기 위한 상시성 · 이동성 보장, 자신의 특성에 맞는 개인화된 스마트 서비스, 선명한 고화질(HDTV) 화면 및 실감 화면(3DTV) 등을 제공할 수 있는 서비스를 요구하는 추세로 수요가 변화하고 있다. 이러한 서비스들은 과거의 음성통화나 이메일 서비스, 단문 문자 서비스(SMS)에 비해 네트워크에 훨씬 더 많은 트래픽(traffic)

18) 스마트 TV에 관해서는 황준호(2010) 참조.

을 유발하고 있다.[19)]

최근 들어 전 세계적으로 IP 트래픽은 폭발적으로 증가하고 있으며, 우리나라의 경우도 마찬가지이다. 전 세계의 IP 트래픽은 2009년도에만 약 45% 증가하였으며, 2009-2014년 기간 동안에는 매년 약 34%(compound average growth rate: CAGR)씩 증가하여 5년 동안 약 4배 규모로 증가할 것으로 예측되고 있다(Cisco, 2010).

우리나라의 경우도 인터넷 트래픽이 최근 4년간 약 4배 규모로 증가하였다(KT, 2011). 이러한 현상은 인터넷 가입자나 이용자 수의 증가에 기인한 바도 있으나, 상당 부분은 음성 위주의 서비스에서 영상 위주의 서비스로 이용 서비스의 변화에 기인한 것이다.[20)]

[표 10-3]에 따르면 인터넷에서 이용하는 서비스도 과거에는 web, e-mail 위주의 서비스에서 file sharing(P2P 등), 인터넷 비디오, 비디오 communication(화상통화, webcam viewing, web-based video monitoring 등), 온라인 게임, 스트리밍 서비스로 변화하고 있으며, 2014년도에는 인터넷 비디오가 트래픽의 대부분을 차지할 전망이다.

전 세계의 모바일 데이터 트래픽의 경우 2010년도에 2.6배 증가하였으며, 2010-2015년 모바일 데이터 트래픽은 매년 약 92%씩 증가할 것으로 CISCO는 예측하였다([그림 10-4]). 모바일의 경우에도 모바일 비디오 관련 트래픽의 비중이 가장 높고, 다음으로는 모바일 웹 · 데이터, 파일 공유의 순서를 나타내고 있다.

2009-2010년도 우리나라의 모바일 데이터 트래픽 증가율은 세계 어느 나라보다도 높았으며, 향후에도 높은 증가율을 보일 것으로 예측된다. KT의 경우 2009-2012년 모바일 데이터 트래픽이 49배 증가할 것으로 예측하고 있다.[21)]

유무선 트래픽의 급격한 증가 추세에서 네트워크의 품질을 일정한 수준으로

19) 예를 들어, 스마트폰은 일반 전화보다 24배, 패드 또는 tablet 기기는 122배, 노트북은 515배의 트래픽을 유발한다(Cisco, 2011).

20) 우리나라의 경우 인터넷 트래픽은 최근 4년간 약 4배 규모로 증가(연평균 40% 증가)하였으나, 초고속 인터넷 가입자 수는 동 기간 동안 약 13% 증가하였다.

21) 이러한 변화는 스마트폰 도입에 따른 무선 데이터 이용 증가 주원인이다. 우리나라는 2009년 11월 아이폰 도입 후 1년 만에 스마트폰 가입자가 520만 명(전체 이동전화 가입자 대비 10.3%)으로 급속히 증가하였으며(미국은 10% 달성에 약 2년 소요), 2011년 말에는 가입자가 2,000만 명을 초과할 것으로 예상하고 있다. 또한 LTE 보급 확산으로 무선 데이터 트래픽의 증가는 더욱 가속화될 전망이다. 가트너가 2011년 6월 공개한 자료에 따르면, 이용자별 월평균 데이터 사용량의 변화는 WCDMA의 경우 2010년 135MB/월에서 2015년 1,001MB/월로 1GB에 육박하는 반면, LTE는 같은 기간 1,500MB/월에서 2,356MB/월로 2GB를 넘을 것으로 예상된다. 우리나라의 LTE 가입자 수는 서비스 개시 4개월 만에 50만 명에 도달하였고, 2011년 말에 100만 명을 넘어설 것으로 예상되며, 이런 추세라면 2012년 말에는 1,000만 명에 육박할 것으로 예상된다.

표 10-3 Global Consumer IP 트래픽(상세) 2009-2014

(단위: %)

	2009	2010	2011	2012	2013	2014	CAGR 2009-2014
By Sub-Segment(PB per Month)							
File Sharing	4,091	5,075	6,197	7,492	9,125	11,340	23%
Internet Video	2,776	4,725	7,718	11,026	14,838	19,468	48%
Internet Video to TV	107	263	711	1,502	2,686	4,075	107%
Web/Data	1,688	2,273	3,006	3,930	4,933	6,134	29%
Video Calling	83	128	199	284	407	599	48%
Online Gaming	63	86	120	167	226	307	37%
VoIP	122	134	141	144	145	146	4%
By Geography(PB per Month)							
North America	2,279	3,351	5,015	6,495	8,096	9,652	33%
Western Europe	2,277	3,179	4,538	6,361	8,541	11,143	37%
Asia Pacific	3,251	4,416	5,961	7,944	10,475	13,856	34%
Japan	474	730	1,062	1,457	1,857	2,286	37%
Latin America	297	482	744	1,132	1,727	2,726	56%
Central Eastern Europe	304	447	651	941	1,336	1,893	44%
Middle East and Africa	49	78	120	216	329	515	60%
Total(PB per Month)							
Consumer Internet Traffic	8,930	12,684	18,092	24,546	32,361	42,070	36%

자료: Cisco(2010).

유지하기 위해서는 네트워크의 용량을 증설하는 투자가 필요하다. 초고속 인터넷 서비스 도입기, 성장기에는 사업자들이 네트워크의 용량을 증설시켜 일정 수준 이상의 품질(속도)을 보장하고, 신규 가입자의 증대를 통해 네트워크 투자비용을 충분히 회수할 수 있었다. 하지만 다음 절에서 살펴보는 바와 같이 통신시장이 포화기로 이행함에 따라 네트워크 용량 증설이 가입자 증가로 연결되지 않기 때문에 사업자들이 투자비용을 회수하는 것이 점점 더 어려워지고 있어서 투자의 유인이 이전보다 떨어지고 있다.

또한 초고속 인터넷 서비스 도입기 · 성장기에는 콘텐츠 제공 사업자(content provider: CP)의 증가가 교차 네트워크 외부성(cross network externality)을 통해 초고속 인터넷 서비스 가입자의 증가로 이어지기 때문에 서비스 제공 사업자가 얻는 편익

그림 10-4 모바일 데이터 트래픽 증가 예측 2010-2015(서비스별)

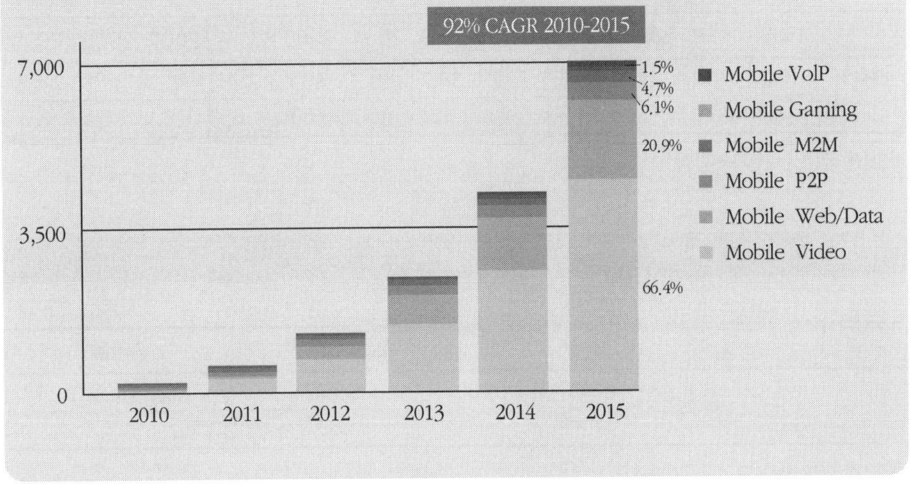

자료: Cisco(2011).

이 콘텐츠 제공 사업자에게 네트워크를 제공하는 비용보다 커서 초고속 인터넷 서비스 제공 사업자의 이윤 증가에 도움이 되었다. 하지만 시장이 포화기로 이행하여 가입자 증가는 미미하고, 스트리밍 서비스, 인터넷 TV 등과 같이 네트워크 용량을 다량으로 사용하는 콘텐츠를 제공하는 사업자들이 증가함에 따라 콘텐츠 제공 사업자의 증가로부터 초고속 인터넷 서비스 제공 사업자가 얻는 편익보다는 네트워크 제공 비용이 더 커져서 이윤을 감소시키는 요인이 되고 있다.[22)]

4) 통신 서비스 가입자 포화 및 성장 정체

통신시장은 2000년대 후반에 들어서면서 성장을 주도하였던 초고속 인터넷 서비스와 이동전화 서비스 시장이 포화기에 접어듦에 따라, 통신산업의 성장 정체

22) 이러한 시기에 등장한 개념이 망중립성(network neutrality)이며, 따라서 망중립성 규제의 필요성에 대해 초고속 인터넷 서비스 제공 사업자(네트워크 제공 사업자)와 콘텐츠 제공 사업자 간에 첨예한 대립을 보이고 있다.망중립성의 개념, 찬반 논리 및 입법화에 대한 논란 등에 대해서는 많은 보고서와 논문들이 존재한다. 특히, 김도훈(2009)은 제2장에서 이들에 대해 소개하고 있으며, 김희수(2010)는 망중립성 관련 찬반 논쟁을 정리하고, 국내 망중립성 도입을 위한 정책 방향을 제언하고 있다. 이에 따라 본장에서는 망중립성의 개념, 관련 논쟁 등에 대해서는 서술하지 않는다.

표 10-4 통신시장 매출 규모 및 연도별 성장률

(단위: 조 원, %)

	1998	1999	2000	2001	2002	2003	2004	2005	2006	2007	2008	2009
매출액	16.8	21	26.7	30.5	33.8	34.7	38.2	40.4	42.7	45.3	48.3	44.3
성장률	21.2	25.0	27.1	14.2	10.8	2.7	10.1	5.8	5.7	6.1	6.6	-8.3

자료: 한국통신사업자연합회.

표 10-5 통신사의 3분기 당기순이익

(단위: 억 원, %)

	2010. 3Q	2011. 3Q	증가율
KT	4,309	2,557	-40.6
SKT	4,707	3,839	-24.4

자료: 각사 IR 자료.

및 성장률 감소가 뚜렷이 나타나고 있다([표 10-4]). 2010년 말 기준 유선전화의 가구당 보급률은 119%, 초고속 인터넷의 가구당 보급률은 97%, 이동전화의 인구 대비 보급률은 98%를 나타내고 있다. 통신시장의 매출액 규모도 2008년 48조 3,000억 원을 정점으로 감소하기 시작하였다. 성장률은 2000년까지는 20%를 상회하였으나, 2000년 이후 급격히 감소하기 시작하여 2000년대 후반에는 한 자리 성장률을 나타내고 있으며, 2009년에는 마이너스 성장률을 나타내고 있다.

통신시장의 성장 정체 및 저하에 따라 망고도화 및 네트워크 증설에 필요한 투자재원 확보도 점차 어려워지고 있는 상황이다. 이동전화 3사의 평균 ARUP도 2007년 3만 5,167원을 정점으로 2008년 3만 4,266원, 2009년 3만 3,944원으로 감소하는 추세이다. 초고속 인터넷의 ARUP도 KT의 경우 2006년 2만 7,221원에서 2009년 2만 2,498원으로 지속적으로 감소하는 추세이다.[23) [표 10-5]는 KT와 SKT의 2010년, 2011년 3분기의 당기순이익을 나타낸 것이다.

23) KISDI(2010) 경쟁상황 평가 참조.

3. 통신법 현황 및 문제점

우리나라의 전기통신산업을 규제하는 법은 전기통신기본법과 전기통신사업법이다. 양 법은 규제의 대상이 되는 행위와 시장행위자들을 각 법 제2조에서 정의하고 있으며, 행위자들의 권리와 의무, 법 위반시의 벌칙 등을 규정하고 있다. 전기통신기본법과 전기통신사업법 모두 1983년 12월 30일에 제정 · 공포된 법률로서, 이후 수 차례 개정되어 오늘에 이르고 있지만, 법의 근간 및 법리는 여전히 수직적 사업모형이 주축이던 시장환경을 바탕으로 하고 있다.

다음에서는 전기통신기본법과 사업법에서 정의하고 있는 전기통신역무, 전기통신사업, 전기통신사업자, 이용자 등에 관해 살펴보고, 새로운 시장환경에서 이들 정의에 어떠한 문제가 있는지를 간략히 서술한다.

1) 전기통신 및 전기통신역무

전기통신사업법 제2조 제1호에서 전기통신을 "유선 · 무선 · 광선 또는 그 밖의 전자적 방식으로 부호 · 문언 · 음향 또는 영상을 송신하거나 수신하는 것" 으로 정의하고 있다. 제2호에서는 전기통신설비를 "전기통신을 하기 위한 기계 · 기구 · 선로 또는 그 밖에 전기통신에 필요한 설비" 로, 제3호에서는 전기통신회선설비를 "전기통신설비 중 전기통신을 행하기 위한 송신 · 수신 장소 간의 통신로 구성설비로서 전송설비 · 선로설비 및 이것과 일체로 설치되는 교환설비와 이들의 부속설비" 로 정의하고 있다.

동법 제2조 제6호에서 전기통신역무를 "전기통신설비를 이용하여 타인의 통신을 매개하거나 전기통신설비를 타인의 통신용으로 제공하는 것" 으로 정의하고 있다. 또한 이를 기간통신역무와 부가통신역무로 구분하여, 제11호에서 기간통신역무를 "전화 · 인터넷 접속 등과 같이 음성 · 데이터 · 영상 등을 그 내용이나 형태의 변경 없이 송신 또는 수신하게 하는 전기통신역무 및 음성 · 데이터 · 영상 등의 송신 또는 수신이 가능하도록 전기통신회선설비를 임대하는 전기통신역무"로 정의하였다. 제12호에서 부가통신역무는 "기간통신역무 외의 전기통신역무"라고 정의하였으며, 제13호에서는 특수한 유형의 부가통신역무로 "저작권법 제104조에 따른 특수한 유형의 온라인 서비스 제공자의 부가통신역무"와 "그 밖에 타인 상호간에 컴퓨터를 이용하여 국가정보화기본법 제3조 제1호에 따른 정보를 저장 · 전송하거나 전송하는 것을 목적으로 하는 부가통신역무"를 규정하고 있다.[24)25)]

전기통신역무의 정의도 시장환경의 변화를 반영하여 변화하였다. 2010년 10월 1일 이전까지는 전기통신사업법시행령 제7조에서 기간통신역무의 종류와 내용을 다음과 같이 세 가지로 구분하여 정의하였다.

전기통신사업법시행령 제7조(기간통신역무의 종류와 내용) 법 제4조 제2항에 따른 기간통신역무의 종류와 내용은 다음 각 호와 같다. 다만, 다음 각 호의 역무를 이용하여 음성 · 데이터 · 영상 등의 전자기신호를 그 내용이나 형태의 변경 없이 송신 또는 수신하는 전기통신역무는 제외한다.

1. 전송역무: 전신 · 전화 · 인터넷 접속 등 음성 · 데이터 · 영상 등의 전자기신호를 그 내용이나 형태의 변경 없이 송신하거나 수신하는 전기통신역무
2. 주파수를 할당받아 제공하는 역무: 「전파법」 제11조 또는 제12조에 따라 할당받은 주파수를 사용하는 무선국을 개설하고 이를 이용하여 음성 · 데이터 · 영상 등의 전자기신호를 그 내용이나 형태의 변경 없이 송신하거나 수신하는 전기통신역무
3. 전기통신회선설비임대역무: 전기통신회선설비를 임대하는 전기통신역무

'전송역무'에 해당하는 대표적 사례는 유선전화와 초고속 인터넷이며, '주파

24) 저작권법 제104조(특수한 유형의 온라인 서비스 제공자의 의무 등) ① 다른 사람들 상호간에 컴퓨터를 이용하여 저작물 등을 전송하도록 하는 것을 주된 목적으로 하는 온라인 서비스 제공자(이하 '특수한 유형의 온라인 서비스 제공자'라 한다)는 권리자의 요청이 있는 경우 해당 저작물 등의 불법적인 전송을 차단하는 기술적인 조치 등 필요한 조치를 하여야 한다. 이 경우 권리자의 요청 및 필요한 조치에 관한 사항은 대통령령으로 정한다. 〈개정 2009.4.22〉 ② 문화체육관광부 장관은 제1항의 규정에 따른 특수한 유형의 온라인 서비스 제공자의 범위를 정하여 고시할 수 있다. 〈개정 2008.2.29〉

25) 국가정보화기본법 제3조(정의) 이 법에서 사용하는 용어의 뜻은 다음과 같다.
1. "정보"란 특정 목적을 위하여 광(光) 또는 전자적 방식으로 처리되어 부호, 문자, 음성, 음향 및 영상 등으로 표현된 모든 종류의 자료 또는 지식을 말한다.

수를 할당받아 제공하는 역무'의 해당 사례는 이동전화 및 무선 인터넷, 그리고 '전기통신회선설비임대역무'의 해당 사례는 전용회선이다.

하지만 전술한 바와 같이 시장환경이 수직적 사업모형에서 네트워크와 서비스가 분리되는 수평적 사업모형으로 변화함에 따라, 기존에는 유무선 네트워크의 특성을 바탕으로 구분한 전송역무와 주파수를 할당받아 제공하는 역무를 하나로 합쳐 "전화 · 인터넷 접속 등과 같이 음성 · 데이터 · 영상 등을 그 내용이나 형태의 변경 없이 송신 또는 수신하게 하는 전기통신역무"(이를 보통 '전송역무'라고 일컫는다)라고 정의하였다. 이는 수평적 계층을 '전송-콘텐츠'로 구분하는 EU의 2계층 모형을 적용하여 전기통신역무를 구분한 결과라고 할 수 있다. 하지만 전기통신회선설비임대역무를 여전히 별도로 규정하고 있다는 측면에서 완벽한 수평계층 모형이라고는 할 수는 없다.

한편, 2011년 5월 19일 개정에서 두드러진 특징은 특수한 유형의 부가통신역무를 추가하였다는 것이다. 이는 전술한 바와 같이 시장환경 변화에 따라 새로이 등장한 서비스 유형을 법령에 포섭하기 위해 추가한 규정이다. 제13호에 해당하는 서비스의 대표적 사례는 웹하드 서비스와 P2P 서비스이다.

웹하드란 온라인상에 일정한 용량의 저장공간을 확보하여 디스켓이 없이도 어느 곳에서나 인터넷을 통해 자신이 작업한 문서나 파일을 저장 · 열람 · 편집하고, 다수의 사람과 파일을 공유할 수 있는 인터넷 파일 관리 서비스이다. 자유롭고 편리한 파일 공유 · 전송 · 저장, 저장 매체의 파손 · 분실 · 도난 방지, 파일 전달 기능을 활용한 공동연구 및 팀 · 부서 간의 공동업무 수행, 안전한 데이터 백업 및 복구, 저렴한 비용과 인터넷 연결만으로 즉시 제공되는 서비스, 각종 보안장치를 통한 외부의 불법 접근 차단, 전 세계 어디서나 이용 가능, 대용량 자료의 빠르고 정확한 전달 등이 가능하기 때문에 이용자가 늘어나는 추세이다.

P2P(peer to peer)란 기존의 '서버와 클라이언트' 개념이나 '공급자와 소비자' 개념에서 벗어나 개인 컴퓨터끼리 직접 연결하고 검색함으로써 모든 참여자가 공급자인 동시에 수요자가 되는 네트워킹 형태이다. P2P는 크게 두 가지 방식으로 구분할 수 있다. 하나는 서버의 도움을 받아 개인 간 접속을 실현하는 방식이고, 다른 하나는 클라이언트 상호간에 미리 IP 주소 등의 개인 정보를 공유하여 서버 없이 직접

연결하는 방식이다. 전자의 경우에도 접속 및 검색 단계 이후는 뒤의 경우와 동일하게 개인끼리 직접 정보를 공유하고 교환하게 된다. 전자의 예로는 미국의 냅스터(napster)와 한국의 소리바다 등을 들 수 있다. 후자의 방식으로는 그누텔라(Gnutella)가 대표적이다.[26] 단, 서버를 사용하는 방식은 저작권 문제에서 자유로울 수 없고 서버의 부하로 인한 속도 저하 등의 문제점을 안고 있다. 반면에 그누텔라와 같은 직접 연결에서는 검색이 어렵고 네트워크 자체의 부하를 해결해야 하는 단점이 있다.

상기에서 살펴본 바와 같이 웹하드는 정보를 온라인에 저장하는 스토리지와 저장 기능을 제공하는 서비스이며, P2P는 개인 간 정보를 공유할 수 있도록 IP 주소 제공 및 공유와 같은 기능을 제공하는 서비스이다. 따라서 양 서비스의 주요 기능은 전기통신설비를 이용하여 타인의 통신을 매개하거나 전기통신설비를 타인의 통신용으로 제공하는 전기통신역무에 해당하지 않을 수 있다. 하지만 본장의 제2절에서 살펴본 바와 같이 전 세계적으로 file sharing이 전체 인터넷 트래픽에서 차지하는 비중이 2009년 46%, 2010년 40%, 2014년 27%로 감소 추세이지만 2009-2010년에는 전체 인터넷 트래픽에서 차지하는 비중이 가장 크며, 2011년도 이후에는 인터넷 비디오 다음으로 높은 비중을 차지할 것으로 예측되고 있는 주요 서비스이다.

우리나라의 경우에도 이와 유사한 패턴을 보일 것으로 예상이 된다. 2011년 KT 네트워크를 사용한 트래픽을 유형별로 분석한 결과에 따르면 [그림 10-5]와 같이 웹하드가 32.2%로 가장 높은 비중을 차지하고 있으며, 다음으로 웹 데이터 22.7%, P2P 13.9%의 순서를 나타내고 있다. 향후에는 스마트 TV의 보급과 HD, 3D 콘텐츠의 증가에 따라 스트리밍 트래픽(동영상 트래픽 등)이 크게 증가할 것으로 예상된다.[27]

이와 같이 전통적 기준으로는 전기통신역무로 분류되지 않던 새로운 사업모형이 등장하였고, 이들 트래픽이 전체 트래픽에서 차지하는 비중이 증가하고, 기존 네트워크 사업자의 수익 · 비용, 네트워크 투자 결정 등에 미치는 영향이 커짐에

26) 인터넷상에서 동등 계층(peer to peer)의 파일을 교환하기 위한 소프트웨어 및 통신 규약 규격. 그누텔라가 가동하고 있는 클라이언트 간에 자유롭게 파일 검색 · 교환을 하는 것뿐만 아니라 상대측이 접속하고 있는 클라이언트의 정보를 얻어서 다시 다른 클라이언트와 자동 접속하는 기능도 가지고 있다. 그누텔라를 사용함으로써 누구나 파일 교환을 위한 세계적인 네트워크를 구축할 수 있게 되었다.

27) KT에 따르면, 스마트 TV가 네트워크에 미치는 영향을 분석한 결과 스마트 TV 가입자가 200만 가구로 증가할 경우, 관련 트래픽은 약 840 GBps 정도 늘어날 것으로 전망된다(2010년 유선 트래픽은 1,773 GBps임).

그림 10-5 유선 트래픽 용도별 분석

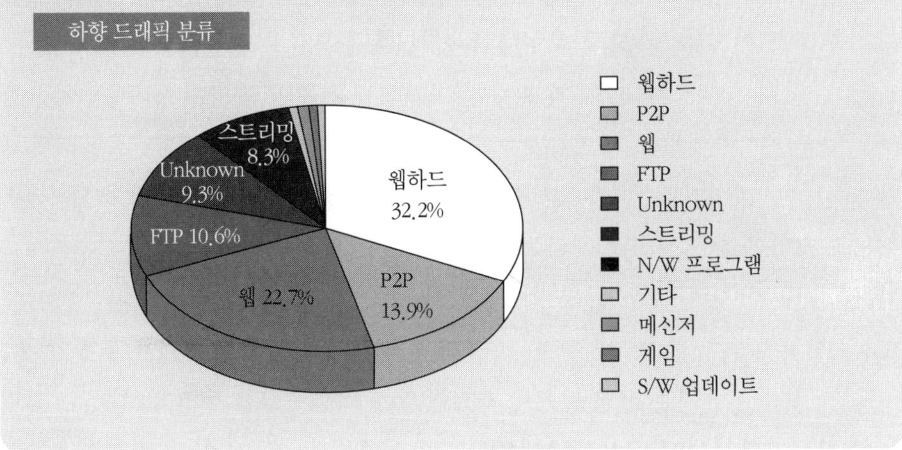

자료: KT(2011).

따라 규제의 필요성이 대두되었다. 이는 주로 NO의 네트워크 이용대가에 관한 것이다. 웹하드와 P2P는 NO의 네트워크를 이용하여 부가가치를 창출하기 때문에 NO의 네트워크 부하를 가중시켜 네트워크 유지·보수 비용 및 용량 증설을 위한 투자비를 증가시키는 요인이 되고 있지만, NO에게 네트워크 이용대가를 적절히 지불하지 않고 무임승차(free riding)하는 행태를 보여 왔다. 이러한 시장환경의 변화를 반영하여 방송통신위원회는 웹하드 등을 등록제로 하도록 2011년 5월 19일 전기통신사업법을 개정하였으며, 동법 시행령을 개정하여 웹하드 사업자 등의 등록 요건 및 절차를 규정하였다.[28]

하지만 방송통신위원회의 이러한 대응 방안은 시장환경 변화에 대한 근본적 대응 방안이라고 할 수는 없다. 새로운 유형의 사업모형이 나올 때마다 전기통신사업법에 특수한 유형의 부가통신역무를 추가하여 대응하는 것은 법 개정에 소요되는 상당 기간 동안 규제의 공백으로 자원 배분의 비효율성과 시장 왜곡을 초래

28) 이에 따라 기존 웹하드, P2P 사업자 등 특수한 유형의 부가통신사업자는 이날부터 6개월 이내에 사업장 소재지에 위치한 각 지방 전파관리소 방송통신서비스과에 사업자 등록 신청을 해야 한다. 등록시에는 등록요건을 증명할 수 있도록 불법 저작물 청소년 유해정보 유통 방지 및 정보 보호를 위한 기술적 조치 실시계획을 제출해야 한다. 또 불법 유해정보와 불법 저작물 유통 모니터링을 위한 24시간 상시 모니터링 요원 배정 계획과 자본금 3억 원 이상임을 증명할 수 있는 서류를 제출하고 사업계획서 및 이용자 보호계획서도 구비해야 한다.

할 수 있으며, 규제의 형평성에도 문제를 야기할 수 있다. 새로운 사업 유형을 법령으로 즉시 포섭하지 못하고 규제 공백이나 규제의 불공평성과 같은 문제점이 야기되는 근본적 이유는 전기통신사업법에서 정의하고 있는 전기통신역무가 새로운 시장 환경에는 적합하지 않기 때문이다. 과거에는 한 가입자의 음성이나 부호, 영상을 다른 가입자에게 직접 전송하여 주는 것이 전기통신역무의 주요 기능이었지만, 최근에는 가입자와 가입자 간에 정보를 직접 전송하여 주는 것 이외에도, 서로 정보를 교환할 수 있도록 매개하여 주는 기능도 중요한 통신 서비스가 되고 있다. 따라서 이러한 시대적 변화를 고려하여 전기통신역무의 정의를 수정하는 것이 필요하다고 판단된다.

2) 전기통신사업, 전기통신사업자 및 이용자

전기통신사업법 제2조 제7호에서 전기통신사업을 "전기통신역무를 제공하는 사업"으로 정의하고 있으며 제8호에서 전기통신사업자는 "전기통신사업법에 따른 허가를 받거나 등록 또는 신고(신고가 면제된 경우를 포함한다)를 하고 전기통신역무를 제공하는 자"로 정의하고 있다.

동법 제5조에서 전기통신사업을 기간통신사업, 별정통신사업 및 부가통신사업으로 구분하고 있으며, 제5조 제1항에서 기간통신사업은 전기통신회선설비를 설치하고, 그 전기통신회선설비를 이용하여 기간통신역무를 제공하는 사업으로 규정하고 있다. 제5조 제2항에서 별정통신사업은 "제6조에 따른 기간통신사업의 허가를 받은 자(이하 '기간통신사업자'라 한다)의 전기통신회선설비 등을 이용하여 기간통신역무를 제공하는 사업"이나 "대통령령으로 정하는 구내(構內)에 전기통신설비를 설치하거나 그 전기통신설비를 이용하여 그 구내에서 전기통신역무를 제공하는 사업"의 어느 하나에 해당하는 사업으로 정의하고 있다. 동법 제5조 제3항에서 부가통신사업은 "부가통신역무를 제공하는 사업"으로 정의하고 있다. 전기통신사업법에 따르면 기간통신사업자는 사업을 영위하기 위해 방송통신위원회의 허가를 받아야 하며(제6조), 별정통신사업자는 방송통신위원회에 등록을 하여야 하고(제21조), 부가통신사업자는 방송통신위원회에 신고를 하여야 한다(제22조). 전

표 10-6 별정통신사업 종별 구분

(단위: 억 원, %)

구분	별정통신 1호 (설비 보유 재판매사업)	별정통신 2호 (설비 미보유 재판매사업)	별정통신 3호 (구내통신사업)	별정통신 4호 (도매 제공 의무 서비스 재판매사업)
개념	자체 교환설비를 보유하고, 기간통신사업자의 전기통신회선설비 등을 이용하여 기간통신역무 제공	자체 교환설비 없이, 기간통신사업자의 전기통신회선설비 등을 이용하여 기간통신역무 제공	빌딩, 아파트 등 구내에 교환기, LAN 등을 설치하거나 이를 이용하여, 구내에서 전기통신역무 제공	도매의무 제공 기간통신사업자의 이동전화 설비 · 서비스를 도매로 제공받아 기간통신역무 제공
주요 서비스	음성 재판매, 인터넷폰, 국제전용회선 재판매 등	호집중, 재과금, 무선 재판매, 인터넷폰 등	전송 업무 등	MVNO 등
자본금	30억 원 이상	3억 원 이상	5억 원 이상	30억 원 이상
기술 인력	기술계 3인 이상 기능계 2인 이상	기술계 1인 이상	기술계 1인 이상 기능계 1인 이상	기술계 3인 이상 기능계 2인 이상

기통신사업법에는 이 밖에도 각 사업별 또는 사업자별로 권리와 의무, 벌칙 등을 상세히 규정하고 있다.

한편, 전기통신사업법 시행령 별표2 별정통신사업 등록요건에 따르면 별정통신사업은 [표 10-6]과 같이 네 가지로 구분된다. 하지만 이러한 구분은 여전히 네트워크 보유 여부를 전기통신사업(또는 사업자) 분류의 중요한 기준으로 삼고 있다는 점에서 수평적 사업모형이 중요한 사업모형으로 등장하고 있는 최근의 시장환경을 제대로 반영하지 못하고 있다고 판단된다. 이러한 법적 규정의 미비는 사업자의 권리와 의무에 대한 규제 공백으로 신생 사업자와 기존 사업자 간의 분쟁의 원인이 되고 있으며, 이로 인해 신규 투자가 이루어지지 않는 등 자원 배분의 비효율성이 초래되고 있다.

전기통신사업법 제2조 제9호에서는 이용자를 "전기통신역무를 제공받기 위하여 전기통신사업자와 전기통신역무의 이용에 관한 계약을 체결한 자"로 규정하고 있다. 이용자를 이와 같이 규정할 경우도 상기와 마찬가지로 NO의 전송 서비스를 중간재(intermediate good)로 사용하여 새로운 서비스를 창출하고 이를 최종이용자에게 판매하는 사업자들도 이용자로 분류될 가능성이 있다. 이 또한 사업자의 권리

표 10-7 전기통신사업 구분

		네트워크(설비) 보유 여부	
		보유	미보유
제공 역무의 종류	기간통신역무	기간통신사업	별정통신사업
	부가통신역무	부가통신사업	

와 의무에 대한 규제 공백의 원인이 되고 있다. 다음 절에서는 이에 대한 개선 방안을 나름대로 제시하고자 한다.

4. 개선 방안

전술한 바와 같이 과거에는 정보통신 서비스, 방송 서비스를 특정 네트워크를 보유하거나 해당 설비를 임차하여 구축한 사업자만 제공할 수 있었기 때문에 서비스 제공 사업자와 이용자가 명확히 구분이 되었다. 또한 과거와 같이 음성 · 데이터 통신 서비스가 전기통신의 주된 서비스인 시절에는 전기통신사업자의 주된 기능은 가입자 간에 통신을 가능하게 하기 위해 전기적 신호(정보)를 가입자 간에 직접 전송하여 주는 것이었다. 하지만 네트워크가 IP화되어 네트워크와 콘텐츠/애플리케이션이 분리되고 이종 네트워크가 융합되면서 네트워크를 보유하지 않아도 플랫폼을 통해 통신, 방송 서비스 등 다양한 서비스의 제공이 가능해졌다.[29] 따라서 이러한 시대의 변화에 부응하여 전기통신사업법의 정의를 두 가지 측면에서 수정하는 것이 필요하다고 판단된다.

첫째는 전기통신역무와 전기통신사업에 대한 정의를 수정하는 것이다. 기존의

29) 여기서 플랫폼은 별도의 네트워크를 구축하지 않고 통신, 방송사업자의 네트워크에서 제공되는 전송 서비스(주로 인터넷 서비스)를 이용하여 서로 다른 두 소비자 그룹을 연결해 주는 기능을 하는 가상적 공간을 일컫는다. 대표적 플랫폼 사업자 및 서비스로는 Google의 포털, Apple의 App Store, Facebook, Kakao Talk 등을 들 수 있다.

기간통신역무, 부가통신역무 구분은 통신 서비스를 사회적 중요도에 따라 구분하고, 중요도가 높은 기간통신역무와 이를 제공하는 기간통신사업(사업자)에 대해서는 강한 의무를 부과하여 통신 서비스 제공의 안정화 · 보편화를 추구하기 위한 목적 때문이라고 판단된다. 이에 따라 시내, 시외, 국제전화, 이동전화, 인터넷 접속 등의 서비스를 기간통신역무로 규정하고 네트워크를 설치하여 이러한 서비스를 제공하는 사업(사업자)을 기간통신사업(기간통신사업자)으로 분류하고 있다.

하지만 이러한 분류의 단점은 새로이 등장하는 서비스를 전기통신역무에 해당하는지의 여부와 중요도에 따라 기간통신역무로 분류할지, 부가통신역무로 분류할지를 신규 서비스가 등장할 때마다 일정 기간 논의를 거쳐 매번 결정해야 한다는 것이다. 예를 들어, 인터넷 포털 서비스는 전기통신역무인지 아닌지를 판단해야 한다. 전기통신역무일 경우 기간통신역무인지 부가통신역무인지, 포털 서비스 제공 사업자는 기간통신사업자인지 별정통신사업자인지 아니면 부가통신사업자인지, 그도 아니면 이용자인지를 판단해야 한다.[30]

이러한 판단 과정에는 많은 시간과 사회적 비용이 수반되기 때문에 효율적 자원 배분에 반하는 결과를 가져올 수 있다. 이를 해결하는 방안은 서비스별로 상기와 같은 판단 과정을 거치는 것이 아니라 신규 서비스를 구성하고 있는 기능을 수평적으로 분리하고 수평적 기능에 따라 전기통신역무와 전기통신사업을 정의하는 것이다. 모든 정보 · 통신 서비스는 몇 가지 수평적 기능을 복합한 서비스이므로 향후에 등장할 서비스도 새로운 법적 규정의 추가나 수정 없이 포섭할 수 있는 장점이 있다.

[표 10-8]은 수평적 계층을 4개로 분류하여 전기통신역무나 사업을 분류하여 본 것이다. [표 10-8]에서 '네트워크 서비스'는 네트워크를 설치하고 직접 사용하거나 타인에게 제공하는 서비스로 정의한다. 해당 사업자는 현재의 통신사업자(KT, SKT, LGU+, 온세텔레콤 등), 케이블 TV 사업자(SO), 지상파방송 사업자(KBS, SBS, MBC), 위성방송 사업자, IPTV 사업자 등과 같이 네트워크를 보유하고 있는 사업자이다.

30) 인터넷 포털을 어떻게 정의할 것인지에 대한 합의된 규정은 없다. 2008년 발간된 공정거래위원회의 보고서 『인터넷 포털 사업의 특성과 경쟁정책적 시사점』에 따르면 1S-4C의 다섯 가지 기능을 제공하여야 인터넷 포털이라고 정의하고 있다. 여기서 s는 검색 기능(search) 4c는 communication, community, commerce, contents를 나타낸다. 인터넷 포털의 특성에 대해서는 공정래위원회(2008) 참조.

표 10-8 수평계층 분류 및 전기(또는 정보)통신역무 구분

수평계층	주 기능	전기통신역무 또는 사업	대표적 서비스 또는 사업자
콘텐츠	콘텐츠나 정보의 기획 · 제작	–	CP, 독립제작사, 신문 · 방송사 등
패키징(packaging) 또는 수집(aggregating)	콘텐츠나 정보를 특정 장소에 무작위로 수집하거나 시간대별, 채널별로 편성하는 기능	정보 서비스	SO, 방송사, 인터넷 포털 등
전송	전송	전송 서비스	전화 서비스, ISP 등
네트워크	네트워크(설비)의 설치 및 제공	네트워크 서비스	NO

'전송 서비스'는 콘텐츠나 정보를 이용자 간에 직접 전송하여 주거나, 이용자 간 전송을 용이하게 하기 위하여 신호나 IP 정보 등을 매개하는 서비스로 정의한다. 기존 전송 서비스 정의와의 차이점은 정보의 송수신에 해당하는 직접 전송뿐만 아니라 전송을 매개하는 서비스까지 포함하였다는 것이다. 이는 P2P와 같이 직접 전송을 하지는 않지만 개인들의 IP 주소를 제공하여 전송을 매개하고 부가가치를 창출하는 서비스도 포함하기 위한 것이다. 이미 제작된 콘텐츠나 정보를 특정 장소에 무작위로 수집하거나, 시간대별, 채널별로 패키징(편성)하는 서비스는 "정보 서비스"로 정의한다. 콘텐츠나 정보를 특정 장소에 무작위로 수집하는 대표적 예는 인터넷 포털이며, 특정 장소에 시간대별로 패키징을 하는 대표적 예는 PP, 지상파방송사이다. 한편, 특정 장소에 채널별로 패키징을 하는 대표적 예는 SO, IPTV 등이다. 콘텐츠나 정보의 기획, 제작은 전기통신 또는 정보통신역무에 해당하지 않는다고 정의하였다.

이와 같은 정의 및 분류 방법의 장점은 서비스별 분류가 아닌 기능별 분류이기 때문에 어떤 종류의 신규 서비스가 등장하더라도, 이 서비스는 상기의 네 가지 기능 중 일부 또는 전부를 복합한 것이므로, 특수한 유형의 부가통신사업과 같이 새로운 규정을 도입하지 않고도 빠른 속도로 서비스 분류하고 법적 범위 내로 포섭할 수 있다는 것이다.

예를 들어, 현재 특수한 유형의 부가통신역무로 규정하고 있는 웹하드는 온라인상에 콘텐츠나 정보를 저장할 수 있는 서비스를 제공하기 위해 저장장치와 인테넷 접속회선을 설치하여야 하므로 네트워크 서비스 기능을 포함하고 있으며, 이용자의 요청에 따라 특정 콘텐츠나 정보를 당해 이용자에게 전송하여야 하므로 전송 서비스의 기능도 포함하고 있다. 역시 현재 특수한 유형의 부가통신역무로 규정하고 있는 P2P 서비스는 이용자 간에 정보를 직접 전송할 수 있도록 신호나 IP 주소를 매개하는 역할을 하므로 전송 서비스에 해당한다. 망중립성 등과 관련하여 논란의 대상이 되고 있는 스마트 TV는 다양한 콘텐츠를 수집/패키징하고 이용자에게 전송하는 기능이 주 기능이므로 정보 서비스 및 전송 서비스를 복합한 서비스이다.

물론 이와 같은 변화 추세는 새로운 것이 아니다. 세계 각국에서 이미 2000년대 초반부터 수평적 규제 틀을 도입하고 있다. 우리나라도 일부 통신 서비스를 하나로 통합하여 전송역무로 분류함으로써 수평적 규제 틀을 수용하고 있기는 하지만, 본장에서 지적하고 있는 바와 같이 전송의 정의도 과거 환경을 염두에 둔 매우 협소한 정의이며, 네트워크 보유 여부를 전기통신사업의 중요한 분류 기준으로 삼고 있는 등 아직까지는 초보적 단계의 수평적 규제 틀에 머무르고 있다고 할 수 있다.

둘째는 이용자에 대한 개념을 명확하게 하는 것이다. 현행 전기통신사업법에서 이용자는 전기통신역무를 제공받기 위하여 전기통신사업자와 전기통신역무의 이용에 관한 계약을 체결한 자로 규정하고 있기 때문에 전기통신역무를 중간재로 이용하는 하류기업(downstream firm)도 이용자에 포함될 수 있다. 실제로 2011년 5월 전기통신사업법이 개정되기 이전까지 웹하드와 P2P 서비스를 제공하는 사업자는 이용자로 간주되어 통신사업자로서의 의무가 부과되지 않았다.

이처럼 사업자와 이용자의 구분이 모호한 경우가 발생하고 있기 때문에 이용자와 최종이용자의 개념을 사업법에 명확히 규정하는 것이 필요하다. 이를 위한 하나의 방안으로 이용자는 현재와 같이 광의로 규정하고, 최종이용자는 별도를 규정하여 하류기업과는 구별하는 방안이다. 이 방안은 유럽연합과 독일 등에서 사용하고 있는 방안이다. 유럽연합은 2002년 Framework Directive에서 이용자와 최종이용자를 구분하여 다음과 같이 규정하고 있다. 이용자(user)는 "일반에게 제공되는 전자통신 서비스를 이용하거나 요구하는 법인 또는 자연인"으로 규정하고 있으며, 최종이용자(end-user)는 "공중통신망을 제공하지 않거나 일반에 통신 서비스를 제

표 10-9 EU와 독일의 이용자, 최종이용자 구분

		사용 목적			
		사적 사용		영업을 위한 사용	
		EU	독일	EU	독일
사용자 형태	자연인	이용자(최종이용자)		이용자	이용자
	법인	이용자(최종이용자)		이용자	사업자

공하지도 않는 이용자"로 규정하였다.[31] 독일도 통신법에서 최종이용자(endnutzer)와 이용자(nutzer)를 구분하여 사용하고 있다. 최종이용자는 "공중통신망을 운영하지 않거나 일반에 통신 서비스를 제공하지도 않는 법인 또는 자연인"으로(통신법 제3조 8호), 이용자는 "사적이거나 영업상의 목적으로 통신 서비스를 이용하는 자연인"으로(동조 14호) 정의하고 있다.[32]

EU의 Framework Directive와 독일 통신법의 최종이용자는 타인에게 제공할 목적이 아니라 자신이 사용할 목적으로 통신망이나 통신 서비스를 구매하는 자연인 또는 법인으로 동일하게 규정하고 있다. 하지만 이용자에 대한 규정에는 차이가 있다. EU는 법인과 자연인을 모두 포함하고 있는 반면 독일 통신법에서는 자연인만 포함하고 있다. 이들 차이점으로 표로 살펴보면 [표 10-9]와 같다.

영업적 목적으로 사용하더라도 자연인은 이용자, 법인은 사업자로 구분하는 독일의 방안보다는 사용자의 형태와 상관없이 사적 목적인 경우에는 최종이용자로 규정하여 보다 광범위한 이용자와 구분하는 유럽연합의 방안이 다양한 사업모형을 보다 포괄적이며, 융통성 있게 수용할 수 있다는 측면에서 우월한 방안이라 판단된다.

다른 방안은 현재 광의로 규정하고 있는 이용자를 최종이용자와 사업자로 명

31) 반면, 소비자는 일반에게 제공되는 전자통신 서비스를 자기의 영업과 무관한 목적으로 이용하거나 요청하는 자연인으로 규정한다.
32) 구 통신법은 이용자를 통신 서비스의 수요자로 정의하였다. 따라서 자연인과 법인을 포함하는 개념으로, 최종소비자뿐만 아니라 통신 서비스를 투입요소로 이용하는 다른 서비스 제공자를 모두 포섭하고 있었다. 나아가 현실적 이용자뿐만 아니라 잠재적 이용자도 포함하고 있었다. 그런데 개정법은 이용자 개념에서 법인을 제외시켰고, 다른 서비스 제공을 위하여 통신 서비스를 이용하는 자(자연인)는 영업상 목적을 가진 자로서 종전과 다름없이 이용자에 포함시켰다.

표 10-10 이용자를 구분하는 다른 방안

		사용 목적	
		사적 사용	영업을 위한 사용
사용자 형태	자연인	최종이용자	사업자
	법인		

확하게 구분하는 것이다. 이는 사용자의 형태와 상관없이 사적 목적으로 사용하는 경우에는 최종이용자로 규정하고, 영업을 목적으로 사용하는 경우에는 사업자로 구분하는 방안이다([표 10-10]).[33]

사적 용도가 아닌 영업적 목적으로 전기통신 서비스를 사용하지만 현행 법체계에서는 최종이용자와 사업자의 구분이 불분명한 서비스나 사업자로는 인터넷 포털, 클라우드 서비스, 스마트 TV, 웹 TV, SNS 서비스, Kakao Talk, My People과 같은 서비스 등이 있다. 이처럼 현행 법체계를 유지한다면 향후에는 새로이 출현하는 많은 서비스와 제공 사업자들이 이와 같이 이용자와 사업자의 지위가 불분명해질 가능성이 높다.

상기의 서비스 제공자들은 전기통신 서비스를 이용하여 부가가치를 창출하는 사업자이지만 사업을 위한 최소한의 구축비용만을 일회적 또는 고정료(fixed fee)로 지불할 뿐, 부가가치 창출 과정에서 가변적으로 발생하는 영업적 목적의 트래픽 유발에 대해서는 정당한 대가를 지불하지 않는 경우가 많다. 예를 들어, 플랫폼 사업자의 경우, 플랫폼 구축을 위한 서버 비용과 인터넷 전용선 구축비용 등의 고정비용을 지불하고 있으나, 영업적 목적의 트래픽 유발에 따른 가변비용은 지불하지 않고 있는 실정이다.[34] 이와 같이 네트워크 사용의 수혜자나 비용유발자가 정당한 대가를 지불하지 않고 네트워크를 사용하는 경우 네트워크 투자 유인의 왜곡 등 자원 배분의 비효율성을 초래할 수 있다. 일례로 인터넷망의 경우 월 정액사용료

33) 우리나라의 전기통신사업법에는 이용자를 전기통신사업자와 계약을 체결한 자로 규정하고 있다. 하지만 이용자는 계약을 체결하지 않은 자도 포함하는 개념이 타당하다고 판단된다. 반면, 계약의 체결 여부에 따라서는 가입자, 비가입자로 구분하고 이에 합당한 권리와 의무를 규정하는 것이 바람직하다고 판단된다.

34) 이는 전용선 이용료가 전용선 용량에 따른 정액료 형태이기 때문에 발생하는 문제일 수도 있으며, 따라서 전용선 대가를 고정비와 사용료로 구성된 이부요금제(two-part tariff)로 부과하는 방안에 대한 검토가 필요하다.

를 지불한 사람은 누구나 인터넷 네트워크에 접속이 가능하므로 이들 사이에는 배제성(excludability)이 없다. 반면, 사용자가 많아질수록 인터넷의 품질이 저하되는 경합성(rivality)이 존재하기 때문에 이 경우 인터넷 네트워크는 공유지(commons)의 특성을 갖게 된다.

주지하는 바와 같이 공유지의 경우 추가적 조치가 없는 경우, 사회적 최적 사용량보다 더 많이 사용되기 때문에 공유지가 점차 고갈되는 '공유지의 비극'(tragedy of commons)이 발생하게 된다. 통신사업자의 네트워크도 이용자들이 정당한 대가(네트워크나 인터넷 서비스가 최적 상태로 지속적으로 유지되기 위한 사회적 비용을 고려한 대가)를 지불하지 않으면 네트워크의 유지 · 보수가 이루어지지 않고 고도화도 이루어지지 않기 때문에 공유지가 고갈되듯이 네트워크의 품질이 저하되어 모든 이용자의 후생이 감소할 수 있다.

공유지의 비극을 해결하는 방법으로 오스트롬(1990)은 다음의 세 가지 방법을 제시하였다, 첫째는 시장제도를 도입하는 방안으로 이는 사유재산권의 확립을 바탕으로 한다. 이는 "공유지의 비극을 피할 수 있는 유일한 길은 사유재산권 체계를 확립함으로써 공유체제를 종식시키는 것뿐…"이라는 사상에 바탕을 둔 것으로 외부성 문제를 해결하기 위한 코즈(Coase)의 재산권 확립과도 일맥 상통한다.

인터넷의 경우 네트워크는 통신사업자가 구축한 것이므로 통신사업자에게 재산권을 보장해 주면 공유지의 비극을 해결할 수 있다. 즉, 통신사업자가 자신이 소유한 네트워크를 적절히 관리할 수 있는 권한을 갖고, 최종이용자 및 사업자에게 정당한 이용대가를 요구할 수 있는 권리를 가짐으로써 문제를 해결할 수 있게 된다.

둘째는 외적인 규제 방법으로 중앙정부가 직접 통제 또는 규제하는 방안이다. "공유재의 비극 때문에 환경 문제는 자발적 협동으로 해결될 수 없다. 강제력을 행사하는 정부라는 명분은 절대적이다"(Ophuls), "사익이 공적 영역을 보호하리라 기대할 수 없다면, 공공기관이나 정부, 국제적 권위체 등에 의한 외적인 규제가 필요하다"(Ehrenfeld) 등과 같은 주장이 이에 해당한다. 하지만 중앙집권적 통제를 위해서는 정보의 정확성, 감시 능력, 제재의 신뢰성, 저렴한 집행비용 등과 같은 가정들이 성립되어야 한다. 하지만 현실적으로는 불완전 정보, 감시 능력의 한계, 높은 집행비용 등으로 이 방안을 사용하는 데는 한계가 있다. 인터넷의 경우 정부가 직접 통제하고자 할 경우 사업자와 이용자의 편익과 유발비용에 대한 정보가 불완전하거나 없는 경우가 많으며, 누가 인터넷을 어느 정도 사용하고 있는지에 대한 감시능력에 한계가 있고, 매우 높은 집행비용이 유발되기 때문에, 인터넷을 중앙정부가 직접 통제하는 것은 현실적 문제가 있다고 판단된다.

셋째는 이해당사자 간 합의를 하는 방안이다. 이는 이해당사자들이 협력하여 얻은 잉여(cooperative surplus)를 협상(bargaining)을 통해 적절히 배분함으로써 효율성을 달성하고자 하는 방안이다. 인터넷 서비스의 경우 이용자는 서비스 이용에 대한 정당한 대가를 지불하고, 네트워크 운영자는 네트워크 투자를 통해 인터넷 품질을 보장하고 이를 지속적으로 향상시키는 노력을 함으로써 모든 이해당사자의 후생이 증가할 수 있다는 것이다. 하지만 최근 나타나고 있는 바와 같이 '망중립성' 논쟁을 통해 나타나듯이 네트워크 운영자와 CP, 이용자, 단말기 제조자 등 이해당사자 간에 커다란 인식의 차이가 있다고 판단되며, 따라서 이해당사자 간의 합의도 실현 가능성이 그다지 높지 않은 방안이라 판단된다.

따라서 최선의 방법은 통신사업자에게 재산권을 확립해 주고, 최종이용자와 사업자의 지위를 사업법에 명확히 정의하여 각자의 권리와 의무를 규정해 주는 것이 필요하다. 그럼으로써 통신사업자는 최종이용자와 사업자에게 서비스를 제공할 의무와 정당한 이용대가를 요구할 권리를 부여받게 되며, 최종이용자와 사업자는 통신사업자에게 서비스를 제공받을 권리와 정당한 이용대가를 납부할 의무가 발생하게 되는 것이다. 이를 위해서는 통신사업자, 이용자, 최종이용자의 세분과 명확한 법적 규정이 필요하며, 이를 바탕으로 각자의 권리와 의무가 명확히 규정되어야만 시장기능이 재대로 작동하고 그 결과 자원 배분의 효율성이 달성될 수 있다.

5. 결론

앞서 살펴본 바와 같이 시장기능이 원활하게 작동하고 자원 배분의 효율성이 달성되기 위해서는 시장참여자인 사업자와 최종이용자의 지위가 명확히 규정되고, 이에 따라 각자의 권리와 의무를 충실히 이행하는 것이 필요하다. 정보통신기술이 발달하고 시장환경이 급변함에 따라 전기통신역무, 전기통신사업자 및 이용자의 경계가 모호해지는 상황은 지속적으로 나타나고 있는 현상이다. 하지만 전기통신사업법은 이러한 변화를 체계적이고 융통성 있게 수용하지 못하고, 새로운 서비스나 사업자가 등장할 때마다 오랜 시간과 많은 사회적 비용을 지불한 후 특이한 규정을 추가하면서 문제를 해결해 왔다.

하지만 이러한 방법은 문제점을 근본적으로 해결한 것이 아니기 때문에 동일한 현상이 매번 반복되는 결과를 초래하고 있다. 이와 같은 문제점을 해결하는 방안은 전기통신과 전기통신역무의 개념을 변화한 시대에 맞게 확장하여 정의하는 것과 수평적 규제 틀을 도입하여 네트워크와 서비스 중심의 역무 구분이 아닌 기능 중심의 역무 구분을 하는 것이다.

본장에서는 '네트워크 서비스'는 네트워크를 설치하고 직접 사용하거나 타인에게 제공하는 서비스로 정의하고, '전송 서비스'는 콘텐츠나 정보를 이용자 간에 직접 전송하여 주거나, 이용자 간 전송을 용이하게 하기 위하여 신호나 IP 정보 등을 매개하는 서비스로 정의하였다. 기존 전송 서비스 정의와의 차이점은 정보의 송수신에 해당하는 직접 전송뿐만 아니라 전송을 매개하는 서비스까지 포함하였다는 것이다. 이미 제작된 콘텐츠나 정보를 특정 장소에 무작위로 수집하거나, 시간대별, 채널별로 패키징(편성)하는 서비스는 "정보 서비스"로 정의하였다. 콘텐츠나 정보의 기획, 제작은 전기통신 또는 정보통신역무에 해당하지 않는다고 정의하였다. 모든 서비스는 몇 가지 수평적 기능을 복합한 서비스이므로 이와 같이 수평적 기능에 따라 전기통신역무와 전기통신사업을 재정의하면 향후에 등장할 서비스도 새로운 법적 규정의 추가나 수정 없이 포섭할 수 있게 된다.

또한 본장에서는 사용자의 형태와 상관없이 전기통신 서비스를 사적 목적으로 사용하는 경우에는 최종이용자로 규정하고, 영업을 목적으로 사용하는 경우에는 사업자로 구분하는 방안을 제시함으로써, 최종이용자와 사업자를 명확히 구분하고 이를 바탕으로 그들의 권리와 의무를 규정하는 방안을 제시하였다.

이와 같은 미래지향적 개념 정립과 통신사업자, 이용자, 최종이용자 등 시장행위자에 대한 명확한 구분, 법적 규정의 명시는 통해 불필요한 사회적 논쟁을 제거하고, 시장행위자의 권리와 의무를 준수하게 함으로써 시장 기능이 원활하게 작동하고 자원이 효율적으로 배분이 달성될 수 있다.

공정래위원회의, 『인터넷 포털사업의 특성과 경쟁정책적 시사점』, 2008.

김도훈, 「독점적 망사업자에 대한 망중립성 정책의 타당성 분석: 양면시장 관점에서 본 망중립성 이슈」, 『정보통신정책연구』, 16(2), 2009, pp. 1-45.

김희수, 「국내 망중립성 정책방향 제언」, KISDI Premium Report 10-9, 2010.

______, 「Net Neutrality: An ISP's Perspective」, 발표자료, 2011. 11.

이상규, 「수평규제체계 도입을 위한 계층구분 방안」, 『사이버커뮤니케이션학보』, 통권 제24호, 2007, pp. 313-344.

______, 「양면시장의 정의 및 조건」, 『정보통신정책연구』, 제17권 제4호, 2010, pp. 73-105.

방송위원회, 「수평적 규제체계에 따른 사업(자) 분류체계 재정립 방안」, 방송통신융합위원회 제출자료, 2006. 8.

KISDI, 『2009년도 통신시장 경쟁상황평가』, 2010.

KT, 「스마트 네트워크 시대 통신정책방향」, 2011. 2.

Cisco, "Cisco Visual Networking Index: Forecast and Methodology, 2009-2014," 2010.

______, "Cisco Visual Networking Index: Global Mobile Data Traffic Forecast Update, 2010-2015," 2011.

Liu, Yu-li, "The Impact of Convergence on the Telecommunications Law and Broadcasting-Related Laws: A Comparison between Japan and Taiwan," *Keico Communication Review*, No. 33, 2011, pp. 42-67.

Ostrom, Elinor, *Governing the Commons: The Evolution of Institutions for Collective Action*, Cambridge University Press, 1990.

Rysman, Mark, "The Economics of Two-Sided Markets," *Journal of Economic Perspectives*, Vol. 23, No. 3, 2009, pp. 125-143.

Solum, L. B. and M. Chung, "The Layers Principle: Internet Architecture and the Law," Public Law and Regal Theory Research Paper 55, University of San Diego,

School of Law, 2003.

Whitt, R. S., "A Horizontal Leap Forward: Formulating a New communications Public Policy Framework Based on the Network Layers Model," *Federal Communications Law Journal*, Vol. 56, 2004, pp. 587-672.

Chapter 11 가처분제도의 법경제학

김민수

1. 연구대상 결정
2. 연구의 목적과 범위
3. 임시의 지위를 정하기 위한 가처분
4. 금지청구권의 발생 근거
5. 대상결정에 대한 법경제학적 분석
6. 결론

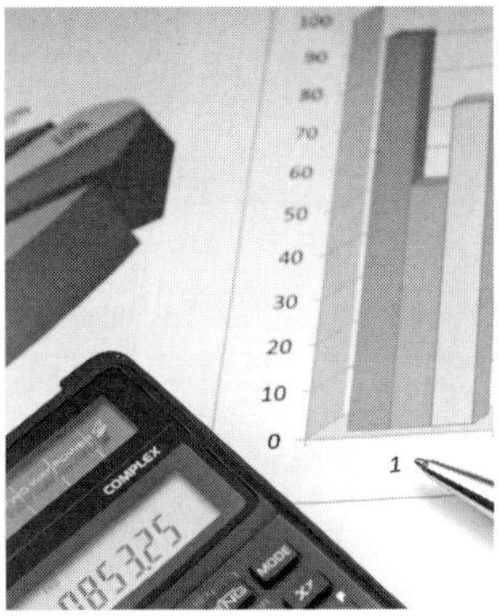

Chapter 11

가처분제도의 법경제학

1. 연구대상 결정[1)]

1) 사안의 개요

① 채권자[2)]는 인터넷 포털 사이트를 운영하는 회사로서 장기간 동안 상당한 노력과 투자에 의하여 정보 검색, 커뮤니티, 오락 등의 다양한 서비스를 제공하는 국내 최대의 인터넷 포털 사이트인 '네이버'(그 도메인 이름은 www.naver.com이고, 이하 '네이버'라 한다)를 구축하여 인터넷 사용자들로 하여금 위 서비스 이용 등을 위하여 네이버를 방문하도록 하고, 이와 같이 확보한 방문객에게 배너 광고를 노출시키거나 우선순위 검색 결과 도출 서비스를 제공하는 방법 등으로 광고영업을 해오고 있다.

② 채무자는 인터넷 사이트를 이용한 광고 시스템인 이 사건 프로그램을 개

1) 대법원 2010. 8. 25.자 2008마1541 결정. 이하 '대상결정'이라 한다.
2) 민사본안소송의 당사자를 원고, 피고라고 부르는 것과 달리 임시의 지위를 정하기 위한 가처분의 당사자는 '채권자 또는 신청인', '채무자 또는 피신청인'으로 부르는 것이 실무이다(『법원실무제요 민사집행 IV』, 법원행정처, 2003, pp. 11-12). 이 글에서는 민사집행법상의 표현(민사집행법 제304조는 '채무자'라는 표현을 사용하고 있다)에 따라 임시의 지위를 정하기 위한 가처분의 당사자를 채권자, 채무자로 부르기로 한다.

발 · 배포하는 회사로서 자신이 운영하는 인터넷 사이트를 통하여 인터넷 사용자들에게 이 사건 프로그램을 다운로드 받을 수 있게 하였다.

③ 이 사건 프로그램을 설치한 인터넷 사용자들이 네이버를 방문하면 그 화면에 채권자의 광고 대신 같은 크기의 채무자의 배너 광고가 나타나거나(이른바 '대체광고 방식'), 화면의 여백에 채무자의 배너 광고가 나타나거나(이른바 '여백광고 방식'), 검색창에 키워드를 입력하면 검색 결과 화면의 최상단에 위치한 검색창과 채권자의 키워드 광고 사이에 채무자의 키워드 광고가 나타나는(이른바 '키워드 삽입광고 방식') 등으로, 채무자의 광고가 대체 혹은 삽입된 형태로 나타난다. 다만, 대체광고, 여백광고, 키워드 삽입광고의 하단에는 "본 콘텐츠는 채무자 회사에서 제공한 것입니다"라는 취지의 문구[3)]가 기재되어 있다.

④ 채권자는 이 사건 프로그램을 이용한 채무자의 광고행위는 채권자에 대한 '업무방해 내지 영업방해'라고 주장[4)]하면서 '이 사건 프로그램의 제조, 사용, 판매, 배포 등의 금지'를 구하는 가처분 신청을 하였다.

2) 원심 결정의 요지[5)]

원심은 아래와 같은 이유를 들어 "채무자는 채권자가 운영하는 네이버에 접속한 컴퓨터 사용자의 모니터에 이 사건 프로그램을 이용한 광고행위를 하여서는 아니 된다"라는 가처분(이하 '이 사건 가처분'이라 한다)을 발령하고, 채권자의 나머지 가처분 신청을 기각하였다.

3) 대상결정에서는 아래 주 4)에서 보는 바와 같이, 부정경쟁 방지 및 영업비밀 보호에 관한 법률(이하 「부정경쟁방지법」이라 한다) 등의 적용 여부도 문제가 되었는데, 채무자는 부정경쟁방지법 등의 적용을 피하기 위하여 "본 콘텐츠는 채무자 회사에서 제공한 것입니다"라는 취지의 문구를 기재한 것으로 보인다.

4) 채권자는 위와 같은 업무방해 내지 영업방해 주장 이외에도 ① 이 사건 프로그램이 정보통신망 이용촉진 및 정보보호 등에 관한 법률(이하 「정보통신망법」이라 한다) 제48조 제2항 소정의 '악성 프로그램'에 해당하고, ② 채무자가 구 컴퓨터 프로그램 보호법(2009. 4. 22. 저작권법 개정으로 폐지되고, 저작권법에 흡수되었다), 저작권법, 부정경쟁방지법 제2조 제1호 (나)목 및 (다)목을 각 위반하였다는 주장도 함께 하였으나, 위 주장들은 제1, 2심 결정 및 대상결정에서 모두 받아들여지지 아니하였다. 그 결과 대상결정에서의 핵심적인 쟁점은 뒤에서 보는 바와 같이 '민법상의 불법행위에 대하여 금지청구권을 인정할 것인지의 여부'가 되었다. 이 글은 '민법상의 불법행위에 대한 금지청구권의 인정 여부'를 그 연구대상으로 하므로, 위 ①, ② 주장에 대한 판단은 이 글의 연구범위에서 제외한다.

5) 서울고등법원 2008. 9. 23.자 2008라618 결정. 이하 '원심결정'이라 한다.

(1) 피보전권리에 대한 판단

채무자의 광고 방식은 네이버의 신용과 고객 흡인력을 자신의 영업을 위하여 무단으로 이용하고 채권자가 장기간의 노력과 투자에 의하여 구축한 저명한 인터넷 포털 사이트라는 콘텐츠에 무임승차하려는 것으로 공정한 경쟁질서 내지 상거래 질서에 위반하는 행위라 할 것이고, 이로 인하여 채권자의 광고에 관한 영업상의 이익을 침해할 위험이 크다고 할 것이므로 이는 채권자의 인터넷 사이트에 관한 업무를 방해하는 부정경쟁행위로서 불법행위에 해당한다.[6]

(2) 보전의 필요성 및 가처분의 범위에 대한 판단

가. 보전의 필요성에 대한 판단

채무자의 이 사건 업무방해행위는 일회적인 불법행위와는 달리 계속, 반복적으로 이루어지고 사후의 금전적 배상만으로는 피해의 완전한 회복이 어려울 것으로 예상되는 점과 이 사건 프로그램의 동작 형태 및 그 위법성의 정도, 이로 인한 채권자의 예상 피해 정도에다가 채권자의 이 사건 가처분 신청에 대하여 채무자가 이 사건 프로그램의 적법성을 주장하면서 이를 계속 제작 · 배포할 뜻을 표명하고 있는 사정 등을 종합하여 보면 채권자로서는 계속되는 권리관계에 끼칠 현저한 손해를 피하거나 급박한 위험을 막기 위한 사전 예방 조치로서 그 업무방해행위의 금지를 명하는 가처분을 구할 수 있다고 할 것이므로 이 사건 가처분 신청은 그 보전의 필요성이 충분히 소명된다.[7]

나. 가처분의 범위에 대한 판단[8]

이 사건 프로그램은 그 기술 자체가 불공정한 것은 아니어서 인터넷 사이트 운영자가 이 사건 프로그램의 운영에 동의한 경우(예를 들면, 채무자의 배포 파트너로

---

6) 원심결정은 이 사건 가처분의 '피보전권리'와 관련하여 채무자의 광고행위가 '불법행위에 해당한다'는 판단(즉, 요건 충족 여부에 대한 판단)만을 하고, 그 불법행위에 대한 구제수단으로 채권자에게 채무자의 불법행위를 금지할 '금지청구권'이 발생하는지에 대하여는 별도로 판단하지 아니하였다.

7) 원심결정은 위 주 6)에서 본 바와 같이 불법행위에 대한 구제수단으로서 채권자에게 채무자의 불법행위를 금지할 '금지청구권'이 발생하는지에 대하여는 별도로 판단하지 아니하였으나, '보전의 필요성'과 관련하여, 현저한 손해나 급박한 위험을 막기 위한 사전 예방 조치로서 업무방해행위(채무자의 불법행위)의 금지를 명하는 '가처분'을 구할 수 있다고 하였다. 이는 채권자가 ① '본안소송'으로 채무자의 불법행위의 금지를 구할 권리를 갖는지 여부는 별론으로 하더라도 ② 현저한 손해나 급박한 위험을 막아야 할 '필요성'(즉, 보전의 필요성)이 인정되는 경우에는 최소한 '가처분'으로 불법행위의 금지를 구할 수 있다고 본 것이다.

8) 이 부분은 '보전의 필요성에 대한 판단'에 포함되는 것이다.

가입한 쇼핑몰 사이트 운영자) 등을 비롯하여 얼마든지 적법한 방식으로도 운영될 수 있다고 보이는 점, 현재까지 채무자의 이 사건 프로그램을 이용한 영업은 초기 단계인 것으로 보이는 점, 채무자가 자신의 홈페이지 등에서 이 사건 프로그램을 누구든지 자유롭게 내려받을 수 있도록 하고 있으므로 이 사건 프로그램이 채권자의 사이트에서 실행되는지 여부를 확인하는 것은 비교적 어렵지 않다고 보이는 점 등 기록에 나타난 제반 사정에 비추어 보면, 이 사건 프로그램으로 인한 채권자의 영업상의 피해를 방지하기 위해서는 채무자로 하여금 '채권자의 인터넷 사이트에 접속한 컴퓨터 사용자의 모니터에 이 사건 프로그램을 이용한 광고행위를 하는 것을 금지'하는 것만으로도 충분히 그 목적을 달성할 수 있고, 더 나아가 이 사건 프로그램의 제조, 사용 등의 금지까지는 필요하지 않다.

3) 재항고 이유의 요지

(1) 채무자

① 채무자의 광고행위는 불법행위에 해당하지 아니하고, 가사 불법행위에 해당한다고 하더라도 채권자가 침해되었다고 주장하는 '광고에 관한 영업상의 이익'은 물권이 아니므로 그에 기하여 채무자를 상대로 이 사건 프로그램을 이용한 광고행위의 금지를 구할 수는 없으므로, 이 사건 가처분은 피보전권리가 소명되지 아니하였다.

② 이 사건 가처분을 발령할 보전의 필요성이 소명되지 아니하였다.

(2) 채권자

이 사건 프로그램이 사용자들의 컴퓨터에서 실행되고 있는지를 채권자가 확인하는 것은 현재의 기술수단으로 불가능하여 이 사건 가처분이 실제로 집행되고 있는지를 확인할 수 없으므로 채권자의 권리구제를 위하여는 '이 사건 프로그램의 제조, 사용, 판매 및 배포 등을 금지'하여야 하는데도, 단순히 "채무자는 채권자가 운영하는 네이버에 접속한 컴퓨터 사용자의 모니터에 이 사건 프로그램을 이용한 광고행위를 하여서는 아니 된다"는 내용의 가처분만을 발령한 원심결정에는 가처분의 범위에 관한 법리 오해의 위법이 있다.

4) 대상결정의 요지: 채무자 및 채권자의 재항고 모두 기각

(1) 피보전권리에 대한 판단(채무자의 재항고 이유에 대한 판단)

가. 법리[9)]

경쟁자가 상당한 노력과 투자에 의하여 구축한 성과물을 상도덕이나 공정한 경쟁질서에 반하여 자신의 영업을 위하여 무단으로 이용함으로써 경쟁자의 노력과 투자에 편승하여 부당하게 이익을 얻고 경쟁자의 법률상 보호할 가치가 있는 이익을 침해하는 행위는 부정한 경쟁행위로서 민법상 불법행위에 해당하는바,[10)] 위와 같은 무단이용 상태가 계속되어 금전배상을 명하는 것만으로는 피해자 구제의 실효성을 기대하기 어렵고 무단이용의 금지로 인하여 보호되는 피해자의 이익과 그로 인한 가해자의 불이익을 비교 · 교량할 때 피해자의 이익이 더 큰 경우에는 그 행위의 금지 또는 예방을 청구할 수 있다.[11)]

나. 채무자의 광고행위가 민법상 불법행위에 해당하는지 여부

채무자의 광고행위는 인터넷을 이용한 광고영업 분야에서 서로 경쟁자의 관계에 있는 채권자가 상당한 노력과 투자에 의하여 구축한 네이버를 상도덕이나 공정한 경쟁질서에 반하여 자신의 영업을 위하여 무단으로 이용함으로써, 채권자의 노력과 투자에 편승하여 부당하게 이익을 얻는 한편, 법률상 보호할 가치가 있는 이익인 네이버를 통한 채권자의 광고영업 이익을 침해하는 부정한 경쟁행위로서 민법상 불법행위에 해당한다.

다. 채권자에게 채무자의 광고행위의 금지 또는 예방을 청구할 권리가 있는지 여부

채무자의 광고행위는 일회적인 것이 아니라 이 사건 프로그램을 설치한 인터넷 사용자들이 네이버에 접속할 때마다 계속적으로 반복되는 것이다. 나아가 이 사건 프로그램에 의한 광고행위의 성질상 채권자가 인터넷 사용자들의 이 사건 프

9) 대법원이 대상결정에서 최초로 설시한 법리이다.
10) 불법행위의 성립 요건 충족 여부에 대한 판단 기준이다. 이는 법경제학적 관점에서 뒤에서 살펴볼 '재산권의 설정 기준'과 관련된다.
11) 불법행위에 대한 구제수단으로서의 '금지청구권'의 발생 요건에 관한 판단 기준이다. 이는 법경제학적 관점에서 뒤에서 살펴볼 '재산권의 보호 방식'과 관련된다.

로그램의 설치 현황 및 그로 인한 네이버에서의 채무자의 광고 현황 등을 일일이 파악하여 대응하기가 매우 곤란할 것으로 보이는 점과 채무자의 광고 내용에 따라서는 채권자의 신용, 명성 등 무형적인 가치까지도 손상시킬 수 있을 것으로 보이는 점 등을 고려할 때 채무자에게 금전배상을 명하는 것만으로는 채권자 구제의 실효성을 기대하기 어렵다고 할 것이다. 나아가 채무자의 이 사건 프로그램에 의한 네이버에서의 광고행위를 그대로 방치하는 경우 결국 네이버에서의 광고영업을 그 수익 모델로 삼고 있는 채권자 회사의 존립 자체를 위협할 수 있다는 점에서 채무자의 위와 같은 광고행위를 금지함으로써 보호되는 채권자의 이익이 그로 인한 채무자의 영업의 자유에 대한 손실보다 더 크다고 할 것이다. 따라서 채권자는 채무자에 대하여, 네이버에 접속한 인터넷 사용자들의 모니터에서 이 사건 프로그램을 이용한 광고행위를 하는 것의 금지 또는 예방을 청구할 수 있다고 봄이 상당하다.

라. 피보전권리의 존부

결국, 이 사건 가처분 신청은 피보전권리가 소명된 것으로 인정된다.

(2) 보전의 필요성에 대한 판단(채무자의 재항고 이유에 대한 판단)

① 민사집행법 제300조 제2항의 임시의 지위를 정하기 위한 가처분이 필요한지 여부는 당해 가처분 신청의 인용 여부에 따른 당사자 쌍방의 이해득실 관계, 본안소송에 있어서의 장래의 승패의 예상, 그 밖의 제반 사정을 고려하여 법원의 재량에 따라 합목적적으로 결정하여야 한다.

② 채권자의 이 사건 가처분 신청에 대하여 채무자는 이 사건 프로그램에 의한 광고행위의 적법성을 주장하면서 그 광고영업을 계속할 뜻을 표명하고 있는바, 이 경우 이 사건 프로그램에 의한 광고행위의 과정과 형태 등에 비추어 채권자가 입을 손해가 현저할 것으로 보이는 점, 앞서 본 바와 같이 이 사건 가처분 신청을 받아들임으로써 보호되는 채권자의 이익이 그로 인한 채무자의 손실보다 더 큰 점 등 제반 사정을 참작할 때, 이 사건 가처분 신청에는 보전의 필요성이 있다고 할 것이다.

(3) 가처분의 범위에 대한 판단(채권자의 재항고 이유에 대한 판단)

가처분의 범위에 관한 원심의 판단은 정당한 것으로 수긍이 가고, 가처분의 범위에 관한 법리 오해 등의 잘못이 없다.

2. 연구의 목적과 범위

민법 제750조는 "고의 또는 과실로 인한 가해행위로 타인에게 손해를 가한 자는 그 손해를 배상할 책임이 있다"고 하여 불법행위에 대한 손해배상책임을 정하고 있고, 그 손해배상의 방법에 관하여 민법 제763조에 의하여 불법행위에 준용되는 민법 제394조는 "다른 의사표시가 없으면 손해는 금전으로 배상한다"고 하여 금전배상의 원칙을 선언하고 있다.

대법원은 "민법 제763조에 의하여 불법행위에 준용되는 민법 제394조가 금전배상의 원칙을 규정하고 있으므로, 법률에 다른 규정이 있거나 당사자가 다른 의사표시를 하는 등 특별한 사정이 없는 이상 불법행위자에 대하여 원상회복청구는 할 수 없다"고 판시해 왔다.[12] 이와 같은 판례에 비추어 보면, 대법원은 종래 불법행위에 대한 사후적 구제수단인 원상회복청구뿐만 아니라 사전적 구제수단인 금지청구에도 부정적인 태도를 취하고 있었다고 평가할 수 있다.[13]

그런데 대상결정은, 부정한 경쟁행위에 해당하는 불법행위에 대해 금지청구가 가능하다는 점을 최초로 밝히고, 그 금지청구권의 발생 요건을 제시하였다.

대상결정을 분석 · 평가하기 위하여는 다음과 같은 쟁점에 대한 검토가 필요하다. 첫째, 대상결정에서 채권자는 '임시의 지위를 정하기 위한 가처분'(이하 제목을

12) 대법원 1997. 3. 28. 선고 96다10638 판결, 1994. 3. 22. 선고 92다52726 판결. 한편, 대법원 2001. 5. 8. 선고 99다38699 판결은 채권을 침해하는 제3자에 대하여 방해배제청구를 할 수 있는지 여부에 관하여 "원고가 도로공사에 대하여 기흥주유소에 원고의 상표를 표시하고 원고의 석유제품을 공급할 권리가 있다 하더라도 이는 채권적 권리에 불과하여 대세적인 효력이 없으므로 피고가 기흥주유소에 현대정유의 상호와 상표를 표시하고 그 석유제품을 공급받음으로써 원고의 위 권리가 사실상 침해되었다는 사정만으로 곧 제3자인 피고에게 현대정유와 관련된 시설의 철거나 상호 · 상표 등의 말소 및 판매 금지 등을 구할 수는 없다"고 판시한 바 있다.

13) 권영준(2008), p. 56 참조.

제외한 본문에서는 '임시지위 가처분'이라 한다)으로 채무자의 광고행위에 대한 금지를 구하였으므로, 불법행위에 대한 구제수단으로 '금지청구권'이 인정되는지 여부(즉, 본안소송으로 불법행위의 금지를 구할 수 있는지 여부)를 굳이 판단할 필요 없이, 현저한 손해나 급박한 위험을 막아야 할 필요성이 있다는 이유로 불법행위의 금지를 명하는 '가처분'을 발령할 수도 있는 것은 아닌지(아래 제3절), 둘째 대상결정에서 불법행위에 대한 구제수단으로 금지청구권을 인정할 수 있다면(즉, 본안소송으로 불법행위의 금지를 구할 수 있다면) 그 근거는 무엇인지(아래 제4절), 셋째 부정한 경쟁행위에 해당하는 불법행위에 대해 금지청구가 가능하다고 본 대상결정은 법경제학적 관점에서 '효율성'과 '공정성'의 기준에 부합하는지(아래 제5절) 여부이다.

이 글에서는 위 쟁점들에 대하여 차례대로 검토하기로 한다.

3. 임시의 지위를 정하기 위한 가처분

1) 임시의 지위를 정하기 위한 가처분의 발령 요건 및 내용

민사집행법 제300조 제2항은 "가처분은 다툼이 있는 권리관계에 대하여 임시의 지위를 정하기 위하여도 할 수 있다. 이 경우 가처분은 특히 계속하는 권리관계에 끼칠 현저한 손해를 피하거나 급박한 위험을 막기 위하여, 또는 그 밖의 필요한 이유가 있을 경우에 하여야 한다"고 하여 임시지위 가처분을 규정하고 있다. 임시지위 가처분은 일반적으로 "당사자 간에 현재 다툼이 있는 권리 또는 법률관계가 존재하고(①), 그에 대한 확정판결이 있기까지 현상의 진행을 그대로 방치한다면 권리자가 현저한 손해를 입거나 급박한 위험에 처하는 등 소송의 목적을 달성하기 어려운 경우(②)에 그로 인한 위험을 방지하기 위해 잠정적으로 권리 또는 법률관계에 관하여 임시의 지위를 정하는 보전처분"으로 정의된다.[14] 이 중 "현재 다툼이 있는 권리 또는 법률관계"(위 ①부분)를 '피보전권리'라고 하고, 나머지 ②부분을 '보전의 필요성'이라고 한다. 따라서 '피보전권리' 및 '보전의 필요성'의 존재는 임시지위 가처분을 발령하기 위한 요건에 해당한다.

이와 같은 요건이 구비되었을 때 법원은 가처분 신청의 목적을 이루는 데 필요한 처분을 직권으로 정하여 임시지위 가처분을 발령한다(민사집행법 제305조 제1항). 민사집행법 제305조 제2항은 "가처분으로 보관인을 정하거나, 상대방에게 어떠한 행위를 하거나 하지 말도록, 또는 급여를 지급하도록 명할 수 있다"고 규정하여 법원이 발령할 수 있는 가처분의 내용을 예시하고 있다.

2) 임시의 지위를 정하기 위한 가처분의 피보전권리

(1) 원심결정의 입장

대상결정에서 채권자는 채무자를 상대로 '이 사건 프로그램의 제조, 사용, 판매 및 배포 등의 금지'를 구하는 가처분을 신청하였다. 원심은 앞서 본 바와 같이 ① 피보전권리와 관련하여, 채무자의 광고행위가 채권자의 '광고에 관한 영업상의 이익'을 침해한 부정한 경쟁행위로서 불법행위에 해당한다고 판단하고, ② 보전의 필요성과 관련하여, 채권자에게 발생할 현저한 손해나 급박한 위험을 방지하기 위하여 채무자의 광고행위를 금지할 필요성도 인정된다고 판단한 다음, 채무자에게 '이 사건 프로그램을 이용한 광고행위의 금지'(부작위)를 명하는 가처분을 발령하였다. 이에 대해 채무자는 이 사건 가처분 신청의 피보전권리, 즉 '현재 다툼이 있는 권리 또는 법률관계'는 '채권자가 채무자를 상대로 이 사건 프로그램의 제조, 사용 등의 금지를 구하는 권리관계'인데, 채권자가 침해받았다고 주장하는 '광고에 관한 영업상의 이익'은 물권과 같은 대세적 효력이 있는 권리가 아니어서 그로부터 '채무자의 광고행위의 금지를 구할 수 있는 권리'가 도출되지 아니하는데도 이 사건 가처분은 채무자에게 '광고행위의 금지'를 명하여 피보전권리에 관한 법리를 오해한 위법이 있다고 다투었다.

14) 『법원실무제요 민사집행 IV』, 법원행정처(2003), p. 8 참조.

앞서 본 바와 같은 원심결정의 판단구조를 보면, 원심은 이 사건 가처분 신청의 피보전권리, 즉 '현재 다툼이 있는 권리 또는 법률관계'를 '채권자의 광고에 관한 영업상의 이익'으로 보고, 위와 같은 영업상의 이익이 불법행위에 의해 침해되어 현저한 손해나 급박한 위험이 발생하는 등 그 침해행위를 금지할 필요가 있다고 인정되는 경우에는 '비록 본안소송에서는 불법행위에 대한 금전손해배상만을 구할 수 있다 하더라도' 임시지위 가처분으로 위와 같은 침해행위의 금지를 구할 수 있다고 판단한 것으로 보인다. 즉, 민법상의 불법행위에 대한 구제 방법으로 본안소송으로는 금전손해배상만이 가능하다고 하더라도 임시지위 가처분으로는 '보전의 필요성'이 인정될 경우 침해행위의 금지(부작위)를 명할 수 있다고 본 것이다.

원심과 같은 입장을 취하고 있는 견해도 상당수 존재한다. ① 불법행위의 효과로서 원상회복청구를 할 수 없다는 이유로 가처분까지 허용되지 아니한다고 할 수는 없고, 임시지위 가처분에 있어서는 다툼이 있고 민사소송에 의하여 보호를 받을 수 있는 권리관계의 존재만 있으면 그 권리관계의 종류를 묻지 아니하고 피보전권리로 할 수 있다 할 것이므로, 채권자에 대한 업무방해 또는 영업방해로 인하여 채무자가 불법행위책임을 부담하는 경우 채권자로서는 그 위법행위의 금지를 구하는 가처분을 구할 수 있으며, 따라서 '피보전권리'와 관련하여 채권자의 영업 또는 업무가 가처분으로서 보호할 만한 '권리'에 포함되는지 여부만이 문제되고, 이는 결국 불법행위의 성부의 판단 문제에 따라 결정될 것이라는 견해,[15] ② 임시지위 가처분에서는 법률상 인정되는 금지청구권이나 인격권 · 인격적 이익이 아니더라도 피보전권리로 인정될 가능성이 있고, 채권자에게 생길 현저한 손해나 급박한 위험을 피하기 위해 필요한 경우에는 임시지위 가처분이 허용된다는 점, 권리 일반의 성질상 긴급한 필요성이 있는 경우에는 금지청구가 허용된다고 해석할 수 있는 점에 비추어 이를 인정해야 한다는 견해[16] 등이다.

(2) 검토

위와 같은 견해는 ① 민사집행법 제300조 제2항의 문언에 충실한 해석이라는

15) 백강진(2008) p. 99 참조. 권영준(2008), pp. 56, 59; 김상중(2010), p. 165 및 정상조(2005), p. 29도 위와 같은 입장을 전제로 한 것으로 보인다.
16) 升田純(2007), p. 537(전휴재, 2010, p. 1158에서 재인용).

점, ② 임시지위 가처분은 '장래의 집행보전'이 아닌 '현존하는 위험 방지'를 그 목적으로 한다는 점에 비추어 어느 정도의 설득력을 갖고 있다.

그러나 임시지위 가처분이 본안소송을 전제로 한 잠정적 · 부수적인 처분이라는 점을 고려하면 위와 같은 견해는 받아들이기 어렵다.[17] 임시지위 가처분은 '본안소송을 전제로' 장래의 집행을 보전하거나 현재의 손해 · 위험을 피하기 위한 것이기 때문에 가처분의 방법은 '본안소송에 의하여 실현될 범위'에 한정된다.[18] 가처분은 어디까지나 본안소송을 전제로 한 잠정적 구제 방법으로 본안소송과는 달리 변론이 아닌 심문, 증명이 아닌 소명, 판결이 아닌 결정에 의해 신속하고 간이한 분쟁 해결을 목표로 한 것이어서 가처분 결정에 대해 본안 판결 이상의 효력을 부여하는 것은 제도 자체의 목적이나 절차적 특성에 비추어 볼 때 허용될 수 없다.[19] 민사집행법상 본안소송의 제소기간 도과에 따른 가처분 취소(제301조, 제287조), 가처분 집행 후 3년간 본안의 소를 제기하지 아니한 때의 가처분 취소(제301조, 제288조 제1항 제3호), 사정변경의 일종으로서 본안소송의 패소 확정시 가처분 이유 소멸을 원인으로 한 가처분 취소(제301조, 제288조 제1항 제1호) 등의 제도는 가처분의 본안소송에 대한 부수성이 실정법상 발현된 것이라고 할 수 있다.[20]

따라서 본안청구에 의하여 얻을 수 있는 이상의 것을 가처분에 의하여 실현하는 것은 허용되지 않고, 본안청구와 질적(質的)으로 상이한 것을 실현하는 가처분도 그 한계를 일탈하는 것이다. 그러나 채권자의 본안소송의 승소 판결에 따른 권리의 실현에 필요한 이상, 가처분의 방법이 반드시 본안청구권 자체가 갖는 권능의 양태나 범위에 한정되는 것은 아니고, 본안청구권의 실현에 지장을 주지 않는데 필요한 사실상 · 법률상의 상태를 형성하는 것이라면 이를 본안청구의 범위 내로 보아야 할 것이다(예를 들어, 주주총회 결의 무효확인청구소송을 본안으로 하는 대표이사 직무집행정지 가처분). 즉, 본안청구의 범위 내인가 여부는 채권자가 본안에서

17) 전휴재(2010), p. 1159 참조. 김재형(2007), p. 424 중 "계약당사자가 아닌 제3자에 대한 금지청구는 물권 등 실체법상 금지청구권이 있는 경우에 한하여 인정되고 있다. 따라서 피보전권리가 없는 경우에도 가처분 등 보전처분이 인정된다고 볼 수는 없다"는 내용, 권성 외 4인(2002), p. 595 중 "불법행위를 원인으로 한 손해배상채권은 금전채권이므로 이를 피보전권리로 하는 가압류가 가능할 뿐 가처분은 허용되지 않는다"는 내용 및 김연학(2008) p. 186 중 "피신청인의 행위가 불법행위에 해당한다는 사유만으로 바로 금지청구가 가능하지도 않다"는 내용도 같은 입장을 전제로 한 것으로 보인다.

18) 장성원(2000), p. 101 참조.

19) 전휴재(2010), p. 1160 참조.

20) 전휴재(2010), p. 1160 참조.

승소한 경우 어떠한 권리를 행사할 수 있는가의 면에서 판단하여야 하는 것이다.[21)]

이상의 논의를 종합하여 보면, '현재의 다툼 있는 권리 또는 법률관계'로 통상 정의되고 있는 임시지위 가처분의 '피보전권리'의 개념은 가처분의 본안소송에의 부수성을 고려하여 다음과 같이 구체적으로 정의할 수 있을 것이다. 즉, 임시지위 가처분의 '피보전권리'란 "본안소송을 통하여 그 이행을 청구하거나, 존부의 확인을 받거나, 형성할 수 있는 현재의 권리 또는 법률관계로서 채권자가 구하는 가처분과 질적으로 관련되어 있고, 그 권리 또는 법률관계의 실현에 채권자가 구하는 가처분이 적합하게 기능할 수 있는 것"이라고 할 수 있다.

(3) 대상결정의 경우

대상결정의 경우, 채무자의 광고행위가 채권자의 '광고에 관한 영업상의 이익'을 침해한 부정한 경쟁행위로서 불법행위에 해당한다 하더라도, "민법 제763조에 의하여 불법행위에 준용되는 민법 제394조가 금전배상의 원칙을 규정하고 있으므로, 법률에 다른 규정이 있거나 당사자가 다른 의사표시를 하는 등 특별한 사정이 없는 이상 불법행위자에 대하여 원상회복청구는 할 수 없다"는 대법원 판례[22)]에 비추어 보면, 특별한 사정이 없는 한 채권자는 채무자에 대하여 본안소송으로 '금전손해배상청구'를 할 수 있을 뿐이다.

그런데 '금전손해배상청구권'은 대상결정에서 채권자가 구하는 '부작위 가처분'과 질적으로 상이하다. 또한 채권자가 구하는 '부작위 가처분'은 향후 손해의 발생을 방지할 수 있을지는 몰라도 채권자의 '금전손해배상청구권'의 실현에 적합하게 기능하는 것도 아니다.[23)] 따라서 '금전손해배상청구권'은 앞서 본 피보전권리의 개념에 따를 때 채권자가 구하는 '부작위 가처분'의 피보전권리가 될 수 없다.

결국, 채권자가 구하는 '부작위 가처분'을 발령하기 위하여는 그 피보전권리로서 채권자의 채무자에 대한 '금지청구권'(부작위청구권)이 필요하고, 이때 '금지청구권'(부작위청구권)은 본안소송을 통해 실현될 수 있는 것이어야 한다.

21) 장성원(2000), pp. 101-102 참조.
22) 대법원 1997. 3. 28. 선고 96다10638 판결 등 참조.
23) 금전손해배상청구권의 실현에 적합하게 기능하는 것은 민사집행법상의 가압류이다.

따라서 대상결정이, 원심 결정과는 달리, 채권자가 부정한 경쟁행위에 해당하는 채무자의 불법행위에 대하여 '본안소송'으로 금지를 구할 권리를 갖는지 여부를 임시지위 가처분의 '피보전권리'에 관한 항목에서 명시적으로 판단한 것은 타당하다.[24)]

그렇다면 과연 어떠한 요건하에서 채무자의 불법행위에 대하여 '금지청구권'(부작위청구권)이 발생할 수 있는지에 관하여 살펴보기로 한다.

4. 금지청구권의 발생 근거

1) 계약

우리 민법상 계약당사자 사이의 계약내용의 해석상 어느 한 당사자에게 부작위의무가 부과되어 있는 경우에는 다른 당사자는 위와 같은 부작위의무를 부담하는 당사자를 상대로 어떠한 행위의 금지청구(부작위청구)를 할 수 있다.[25)] 이와 같은 계약의 예로 독점판매계약,[26)] 경업금지 또는 전직금지 약정,[27)] 업종제한약정[28)] 등을 들 수 있다.

24) 원심결정이 있은 후 채권자는 채무자를 상대로 하여 이 사건 가처분의 본안소송으로 ① "채무자는 채권자가 운영하는 네이버에 접속한 컴퓨터 사용자의 모니터에 이 사건 프로그램을 이용한 광고행위를 하여서는 아니 된다"는 부작위청구(이는 이 사건 가처분의 내용과 동일하다)와 ② 채무자의 불법행위에 대한 손해배상으로 "채무자는 채권자에게 1억 원 및 이에 대한 지연손해금을 지급하라"는 손해배상청구를 하였는데, 제1심(서울중앙지방법원 2009. 7. 8. 선고 2008가합110895 판결)은 ① 부작위청구는 인용하고(다만, 간접강제신청 부분은 기각), ② 손해배상청구 부분은 손해의 발생에 대한 입증이 부족하다는 이유로 이를 기각하였다. 항소심(서울고등법원 2010. 10. 13. 선고 2009나74641 판결)은 ① 부작위청구 부분에 관한 채무자의 항소를 기각하여 제1심의 결론을 그대로 유지하였으나, ② 채무자의 불법행위로 인하여 채권자에게 약 8,034,000원[=5,000만 원(=위 불법행위 기간 동안 이 사건 프로그램을 이용하여 채무자가 얻은 광고 매출액)×53.56%(=온라인 시장에서 채권자의 매출점유율)×30%(=위 기간 동안 채권자의 전체 영업상 순이익률)]의 손해가 발생한 사실을 인정하여 채권자의 손해배상청구를 받아들였다. 이에 대해 채무자가 상고하였으나 상고기각(대법원 2011. 3. 10. 선고 2010다95369 판결)되어 위 항소심 판결은 그대로 확정되었다.
25) 김재형(2007), pp. 423-424 참조.
26) 『법원실무제요 민사집행 IV』, 법원행정처(2003), pp. 391-392.
27) 대법원 2007. 3. 29.자 2006마1303 결정, 2003. 7. 16.자 2002마4380 결정.
28) 대법원 2009. 9. 21.자 2009마389 결정.

2) 법률 또는 법률의 유추적용

(1) 민법

가. 소유권 등 물권에 기한 금지청구권

민법 제214조는 소유권에 기한 소유물방해제거 및 방해예방청구권을 규정하고 있고, 위 규정은 지상권(민법 제290조), 지역권(제301조), 전세권(제319조), 저당권(제370조) 등의 물권에 준용되고 있다. 또한 점유권에 기한 점유물방해제거 및 방해예방청구권(민법 제204조, 제205조)도 인정된다. 위 조항들을 근거로 소유권 등 물권을 침해하는 행위에 대해 금지청구(예를 들어, 자기 소유의 토지에 다른 사람이 출입하는 것을 금지해 달라는 소송, 인접한 대지에서의 건물 신축공사로 인하여 자기 소유의 건물에 균열이 생기는 등의 피해가 발생하고 있으므로 건물 신축공사를 금지해 달라는 소송)를 할 수 있다.

나. 시설관리권에 기한 금지청구권

노동쟁의 등과 관련하여 대법원은 "사용자는 기업시설에 대한 방해배제 내지 방해예방청구권을 피보전권리로 하여 노동조합과 그 소속 조합원을 상대로 임시의 지위를 정하기 위한 가처분을 구하거나 같은 내용의 본안소송을 제기할 수 있다",[29] "학교를 설립 · 운영하는 법인과 그 교장은 학교에 대한 운영 주체로서 그 시설관리권 등에 근거하여 면학 분위기를 해치는 위법행위에 대한 방해예방청구 등 부작위청구권을 행사할 수 있다"[30]고 판시하고 있다. 대법원은 시설관리권을 '대세적 효력'이 있는 권리로 파악하면서 이에 기하여 금지청구권이 도출된다는 입장인데,[31] 시설관리권은 기업시설 또는 학교시설에 대한 운영 주체의 소유권 내지 점유권에 그 근거를 두고 있는 것으로 보인다.

다. 환경 침해에 대한 금지청구권

대법원은, 사법상의 권리로서 환경권을 인정하는 명문의 규정이 없는데도 헌법상의 환경권에 기하여 직접 방해배제청구권을 인정할 수는 없지만,[32] 일조방해,

29) 대법원 2011. 2. 24. 선고 2010다75754 판결.
30) 대법원 2006. 5. 26. 선고 2004다62597 판결. 위 판결에 대한 평석으로는 김시철(2007), pp. 478-520 참조.
31) 대법원 2006. 5. 26. 선고 2004다62597 판결.
32) 대법원 1995. 5. 23.자 94마2218 결정, 대법원 1999. 7. 27. 선고 98다47528 판결, 2006. 6. 2.자 2004마1148, 2004마1149 결정. 위 대법원 94마2218 결정에 대한 평석으로는 윤진수(2008), pp. 364-383 참조.

조망, 소음 등으로 생활이익이 침해되고 그 침해가 사회통념상 수인 한도를 넘어서는 경우에는 소유권 또는 점유권에 기하여 피해의 제거나 예방을 위한 유지청구를 할 수 있다는 입장이다.[33]

라. 인격권 침해에 대한 금지청구권

대법원은 "명예에 관한 권리는 일종의 인격권으로 볼 수 있는 것으로서, 그 성질상 일단 침해된 후에는 금전배상이나 명예회복에 필요한 처분 등의 구제수단만으로는 그 피해의 완전한 회복이 어렵고 손해 전보의 실효성을 기대하기 어려우므로, 이와 같은 인격권의 침해에 대하여는 사전예방적 구제수단으로 침해행위의 정지 · 방지 등의 금지청구권이 인정될 수 있다",[34] "명예는 생명, 신체와 함께 매우 중대한 보호법익이고 인격권으로서의 명예권은 물권의 경우와 마찬가지로 배타성을 가지는 권리라고 할 것이므로 사람의 품성, 덕행, 명성, 신용 등의 인격적 가치에 관하여 사회로부터 받는 객관적인 평가인 명예를 위법하게 침해당한 자는 손해배상 또는 명예회복을 위한 처분을 구할 수 있는 이외에 인격권으로서 명예권에 기초하여 가해자에 대하여 현재 이루어지고 있는 침해행위를 배제하거나 장래에 생길 침해를 예방하기 위하여 침해행위의 금지를 구할 수도 있다"[35]고 판시하여 법률상 명문의 규정이 없음에도 인격권 침해에 대한 구제수단으로 금지청구권을 인정하고 있다. 대법원이 "인격권은 물권의 경우와 마찬가지로 배타성을 가지는 권리"라고 판시하고 있는 점에 비추어 보면, 대법원은 소유권에 기한 방해배제청구권(민법 제214조)을 유추적용하여 인격권에 기한 금지청구권을 인정하고 있는 것으로 보이고,[36] 학설상으로도 "인격권은 배타적인 절대권으로서, 방해배제 및 예방청구권을 규정한 민법 제214조를 유추적용하여 금지청구권을 인정하여야 한다"는 견해[37]가 유력하다.

---

33) 대법원 1995. 9. 15. 선고 95다23378 판결, 1999. 7. 27. 선고 98다47528 판결, 2007. 6. 15. 선고 2004다37904, 37911 판결. 위 대법원 2004다37904, 37911 판결에 대한 평석으로는 지영난(2007), pp. 511-540 참조.
34) 대법원 1997. 10. 24. 선고 96다17851 판결. 인격권에 침해에 대한 금지청구권을 최초로 인정한 대법원 1996. 4. 12. 선고 93다40614, 40612 판결도 같은 취지이다. 위 대법원 93다40614, 40621 판결에 대한 평석으로는 강용현(1996), p. 69 이하 참조.
35) 대법원 2005. 1. 17.자 2003마1477 결정.
36) 이균용(2006), pp. 347-348 참조.
37) 김재형(2006), p. 22 참조.

(2) 기타 법률

상법 제41조는 영업양도인의 경업금지의무를 규정하고 있고, 그 밖에 특허법, 실용신안법, 디자인보호법, 상표법, 저작권법, 정보통신망법에서 각각의 권리침해행위에 대하여 금지청구권을 인정한다. 또한 부정경쟁방지법에서는 부정경쟁행위에 대한 금지청구권(제4조), 영업비밀침해행위에 대한 금지청구권(제10조)을 인정하고 있다.[38]

3) 불법행위에 대한 구제수단으로서 금지청구권의 인정 여부

(1) 대상결정 이전까지의 법원 실무

대법원이 "민법 제763조에 의하여 불법행위에 준용되는 민법 제394조가 금전배상의 원칙을 규정하고 있으므로, 법률에 다른 규정이 있거나 당사자가 다른 의사표시를 하는 등 특별한 사정이 없는 이상 불법행위자에 대하여 원상회복청구는 할 수 없다"고 판시하여,[39] 종래 불법행위에 대한 사후적 구제수단인 원상회복청구뿐만 아니라 사전적 구제수단인 금지청구에도 부정적인 태도를 취하고 있었다는 점은 앞서 제2절에서 설명한 바 있다.

하급심 또한 불법행위에 대한 구제수단으로서 금지청구권을 인정하는 것에 부정적이었는데, 하나의 사례를 보면, 주식회사 다음커뮤니케이션이 주식회사 마이크로소프트를 상대로 윈도 XP에 별개의 소프트웨어를 '끼워팔기'를 한 것은 불법행위에 해당한다고 주장하면서 ① 민법상 불법행위에 대한 사전적 구제수단으로서 금지청구권, ② 영업권에 기한 금지청구권, ③ 공정거래법에 기한 금지청구권을 근거로 '끼워팔기'행위에 대한 금지를 구한 사안에서, 법원은 ① 끼워팔기가 민법상 불법행위에 해당한다고 하더라도 그 구제수단으로 원상회복청구가 가능하지 않고, ② 영업권은 그 법익의 성질이나 보호 내용 및 그 범위가 불확정적이어서 배

38) 앞서 주 4)에서 본 바와 같이, 대상결정에서 채권자는 ① 이 사건 프로그램이 정보통신망법 제48조 제2항 소정의 악성 프로그램에 해당하고, ② 채무자가 구 컴퓨터프로그램보호법, 저작권법, 부정경쟁방지법 제2조 제1호 (나)목 및 (다)목을 각 위반하였다는 주장을 하였는데, 이는 위 각 개별 법률에서 금지청구권을 명시적으로 인정하고 있어(다만, 정보통신망법에는 금지청구권에 관한 규정은 없으나, 제48조 제2항에서 악성 프로그램의 배포를 금지하는 규정을 두고 있다) 금지청구권을 인정받기가 상대적으로 쉬웠기 때문이라고 보인다. 위 주장들이 제1, 2심 결정 및 대상결정에서 모두 받아들여지지 아니한 것은 주 4)에서 본 바와 같다.

39) 대법원 1997. 3. 28. 선고 96다10638 판결, 1994. 3. 22. 선고 92다52726 판결.

타성을 가진 권리라고 단정할 수 없으므로 그로부터 판매금지청구권이 발생할 수 없으며, ③ 공정거래법 위반행위에 대한 금지청구를 인정하는 명문의 법률 규정이 없는 이상 공정거래법에 명시적으로 규정된 손해배상청구권 외에 공정거래법에 근거한 금지청구권이 인정되지는 않는다는 이유로 위 청구를 기각하였다.[40)]

(2) 학계의 동향

가. 부정설

불법행위에 대한 구제수단으로 금지청구권을 인정할 수 있는지에 대하여 부정하는 견해[41)]는 ① 민법상의 불법행위는 이미 발생한 손해의 전보를 목적으로 하는 점, ② 민법 제750조는 '손해의 발생'을 불법행위의 성립 요건으로 정하고 있는데 아직 손해가 발생하지 않은 상황에서 불법행위의 효과로서 금지청구권이 발생할 수는 없다는 점 등을 그 근거로 들고 있다.

나. 긍정설

그러나 학계에서는 현행 민법하에서도 불법행위에 대한 일반적 구제수단으로서 원상회복이나 금지청구를 허용할 수 있다는 견해가 매우 유력하다. 그 근거로는 다음과 같은 점들이 제시된다.

① 민법 제763조에 의하여 불법행위에 준용되는 민법 제394조는 그 입법취지상 금전배상이 손해배상의 원칙적인 방법이라는 것만을 선언한 것일 뿐 특별한 사정이 있는 경우에 원상회복을 배제하는 것은 아니고, 문언상으로도 위 규정이 강행규정이 아닌 임의규정임은 규정 자체로 명백하므로, 당사자 사이의 의사표시가 있는 것은 아니지만 그러한 의사표시가 있는 것과 규범적으로 동등하게 평가할 수 있는 다른 사정이 있는 경우에도 금전배상의 원칙만을 고집하여야 할 이유는 없고, 위법행위에 의한 손해가 발생하였거나 발생할 우려가 있는 경우에 손해의 종류에 따라 원상회복 또는 금지청구 등 다양한 구제수단이 인정될 필요가 있다.[42)]

40) 서울지방법원 2003. 8. 1. 선고 2001가합60373 판결. 불법행위에 대한 사전적 구제수단으로 금지청구가 가능한지 여부에 관하여 대법원의 명확한 판결이 없던 상황에서, 이 판결은 다른 하급심 법원의 판결에 상당한 영향을 끼쳤다고 생각된다.

41) 지원림(2011), p. 1780; 송덕수(2007), p. 705.

42) 윤진수(2003), pp. 87-96. 위 논문에서는 민법 제394조를 위와 같이 해석하는 것을 법의 유추해석[이른바 전체유추] 내지 법관에 의한 법형성(Richterliche Rechtsfortbildung)이라고 한다.

② 불법행위법의 목적은 '손해회복'과 '손해예방'에 있는바, (i) '손해회복'이 불법행위법의 주된 목적이라면 불법행위법의 가장 원칙적인 구제수단은 원상회복이고, 불법행위를 금지하는 것은 원상회복의 중요한 형태이거나 그 필수적인 선행단계이므로, 결국 불법행위의 금지는 '손해회복'이라는 불법행위법의 목적에 직접적으로 부합하는 구제수단이고, (ii) '손해예방'이 불법행위법의 목적이라면 당해 사건에서 발생하게 될 손해를 예방하기 위해 계속되는 불법행위 자체를 금지하는 것은 손해예방을 위한 가장 효율적인 방법이므로, 결국 불법행위에 대한 금지청구권은 '손해회복'과 '손해예방'이라는 불법행위법의 목적을 달성하는 데 반드시 필요한 구제수단이다.[43]

③ 손해가 발생할 가능성이 명백한데도 손해 발생을 억제하기 위한 아무런 조치를 취하지 못하고 나중에 손해의 발생을 기다렸다가 그 배상만을 청구할 수 있도록 하는 것은 받아들이기 힘든 결론이다.[44]

④ 인터넷상의 불법행위와 같이 손해가 순식간에 확대되어 손해배상만으로는 불법행위 이전의 상태로 회복되기 어려운 경우 금지청구는 손해를 예방할 수 있는 용이한 수단이 된다.[45]

⑤ 금지청구권을 인정하고 있는 민법 제214조, 217조 제1항을 비롯한 개별 법률규정들을 통하여 "법이 보호하고자 하는 권리나 이익이 침해되었다면 피해자는 그 침해로부터 회복될 수 있는 가장 적절하고 유효한 수단에 의하여 구제되어야 한다"는 '권리구제적합성'을 향한 법의 일반 원칙을 도출할 수 있는데, 이와 같은 법의 일반 원칙에 의하여 법률 내에 존재하는 흠결을 보충하는 유추 방식인 전체유추(Gesamtanalogie)에 기하여 적어도 금지청구권이 허용되어야 마땅한 사안에 있어서는 금지청구권에 의한 개별적인 구제가 가능하다고 보아야 한다.[46]

⑥ 절대성과 지배성을 갖는 소유권과 같은 물권은 그 침해에 대한 위법성이 추정되는 반면, 채권 등 다른 권리는 그 침해가 늘 위법하다고 할 수 없으나, 채권 등

43) 권영준(2008), pp. 56-58. 한편, 권영준(2009), pp. 111-147은 불법행위법에 대한 패러다임을 불법행위법의 '목적'과 관련하여 ① 예방 패러다임과 ② 회복 패러다임으로 나누고, 위 패러다임들이 불법행위의 요건과 효과의 해석에 어떠한 역할을 하는지를 구체적으로 설명하고 있다.
44) 김재형(2007), p. 431; 김상중(2010), p. 152; 김차동(2010), p. 103.
45) 권영준(2008), p. 59.
46) 권영준(2008), pp. 61-62.

다른 권리 또한 위법하게 침해되었다는 판단이 이루어지면 그 침해행위를 중지하라고 요구하는 것은 허용되어야 마땅하고, 소유권과 같은 물권과 구제 방법이 달라야 할 논리필연적인 이유는 없다.[47)]

⑦ 이미 보호 대상으로 규정된 권리나 법적이익에 대한 침해를 구제하는 구제법(救濟法)상의 유연성의 폭은, 어느 사람에게 권리를 부여하고 다른 사람에게 의무를 부여하는 권리부여법(權利賦與法)의 유연성의 폭보다 더 넓다.[48)]

(3) 외국의 동향

가. 영미법

영미법에서 계약불이행(breach of contract)이나 불법행위(torts)에 관한 보통법(common law)상의 원칙적인 구제수단은 금전배상(compensatory damages)이다. 그러나 채권자는 형평법(law of equity)상의 구제수단으로 특정이행(specific performance)과 금지명령(injunction)을 신청할 수 있다.[49)] 영미법상 금지명령은 '특정한 행위를 명하거나 금지하는 법원의 명령'으로서 본안소송 전에 발하여지는 예비적 금지명령(preliminary injunction)과 본안소송에서 발하여지는 영구적 금지명령(permanent injunction)이 있는데, 이를 우리나라의 경우와 비교해 보면, '예비적 금지명령'은 '임시지위 가처분'에, '영구적 금지명령'은 '작위 또는 부작위를 명하는 본안 판결'에 대응한다.[50)] 또한 금지명령은 그 내용상 부작위를 명하는 금지명령(prohibitory injunction)과 작위를 명하는 금지명령(mandatory injunction)으로 분류되기도 한다.[51)]

영미법상 모든 권리와 이익침해에는 원칙적으로 손해배상을 통한 구제는 물론 금지명령에 의한 구제도 이루어지고 있다.[52)] 그러나 계약불이행이나 불법행위가 인정되더라도 그것만으로 형평법상의 구제수단이 인정되는 것은 아니고, 그 인정 여부에 관하여는 법원의 상당한 재량이 인정된다. 그러나 그 인정 여부가 전적으로 법원의 자의에 달린 것은 아니고 실제에 있어서는 일정한 기준이 형성되어 있

47) 권영준(2008), pp. 63-64; 김상중(2010), p. 164; 김재형(2007), pp. 430-432.
48) 권영준(2008), p. 65; 김차동(2010), p. 88.
49) 윤진수(2003), p. 75.
50) 권영준(2008), p. 53.
51) 이효제(2010), pp. 569-571; 김차동(2010), p. 83.
52) 김차동(2010), p. 93.

다.[53]

미국 연방대법원은 특허권 침해에 관한 eBay vs. MercExchange 사건[54]에서 금지명령을 발령할 것인지 여부는 ① 원고가 회복할 수 없는 손해를 입었는지 여부, ② 손해배상과 같은 보통법상 구제수단이 원고의 손해를 보상하는 데 부적절한지 여부, ③ 원고와 피고 사이의 곤란성의 균형, ④ 금지명령에 의하여 공익에 위해가 발생하는지 여부의 네 가지 요건을 검토하여 형평의 관념에 따라 결정하여야 한다고 판시하였다.[55]

나. 독일[56]

독일 민법은 손해배상의 원칙적 방법으로 금전배상이 아닌 원상회복을 택하고 있는데, 더 나아가 급박한 침해행위에 대하여는 손해발생을 기다리지 않고 이를 금지할 수 있는 청구권도 인정하고 있다. 즉, 독일에서는 불법행위법적 손해배상의 보호를 향유하는 권리나 법익인 한 급박한 침해에 대해 금지청구권에 따른 예방적 보호 역시 받을 수 있고, 보호의 인정 여부를 판단하는 데 있어 절대적 법익인지 여부가 문제되지 않는다고 이해되고 있다. 물론 독일 민법에서도 침해행위의 금지청구권이 언제나 인정되는 것은 아니며, 일단 (고의 · 과실을 묻지 않으나) 위법행위이면서도 ① 청구권자의 법익에 대한 침해위험이 충분히 구체화되어 있을 것, ② 피해자에게 위험을 지배하는 것이 불가능하거나 기대할 수도 없어서 이를 회피할 수 없을 것을 요건으로 하고 있다.

(4) 대상결정의 의의

대상결정은, "경쟁자가 상당한 노력과 투자에 의하여 구축한 성과물을 상도덕이나 공정한 경쟁질서에 반하여 자신의 영업을 위하여 무단으로 이용함으로써 경쟁자의 노력과 투자에 편승하여 부당하게 이익을 얻고 경쟁자의 법률상 보호할 가치가 있는 이익을 침해하는 행위는 부정한 경쟁행위로서 민법상 불법행위에 해당한다"고 하여 채무자의 광고행위가 불법행위에 해당한다고 판시하였다. 그리고 위

53) 윤진수(2003), p. 75 참조.
54) 547 U.S. 388 (2006).
55) 권영준(2008), p. 54 참조.
56) 아래의 내용은 김상중(2010), pp. 152-153을 참조하여 정리한 것이다.

와 같은 불법행위(부정한 경쟁행위)에 대한 구제수단으로서 손해배상 이외에 금지청구도 가능한지 여부에 대해 "무단이용 상태가 계속되어 금전배상을 명하는 것만으로는 피해자 구제의 실효성을 기대하기 어렵고(이하 '① 요건'이라 한다), 무단이용의 금지로 인하여 보호되는 피해자의 이익과 그로 인한 가해자의 불이익을 비교·교량할 때 피해자의 이익이 더 큰 경우(이하 '② 요건'이라 한다)에는 그 행위의 금지 또는 예방을 청구할 수 있다"고 하여 부정한 경쟁행위에 해당하는 불법행위에 대해 금지청구가 가능하다는 점을 최초로 밝히고, 금지청구권의 발생 요건(위 ①, ② 요건)을 제시하였다.

비록 대상결정이 금지청구권을 인정한 것은 '부정한 경쟁행위'[57]라는 특수한 유형의 불법행위에 한정되기는 하지만,[58] 위 결정은 다른 유형의 불법행위에 대한 금지청구권의 인정 여부에 관하여도 상당한 영향을 미칠 것으로 예상된다. 실제로 대상결정 이후 대법원은 2011. 10. 13. 선고 2010다63720 판결에서 "일반 공중의 통행에 제공된 도로를 통행하고자 하는 자는, 그 도로에 관하여 다른 사람이 가지는 권리 등을 침해한다는 등의 특별한 사정이 없는 한, 일상생활상 필요한 범위 내에서 다른 사람들과 같은 방법으로 그 도로를 통행할 자유가 있고, 제3자가 특정인에 대하여만 그 도로의 통행을 방해함으로써 일상생활에 지장을 받게 하는 등의 방법으로 그 특정인의 통행의 자유를 침해하였다면 민법상 불법행위에 해당하며, 그 침해를 받은 자로서는 그 방해의 배제나 장래에 생길 방해를 예방하기 위하여 통행방해행위의 금지를 소구할 수 있다고 보아야 한다"고 판결하여 통행의 자유를 침해하는 민법상 불법행위에 대하여도 금지청구권을 인정하였다.

이하에서는 대상결정이 손해배상청구권 이외에 금지청구권을 인정하고, 금지청구권의 발생 요건을 제시한 것에 대하여 그 타당성 여부를 법경제학적 시각에서 간단히 고찰해 보고자 한다.

57) 부정경쟁방지법상의 '부정경쟁행위'와 구별하기 위하여 '부정한 경쟁행위'라는 표현을 사용한 것으로 보인다.
58) 또한 부정경쟁방지법 제4조 제1항이 '부정경쟁행위'에 대한 금지청구권을 인정하고 있기 때문에, 대상결정이 민법상 불법행위로서의 '부정한 경쟁행위'에 대한 금지청구권을 인정하는 것이 상대적으로 수월하였을 것이라고 추측되기도 한다. 김재형(2007), p. 431은 "제3자에 의한 채권침해에서 부정경쟁이 문제되는 경우에는 부정경쟁방지법 제4조의 규정을 유추적용하여 금지청구권을 도출할 수 있다"고 하였다.

5. 대상결정에 대한 법경제학적 분석

1) 재산권 설정의 기준

(1) 갈등의 상호성

대상결정은 채무자의 광고행위가 부정한 경쟁행위로서 민법상의 불법행위에 해당한다고 판단하였다. 채무자의 광고행위가 민법상의 불법행위에 해당한다고 판단한 것은 채권자의 '네이버 운영을 통한 광고영업 이익'과 채무자의 '자유롭게 영업을 할 권리' 중 채권자의 권리를 우선시킨 것으로서 법경제학적 관점에서 채권자에게 '네이버 운영을 통한 광고영업 이익'이라는 재산권(property rights)[59]을 설정해 준 것으로 볼 수 있다.[60]

물론, 채권자는 장기간 동안 상당한 노력과 투자에 의하여 다양한 서비스를 제공하는 네이버 웹사이트를 구축하여 그 방문객을 확보하였고, 이와 같이 확보한 방문객을 대상으로 광고영업을 해왔는데, 채무자가 네이버의 신용과 고객흡입력을 무단으로 이용하여 채권자의 '광고영업 이익'을 가로챘다는 점에 주목한다면, 대상결정은 '처음부터' 존재하던 채권자의 법적 이익(채권자의 광고영업 이익)을 단순히 '확인'한 것에 불과할 뿐 채권자에게 '재산권'을 설정해 준 것은 아니라고 볼 수도 있다.

그러나 관점을 달리하여 생각해 보면, ① 채권자가 네이버 홈페이지의 정보를 자신의 서버로부터 개별 이용자의 컴퓨터에 전송할 때까지 채무자의 이 사건 프로그램은 아무런 영향을 미치지 아니한 점, ② 네이버의 이용자가 자신의 컴퓨터로 전송받은 네이버 홈페이지 정보 중 일부를 자신의 기호나 선택에 따라 자신의 컴

59) 법경제학에서 '권익권'(entitlement)이란 권리와 이익을 받을 수 있는 권리 혹은 법률적으로 보호할 가치가 있는 권리와 이익을 뜻한다. 재산권을 여러 권리의 묶음으로 볼 때 그 여러 권리들의 하나하나를 권익권으로 볼 수도 있다. 그러나 경제학자들은 권익권을 재산권과 같은 것으로 취급하기도 한다(박세일, 2009, p. 137). 이 글에서는 권익권과 재산권을 같은 개념으로 사용하기로 한다.

60) 재산권의 설정에 관하여는 박세일(2009), pp. 119-143 참조.

퓨터 영역 내에서 변경하여 열람하는 것은 네이버의 이용자에게 보장되어야 할 당연한 권리의 범위에 속한다고 보아야 하는 점, ③ 이 사건 프로그램은 네이버 이용자의 명시적 동의에 따라 해당 이용자의 컴퓨터에만 설치되어 그 컴퓨터 내에서만 실행되고, 이 사건 프로그램의 사용을 원하지 아니하는 이용자는 이를 언제든지 영구적으로 삭제하거나 광고 내에 'X'로 표시된 닫기 버튼을 클릭하는 방법으로 그 광고를 쉽게 제거할 수 있으며, 광고가 제거되면 그 즉시 본래의 네이버 홈페이지 화면으로 복귀하는 점 등을 고려할 때, 채무자의 광고행위는 네이버 이용자의 컴퓨터에 도달하여 이용자의 영역에 속하게 된 네이버 홈페이지의 정보를 이용자가 설치에 동의한 이 사건 프로그램에 의해 일부 변경하여 이루어지는 것에 불과하다고 볼 수도 있고,[61] 그렇다면 채무자는 오히려 채권자가 이 사건 가처분신청을 통하여 채무자의 '영업의 자유'를 방해하고 있다는 주장을 할 여지도 있게 된다.

이와 같이 대상결정의 사안을 '채권자의 광고영업 이익'과 '채무자의 영업의 자유'가 충돌하여 '갈등의 상호성'이 존재하는 사안으로 보게 되면, 채권자와 채무자의 재산권 중 누구의 재산권을 보호하는 것이, 즉 누구에게 재산권을 부여하는 것이 '효율성'(efficiency)[62]의 관점에서 보다 더 바람직한지 여부가 법경제학적으로 문제된다.

(2) 코즈 정리

이 문제의 검토를 위하여 코즈(Coase) 정리[63]를 살펴볼 필요가 있다. 코즈 정리

61) 이 부분은 채무자 회사 및 그 대표이사가 형법 제314조 제2항의 컴퓨터등장애업무방해죄 등으로 기소된 사건에서 항소심(서울고등법원 2009. 10. 22. 선고 2008고합312 판결)이 컴퓨터등장애업무방해죄에 대해 무죄를 선고하면서 설시한 판결 이유 중의 일부이다. 이 부분 판단은 대상결정 이후 선고된 상고심(대법원 2010. 9. 30. 선고 2009도12238 판결) 판결에서도 그대로 유지되었다.

62) 경제학에서의 '효율성'은 일반적으로 파레토 효율성(Pareto efficiency)을 의미한다. 파레토 효율성이란 제한된 자원이나 재화를 배분함에 있어 "적어도 어떤 사람을 불행하게 하지 않고는 다른 사람을 더 이상 행복하게 할 수 없는 상태"에 도달함을 의미한다. 일반적으로 어떤 한 사람을 불행하게 하지 않으면서도 다른 사람을 좀더 행복하게 만들 수 있는 자원 배분의 경우를 소위 파레토 개선(Pareto improvement)이라고 부르는바, 이러한 의미의 파레토 개선의 가능성이 완전히 소진되어 이미 더 이상의 파레토 개선이 불가능한 상태를 파레토 효율성이 달성된 자원 배분의 상태라고 한다(박세일, 2009, p. 92). 이와 대비하여 볼 수 있는 개념이 '칼도-힉스(Kaldor-Hicks) 효율'의 개념이다. '칼도-힉스 기준'(Kaldor-Hicks criterion)이란 재화배분의 변경으로 인한 이익이 그로 인한 손실보다 크다면 그러한 손실을 감수하고서라도 재화 배분의 변경을 허용한다는 것을 뜻한다(윤진수, 2009, p. 5). 효율성만이 법에서 고려되어야 할 유일한 가치는 아니고 다른 목적, 특히 공정성(fairness)도 법의 제정이나 적용 과정에서 고려하여야 할 중요한 요소이다. 그렇지만 효율성이 법에서 고려되어야 할 중요한 요소임에 틀림 없다. 단순화시켜서 말한다면 법이 특별히 효율을 고려하지 말라고 명령하지 않는 한 법의 해석과 적용에서 항상 효율성을 고려하여야 한다(윤진수, 2009, p. 6).

63) 코즈(Ronald H. Coase) 교수가 "The problem of social cost"라는 논문에서 주장한 이론을 동료 교수가 코즈 정리

는 "첫째, 특정 자원에 대한 민간의 재산권이 뚜렷하게 확립되어 있고, 둘째 계약이나 그 밖의 권리집행을 위한 제반 거래비용이 존재하지 않는다면, 어떤 식으로 해당 자원에 대한 재산권이 배분되더라도 경제 효율성은 달성된다"로 요약할 수 있다.[64] 즉, 대상결정의 사안에서 채권자와 채무자 사이의 거래비용[65]이 존재하지 않는다면, 법원이 채권자와 채무자 중 누구에게 재산권을 부여하더라도 당사자들의 자발적인 협상과 교환을 통해 가장 효율적인 자원 배분에 이르게 된다는 것이다.

그런데 채권자와 채무자 사이의 거래비용이 높아서[66] 협상이 어려워질 경우는 어떠한가? 이 경우의 문제 해결을 위하여 위 코즈 정리를 다시 정리해 보면 "거래비용이 높아서 협상이 어려워지면, 자원이 얼마나 효율적으로 배분되는지 여부는 재산권이 어떻게 정해지는가에 의해 결정된다"는 결론에 이르게 된다. 그렇다면 거래비용이 높아서 협상이 어려운 경우 자원을 효율적으로 배분하기 위한 재산권 부여의 원칙은 어떤 것일까? 코즈는 이에 대해 "거래비용 발생의 필요를 줄이는 방향", 즉 "거래비용이 존재하지 않는 상황에서 누가 그 권리를 더 높은 가격을 지불하고 살 용의가 있는가를 살펴서 그러한 당사자에게 권리를 부여하는 방향"으로 법정책을 세워 나가는 것이 바람직하다고 한다.[67]

(3) 대상결정의 사안에의 적용

대상결정의 사안에서 채무자의 광고행위로 인하여 입게 될 채권자의 피해가 이 사건 가처분의 발령으로 인하여 채무자가 입게 될 피해보다 크다고 보인다. 왜냐하면 채권자는 네이버를 찾는 방문객을 확보하기 위해 각종 서비스를 제공하는

로 명명한 것이다. 코즈 교수는 이후 코즈 정리로 노벨경제학상을 수상하였고, 위 논문은 1965년 이전의 미국 법학 분야의 가장 위대한 22개의 논문 중 하나로서 1984년 Great American Law Review에 올랐다고 한다(Robert D. Cooter and Thomas Ulen 저, 한순구 역, 2009, p. 98).

64) 김일중(2008), p. 108 참조. 코즈 정리에 대한 자세한 내용은 김일중(2008), pp. 97-184 참조.

65) 거래비용이라 함은 거래행위가 성립되기 위해 드는 일체의 비용을 말한다. 거래 상대를 찾는 비용, 거래조건을 확정하는 비용, 그리고 거래조건의 이행을 강제하고 감독하는 비용 등을 의미한다(박세일, 2009, p. 4).

66) 거래비용이 많이 드는 경우를 대별하면 다음과 같은 두 가지 그룹으로 나누어 생각할 수 있다. 첫째는 다수의 문제가 존재하는 경우이다. 즉, 거래당사자가 다수이어서 거래조건에 대한 전원의 합의도출이 용이하지 않은 경우이다. 둘째는 소수의 문제가 존재하는 경우이다. 이 경우 거래당사자는 두 사람이고 서로가 상대를 제외하고는 대안이 없는 경우이다. 즉, 상대방 이외에는 다른 사람과 거래할 수 없는 경우이다. 소위 쌍방독점(bilateral monopoly)의 경우이다. 이러한 경우 서로가 보다 유리한 입장이 되려고 전략적으로 행동하게 되면 대단히 큰 거래비용이 든다. 경우에 따라서는 객관적으로 보아 쌍방에 유리한 거래인데도 거래의 성립 자체가 불가능해지기도 한다. 특히, 장래의 거래에서 보다 유리한 고지를 점령하기 위해 서로 전략적으로 행동할 때 그러한 비효율적 결과가 나오기 쉽다(박세일, 2009, p. 140).

67) 허성욱(2006), pp. 207-208 참조.

비용을 계속 부담해야 하지만, 채무자는 그와 같은 비용을 부담할 필요 없이 이 사건 프로그램의 제공만으로 네이버를 찾는 방문객들을 상대로 광고행위를 할 수 있어 채권자보다 더욱 저렴한 가격으로 광고주들로부터 광고를 유치할 수 있을 것이므로, 이와 같은 상태가 계속된다면 채권자는 가격경쟁력에서 비교우위에 있는 채무자에게 광고주를 빼앗길 것이고, 그로 인하여 그 동안 상당한 노력과 투자에 의해 구축한 성과물인 네이버를 통한 광고영업 자체를 폐지하게 되는 결과에 이를 수도 있다고 보이는 반면, 채무자의 영업기간이나 규모 · 형태에 비추어 보면 채무자가 광고영업을 중단함으로써 입게 될 피해는 채권자가 광고영업을 폐지함으로써 입게 될 피해보다는 적을 것이기 때문이다.

결국, 대상결정의 사안에서 채권자와 채무자 사이의 거래비용이 높아 협상이 어렵다고 한다면, '네이버를 통한 광고영업 이익'을 더 높은 가격으로 사려고 할, 즉 '네이버를 통한 광고영업 이익'에 더 높은 가치를 부여하고 있는 채권자에게 재산권(네이버를 통한 광고영업 이익)을 부여하는 것이 자원을 효율적으로 배분하는 것이 된다.

따라서 채무자의 광고행위가 부정한 경쟁행위로서 민법상의 불법행위에 해당한다고 판단하여 채권자의 '네이버 운영을 통한 광고영업 이익'과 채무자의 '자유롭게 영업을 할 권리' 중 채권자의 권리를 우선시킨 대상결정은 법경제학적 관점에서 타당하다.

그렇다면 채권자에게 위와 같이 부여(설정)된 재산권(권리)을 어떻게 보호하는 것이 효율성[68]과 공정성[69]의 관점에서 가장 바람직한가(즉, 최적의 보호 방식인가)? 이를 위해 법경제학에서 논의되고 있는 권리보호의 방식에 관하여 살펴보기로 한다.

68) 재산권 설정 과정에서의 효율성이 '동태적 경제효율성'(dynamic economic efficiency)을 의미하는 반면, 재산권 보호 과정에서는 '칼도-힉스의 정태적(static) 경제효율성'이 매우 유익한 역할을 한다(김일중, 2008, pp. 124-129 참조).

69) 여기서의 '공정성'이란 재산권 설정 단계에서 정해진 기준이 향후 비슷한 상황의 재산권의 보호 과정에서 당사자가 누군가인지에 관계 없이 '무차별적으로' 적용되어야 한다는 것을 뜻한다(김일중, 2008, pp. 124-129 참조).

2) 권리보호 방식의 유형

(1) 개요[70)]

1970년대 이전까지 미국 보통법(common law)상으로 재산권(Property)에 관한 법원리와 불법행위(Torts)에 관한 법원리는 서로 별개의 것으로 다루어지다가 1972년 캘러브레시(Guido Calabresi)가 멜러메드(A. Douglas Melamed)와 함께 발표한 논문[71)]에서 양자에 관한 체계적인 분석이 이루어진 후 그 분석은 지금까지 다툼 있는 법률관계에 있어서의 권리보호 방식에 관한 대표적인 접근법이 되었다고 한다.

캘러브레시와 멜러메드에 따르면 권리보호는 크게 세 가지 방식으로 이루어질 수 있는데, 동의규칙(property rule), 보상규칙(liability rule), 양도불능규칙(inalienability rule)[72)]이 그것이다.

(2) 동의규칙

동의규칙은 본인의 의사에 의하지 않고는 그 권리를 전혀 박탈할 수 없도록 하는 원칙을 말한다. 오직 본인의 자발적인 의사에 기초한 교환 내지 거래를 통하여서만 권리의 이전이 가능한 경우이다. 그 이외의 방법에 의한 권리의 이전은 있을 수 없다. 본인의 의사에 반하여 권리의 이전을 강제하는 경우에는 형사법적 제재를 받거나 민사법상의 강제이행의 문제를 발생시킨다. 법은 누구에게 권리를 부여할 것인가만 결정하고, 그 권리의 가치에 대한 평가는 시장에서의 이해당사자들 간의 개인적인 평가, 즉 시장가격에 맡긴다. 이는 국가의 개입 정도가 비교적 적은 권리보호 방식이라고 할 수 있다.[73)]

동의규칙은 피해를 발생시킬 행위에 대하여 금지 또는 징벌적 배상의 권리를 갖고 있으므로 잠재적 가해자는 잠재적 피해자에게 미리 협상을 하려는 유인을 갖게 되고, 협상이 결렬될 경우 자신의 행위를 억지하게 된다. 따라서 동의규칙은 거래를 가능한 한 시장으로 유도한다.[74)]

70) 허성욱(2006), p. 212 참조.
71) Calabresi and Melamed(1972).
72) 위 세 가지 원칙 중 양도불능규칙은 이 글의 연구 범위에 포함되지 아니하므로 따로 설명하지 않는다.
73) 허성욱(2006), pp. 212-213 참조.
74) 김일중(2008), p. 190 참조.

동의규칙에 속하는 대표적 구제수단은 '유지명령'(injunction)이다.[75] 대상결정은 채권자에게 채무자를 상대로 광고행위의 금지를 구할 권리가 있다고 판단하고, 그에 기하여 채무자의 광고행위의 금지를 명하는 임시지위 가처분을 발령하였으므로, 채권자는 위 1)항에서 재산권으로 부여된 '네이버 운영을 통한 광고영업 이익'에 대하여 동의규칙에 의한 보호를 받게 된 것이다.

(3) 보상규칙

보상규칙은 권리자의 의사를 묻지 않고서도 경우에 따라서는 그 의사에 반해서도 그 권리를 박탈 내지 침해할 수 있으나 다만 객관적으로 평가되는 손해액을 배상하도록 하는 원칙이다. 여기서 손해액의 객관적 결정은 국가가 담당한다. 따라서 그 권리의 가치는 개인적 평가 내지 시장적 평가가 아니라 제도적 평가에 의하여 결정되는 셈이다. 이러한 의미에서 동의규칙보다 국가의 개입 정도가 큰 권리보호 방식이다. 이는 거래비용의 존재로 인하여 당사자들에 의한 자발적인 거래가 불가능하지만 거래가 이루어지는 것이 더 효율적인 상황에서 국가가 개입하여 당사자들 사이에서 국가가 객관적으로 결정한 가격에 의해 거래가 이루어진 것과 같은 법률관계를 창설한다는 점에서 이를 준계약(quasi-contract) 법률관계 또는 비자발적 거래라고 볼 수 있다.[76]

보상규칙은 실질적 사고에 대하여 사후 보상적 배상만을 하면 되므로, 그럴 의향이 있을 때에는 언제든지 피해를 입힐 수 있게 된다. 따라서 보상규칙은 일면 잠재적 가해자에게 보상을 조건으로 가해할 수 있는 권한을 주는 것으로 해석할 수 있다. 보상규칙은 거래를 시장보다 '법원을 통해' 이루어지도록 한다고 볼 수 있다.[77]

보상규칙에 속하는 법원의 실제 구제 방식은 '손해배상'(damages)이다.[78] 대상결정에서 채권자의 가처분신청이 기각되어 채권자가 향후 본안소송을 통해 불법행위에 대한 손해배상만을 받을 수 있게 된다면, 채권자는 위 1)항에서 재산권으로

75) 김일중(2008), p. 188 참조.
76) 허성욱(2006), p. 213 참조.
77) 김일중(2008), p. 190 참조.
78) 김일중(2008), p. 189 참조.

부여된 '네이버 운영을 통한 광고영업 이익'에 대하여 보상규칙에 의한 보호만을 받게 되는 것이다.

(4) 동의규칙과 보상규칙의 관계

앞서 살펴본 것처럼 재산권 보호 방식 중 권리자를 가장 강력하게 보호하는 것은 동의규칙이다. 그러면 왜 동의규칙 외에 보상규칙이 인정되는가?

캘러브레시와 멜러메드[79]는 그 이유를, 거래에 의하여 권리의 가치를 확정하는 비용(거래비용)이 너무 커서 권리의 이전이 모든 당사자에게 유리한 경우[80]에도 자발적인 거래에 의하여서는 그러한 권리의 이전이 일어나지 않는 경우가 많다는 데서 찾고 있다.[81] 그 대표적인 예로 공용수용을 들 수 있다.[82]

보상규칙이 인정되는 다른 대표적인 사례는 각종 사고가 발생한 경우이다. 사고 발생 전의 사전협상은 사실상 불가능한 경우가 대부분일 것이므로 동의규칙에 입각하여 사고 발생 전에 사전협상을 요구하는 것은 사회 · 경제적 가치가 있는 많은 활동을 부당하게 억제하거나 사실상 불가능하게 만들게 되므로, 보상규칙이 적용될 수밖에 없다.[83]

요컨대, 시장을 통한 당사자 간의 자발적 권리의 가치 확정에 ① 대단히 비용이 많이 들거나 ② 기술적으로 불가능할 때 이를 집단적 가치 확정으로 대체하여 권리의 교환과 이전을 촉진시키는 제도가 바로 보상규칙이다.[84]

3) 불법행위의 유형

(1) 개요

앞서 본 동의규칙과 보상규칙 중 어떤 원칙을 적용하여 재산권을 보호할 것인지 여부, 즉 재산권 보호의 방식은 '불법행위의 유형'에 따라 차이가 있다. 따라서

79) Calabresi and Melamed(1972).
80) 이때는 '칼도-힉스 효율'의 관점에서 '효율적'임을 뜻한다.
81) 윤진수(2007a), p. 374; 윤진수(2007b), pp. 93-95.
82) 자세한 설명은 박세일(2009), pp. 146-147 참조.
83) 박세일(2009), p. 148 참조.
84) 박세일(2009), p. 148 참조.

이하에서는 불법행위의 유형 및 그 구별 기준에 관하여 살펴보기로 한다.

(2) 침해, 불법방해, 사고의 구별[85)]

법경제학적 관점에서 불법행위의 대표적 유형으로 침해(trespass), 불법방해(nuisance), 사고(accident)가 있다. 이 중 '침해'와 '불법방해'를 구분하는 가장 핵심적인 기준은 그 행위가 타인의 재산권에 얼마나 '직접적'으로 피해를 주었는가, 또는 피해의 발생에 얼마나 '상호성'이 존재하는가이다.[86)] 직접적으로 피해를 주거나 상호성이 없는 경우(즉, 이미 잘 설정된 초기 소유권의 침범일 때)에는 침해의 영역이 되며, 이때 구제 방식은 향후 확실한 억지력을 제공하기 위해 동의규칙이 사용된다.[87)] 침해는 법원이 절대적으로 보호해 주고자 하는 권리의 침범이므로 이에 대해서는 무엇보다도 사전협상을 강제하여야 하며, 동시에 침해 사건을 보면 그 속성상 사전협상이 가능하다는 점도 알 수 있다. 반면, 불법방해에 대해서는 구제 방식으로서 동의규칙 또는 보상규칙이 함께 사용된다.

한편, '불법방해'와 '사고'는 불법행위가 일어난 상황에 비추어 얼마나 '사전협상'이 가능하였는가로 구분할 수 있다. 그리고 사전협상의 가능성을 결정하는 가장 중요한 변수는 불법행위로 인한 피해가 얼마나 '지속적'인가이다. 그 피해가 일시적이라면 사전협상이 원천적으로 불가능하기 때문에 사고로 취급한다. 반대로 지속적인 피해에 대해서는 사전협상이 가능할 수 있으므로 불법방해의 범주에 포함시킨다.[88)] 사고에 대하여는 보상규칙만을 사용한다.[89)]

---

85) 아래의 내용은 김일중(2008), pp. 132-141 참고하여 정리한 것이다.

86) Posner는 '자원의 사용'에 있어서 발생하는 갈등이 불법방해인 데 반하여, '자원의 소유권'에 관한 갈등이 침해라고 하여 불법방해와 침해를 구별하면서, 침해의 경우 대체로 거래비용이 적을 가능성이 많아 동의규칙을 사용해야 한다는 주장을 한 바 있다. 한편, Epstein은 불법방해가 '상호성의 속성이 있는 행위', 즉 원고와 피고 상호간에 피해를 발생시킬 수 있는 성격 또는 인과관계가 양쪽으로 성립할 개연성을 갖는 행위인 데 반하여, 침해는 피해 발생의 상호성이 전혀 없고 일방성만 존재하는 행위라고 하면서, 재산권에 대한 직접적인 침범이 잦아질 위험이 존재할 때에는 거래비용에 관계 없이 침해로 규정하여 동의규칙을 사용해야 한다고 주장하였다(김일중, 2008, pp. 136-137).

87) 예컨대, 피고가 원고의 보석을 훔친 경우가 침해에 해당한다.

88) 똑같은 오염이라 하더라도 태안반도에서 원유 방출, 원전발전소의 방사선 누출 등으로 인한 오염은 사고에 해당하고, 낙동강 공장폐수 방류 및 한강 상류 가축사육장에서 나오는 폐기물 등으로 인한 오염은 불법방해에 해당한다(김일중, 2008, p. 138).

89) 김일중(2008), p. 137.

4) 침해에 대한 권리보호 방식

(1) 개요

대상결정에서 채무자는 채권자가 개별 이용자들에게 제공하는 네이버 웹사이트의 화면에서 '직접' 대체광고, 여백광고, 키워드 삽입광고를 하였다. 또한 인터넷의 특성에 비추어 볼 때 채권자와 채무자의 광고영업은 토지와 같은 한정된 자원을 인접하여 이용하는 관계도 아니므로 '상호성' 또한 약하다. 따라서 채무자의 광고행위는 앞서 본 불법행위의 유형 중 '침해'(trespass)에 해당할 가능성이 있다.[90]

그런데 앞서 본 바와 같이 불법행위 중 '침해'에 해당하는 경우에는 동의규칙이 적용되어야 한다. '침해'에 동의규칙이 적용되어야 하는 이유와 관련하여 캐플로(Louis Kaplow)와 샤벨(Steven Shavell)[91]이 설득력 있는 논거를 제시하고 있으므로 이에 대하여 살펴보기로 한다.

(2) 동의규칙이 적용되어야 하는 논거[92]

가. 협상의 불가능(impossible bargaining)

보상규칙에 따라 법원이 손해배상액을 산정할 경우 소유자의 목적물에 대한 특유 가치 등을 반영하지 못하여 과소배상이 될 가능성이 크다. 이와 같은 상황에서 가령 소유자가 1,200만 원의 가치를, 잠재적인 사적 수용자가 1,100만 원의 가치를 가지는 자동차의 사적 수용(private taking)에 대해 법원이 보상규칙에 따라 소유자에게 1,000만 원의 손해배상을 인정하는 경우를 생각해 보자. 이 경우 그 상황을 아는 모든 사람들은 그 자동차에 대한 사적 수용의 유인을 느낄 것이다. 한편, 소유자는 자신이 더 높은 가치를 부여하고 있는 자동차의 비효율적인 사적 수용을 막기

90) eBay, Inc. v. Bidder's Edge, Inc. 사건[100 F. Supp. 2d 1058 (N.D. Cal. 2000)]에서, 인터넷 경매 사이트를 운영하는 eBay사는 소비자들이 비교 구매를 할 수 있게 하는 사이트를 운영하는 Bidder's Edge사의 검색 로봇 프로그램이 eBay사의 사이트를 검색하는 것을 허용하면 다른 경매 통합정보업자로 하여금 eBay 사이트를 누비고 돌아다니도록 조장할 것이고 결국에는 eBay 소비자의 접근이 방해될 것이라는 점 등을 들어, Bidder's Edge사가 검색 로봇을 사용하는 행위가 eBay사의 동산(컴퓨터 등 서버)에 대한 '침해'를 구성한다고 주장하면서 가처분을 신청하였고, 법원은 이에 따른 가처분을 발령하였다고 한다(김관식, 2010, p. 443에서 재인용). 한편, 김관식(2010), pp. 442-443은 대상결정의 경우 이 사건 프로그램의 작동이 채권자의 서버가 아닌 네이버 이용자의 개별 컴퓨터에서 이루어지므로 채무자의 광고행위가 동산 '침해'에 해당하지 않는다고 주장하고 있다.

91) Louis Kaplow and Steven Shavell(1996).

92) 허성욱(2006), pp. 234-237; 김일중(2008), pp. 192-193을 참조하여 정리한 것이다.

위하여 사적 수용자들에 대하여 200만 원이 넘지 않는 범위 내에서의 금원을 지급하고 사적 수용을 하지 말아 달라는 내용의 협상을 하게 될 것이라고 생각해 볼 수 있다. 그러나 현실은 그렇지 않다. 왜냐하면 소유자가 어느 한 사적 수용자와의 사이에서 수용을 막기 위한 협상을 하고 대가를 지급하더라도 곧 이어서 다른 사적 수용자가 나타나서 수용의 의사를 표시할 것이고, 소유자가 이를 막기 위해서는 대가를 지급해야 하기 때문이다. 결국에는 이러한 잠재적 사적 수용자들이 끊임없이 나타날 것이므로 소유자의 입장에서는 사적 수용자에게 대가를 지급하는 방법으로 수용을 막을 수는 없다. 결국 수용은 일어나게 되고 그것은 사회적으로 바람직하지 않은 결과이다.

대상결정에서 채무자의 광고행위를 직접 금지시키지 않고 보상규칙에 따라 손해배상책임만을 인정하면, 채무자와 같은 방식으로 광고영업을 하는 업체가 또 생겨날 수 있는데, 이 경우 채권자는 다수의 업체를 상대로 손해배상청구 소송을 하고, 손해배상액이 적은 경우에는 채무자와 같은 업체들과 협상을 할 수밖에 없다. 이와 같은 과정이 반복되다 보면 채권자의 광고영업의 존속 여부가 심각하게 위협을 받을 우려가 있다고 할 수 있다.

나. 상호수용(reciprocal takings)

보상규칙에 따르면 권리가 과소평가되어 있기 때문에 사적 수용자의 입장에서 보면 자신이 수용을 통해 취득한 권리에 대해 또 다시 다른 사적 수용자들로부터 수용당할 위험에 처하게 된다. 그 다른 사적 수용자에는 최초에 수용을 당한 원소유자도 포함되어 결국 '뺏고 빼앗기는 사회'로 전락하게 된다. 이처럼 보상규칙에 따를 때 분쟁은 끊임없이 야기되어 법적 안정성도 심각히 문제되고, 각종 행정비용은 천문학적 수준이 될 것이다.

다. 과잉투자(overinvestment)

보상규칙에 따를 때 사적 수용의 반복이 예상되므로 소유자는 어쩔 수 없이 권리의 목적물에 대한 여러 가지 잠금장치를 하거나 수용이 예상되는 목적물에 대하여 더 이상의 투자를 하지 아니하여 목적물의 가치를 떨어뜨리는 등 사전적으로 수용을 당하지 않기 위한 여러 가지 노력을 하게 되고, 사적 수용자들은 소유자들의 이러한 노력에 맞서서 숨겨진 수용의 목적물을 찾기 위한 노력을 하게 된다. 이러한 양 당사자들의 노력에 드는 비용은 사회적으로 볼 때 전혀 무용한, 불필요한 비용의 지출이다. 동의규칙에 의하는 경우에는 이러한 사회적 비용은 지출되지 않는다.

대상결정에서 보상규칙에 따라 손해배상책임만 인정하면, 채권자는 채무자의 이 사건 프로그램이 작동되지 못하도록 하는 프로그램을 새로 개발한 후 이를 수많은 네이버 이용자들로 하여금 개별적으로 설치하게 해야 할 텐데 이는 불필요한 비용에 해당한다고 볼 수 있다. 또한 채권자는 네이버에 계속적으로 투자할 동기를 잃게 될 수도 있다.

(3) 대상결정의 사안에의 적용

채무자의 광고행위가 채권자의 '네이버를 통한 광고영업 이익'에 대한 '침해'에 해당한다면, 그에 대한 권리보호 방식은 보상규칙이 아닌 동의규칙이 되어야 하므로, 채무자의 광고행위의 금지를 명한 대상결정은 법경제학적 관점에서 타당하다.[93]

5) 불법방해에 대한 권리보호 방식

(1) 개요

앞서 본 바와 같이 채무자의 광고행위는 '침해'에 해당할 가능성이 있다. 그러나, 다른 한편 앞서 1)항 (1)에서 본 바와 같이, ① 채권자가 네이버 홈페이지의 정보를 자신의 서버로부터 개별 이용자의 컴퓨터에 전송할 때까지 채무자의 이 사건 프로그램은 아무런 영향을 미치지 아니한 점, ② 네이버의 이용자가 자신의 컴퓨터로 전송받은 네이버 홈페이지 정보 중 일부를 자신의 기호나 선택에 따라 자신의 컴퓨터 영역 내에서 변경하여 열람하는 것은 네이버의 이용자에게 보장되어야 할

93) Ariola v. Nigro 사건에서 항소심 법원은 "이미 경고나 통고를 받았는데도 강행하는 등 경계침범이 의도적인 사안 또는 경계침범의 가능성을 확인하기 위하여 필요한 절차를 밟는 등 주의를 하지 아니한 사안에서는 법원은 비용과 이득을 비교형량하는 것을 거부할 수 있고, 상대적 편리성이나 현저한 곤란성을 고려함이 없이 작위를 명하는 금지명령을 발령할 수 있다"고 판시하였다(김차동, 2010, pp. 95-96에서 재인용). 위 사건에서는 일리노이 원칙이 적용된 것인데, 일리노이 원칙은 고의 있는 경계침범은 언제나 강제이행의 대상이 된다(이때 고의는 일반적인 의미를 넘어 과실도 포함하는 개념이다)는 원칙이라고 한다(김차동, 2010, pp. 95-96 참조).

당연한 권리의 범위에 속한다고 보아야 하는 점, ③ 이 사건 프로그램은 네이버 이용자의 명시적 동의에 따라 해당 이용자의 컴퓨터에만 설치되어 그 컴퓨터 내에서만 실행되고, 이 사건 프로그램의 사용을 원하지 아니하는 이용자는 이를 언제든지 영구적으로 삭제하거나 광고 내에 'X'로 표시된 닫기 버튼을 클릭하는 방법으로 그 광고를 쉽게 제거할 수 있으며, 광고가 제거되면 그 즉시 본래의 네이버 홈페이지 화면으로 복귀하는 점 등을 고려하면, 채무자의 광고행위는 네이버 이용자의 컴퓨터에 도달하여 이용자의 영역에 속하게 된 네이버 홈페이지의 정보를 이용자가 설치에 동의한 이 사건 프로그램에 의해 일부 변경하여 이루어지는 것에 불과하다고 볼 수도 있고, 그렇다면 채무자의 광고행위가 채권자의 광고영업 이익을 침해하였다 하더라도 그 침해의 '직접성'을 완화해서 볼 여지가 있다. 또 채무자의 광고행위는 종래 예상하지 못하였던 새로운 형태의 기술을 사용한 것이라는 점을 고려하면 고전적인 재산권(이미 잘 설정된 초기 소유권)을 침해하는 것과 비교해 볼 때 그 '위법성'이 상대적으로 약하다고 볼 여지도 있다.[94] 이상의 사정들을 종합해 보면, 채무자의 광고행위가 '불법방해'(nuisance)에 포섭될 가능성도 있다.[95]

따라서 '불법방해'에 해당하는 경우 동의규칙과 보상규칙 중 무엇을 적용하는 것이 재산권에 대한 최적 보호 방식인지에 관하여 살펴보기로 한다.

(2) 캘러브레시와 멜러메드 이론

가. 내용[96]

캘러브레시와 멜러메드는 '재산권의 설정'과 '재산권의 보호'를 '동시에' 결정하는 이론을 제시하고 있다. 이는 '재산권의 설정'을 먼저 한 후 '재산권의 보호 방식'을 선택하는 '2단계 접근 방식'과 차이가 있다.

불법방해의 구제 방식에서 캘러브레시와 멜러메드 이론의 핵심 요소는 ① 거래비용, ② 가치평가의 불확실성(또는 법원의 측정비용)이다.

거래비용이 낮을 때에는 원고와 피고 중 불법방해를 적은 비용으로 제거할 수

94) 다만, 팝업 광고에 관한 미국의 판결례 등에 관하여는 김기영(2005), pp. 121-148 참조.
95) 앞서 주 90)에서 본 바와 같이 김관식(2010), pp. 442-443은 대상결정의 경우 이 사건 프로그램의 작동이 채권자의 서버가 아닌 네이버 이용자의 개별 컴퓨터에서 이루어지므로 채무자의 광고행위가 동산 '침해'에 해당하지 않는다고 주장하고 있다.
96) 김일중(2008), pp. 193-206을 참조하여 정리한 것이다.

있는 자, 즉 최소비용제거자(the least cost avoider)에게 책임을 묻고 그 반대쪽에 동의규칙에 따른 권리보호를 해준다. 만일 누가 최소비용제거자인지 모를 경우에는 거래비용의 비대칭성이 있으면 거래비용이 적게 드는 쪽에 책임을 묻고 거래비용이 많이 드는 쪽에 동의규칙에 따른 권리보호를 해준다. 이는 비효율적 권리부여가 발생한 경우 그 수정을 보다 용이하게 하기 위한 것이다.

거래비용이 높은 경우, 어느 쪽이 최소비용제거자인지에 대한 정보의 불확실성이 전혀 없다면 최소비용제거자에게 책임을 묻고 그 반대쪽에 동의규칙에 따른 권리보호를 해준다. 반면, 거래비용이 높고, 어느 쪽이 최소비용제거자인지에 대한 정보도 불확실하다면 보상규칙을 사용해야 하는데,[97] 이때에는 법원의 측정비용이 막대해지는 점을 고려하여 가치를 상대적으로 좀더 정확히 측정할 수 있는 쪽에 보상규칙에 따른 권리보호를 해준다. 정보의 불확실성이 균등하다면 어느 쪽에 손해배상의 구제를 해도 무방하다.

나. 대상결정의 사안에의 적용

대상결정의 사안에서 채무자의 광고행위로 인하여 입게 될 채권자의 피해가 이 사건 가처분의 발령으로 인하여 채무자가 입게 될 피해보다 크다는 점은 앞서 1)항 (3)에서 살펴본 바와 같다. 즉, 채권자와 채무자 중 채무자가 최소비용제거자라는 점에 대한 정보가 확실하다고 볼 수 있다. 따라서 캘러브레시와 멜러메드의 이론에 따르면 거래비용의 대소를 따질 필요도 없이 채권자에게 동의규칙에 의한 권리보호를 해주는 것이 가장 효율적인 방법이므로, 채무자의 광고행위를 금지한 대상결정은 법경제학적 관점에서 타당하다.

(3) 포스너 이론

가. 내용[98]

포스너(Richard Posner)의 불법방해 원리[99]는 ① 우선 원고에게 불법방해로 인한 피해가 발생하였는지 여부를 따져서 불법방해로 인정되면 원고의 재산권이 침범

97) 동의규칙을 사용할 경우 권리보호를 잘못 해주면 높은 거래비용 때문에 비효율적인 자원 배분이 영속화될 우려가 있기 때문이다.

98) 김일중(2008), pp. 207-223을 참조하여 정리한 것이다. 다만, 이 부분 이론은 김일중 교수에 의해 포스너의 원래의 이론이 일부 수정된 것인데, 이하에서는 김일중 교수에 의해 수정된 내용을 전제로 하여 설명을 한다.

99) Richard Posner(2003).

받았다고 간주한 후,[100] ② 거래비용의 크기를 고려하여 권리보호의 방식을 결정한다.

먼저 거래비용이 낮다면, 재산권자인 원고에게 동의규칙에 의한 권리보호를 해준다. 문제는 거래비용이 높을 때 원고의 재산권을 어떤 원칙에 의해 보호해 줄 것인지 여부이므로 이에 대하여 살펴본다.

우선 Ad를 피고의 공해제거비용, Ap를 원고의 공해제거 비용, V와 H를 피고와 원고가 당해 재산권(예: 피고의 공장 가동 대 원고의 청정 공기)에 부여하는 각각의 가치라고 가정해 보자.

먼저 $\text{Min}\{V, Ad\} < \text{Min}\{H, Ap\}$이면, 피고로 하여금 공해를 제거시키는 것이 효율적일 뿐만 아니라 공정하므로, 원고에게 동의규칙에 의한 권리보호(조업 금지 등 불법방해를 유발시킨 행위 자체의 금지)를 해준다. 그런데 $V > Ad$인 경우 저렴한 공해 제거 방식이 있는데도 공장 조업의 전체 금지를 명하면 효율적이지 못하므로 피고에게 저렴한 공해 제거 방식의 실시를 명하여야 할 것이다.[101]

다음으로 $\text{Min}\{V, Ad\} > \text{Min}\{H, Ap\}$라면, 효율성의 측면에서는 원고에 의해서 공해가 제거되어야 하더라도 재산권자가 원고인 이상 '공정성'이 확보되어야 한다. 이 경우 $H < Ap$라면 원고에게 별다른 공해 제거 방식이 없다는 의미이므로 원고에게 보상규칙에 의해 H만큼의 (영구)손해배상을 해준다. 그러나 $H > Ap$라면 원고 스스로 저렴한 비용으로 피해를 방지할 수 있으므로 원고에게 Ap에 해당하는 공해 제거 방식의 실시를 명하되, 재산권자가 원고인 이상 Ap만큼의 비용은 보상규칙에 의해 피고가 부담하도록 해야 한다.[102]

나. 대상결정의 사안에의 적용

대상결정의 사안을 포스너의 이론에 따라 분석해 보면 다음과 같다.

거래비용이 낮다고 한다면, 채무자의 광고행위를 불법행위로 판단하여 채권자에게 재산권을 설정한 이상 채권자에게 동의규칙에 따른 권리보호를 해주어야

100) 포스너의 이론은 위 ①단계에서 '원고의 재산권을 인정'하여 '재산권을 설정'하였으므로 ②단계에서 어떤 권리보호의 방식을 택하든 원고의 피해를 복원시키도록 하는 것을 전제로 한다. 이 점에서 포스너의 불법방해 원리에는 '공정성' 내지 '교정적 정의'(corrective juseice)의 개념이 포함되어 있고, 앞서 본 캘러브레시와 멜러메드의 이론과 구별된다(김일중, 2008, p. 207).

101) 김일중(2008), pp. 208-209에서는 이를 '준재산원리'라고 부른다.

102) 김일중(2008), pp. 208-209에서는 이를 '준재산원리'라고 부른다.

한다.

거래비용이 높다고 하더라도, 채무자의 광고행위로 입게 될 채권자의 피해가 이 사건 가처분의 발령으로 인하여 채무자가 입게 될 피해보다 크다는 점은 앞서 1)항 (3)에서 살펴본 바와 같으므로, Min{V, Ad} < Min{H, Ap}에 해당한다. 이때 채권자가 구한 '이 사건 프로그램의 제조, 사용, 판매 및 배포 등의 금지'를 V, 이 사건 가처분에서 명한 '채무자의 광고행위의 금지'를 Ad로 보고, V > Ad이므로 채권자에게 '준재산원리'(quasi-property rule)에 따라 Ad만큼의 권리보호를 해주어 '광고행위의 금지'만을 명해야 한다는 결론을 도출할 수 있는지에 대해서는 의문이 있다. 불법행위에 기하여 금지청구권이 인정된다고 하더라도 그 금지청구권의 내용이 손해의 전보 및 예방에 필요한 범위를 넘을 수는 없을 것이므로, 대상결정에서 금지청구권의 내용은 채권자가 구한 '이 사건 프로그램의 제조, 사용, 판매 및 배포 등의 금지'까지 확장될 수는 없고, 이 사건 가처분에서 명한 '광고행위의 금지'에 한정된다고 보아야 할 것이다.[103] 따라서 위 사안에서 V는 '광고행위의 금지'일 뿐, '이 사건 프로그램의 제조, 사용, 판매 및 배포 등의 금지'가 될 수는 없다고 생각한다. 이렇게 볼 경우 이 사안에서 Ad는 없는 셈이 되므로, 채권자에게 순수한 의미의 동의규칙에 따른 권리보호를 해주어 '채무자의 광고행위의 금지'를 명하면 될 것이다.

따라서 포스너의 이론에 따르면, 채무자에게 광고행위의 금지를 명한 대상결정은 법경제학적 관점에서 타당하다.

6) 금지청구권의 발생 요건

지금까지는 대상결정이 채무자의 광고행위의 금지를 구할 권리를 채권자에게 인정한 것이 법경제학적 관점에서 타당한지 여부를 살펴보았다. 그렇다면 이제 대상결정이 제시한 금지청구권의 '발생 요건'이 타당한지 여부에 관하여 검토하기로 한다.

103) 다만, 대상결정은 가처분의 특성상 금지청구권의 내용 내지 범위를 피보전권리 부분에서 판단하지 않고, 보전의 필요성 부분에서 판단하였다.

대상결정은 “무단이용 상태가 계속되어 금전배상을 명하는 것만으로는 피해자 구제의 실효성을 기대하기 어렵고(①요건), 무단이용의 금지로 인하여 보호되는 피해자의 이익과 그로 인한 가해자의 불이익을 비교 · 교량할 때 피해자의 이익이 더 큰 경우(②요건)에는 그 행위의 금지 또는 예방을 청구할 수 있다”고 하여 금지청구권의 발생 요건을 정하고 있다.

우선 ①요건은 금지청구의 필요성 내지 보충성을 규정한 것으로 보이는데, 민법 제763조, 제394조에 의하여 불법행위에 대한 손해배상에 관하여 금전배상의 원칙을 취하고 있는 우리 민법의 해석상 필요한 요건이라고 보인다.

다음 ②요건은 금지명령의 발령으로 인한 피해자의 이익이 가해자의 불이익보다 더 클 것을 요구하고 있다. 동의규칙에 의한 권리구제의 기준으로 ‘최소비용제거자’의 개념을 제시하고 있는 캘러브레시와 멜러메드의 이론 및 거래비용이 높을 경우 양 당사자의 재산권에 대한 가치를 비교하여 권리구제의 방법을 정하고 있는 포스너의 이론에 의하면 ②요건에 대하여 법경제학적으로 어느 정도 수긍이 가는 면이 있기는 하다.

그러나 양 당사자가 재산권에 대해 갖는 가치의 비교 형량은 이미 ‘재산권의 설정 단계’, 즉 불법행위의 성립 여부와 관련하여 ‘위법성’을 판단하면서 어느 정도 이루어졌다고 볼 수 있고, 어떠한 요건하에서 금지청구권이 발생하는지의 문제는, 위와 같이 설정된 재산권을 동의규칙에 의한 금지청구권으로 보호할 것인지, 아니면 보상규칙에 의한 손해배상청구권으로 보호할 것인지, 즉 권리보호의 방식을 결정하는 문제이므로, ‘거래비용의 다과’를 고려함이 없이 획일적으로 ②요건을 요구하여 금지명령의 발령으로 인한 피해자의 이익이 가해자의 불이익보다 더 큰 경우에만 금지청구권이 발생할 수 있다고 하는 것은, 권리자의 보호에 불충분할 뿐만 아니라 최적의 권리보호 방식을 숙고할 수 있는 법관의 재량을 지나치게 한정한다는 점에서 문제가 있으므로 그 요건의 완화가 필요하다고 생각한다. 오히려 ②요건은 미국법상 금지명령의 발령 요건 중 하나인 ‘피고에게 부당한 가혹함이 없을 것’(undue hardship)이라는 요건으로 대체하는 것이 바람직하다고 보인다.[104)]

104) 윤진수(2003), p. 91은 우리 민법의 입법 취지 및 다른 법률들의 규정 취지 등을 종합해 보면, “원상회복이 가능하여야 한다는 것을 당연한 전제로 하여 (1) 채권자의 입장에서 볼 때에는 금전배상이 명백히 불충분한 반면, (2) 채무자의 입장에서는 원상회복에 의하더라도 특별히 가혹하지 않으며, (3) 나아가서는 그 집행에 있어서도 금전

다만, 대상결정은 임시지위 가처분을 발령한 사안으로서, 본안 판결 이전에 채무자에게 본안 판결에서 명하는 것과 같은 내용의 '광고행위의 금지'라는 부작위 의무를 부담시키는 이른바 만족적 가처분인바,[105] 절차의 신속성을 중요시하는 가처분의 특성상 법원이 오판을 할 가능성이 본안소송보다 크고, 그와 같은 경우 채무자가 현저한 손해를 입게 될 가능성도 있다. 따라서 '잘못 발령된 가처분으로 채무자가 입게 될 손해'를 방지하기 위하여 '보전의 필요성'의 판단 단계에서 ②요건이 요구하는 '채권자와 채무자 사이의 이익의 비교 형량'을 보다 섬세하게 할 필요는 있을 것이다.

이와 관련하여 포스너 판사는 American Hospital Supply Corp vs. Hospotal Products Ltd. 사건[106]에서 '본안에서의 승소 가능성'과 '채권자에게 회복할 수 없는 손해가 발생할 것'이라는 예비적 금지명령(preliminary injunction)의 개별 요건을 하나의 요건으로 묶어 이른바 이른바 'Leusbdorf-Posner 공식'을 제안한 바 있다. 즉, P를 채권자의 승소 가능성, 1−P를 채권자의 패소 가능성, Hp를 예비적 금지명령신청이 기각될 경우 채권자가 입게 될 회복 불가능한 피해, Hd를 예비적 금지명령신청이 인용될 경우 채무자가 입게 될 회복 불가능한 피해라고 할 경우, $P \times Hp > (1-P) \times Hd$인 경우 예비적 금지명령이 발령될 수 있다는 것이다.[107]

7) 금지명령의 집행

(1) 집행의 용이성

대상결정의 사건에서 채권자는, 이 사건 프로그램이 사용자들의 컴퓨터에서

집행의 경우보다 편리한 경우"에는 우리 민법상 원상회복이 인정될 수 있다고 한다. 대상결정과 같이 금지청구를 명하는 경우 위 (1)부분은 대상결정의 ①요건에 대응되고, 금지명령에 따른 부작위채무는 간접강제에 의하여 비교적 용이하게 집행할 수 있으므로 위 (3)부분도 문제되지 않는다. 결국 위 견해에 따르면 금지청구권의 발생 요건으로 대상결정의 ②요건과 같이 '금지명령의 발령으로 인한 채권자의 이익이 채무자의 이익보다 클 것'을 요구할지, 아니면 위 (2)부분과 같이 '금지명령에 의하더라도 채무자에게 특별히 가혹하지 않을 것'을 요구할지의 문제만이 남게 된다.

105) 대법원 2003. 11. 28. 선고 2003다30265 판결.

106) 780 F.2d 589 (7th Cir. 1986).

107) 노혁준(2010), p. 986; 이효제(2010), pp. 591-592 참조. 노혁준(2010), p. 973 이하는 위 'Leusbdorf-Posner 공식'의 내용 및 그에 대한 평가를 자세하게 소개한 다음, 임시지위 가처분은 가급적 가처분 법원의 오판이 불러올 수 있는 회복 불가능한 피해를 최소화하는 방향으로 구성될 필요가 있으므로 피보전권리를 '본안의 승소 가능성', 보전의 필요성을 '관련자들의 회복 불가능한 손해'라는 개념으로 재구성하여 양 요건을 상호 보완적인 관계에서 판단할 필요가 있다는 견해를 밝히고 있다.

실행되고 있는지를 채권자가 확인하는 것은 현재의 기술수단으로 불가능하여 이 사건 가처분이 실제로 집행되고 있는지를 확인할 수 없으므로 채권자의 권리구제를 위하여는 '이 사건 프로그램의 제조, 사용, 판매 및 배포 등을 금지'하여야 하는데도, 이 사건 가처분이 '채무자의 광고행위의 금지'만을 명한 것은 가처분의 범위에 관한 법리를 오해한 것이라고 다투었다.

대상결정에서 이 사건 가처분은 채무자에게 광고행위의 금지(부작위)를 명하였으므로 그 집행은 간접강제(민사집행법 제301조, 제291조, 제261조)의 방법에 의해야 할 것이다. 그런데 원심결정이 설시하고 있는 바와 같이 채무자가 자신의 홈페이지 등에서 이 사건 프로그램을 누구든지 자유롭게 내려받을 수 있도록 하고 있으므로 채권자는 이 사건 가처분이 발령된 이후 이 사건 프로그램을 다운받아 채권자의 사이트에서 실행되는지 여부를 스스로 확인하여 만일 이 사건 프로그램이 네이버 웹사이트에서 실행되고 있음이 확인되면 이를 가지고 간접강제신청을 하면 될 것이다. 따라서 이 사건 가처분은 그 집행이 어렵지 아니하고, 집행비용도 과다하게 들지 아니한다고 할 것이므로, 채권자의 위 주장을 배척한 대상결정은 타당하다.

(2) 집행의 확실성

다만, 대상결정에서 이 사건 가처분의 집행과 관련하여 더 검토해 보아야 할 문제는 '집행의 확실성'이다. 동의규칙이 보상규칙보다 재산권 보호에 더 충실하다는 것은 '금지명령'의 집행이 '확실하게' 보장되는 것을 전제로 한다. 그런데 우리 민사집행법은 이 사건 가처분과 같은 '부작위를 명하는 가처분'의 집행 방법으로 '간접강제'만을 규정하고 있기 때문에 가처분명령 위반으로 인한 금전적 이익이나 사회적 이익이 크다고 여기는 채무자가 가처분명령을 위반하는 경우가 종종 발생하여 '집행의 확실성'이 강력하게 보장되지 않는다는 문제가 있다.

미국의 경우 예비적 금지명령(preliminary injunction)의 위반에 대한 효과적인 집행 방법으로 법원모욕(Contempt of Court) 절차[108]가 있는바, 이 절차의 존재는 비단

108) 18 USC §401-402가 이에 관하여 규정하고 있다.

가처분뿐만 아니라 재판의 권위를 높이고 나아가서는 법질서를 확립하는 데에도 큰 기여를 하고 있다고 한다.[109] 형사적 법원모욕은 1,000달러 이내의 벌금 또는 6개월 이내의 구금에 처해질 수 있는데, 법원은 ① 법원의 명령에 도전한 책임 또는 의욕의 정도, ② 그 위반으로 채권자 및 공공 이익에 끼친 피해의 정도, ③ 장래의 위반을 방지하여야 할 필요성의 정도, ④ 일반인에 의한 위반을 방지하기 위한 본보기를 만들 필요와 법원의 명령에 대한 존경을 증진시킬 필요, ⑤ 특정의 구금 또는 벌금이 명령의 상대방에게 미칠 영향 등을 고려하여 벌금 액수 또는 구금일수를 정한다고 한다.[110]

한편, 독일은 부작위 의무에 대한 집행 방법으로, 채무자가 부작위 의무에 위반한 경우 법원은 채권자의 신청에 따라 각 위반행위에 대하여 25만 유로 이하의 제재금(Ordnungsgeld)을 부과하거나 2년 이하의 질서구금(Ordnungsschaft)을 선고할 수 있도록 규정하고 있다.[111] 독일의 이와 같은 집행 방법은 부작위를 명하는 가처분을 발령하면서 "채무자에게 최고 25만 유로의 제재금이 부과되거나 질서구금에 처해질 수 있다"는 내용의 '이행의 계고(Androhung)'만을 할 뿐, 사전에 제재금의 액수 또는 질서구금의 선고 여부를 정하지 않는다는 점에 그 특징이 있다. 따라서 법원은 채무자의 가처분 위반행위가 있은 후 그 위반의 정도 및 기타 제반 사정을 고려하여 제재금의 액수 또는 질서구금의 선고 여부를 결정하게 된다. 그 결과 채무자는 제재금의 액수 또는 질서구금의 선고 여부를 예상할 수 없어 가처분을 준수할 경우의 불이익과 이를 위반할 경우의 이익을 비교형량하는 전략적 행동을 하는 것이 불가능하고, 최악의 경우 25만 유로의 제재금을 부담하거나 질서구금에 처해질 수 있다는 심리적 압박을 받게 되므로 가처분을 준수하는 쪽으로 자신의 행동을 결정할 가능성이 커진다.

반면, 우리나라의 경우 법원이 사전에 간접강제금의 액수를 정하므로, 법원이

109) Robert D. Cooter and Thomas Ulen(2009), p. 115는 "피고가 형평법적 판결을 위반하는 것은 금전적인 보상을 하지 않는 것보다 훨씬 심각한 문제가 된다. 피고가 금지명령을 지키지 않는 것은 원고를 곤란하게 만드는 것 외에도 법정의 권위를 모욕하는 행위로 간주되기 때문이다. 형평법적 명령을 무시한 피고는 법정모욕죄로 명령을 실행할 때까지 구금될 수도 있다"고 설명한다.

110) 김연학(2008), pp. 192-193. 본문의 내용은 위 논문을 참조하여 정리한 것이다.

111) ZPO 제890조. 통설은 부작위의무를 강제하는 제재금과 질서구금은 과거에 발생한 금지명령 위반행위에 대하여 적용되므로, 예방적 성격 이외에 제재로서 형벌의 성격도 갖는 것으로 보고 있다고 한다(Rosenberg-Gaul-Schilken, S. 993).

간접강제금의 액수를 적게 정하면 가처분의 실효성을 확보하기 어렵고, 반대로 간접강제금의 액수를 너무 많이 정하기에는 법원에 부담스러운 측면이 있다. 또한 간접강제금의 액수가 미리 결정되어 있는 이상, 채무자는 가처분을 준수할 경우의 불이익과 위반할 경우의 이익을 비교 형량하여 가처분의 준수 여부에 관한 전략적 행동을 할 가능성이 크다.

결국, 동의규칙에 의한 권리보호를 확실하게 보장하기 위해서는 금지명령의 집행에 관한 간접강제제도를 미국이나 독일과 같이 개선할 필요가 있다고 할 것이다.

6. 결론

대상결정은 부정한 경쟁행위에 해당하는 민법상 불법행위에 대해 금지청구가 가능하다는 점을 최초로 밝히고, 금지청구권의 발생요건을 제시하였다는 점에서 선례적 가치가 크다.

또한 대상결정은 채무자의 민법상 불법행위를 '임시지위 가처분'으로 금지하기 위해서는 보전의 필요성뿐만 아니라 피보전권리, 즉 채무자의 불법행위를 본안소송을 통하여 금지시킬 수 있는 '금지청구권'이 채권자에게 있어야 한다는 입장을 전제로 결정을 함으로써, 임시지위 가처분의 '피보전권리'의 개념과 관련하여 실무상 존재하였던 혼란에 대해 대법원의 명확한 입장을 밝혔다는 점에서도 의미가 크다.

대상결정이 채무자의 민법상 불법행위에 대해 금지명령을 발령한 것은 동의규칙에 의해 채권자의 권리를 보호한 것으로서 '재산권의 설정 기준' 및 '재산권의 보호 방법'에 관하여 그 동안 법경제학에서 논의되어 온 여러 이론에 비추어 보더라도 '효율성' 및 '공정성'의 기준에 부합하여 타당하다.

다만, 금지청구권의 발생 요건으로 '금지명령의 발령으로 인한 채권자의 이익이 채무자의 불이익보다 더 클 것'을 요구한 것은 권리자의 보호에 미흡할 뿐만 아니라 재산권의 최적 보호 방식을 숙고할 수 있는 법관의 재량을 지나치게 한정한다는 점에서 문제가 있으므로 그 요건의 완화가 필요하다고 생각한다.

또한 동의규칙에 의한 권리보호가 그 실효성을 확보하기 위해서는 금지명령의 '확실한 집행 가능성'이 필수적인데, 현재 우리 민사집행법이 부작위의무에 대한 집행 방법으로 정하고 있는 '간접강제'는 채무자가 금지명령을 준수할 경우의 불이익과 위반할 경우의 이익을 비교형량하여 금지명령의 준수 여부에 관한 전략적 행동을 할 가능성을 제공하고 있으므로, 미국과 독일의 집행절차를 본받아 이를 개선할 필요가 있다.

대상결정을 계기로 법경제학의 중요한 주제 중 하나인 금지청구권에 대한 보다 활발한 논의가 이루어지기를 기대하면서 글을 마친다.

참고문헌

강용현, 「비방광고를 한 자에 대하여 사전에 광고금지를 명하는 판결 및 그 판결절차에서 명하는 간접강제」, 대법원 판례해설 제25호, 법원도서관, 1996.

권성 외 4인, 『사례해설 가처분의 연구』, 개정판, 박영사, 2002.

권영준, 「불법행위와 금지청구권」, *Law & Technology*, 제4권 제2호, 서울대학교 기술과 법 센터, 2008. 3.

______, 「불법행위법의 사상적 기초와 그 시사점」, 『경제적 효율성과 법의 지배』, 2009, 박영사.

김관식, 「인터넷상에서 광고의 차단 · 삽입과 그 법적문제」, 『비교사법』, 제17권 3호(통권 50호), 한국비교사법학회, 2010.

김기영, 「트로이의 목마 멈추게 하기: 팝업 광고에 대한 상표법 및 부정경쟁방지법에 의한 규제」, 『지식재산 21』, 88호, 특허청, 2005.

김상중, 「불법행위의 사전적 구제수단으로서 금지청구권의 소고」, 『비교사법』, 제17권 4호(통권 51호), 한국비교사법학회, 2010.

김시철, 「학교운영자들이 인격권 및 시설관리권을 토대로 그 상대방인 교원의 위법한 표현행위 및 집회 등에 대한 사전금지를 구하는 가처분 신청사건에서, 상대방이 제기한 다양한 헌법 및 법률적 쟁점에 대한 대법원의 판단 사례」, 『대법원 판례해설』, 60호, 법원도서관, 2007.

김연학, 「임시의 지위를 정하기 위한 가처분의 심리에 관한 몇 가지 모색적 시도」, 『민사집행법연구』, 제4권, 한국사법행정학회, 2008.

김일중, 『법경제학 연구: 핵심이론과 사례분석』, 한국법제연구원, 2008.

김재형, 「언론에 의한 인격권 침해에 대한 구제수단」, 언론자유냐 사전예방이냐: 제4회 철우언론법상 시상식 및 기념세미나, 한국언론법학회, 2006.

______, 「제3자에 의한 채권침해」, 『민법론』, III, 박영사, 2007.

김차동, 「금지청구권의 요건사실에 관한 법경제학적 검토」, 한국법경제학회, 2010.

노혁준, 「회사가처분에 관한 연구」, 『민사판례연구』, XXXII, 박영사, 2010.

박세일, 『법경제학』, 개정판, 박영사, 2009.

백강진, 「인터넷 포털을 대상으로 한 대체광고 등 서비스의 적법성 여부」, *Law & Technology*, 제4권 제5호, 서울대학교 기술과 법 센터, 2008. 11.

『법원실무제요 민사집행 IV』, 법원행정처, 2003.

송덕수, 『민법강의』, 하, 박영사, 2007.

윤진수, 「손해배상의 방법으로서의 원상회복: 민법개정안을 계기로 하여」, 『비교사법』, 제10권 제1호(통권 20호), 한국비교사법학회, 2003.

______, 「부동산 이중양도의 경제적 분석」, 『민법논고』, I, 박영사, 2007a.

______, 「권리남용 금지의 경제적 분석」, 『민법논고』, I, 박영사, 2007b.

______, 「환경권 침해를 이유로 하는 유지청구의 허용 여부」, 『민법논고』, II, 박영사, 2008.

______, 「법의 해석과 적용에서 경제적 효율의 고려는 가능한가?」, 『경제적 효율성과 법의 지배』, 박영사, 2009.

이균용, 「인격권으로서의 명예권에 기초한 침해행위금지청구권의 법적 근거와 언론 · 출판 등의 표현행위에 대한 가처분에 의한 사전금지의 허용 요건」, 『대법원 판례해설』, 54호, 법원도서관, 2006.

이효제, 「미국법상 임시적 유지명령의 발령요건에 대한 검토」, 『재판자료』, 제119집, 법원도서관, 2010.

장성원, 「부작위를 명하는 가처분」, 『법조』, 제49권 제3호(522호), 법조협회, 2000.

전휴재, 「엔터테인먼트 분쟁과 가처분」, 『민사판례연구』, XXXII, 박영사, 2010.

정상조, 「혁신과 경쟁: 기술과 시장의 변화에 대한 법적 대응」, 『인터넷과 법률』, II, 법문사, 2005.

지영난, 「고속도로의 소음과 관련하여 추상적 부작위명령을 구하는 유지청구의 인정 여부」, 『민사재판의 제문제』, 한국사법행정학회, 2007.

지원림, 『민법강의』, 제9판, 홍문사, 2011.

허성욱, 「권리남용금지 법리에 관한 법경제학적 고찰」, 『법조』, 55권 1호(통권 592호).

Calabresi, Guido and A. Douglas Melamed, "Property Rules, Liability Rules, and

Inalienability: One View of the athedral," *Harvard Law Review*, 85, 1972.

Cooter, Robert D. and Thomas Ulen, 『법경제학』, 5판, 한순구 역, 경문사, 2009.

Kaplow, Louis and Steven Shavell, "Property Rules versus Liability Rules: An Economic Analysis," *Harvard Law Review*, 109, 1996.

Posner, Richard, *Economic Analysis of Law*(6th ed.), New York: Aspen Law & Business, 2003.

필자 소개(가나다 순)

김두얼: 명지대학교 경제학과 교수

김민수: 춘천지방법원 판사

김봉근: 서울대학교 경제학부 교수

남재현: 고려대학교 경제학과 교수

송옥렬: 서울대학교 법학전문대학원 교수

윤진수: 서울대학교 법학전문대학원 교수

이동진: 서울대학교 법학전문대학원 교수

이상규: 중앙대학교 경제학과 교수

임영식: 김 · 장 법률사무소 고문

한순구: 연세대학교 경제학과 교수

법경제학: 이론과 응용 [Ⅱ]

2013년 5월 15일 초판1쇄 인쇄
2013년 5월 22일 초판1쇄 발행

편저자와
협의하에
인지 생략

편저자 김일중 · 김두얼
발행인 노현철
발행처 도서출판 해남
서울특별시 서대문구 충정로 3가 227-1 우리타워 6F
전화 739-4822 팩스 720-4823
e-mail haenamin30@naver.com
homepage www.hpub.co.kr
등록 1995. 5. 10 제1-1885호

ISBN 978-89-6238-063-7 93320